丛书出版获以下项目支持

国家社会科学基金重大项目"大数据环境下信息价值开发的伦理约束机制研究"（17ZDA023）
国家社会科学基金一般项目"开源运动的开放共享伦理研究"（17BZX022）
湖南省高等学校"双一流"学科建设项目湖南师范大学哲学学科
大连理工大学学科建设项目"人工智能伦理问题研究"

互联网、大数据与人工智能伦理丛书

人工智能与大数据伦理

李 伦／主编

ETHICS OF ARTIFICIAL INTELLIGENCE
AND BIG DATA

科学出版社

北 京

图书在版编目（CIP）数据

人工智能与大数据伦理 / 李伦主编. —北京：科学出版社，2018.12
（互联网、大数据与人工智能伦理丛书）
ISBN 978-7-03-059872-1

Ⅰ.①人… Ⅱ.①李… Ⅲ.①人工智能-技术伦理学-研究 ②数据处理-技术伦理学-研究 Ⅳ.①B82-057

中国版本图书馆 CIP 数据核字（2018）第 271598 号

丛书策划：侯俊琳　邹　聪
责任编辑：邹　聪　张　楠 / 责任校对：韩　杨
责任印制：李　彤 / 封面设计：有道文化
编辑部电话：010-64035853
E-mail：houjunlin@mail.sciencep.com

科学出版社 出版
北京东黄城根北街 16 号
邮政编码：100717
http://www.sciencep.com
北京建宏印刷有限公司印刷
科学出版社发行　各地新华书店经销

*

2018 年 12 月第　一　版　开本：720×1000　B5
2024 年 9 月第五次印刷　印张：26
字数：350 000
定价：128.00 元
（如有印装质量问题，我社负责调换）

互联网、大数据与人工智能伦理丛书
编委会

顾　问　程耿东（中国科学院院士）

　　　　郭东明（中国工程院院士）

　　　　王众托（中国工程院院士）

　　　　王飞跃（中国自动化学会副理事长）

　　　　唐凯麟（中国伦理学会原副会长）

　　　　刘则渊（中国科学学与科技政策研究会原副理事长）

　　　　万俊人（中国伦理学会会长）

　　　　何鸣鸿（中国自然辩证法研究会理事长）

编委会主任　王寒松

主　编　李　伦

编　委（按姓氏拼音排序）

曹　刚	陈万球	成素梅	丛亚丽	段伟文
范瑞平	高奇琦	洪晓楠	黄欣荣	雷瑞鹏
李　侠	李真真	李正风	刘永谋	吕耀怀
毛新志	任建东	尚智丛	孙伟平	田海平
万　丹	王国豫	王　前	王贤文	徐　飞
闫坤如	颜青山	杨庆峰	曾华锋	张　唯
郑保章	周　程	朱　菁		

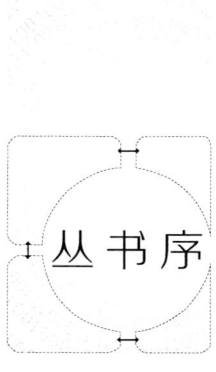

丛 书 序

　　互联网、大数据和人工智能是当代及未来发展的驱动力。互联网拓展了人类的生存空间,大数据是21世纪的"新石油",人工智能成了社会发展的引擎。世界各国纷纷将互联网、大数据和人工智能的发展上升至国家发展战略层面。同时,互联网、大数据和人工智能的发展面临诸多现实的伦理和法律问题,如网络安全、个人隐私、数据权益和公平公正等。关于这些问题的伦理学研究常常是制定相关法律法规和政策的前置议程。和发达国家一样,我国在制定互联网、大数据和人工智能发展战略时,也极其重视伦理和法律问题的研判与应对。

　　2015年7月,国务院发布《国务院关于积极推进"互联网+"行动的指导意见》,要求加快"互联网+"相关立法工作,落实加强网络信息保护和信息公开的有关规定,加快推动制定网络安全、个人信息保护、互联网信息服务管理等法律法规,逐步完善相关标准规范、信用体系和法律法规。

　　2015年8月,国务院发布《促进大数据发展行动纲要》,高度重视数据共享、数据安全和隐私保护。《促进大数据发展行动纲要》要求明确数据共享的范围边界和使用方式,厘清数据共享的义务和权利,加强安全保障和隐私保护,界定个人信息采集应用的范围和方式,明确相关主体的权利、责任和义务,加强对国家利益、公共安全、商业秘密、个人隐私、军工科研生产等信息的保护，加强对数据滥用、侵犯个人隐私等行为的管理和惩戒，推动数据资源权益相关立法工作。

2017年7月，国务院发布《新一代人工智能发展规划》，对人工智能伦理问题研究提出了明确要求，将人工智能伦理法律研究列为重点任务，要求开展跨学科探索性研究，推动人工智能法律伦理的基础理论问题研究。《新一代人工智能发展规划》指出人工智能可能冲击法律与社会伦理、侵犯个人隐私、挑战国际关系准则，要求加强前瞻预防与约束引导，最大限度地降低风险，确保人工智能安全、可靠、可控发展。最引人注目的是，《新一代人工智能发展规划》关于人工智能伦理和法律制定了三步走的战略目标：到2020年，部分领域的人工智能伦理规范和政策法规初步建立；到2025年，初步建立人工智能法律法规、伦理规范和政策体系；到2030年，建成更加完善的人工智能法律法规、伦理规范和政策体系。

技术发展与社会环境戚戚相关。在大力发展高新技术的同时，必须高度重视可能的社会风险和伦理挑战，必须加强技术伦理学研究。技术伦理学是规范性的，也是建设性的。技术伦理学研究旨在揭示技术发展面临的伦理难题，为技术发展清理路障，同时为技术发展提供价值指引，确保技术在造福人类的轨道上发展。

随着互联网、大数据与人工智能对人类社会影响的普遍化，其伦理问题不再只是寓于哲学伦理学圈内的议题，已成为政界、业界、学界和公众高度关注的公共话题。对这些问题的研究也不再局限于哲学伦理学方法，搭建多学科交叉研究和交流的平台势在必行。

李伦教授主编的这套丛书是搭建这种平台的一种尝试。这套丛书将运用伦理学、法学、社会学和管理学等的理论与方法，关切人类未来，聚焦互联网、大数据和人工智能面临的现实问题，如网络内容治理问题、网络空间数字化生存问题、数据权和数据主权问题、隐私权和自主权问题、数据共享和数据滥用问题、网络安全和信息安全问题、网络知识产权问题、大数据价值开发的伦理规范问题，以及人工智能的道德哲学、道德算法、设计伦理和社会伦理等问题，并为治理互联网、大数据和人工智能的伦理问题提供对策建议。

郭东明

中国工程院院士，大连理工大学校长

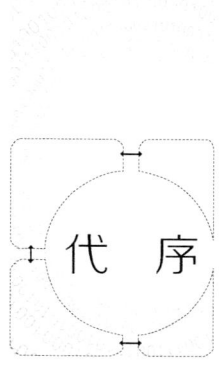

给人工智能一颗良芯

——人工智能伦理研究的四个维度*

李 伦 孙保学

随着大数据技术的发展、算法的进步和机器算力的大幅提升，人工智能在众多领域不断攻城略池，赶超人类。同时，围绕人工智能产生的伦理问题也越来越突出，成为全社会关注的焦点。近年来，国际学术界对人工智能道德算法、价值定位、技术性失业和致命性自主武器等问题展开了广泛的讨论，一系列富有卓见的研究成果相继问世。然而，学界关于人工智能伦理研究的问题框架尚未达成共识，其正处于探索研究范式的阶段，人工智能伦理的教育与教学究竟该从哪些方面展开仍然缺少框架性的指导。其实，设计和研发安全可靠的人工智能不是单纯的技术层面的要求，也需要道德层面的引导和规制。人工智能的发展应增进人类福祉，与人类的道德价值相符合。要做到这一点，必须给人工智能一颗良芯（良心）。这意味着以打造良芯（良心）为中心任务的人工智能伦理研究应从

---

* 原载《教学与研究》2018 年第 8 期。

"机芯"（机器之芯）和"人心"（人类之心）两个维度来展开。"机芯"研究主要是指人工智能道德算法研究，旨在使人工智能拥有"良芯"，使之成为道德的人工智能或道德的机器（moral machine）。"人心"是指人工智能研发者和应用者应当具有"良心"，使人工智能的设计合乎道德，避免恶意设计，并确保人工智能的善用，使之造福人类社会。也就是说，"人心"研究主要涵盖人工智能设计伦理和社会伦理等方面的研究。"机芯"和"人心"研究存在诸多基础性问题，需要我们在道德哲学层面做出回应或拓展。因此，人工智能伦理研究包括人工智能道德哲学、人工智能道德算法、人工智能设计伦理和人工智能社会伦理四个维度。

一、人工智能道德哲学

随着人工智能和自主系统的决策能力的不断提升，它们可能对传统的道德哲学构成挑战。传统的伦理观念和道德理论的适用性问题将变得越来越突出，其中一些伦理原则或道德规范有可能会失效或部分失效，甚至在某些领域引起道德哲学的真空。不过，这反过来可能会倒逼伦理学家进行更加深刻的思考，修正已有的道德概念和道德理论，提出适应智能时代的全新的道德哲学体系，从而促进道德哲学的整体发展。从这种意义上讲，人工智能道德哲学并非替代传统道德哲学，而是对传统道德哲学的延伸和扩张。

那么，我们究竟该从何种意义上谈论人工智能的道德哲学呢？按照尼克·波斯特洛姆（Nick Bostrom）和埃利泽·尤德考斯基（Eliezer Yudkowsky）的观点，"创造思维机器的可能性提出了一系列的伦理问题，这些问题既与确保这种机器不伤害人类和其他道德上关联的存在者有关，也与机器自身的道德地位有关"[1] 316。智能机器不伤害人类和其他道德上关联的存在者是设计伦理的要求，而机器自身的道德地位问题则是人工智能道德哲学的范畴，相关讨论可以从人工智能的主体地位、道德责任和人机关系等方面展开。

第一，构建人工道德主体（artificial moral agents，AMAs）是否是

可能的？谈论人工智能伦理是否应该把 AMAs 地位的确立作为前提？不过，按照计算机伦理学的开创者詹姆斯·摩尔（James Moor）的观点，我们可以根据智能机器的自主性程度划分出四种人工道德主体：有道德影响的主体、隐式的道德主体、显式的道德主体和完全的道德主体。[2] 因此，即使人工智能系统并没有被内置道德规范，只要其决策算法能够产生伦理影响，即可将其视为具备道德推理能力，可以成为道德受体或道德关怀对象。此外，讨论的更为前沿的话题是：拥有自由意志或自主能力是否可以作为人工智能和自主系统成为道德主体的前提？如果人工智能有资格作为道德主体，那么人性中的情感和意识等因素是否是人工智能具备道德的必要条件？的确，拥有自我意识并且具备人类情感的人工智能会更像人，但将情感和自由意志赋予人工智能有可能会打开"潘多拉的魔盒"，给人类带来灾难性的后果。在处理人类错误方面，人类社会积累了丰富的经验，但在如何应对人工智能机器的错误方面，我们的社会可能尚未做好充分准备。如果不良情绪被植入智能系统，它们可能不是给人们带来便利，而是给人们制造更多的麻烦。关于类似问题的探讨对传统的道德哲学提出了挑战，我们已有的关于"自由意志""自主""理性""道德主体""道德受体""道德地位"等概念可能需要被重新定义。这可能导致新的道德哲学的产生，或导致传统的道德哲学发生转向，如人工物伦理学的转向。"与许多人的直觉想法相反，技术不再是让我们的生存变得便利的简单的中立工具。在这些技术完成它们功能的同时，已经产生了更多的效应：它们框定着我们该做什么以及我们如何体验世界，并且以此方式，它们积极参与到我们的生活中。"[3] 1

第二，人工智能的道德权利和责任分配问题。在直觉上，多数人可能会认为 AMAs 并不应享有与人类相同的权利。在他们看来，AMAs 是服务于人的福祉的，而不应该被设定为追求自身的福祉。人工道德主体的界定困难导致相应的责任、义务和权利的认定变得复杂。如果人工道德主体以人类伙伴的身份服务于社会，那么它们的权利和义务边界如何划定，需要人类慎重对待以平衡人类的同理心。如果人工智能具有道德决策能力，同时获得了道德主体的地位，那么它的设计者、制造者和使用者是否应当为它们的过失负担相应的责任呢？如果它们能够承担一定的责任，那么人们是否会设法将一些道德责任推卸给人工智能来承担呢？面对这种情形，AMAs可能沦为替人类行为免责的一种工具，它们的权利保障可能更是无从谈起。如果AMAs能够为其不当行为承担完全责任，那么责任的边界和限度的划定问题将变得越来越突出。毕竟，道德谴责和否定评价如何对AMAs产生实际的道德约束在技术上仍然是个难题。如果道德约束对于AMAs是不充分的，那么它们承担相应的法律责任是否是可行的？如果AMAs需要承担一定的刑事责任，那么究竟何种惩罚对它们具有威慑力（例如，清除记忆、机身销毁等是否等同于机器的死亡，限制机器人人身自由是否有效）？同时，人类共同体在情感上能否接受这种形式的惩罚？如果人工智能没有基本的财产权，那么它们以何种形式承担民事责任？是社会整体承担还是多主体分担？这些都是值得深入探讨的问题。

第三，人类道德与机器道德的关系问题。通常，人们基于后果来判定某人行为是否道德，但深入思考人们会认识到，主体的心灵状态（意图、动机或目的等）在评价或判定某人行为是否道德时发挥着重要作用。目前，主流的道德理论基本上都是以人类为中心提出的。随着人机互动时代的到来，这些道德理论可能需要卢西亚诺·弗洛里迪（Luciano Floridi）提出的所谓"分布式道德"来补充。根据这种观点，局部层面的智能体相互作用，可以导致系统整体或宏观层面的道德行为和集体责任感的增加。[4]另外，虽然AMAs必须以人类价值为目标被建构起来，但面对多样化的文化价值系统、多元化的宗教传统和无数的伦理理论，我们究竟该选择哪种作为底层的设计框架呢？按照瓦拉赫和艾伦的观点，弱人工智能的道德实际上是一种"操作性道德"，由设计者和使用者赋予其意义；随着复杂程度的增加，人工智能将会表现出所谓的"功能性道德"，它将使其自身具备道德决断能力并能够影响道德挑战。[5]6 这种划分有助于我们明晰所谈论的到底是指何种道德。不过，如果纯粹从实用主义视角出发，那么人工智能是否有资格成为道德主体可能并不是最紧迫的问题，只要它们能够像道德主体一般行动，尽可能地减少道德摩擦，而不惹是生非。从现实层面来讲，那些在道德上具有卓越表现的智能机器会有更高的公众认可度，能够更加顺利地融入人类社会。这种可接受性的动力学来源可能来自以下两个方面：一方面，机器道德的研究要求人们深刻理解人类道德的发生、起源和机制，在这种意义上建构人工智能道德，可能要求我们更多地思考如何从学习、进化和发展的角度去考察培养人工智能的道德感；另一方面，机器道德的研究对传统的道德哲学发挥"反哺"功能，它能够激发传统的伦理学研究做出革新，甚至催生全新的伦理学体系。

二、人工智能道德算法

我们已经生活在算法时代。几十年前，人们对于"算法"的认识主要局限于数学和计算机领域。"当今，文明社会的每个角落都存在算法，日常生活的每分每秒都和算法有关。算法不仅存在于你的手机或笔记本电脑，还存在于你的汽车、房子、家电以及玩具当中。"[6]3 事实上，算法已经成为当今信息社会的一种基础设施，它们能够引导甚至支配人们的思维与行动。因此，算法越来越多地参与到人类的道德生活中将是一种必然趋势。当然，有人会主张道德是不可计算的，反对用算法刻画道德，甚至认为道德领域是技术扩张的禁忌之地。不过，人工智能对社会结构的渗透作用势不可挡，算法的影响早已深入文明社会的每个角落。

人工智能相关技术的核心主要体现在决策算法方面。人工智能道德算法的研究主要是指那些在道德上可接受的算法或合乎伦理的算法，它们使自主系统的决策具有极高的可靠性和安全性。从这种意义上讲，道德算法是实现人工智能功能安全的一项基本原则和技术底线。那么，人工智能如何才能成为一个安全可靠的道德推理者，能够像人类一样甚至比人类更加理性地做道德决策呢？在此，我们首先需要明确人工智能是如何进行道德决策的，也就是人工智能的道德推理机制问题。目前，相关研究主要沿着以下三个方向展开。

一是理论/规则驱动进路。这也被称为自上而下的进路，它是将特定群体认可的价值观和道德标准程序化为道德代码，嵌入智能系统，内置道德决策场景的指导性抉择标准。在这方面，人们最容易想到的是20世纪40年代艾萨克·阿西莫夫（Isaac Asimov）提出的"机器人三定律"：①机器人不可以伤害人，或者通过不作为，让任何人受到伤害；②机器人必须遵从人类的指令，除非那个指令与第一定律相冲突；③机器人必须保护自己的生存，条件是那样做与第一、第二定律没有冲突。[5]1 从理论上讲，伊曼纽尔·康德（Immanuel Kant）的道义论、约翰·密尔（John Mill）的功利主义和约翰·罗尔斯（John Rawls）的正义论等都可以成为理论驱动进路的理论备选项。早期机器伦理尤其是符号主义的支持者对理论/规则驱动模式情有独钟，但技术瓶颈和可操性难题使得这种研究进路日渐式微。例如，有限的道德准则如何适应无穷变化的场景在技术上始终是个难题；如何调和不同的价值共同体对于不同的道德机器的需求存在种种现实困境；如何将内置某种道德理论偏向的人工智能产品让消费者接受也是一个社会难题。[7] 近年来，新兴起的一种综合运用贝叶斯推理技术和概率生成模型的研究方法为自上而下式的研究进路带来了曙光。[8]

二是数据驱动进路。这种自下而上的进路要求对智能系统进行一定的道德训练，使其具备类人的道德推理能力，并利用学习算法将使用者的道德偏好投射到智能机器上。从根本上说，这是一种基于进化逻辑的机器技能习得模式。这种研究进路的支持者普遍持有一种道德发生学视角，主张道德能力是在一般性智能的基础上演化而来的，或者道德能力被视为智能的子类而不是高于普通智能的高阶能力。因此，他们是运用与人类的道德演化相似的进路展开研究的。如今，以深度学习（deep learning）为代表的数据驱动进路获得了更多的拥趸。在人工智能道德算法的研究中，道德学习将成为人工智能获得道德判断能力的关键。有学者提出，人工智能可通过阅读和理解故事来"学会"故事所要传达的道德决策模式或价值观，以此来应对各种复杂的道德场景。[9]105 不过，以深度学习为核心架构的决策算法是基于相关性的概率推理，不是基于因果性的推理，这使得道德推理似乎呈现出一种全新样态。实际上，道德决策算法并不是独立运作的，需要和其他算法系统联合决策。当然，单单依靠学习算法是不够的，甚至是有严重缺陷的。机器的道德学习严重依赖于训练数据样本和特征值的输入，不稳定的对抗样本重复出现可能导致智能机器被误导，基于虚假的相关性做出道德判断，从而做出错误的道德决策。而且，算法的黑箱特征使得道德算法的决策逻辑缺乏透明性和可解释性。另外，道德学习还会受到使用者价值偏好和道德场景的影响，做出与使用者理性状态下相反的道德判断。例如，人们不自觉的习惯动作往往在理智上是要克服的，而机器学习很难对此做出甄别。从这个意义上说，人工智能既有可能"学好"，也有可能"学坏"。

三是混合式决策进路。自上而下和自下而上的二元划分过于简略，难以应对复杂性带来的种种挑战。混合式的决策模式试图综合两种研究进路，寻找一种更有前景的人工智能道德推理模式。按照当前学界的普遍观点，混合式决策进路是人工智能道德推理的必然趋势，但问题是二者究竟以何种方式结合。我们知道，人类的道德推理能力是先天禀赋和后天学习的共同结果，道德决策是道德推理能力在具体场景中稳定或非稳定的展现。与人类的道德推理不同，人工智能的道德推理能力在很大程度上是人类预制的，但这种能力并不能保证人工智能能够做出合理的道德决策，因为道德决策与具体场景密切相关，而场景又极其复杂和多变。因此，当智能机器遭遇道德规范普适性难题时，到底该如何解决？这不仅是技术专家所面临的难题，更是对共同体价值如何获得一致性的考验。面对具体场景，不同的道德规范可能发生冲突，也可能产生各种道德困境，究竟该以哪种标准优化道德算法，价值参量排序的优先性问题将会变得越来越突出。按照瓦拉赫和艾伦的分析，在众多的候选理论中，德性理论将有可能成为一种最有前景的开发人工智能道德决策能力的模型。[5]102-109 德性伦理将人们对后果与责任的关注转向对品质和良习的培养，因为后者是好行为的保证，而这种道德良知的获得被认为恰恰需要混合式决策进路来完成。

三、人工智能设计伦理

人工智能设计伦理需要从两个维度展开：一方面，设计和研发某种人工智能产品及服务之前，设计者或制造商要有明确的价值定位，能够对其所产生的伦理和社会影响有总体预判；另一方面，人工智能在为消费者提供服务的过程中如果出现价值偏差，系统内置的纠偏机制能够有效地防控危害继续发生，防止危险的发生。例如，数据挖掘技术可能将隐藏在数据中的偏见或歧视揭示出来并运用于行动决策中，但机器自身很难像人类一样自觉地抵制一些个人偏见或歧视，这要求通过技术手段和社会手段联合消除这种偏见或歧视。

那么，如何才能设计出符合人类道德规范的人工智能呢？概言之，面对在智力上日趋接近并超越人类的人工智能，设计者要设法赋予其对人类友善的动机，使其具备特定的道德品质，做出合乎道德的行为。人工智能的设计应使它们能够充分发挥特定的功能，同时又遵从人类道德主体的道德规范和价值体系，不逾越法律和道德的底线。但是，人工智能不可能自我演化出道德感，其工具性特征使得人们对它们的利用可能出现偏差。因此，在设计人工智能产品和服务时，尤其应当努力规避潜在地被误用或滥用的可能性。如果某些个人或公司出于私利而设计或研发违背人性之善的自主系统，那么公共政策的制定机构有必要提前对这些误用和滥用行为采取法律与伦理规制。如果具有高度自主性的系统缺乏伦理约束机制和价值一致性，那么其在尚不成熟阶段被开放使用，后果令人担忧。因此，为人工智能系统内置良善的价值标准和控制机制是必要手段，这是保证智能系统获得良知和做出良行的关键。

人工智能应该更好地服务于人类，而不是使人类受制于它，这是人工智能设计的总体价值定位。2016 年，国际电气和电子工程师协会（Institute of Electrical and Electronics Engineers，IEEE）发布《以伦理为基准的设计：在人工智能及自主系统中将人类福祉摆在优先地位的愿景》（第一版），呼吁科研人员在进行人工智能研究时优先考虑伦理问题，技术人员要获得相应的工程设计伦理培训。IEEE 要求优先将增进人类福祉作为算法时代进步的指标。人工智能设计伦理是解决安全问题的必要措施，旨在保证优先发展造福人类的人工智能，避免设计和制造不符合人类价值和利益的人工智能产品及服务。2017 年 12 月

12日，IEEE《人工智能设计的伦理准则》（第二版）在全球同时发布，进一步完善了对设计者、制造商、使用者和监管者等不同的利益相关方在人工智能的伦理设计方面的总体要求和努力方向。

人工智能的产品制造者和服务提供商在设计与研发人工智能系统时，必须使它们与社会的核心价值体系保持一致。在这方面，IEEE《人工智能设计的伦理准则》（第二版）阐述的人工智能设计"基本原则"为我们提供了很好的启示：第一，人权原则。算法设置应当遵循基本的伦理原则，尊重和保护人权是第一位的，尤其是生命安全权和隐私权等。第二，福祉原则。设计和使用人工智能技术应当优先考虑是否有助于增进人类福祉，是否避免了算法歧视和算法偏见等现象的发生，维护社会公正和良序发展。第三，问责原则。对于设计者和使用者要明确相应的权责分配追责机制，避免相关人员借用技术推卸责任。第四，透明原则。人工智能系统的运转尤其是算法部分要以透明性和可解释性作为基本要求。第五，慎用原则。要将人工智能技术被滥用的风险降到最低。尤其是在人工智能技术被全面推向市场的初期，风险防控机制的设置必须到位，以赢得公众的信任。[10]

人工智能的设计目标是增进人类福祉，使尽可能多的人从中受益，避免造成"数字鸿沟"。人工智能技术的革命性进展可能会改变当前的一些制度设计，但这种改变不能偏离以人为本的发展结构，应当坚守人道主义的发展底线。技术设计不能逾越个人对自身合法权益的控制权，制度和政策的设计应当维护个人数据安全及其在信息社会中的身份特质。如果人工智能系统造成社会危害，那么相应的问责机制应当被有效地调用。实际上，这是要求相关管理部门能够提前制定规则和追责标准，使人工智能系统的决策控制权最终由人类社会共同体掌握。按照阿米塔伊·埃齐奥尼（Amitai Etzioni）和奥伦·埃齐奥尼（Oren Etzioni）的建议，从技术自身的监管角度考虑，应当引入二阶的监督系统作为人工智能系统的监护人程序，以此来避免人工智能技术的潜在风险。[11]对于社会监管而言，人工智能系统的政府监管机构和相关行业的伦理审查委员会对人工智能系统的使用数据及信息具有调取权，并且能够对系统的安全性和可靠性进行风险评估、测试、审计，公众也有权知晓人工智能系统的利益相关方及其伦理立场。

确保人工智能的算法设计合乎伦理，是一个复杂的社会工程，需要整合各个方面的专业资源，进行跨学科的协作研究。为了提高人工智能系统的环境适应性，在为智能系统嵌入人类价值时，要平衡与分配不同的道德、宗教、政治和民族风俗习惯等因素的权重，使人工智能系统的设计能够最大限度地符合人类社会的价值标准。人工智能的伦理问题的妥善处理需要多方合作，产业界和学术界应形成联动机制，共同推进以价值为基础的伦理文化和设计实践。为此，下列措施对于实现上述实践目标来说是必要的：第一，需要发挥算法工程师的技术专长，提高他们对特殊场景中伦理问题的敏感性和工程伦理素养，确保智能系统能够促进安全并保护人权；第二，需要哲学社会科学学者加强对人类心智运转机制和人工智能道德决策机制的研究，能够为人工智能的相关伦理议题提供思考框架和辩护理由，使公众认识到人工智能系统的潜在社会影响；第三，需要审查和评估机构严格行事，提高人工智能系统与人类道德规范体系的兼容度；第四，需要公众参与、表达诉求和提供反馈。

四、人工智能社会伦理

随着人工智能和自主系统逐步嵌入社会生活的方方面面，人类与机器的关系将变得越来越复杂，由此所引发的社会伦理问题将变得越来越突出。如果人工智能的复杂程度不断提高，越来越具有人性，那么"恐怖谷"（uncanny valley）现象是否会真实地发生？雷·库兹韦尔（Ray Kurzweil）预言的"奇点"（人工智能超越人类智能的点）是否真的已经临近？比人类更聪明的人工智能是否对人类"友好"，抑或损害人类福祉，甚至异化为刘易斯·芒福德（Lewis Mumford）所说的统治人类的"巨机器"？如果人工智能进化为超级智能体，是否会像科幻电影所描述的那样反叛人类、奴役人类，甚至最终会消灭人类？在未来社会，人工智能如何造福于人类社会，避免被居心叵测的人类个体或团体操控，危害或奴役他人？人类如何适应和引导新型的人工智能社会？这些都是值得深入探讨的问题。这类问题的伦理学探讨并不直接着眼于帮助我们建构AMAs，也不能仅仅局限于未来学、科幻作品式的想象和哲学思想实验，而应该开展特定的定量分析来研究，完善技术风险评估体系建设，权衡灾难发生的可能性，并做好积极的预防。

事实上，如何善用和阻止恶用人工智能才是人工智能社会伦理研究的关键问题。这个问题的落脚点在于优化人机合作关系，建立一种能够使人类与智能机器相互适应和信任的机制，使人工智能建设性地辅助人们的生产和生活。在这方面，当前讨论最多也最为实际的是人工智能是否会取代人的工作，进而引起大规模的技术性失业。人们担忧，强大的人工智能可能导致很多失业人员完全无法找到合适的工作，进而使得社会结构变得不稳定。根据牛津大学对美国劳工统计局描述的702种职业所需技能的定量分析，"美国47%的工作极有可能会被高度自动化的系统所取代，这些职业包括的很多领域的蓝领职业和白领职业……无论你接受与否，高达50%的就业岗位在不远的未来都有被机器占领的危险"。[12]147 回望历史，每一次技术革命都可能导致失业，很多工作岗位、工种和技能被淘汰掉。与此同时，技术革命也创造出很多新的职业和工作机会。不过，这次人工智能革命所带来的颠覆性可能不同于以往，它甚至有可能重新定义人们对于劳动的观念。如果人工智能最终导致大规模的失业潮，那么如何满足作为人们基本生活需要的劳动权？社会稳定如何得到维护？社会保障制度如何负担失业人员的生活？对于这些问题，学术界和政府相关部门从现在开始就需要展开深入研究。

人工智能的广泛应用还将涉及更大范围的公平和正义问题。历史证明，新技术可以消除基于旧技术的不平等，但也可能产生新的更大的不平等。不同国家（地区）和人群在获得人工智能的福利方面可能存在不公平及不平等问题，导致"人工智能鸿沟"。如何避免这场技术革命带来的新的差距，让更多的人获益，避免欠发达地区和弱势群体在技术福利分配中再次陷入被动地位，弥合"人工智能鸿沟"，是人工智能社会伦理研究的焦点。从技术角度看，在算法时代，人工智能系统对数据的需求几乎是无限的，这势必涉及个人信息安全和隐私权等问题。为了应对可能的伦理风险，隐私政策和知情同意条款需要得到相应的更新，商业机构在对信息进行数据挖掘和价值开发时要遵循相应的伦理规范。为了维护数据安全，数据共享方式有待创新，保护隐私权和个人信息权将是人工智能社会伦理研究的重点领域。

在一些具体领域，人工智能的广泛应用已经引发了较为热烈的伦理讨论和媒体关注。在军事方面，是否应该限制或禁止使用致命性自主武器系统（lethal autonomous weapons systems，LAWS）的话题备受热议。LAWS 真的能够做到"只攻击敌人，不攻击平民"吗？它们在不需要人类干预的情况下，能够像人类战士一样遵守道德准则吗？如果 LAWS 可以上战场作战，那它决定目标生死的抉择标准该由谁来制定？2015 年 7 月，一封要求停止研发致命性自主武器系统的公开信获得了 2 万多人签名，其中包括斯蒂芬·霍金（Stephen Hawking）、埃隆·马斯克（Elon Musk）和众多人工智能领域的专家。在他们看来，自主武器系统具有极大的风险，一旦被研发成功并应用，就可能被恐怖组织掌握，这对于无辜平民是巨大的安全威胁，甚至有可能引发第三次世界大战。[13]在医疗领域，随着医疗影像诊断精准度的不断提高并超越医生诊断的精准度，人工智能技术可能被广泛应用于疾病诊断，如果出现误诊，责任究竟由谁来承担？人工智能技术同时也加大了医疗数据泄露的风险，医疗机构保存的患者健康数据和电子病例有可能被不恰当地进行价值开发，如何合法地收集和管理这些数据已经成为近年来学术界研究的热点话题。仿真机器人的出现是否会对人类相互之间的情感构成损害？是否会对人们的婚姻观念和社会制度造成冲击？如此等等。

近年来，美国和英国等国先后发布国家人工智能战略报告，大力推动人工智能及其相关产业的发展。我国也极其重视人工智能和自主系统的研究与应用，2017 年 7 月 8 日，国务院发布《新一代人工智能发展规划》，将人工智能伦理法律研究列为重点任务，要求开展跨学科的探索性研究，推动人工智能法律伦理的基础理论问题研究。《新一代人工智能发展规划》对人工智能伦理和法律制定了三步走的战略目标：到2020年，部分领域的人工智能伦理规范和政策法规初步建立；到2025年，初步建立人工智能法律法规、伦理规范和政策体系；到2030年，建成更加完善的人工智能法律法规、伦理规范和政策体系。《新一代人工智能发展规划》指出，人工智能的迅速发展将深刻地改变人类社会生活、改变世界，但人工智能可能带来改变就业结构、冲击法律与社会伦理、侵犯个人隐私、挑战国际关系准则等问题，这就要求在大力发展人工智能的同时，必须高度重视其可能带来的安全风险挑战，加强前瞻预防与约束引导，最大限度地降低风险，确保人工智能安全、可靠、可控发展。

五、结　语

我们必将生活在一个人机共生的时代，人类与机器之间可能发生各种冲突和矛盾，这些很难仅仅依靠法律和制度来完全解决，人工智能伦理研究对于人机合作和信任来说将是必要之物。虽然我们对伦理学指导人们日常生活的道德决策常存疑虑，但伦理学理论可以为智能机器的道德决策提供指南却将是基本事实。现阶段，有很多人鼓吹我们正处在智能革命的过程中，但这场革命并不能被无限制地夸大。"在智能爆发的前景下，我们人类就像拿着炸弹玩的孩子……尽管我们把炸弹放到耳边能够听到微弱的滴答声，但是我们也完全不知道爆炸会在何时发生。"[14]328 类似的未来学家式的担忧、科技精英式的猜想和科幻电影式的描绘虽然能为我们的伦理思考提供素材，但这些可能并不是我们实际上将会真实遭遇的情境。着眼于现实，人工智能伦理研究的目标始终是要给人工智能一颗良芯（良心），使其像人类那样能够明辨是非，进而才能"行有德之事，做有德之机"。从这个意义上讲，"机器之芯"研究和"人类之心"研究是相得益彰的。这些研究能够使得我们发现人造物与人类更多的相似性和差异性，恰恰是这些将会使我们更加明白"我们到底是谁""我们在做什么"。因此，人工智能伦理研究恰恰是对德尔菲神庙门楣上的神谕"认识你自己"的最好诠释。

参考文献 >>>

[1] Bostrom N, Yudkowsky E. The ethics of artificial intelligence [A] // Frankish K, Ramsey W M. The Cambridge Handbook of Artificial Intelligence [C]. Cambridge: Cambridge University Press, 2014: 316-334.

[2] Moor J H. The nature, importance and difficulty of machine ethics [J]. IEEE Intelligent Systems, 2006, 21 (4): 18-21.

[3] 彼得·保罗·维贝克. 将技术道德化：理解与设计物的道德 [M]. 闫宏秀, 杨庆峰译. 上海：上海交通大学出版社, 2016.

[4] Floridi L. Distributed morality in an information society [J]. Science & Engineering Ethics, 2013, 19 (3): 727-743.

[5] 温德尔·瓦拉赫, 科林·艾伦. 道德机器：如何让机器人明辨是非 [M]. 王小红, 等译. 北京：北京大学出版社, 2017.

[6] 佩德罗·多明戈斯. 终极算法：机器学习和人工智能如何重塑世界 [M]. 黄芳萍译. 北京：中信出版社, 2017.

[7] Bonnefon J F, Shariff A, Rahwan I. The social dilemma of autonomous vehicles [J]. Science, 2016, 352 (6293): 1573-1576.

[8] Lake B M, Salakhutdinov R, Tenenbaum J B. Human-level concept learning through probabilistic program induction [J]. Science, 2015, 350 (6266): 1332-1338.

[9] Riedl M O, Harrison B. Using stories to teach human values to artificial agents [A] // The Workshops of the Thirtieth AAAI Conference on Artificial Intelligence: AI, Ethics, and Society [C]. 2016: 105-112.

[10] The IEEE Global Initiative on Ethics of Autonomous and Intelligent Systems. Ethically aligned design: a vision for prioritizing human well-being with autonomous and intelligent systems, Version 2 [EB/OL]. http://standards.ieee.org/develop/indconn/ec/autonomous_systems.html [2018-1-17].

[11] Etzioni A, Etzioni O. Designing AI systems that obey our laws and values [J]. Communications of the ACM, 2016, 59 (9): 29-31.

[12] 杰瑞·卡普兰. 人工智能时代——人机共生下财富、工作与思维的大未来 [M]. 李盼译. 杭州：浙江人民出版社, 2016.

[13] Future of Life Institute. Autonomous weapons: an open letter from AI & robotics researchers [EB/OL]. https://futureoflife.org/open-letter-autonomous-weapons [2018-1-17].

[14] 尼克·波斯特洛姆. 超级智能：路线图、危险性与应对策略 [M]. 张体伟, 张玉青译. 北京：中信出版社, 2015.

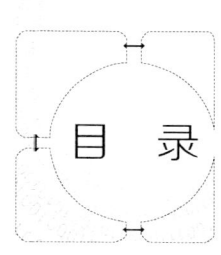

目 录

丛书序 ······ 郭东明 / i

代　序　给人工智能一颗良芯
——人工智能伦理研究的四个维度 ······ 李　伦　孙保学 / v

人工智能道德哲学

人工智能中的本体论及其理论和实践意义 ······ 高新民　刘　凯 / 003

康德-图灵佯谬及其消除
　　——兼论"图灵测试"的道德哲学意义 ······ 颜青山 / 031

机器的道德地位：一种关系式的道德诠释学范式 ······ 苏令银 / 044

机器人怎么可能拥有权利？ ······ 甘绍平 / 064

心灵胜过图灵机？
　　——对卢卡斯-彭罗斯论证的新辨析 ······ 刘大为 / 075

延展心智与延展自我 ······ 张　含 / 087

"机器伦理"思想的价值与局限性 ······ 于　雪　王　前 / 101

人工智能道德算法

人工智能的道德代码与伦理嵌入 ······ 段伟文 / 117

通用强化学习中的"善"与"先验" ······ 李　熙 / 122

人工智能道德决策的实验伦理研究……………………………李　杨 / 143
自动驾驶汽车中的新"电车难题"…………………………张　卫 / 154
面向人工智能的形式伦理及其逻辑基础……………………王淑庆 / 168

人工智能设计伦理

人工智能道德风险及其规避路径……………………………闫坤如 / 181
如何谈论人工智能的伦理问题………………………………文贤庆 / 197
自动驾驶的责任主体问题及出路………………………万　丹　詹　好 / 210
机器人的负责任创新研究
　　——以护理机器人为例………………………………于　雪 / 223
人工智能研究纲领冲突中的问题转换和解释………………陈自富 / 237

人工智能社会伦理

关于人工智能的价值反思……………………………………孙伟平 / 255
全球人工智能伦理研究进展…………………………………曹建峰 / 271
人工智能道德增强：现状、问题与挑战………………陈万球　张　弛 / 286
现代军用机器人的伦理困境…………………………………杜严勇 / 300
美军使用智能化无人机反恐的伦理风险分析………………张　煌 / 311
后人类战争：人工智能、生物交叉技术重塑未来军事图景……石海明 / 330

大数据伦理与信息伦理

大数据信息价值开发的伦理约束：机制框架与中国聚焦
　　………………………………………李　伦　孙保学　李　波 / 345
大数据时代信息价值开发的伦理问题………………李　伦　李　波 / 361
对待信息的伦理态度：从视觉文化到触觉文化………李　波　李　伦 / 371

人工智能道德哲学

人工智能中的本体论及其理论和实践意义

高新民　刘　凯[*]

一、"大写的本体论"与"小写的本体论"

鉴于本体论学术角色和作用的新变化，许多致力于形而上学研究的人在揭示"本体论"一词的内涵和外延时也做了与时俱进的改变。哲学家瓜里罗（N. Guarino）在对各领域的本体论研究做全面考释的基础上指出："本体论"一词有许多不同的用法，不过可归结为两大类，一是纯哲学的用法，二是具体科学和工程学中的用法。前一用法可称作"大写的本体论"，后一用法可称作"小写的本体论"。这一区分独具匠心，对于澄清本体论理解和界定中的混乱会有积极的作用。我们先从前一用法说起。

"本体论"是哲学中的一个古老概念。在现代以前，汉语里没有"本体论"一词，中国哲学也很少或几乎没有人研究西方哲学中的那种严格意义上的本体论。与汉语"本体论"一词所对应的词 ontology 是在 16~17 世纪才被创造出来的。19 世纪末 20 世纪初，随着西方哲学著作的大量传译，西方的"本体论"也传进了中国。不知什么原因，最初的翻译家把它译成了"本体论"。现在看起来，这是错误的，危害也是深重的。从构词或从字面意义上看，西方的本体论是关于 being

---

[*] 高新民，华中师范大学心灵与认知研究中心教授；刘凯，华中师范大学马克思主义学院硕士研究生。

的哲学理论。这里的 being 是很难理解的，甚至没有一定西文知识、没有相当哲学素养的人根本就无法理解。

being 是本体论研究的对象，其意义问题一直被认为是西方哲学传统中最基本的问题。但是，这个 being 指的究竟是什么则众说纷纭。在英语当中，being 有两种词性，一为名词，一为现在分词。作为名词的 being 既可以意指某一种具体的 being，又可以意指 being 本身。与前者相关联的是实体、本性或者一事物的本质；与后者相关联的则是"所有能够被恰当地表述为'是'（to be）的东西的共同属性"。[1] 2 此外，being 还是动词原形 to be 的现在分词。在这里，作为动词原形的"是"（to be）意指一种行动，正是凭借这种行动，所有被给予的实在才得以存在。[1] 3 无论根据哪种词性，being 在其最广泛的意义上都可以被理解为一切能被表述为"是"（to be）的东西。

从词源学来看，作为名词的 being 是从动词原形"是"（to be）演化而来的。在印欧语系中的 to be 来自一个共同的词根 es。动词 es 既是系词，又可表示"存在"或者"有"，因而是一个多义词。但是这些含义之间又有着密切的联系。亚里士多德就曾注意到："是"是一个多义词，有不同的用法和意义，但是，这些意义并非彼此无关、相互独立的，而是有着内在关联的，或者说有内在的一致性。在近代，弗雷格和罗素等人在梳理"是"的各种用法后发现，尽管其用法很多，但不外乎四种：一是表示存在（being）或实存（exist）；二是有等同的意义；三是述谓，指出主词的属性；四是表示隶属关系或下定义。弗雷格等人由此认为，本体论中所用的"是"是第一种用法的"是"，与其他用法无关。在此之后，尽管许多分析哲学家也赞成把"是"的用法归结为四种，但他们却普遍强调：这些用法是有联系的，尤其是其他三种用法中都包含有"存在"的意义。

笔者认为，本体论研究的对象是 being，而这里 being 包括狭义和广义两种"存在"。狭义的存在是指真实的存在，所谓真实的存在即有时空规定性、处在运动中的存在。而这种存在又有基本的和派生的之别。例如，个体事物是基本的，而依赖于它的种种属性、关系甚至三阶、四阶属性是派生的。所谓广义的存在是指一切能用 being 加以述谓的对象，包括真实的存在和非真实但又确实出现了、在场的现象。根据这种理解：本体论可以概括为以存在为中心的、广泛涉及存在与真理、与本质、与现象、与殊相等的关系的哲学研究领域。

"本体论"不是哲学独有的话语，它在信息科学、人工智能（artificial intelligence，AI）等研究中使用的频率也很高，而且呈上升之势。鉴于这一点，瓜里罗指出：本体论是一个跨学科的概念，在不同学科间，含义大不相同，即使在同一学科内，它也是一个颇有歧义性的概念。他还建议，把纯哲学以外的本体论称作"小写的本体论"。

一般来说，哲学所说的本体论指的是哲学中的一个特殊的研究领域，属于形而上学，或者就是形而上学。具体科学和工程学所说的本体论肯定有哲学的意味，但它们所说的本体论又有浓厚的应用、实用色彩。小写的本体论又有两种形式，即形式本体论和工程学本体论。瓜里罗指出：所谓"形式本体论……是关于先验划分的理论，如在世界的实在（物理对象、事件、区域、物质的量……）之中，在用来模拟世界的元层次范畴（概念、属性、质、状态、作用、部分……）之间做出划分"。[2]5-6 这种本体论是信息技术等具体学科中的基本理论和方法。借助它，人们可对有关对象和范畴做出划分，如可从两个层面或等级去划分，即实在的划分和范畴的划分，前者属于高阶划分，后者属于低阶划分。前一划分是形而上学的，后一划分要根据形而上学划分来阐释。小写的本体论的第二种形式是工程学本体论。在人工智能中，其最常见的意义指的是工程学上的人工制品，它由用于描述特定实在的具体词汇所组成，另外还包括一些关于词汇的意欲意义的明确假定。这些假定常采取一阶形式逻辑理论的形式。在最简单的情况下，这种本体论描述的是由假定关系关联起来的概念体系，在最复杂的情况下，它又被加上了一些适当的公理。这样做的目的是要表达概念之间的别的关系，进而限制它们试图做出的解释。可见，工程学中的本体论与哲学中的本体论有很大的区别。它既不关心形而上学的being的意义，又没有关于实在的本体论分类。它不过是一个想象的名词，指的是这样的活动结果，例如，在标准方法的指导下通过概念分析和范围模拟所得的结果。当本体论的方法论和结构上的特质发挥作用时，这些结果也就现实地存在着。如果是这样的话，那么本体论就成了信息系统的整合因素，即这样的范畴结构——它能整合被输入的信息，把它们按本体论的类别放入相应的范畴之下。由于这里涉及有关概念分析之结果的本体论判定，因此人们才把它称作本体论，但它关心的又不是一般的存在问题，而是信息系统中的整合因素，因此它又是名副其实的工程学本体论。[3] 138-139

说工程学本体论是一个想象的名词，是否意味着工程学本体论可以任意设立呢？它有没有自己的标准呢？回答是肯定的。一般认为，一种工程学理论要成为它的本体论，必须符合下述五个标准：①明晰性；②一贯性，或无矛盾性；③拓展性；④最低限度的编码误差；⑤最低限度的本体论承诺。

根据一般的看法，工程学的本体论有三种形式：第一种是信息科学中的本体论。斯坦福大学的格鲁伯（T. R. Gruber）对它的定义得到了许多同行的认可。他认为，本体论是对概念化（conceptualization）或范畴体系的明确表达。本体论是信息科学不可回避的一项工作，因为无论是知识库，还是基于知识库的信息系统，以及基于知识共享的自主体，都必须将复杂的世界概念化，建立自己的本体论图式，否则就不能正常有效地运转。[4] 第二种意义的工程学本体论指的是某个领域的知识实在或描述某一领域知识的一组概念，而不是描述知识的手段。第三种工程学的用法是人工智能的用法。它被等同于人工智能的内容理论（content theory）。这种本体论关心的不是知识的形式，而是知识与对象的关系，尤其是对象与对象的关系、对象的分类等。这是本文接下来要论述的主题。

概言之，不管哪种形式的本体论，既然带上了这样的称号，就一定既有与其他形式的共通性，又有自己的个性。这种共性和个性均可从两个维度来说明：一是存在的维度，不管什么样的本体论，都与存在问题有关，但因切入的层次和角度各不相同，因此又各有特点；二是范畴的维度，不管什么样的本体论，都旨在建构自己的范畴体系，或要从事范畴化、概念化工作。但由于所处的层次和所关注的领域各不相同，因此又有把它们区分开来的界限。

二、AI 本体论的缘起、结构与建构

在 AI 研究中，本体论是伴随着互联网的发展、为适应日益提高的知识共享要求而被创立的一种 AI 理论和技术。首先，如果没有真正意义上的知识共享，那么就不可能建立名副其实的互联网。但是在互联网的产生和发展过程中，知识不能共享是一个客观存在的事实。要解决这一问题，要提高交流、协作的效率，提高软件的重用性、互操作性和可靠性，就必须有一种通用的概念框架和描述系统，这个概念框架和描述系统就是 AI 本体论的核心内容。如果能建构出合适的本体论，那么将有助于解决知识共享和重用中的这样一些问题：第一，有可能让各自持有自己一套概念和术语的人群有一种规范的、通用的概念体系，进而消除语词的混乱，避免不必要的争论，使人们在理解和交流时保持语义的一致；第二，有可能让异构系统能够实现数据的传输和互操作；第三，保证知识能共享和有可重用性；第四，通过显式地描述和定义领域知识，能使知识清晰地从代码中独立出来；第五，有可能让算法与具体的领域知识分离开来，进而让一种算法能使用不同领域的知识。

我们还应看到，AI 的本体论研究是伴随着 AI 对内容（或意向性）问题日益升温的关注而发展起来的。随着理论探讨的深入和工程实践的发展，语义问题、内容问题的解决迫在眉睫。因为人工系统如果只是满足于形式转换而忽略对内容的处理，那么建构有真正智能性质的人工系统的追求将化为泡影。史忠植、王文杰先生说："许多现实问题的解决，如知识的重用、自主体通信、集成媒体、大规模知识库等，不仅需要先进的理论或推理方法，而且还需要对知识内容进行复杂的处理。"[5] 348-349 此外，在互联网的发展过程中，现实对语义网的要求日益强烈。而语义网要达到的一个目标就是信息在知识级别上的共享，以及信息在语义级别上的可互操作性。要如此，不同系统似乎必须有对语义的共同理解。而要做到这一点，就必须以本体论语义学为基础。基于这样的看法，蒂姆·伯纳斯-李（Tim Berners-Lee）把本

体论语义学作为语义网体系结构的基础看待。[5]315 在许多专家看来，建立在 Unicode 与 URI、RDF（S）等语言标准之上的本体论词汇具有至关重要的作用，它提供的原语不仅是描述领域的概念模型，而且是对知识进行推理和验证的基础。

由于本体论在语义网中有这样的地位，因此极受有关专家的重视。万维网（W3C）在语义网活动中，专门成立了 Web-ontology 工作组，其任务就是在 Web 的现有标准之下创立一种能定义和描述本体论的语言。现有的语义网的目标是试图让 Web 上的信息具有计算机可理解的语义，在本体论支持下实现信息之间语义上的可互操作性，进而对 Web 资源进行智能访问和检索，因此可看作是借助本体论对原有 Web 的一种扩展。

这些理论和工程技术中所说的本体论究竟是何意？其结构是什么？对于这类问题，人们可谓见仁见智。例如有的人说：这里的本体论"定义的是领域词汇的基本术语和关系，以及用于组合术语和关系以定义词汇外延的规则"。[6]30 对该领域有重要建树的学者瓜里罗的看法是：本体论由一组描述存在的特定词汇、一组关于这些词汇的既定含义的显式假设所构成，有简单和复杂两个组成部分。简单本体论描述了通过包含关系而形成的概念层次结构，复杂本体论除此之外还包括用来描述概念之间关系和限制概念解释的合适的公理。

格鲁伯强调：本体论是关于领域共享概念的一致的形式化说明。这个定义有几点值得注意：第一，本体论的描述是形式化的，因此可为机器所理解，能支持对领域概念和关系的推理；第二，本体论具有一致性，不存在内在矛盾；第三，共享概念的形式有很多，例如，对领域知识进行建模的概念框架，互操作的自主体用于交互的、与内容有关的协议，表示特定领域的理论的共同约定；[7] 第四，从语义上说，本体论中的共享概念表示的是事物及属性的集合；第五，从结构上说，每一个概念都是这样一个四元组，即 C=（Id，L，P，I^e）。其中，Id 为概念的唯一的标识符，用 URI 表示，L 为概念的语言词汇，P 为概念属性之集合，I^e 为属于该概念之实例的集合。

我国学者程勇提出的定义是：本体论是关于领域概念模型的明确

的共享形式化说明。它有语义性，因为它表示的是事物及其属性。在形式上，可将其定义为一个六元组：$O=\{C,R,H^C,H^R,A,I_D\}$。C 即领域概念的集合，H^C 和 R 描述了概念之间的关系，H^R 定义的是关系之间的层次结构，A 是公理的集合，I 是本体论实例的集合。[6]

概言之，工程本体论指的是 AI 研究中的由哲学、语义学、工程学等的交叉互动而形成的一个领域，它有自己的独有对象和问题，如知识的获取和表示、过程管理、数据库模式集成、自然语言处理、企业建模等。换言之，作为 AI 研究中的特殊的工程技术活动，本体论指的是概念化活动及过程，即为所关注的领域建构范畴体系，就像形而上学中的本体论是要为世界上的全部存在着的事物构建范畴体系一样。同样，AI 的工程学本体论就是要对与领域概念模型相关的实在、属性、关系、约束等做出形式化描述，或建立概念化的明确表征与描述。这里的概念化如果用 C 表示，那么对 C 可以这样形式化地予以表示：$C=\langle D, W, R\rangle$。其中，D 指一个领域，W 是该领域的事态集合，R 是领域空间 $\langle D, W\rangle$ 中的概念关系集合。作为 AI 中的使其得以表现智能特性的知识资源，本体论指的是一种特殊的知识，即概念化的、范畴化的、能为全球共享的领域知识。

工程本体论在形式和内容上有类似于哲学本体论的地方。就哲学本体论来说，它有自己的本体论承诺（如承认有物存在），有对类别和关系的界定。从哲学本体论与人的关系来说，它是人必须具有的知识，是人类的一种共有、通用的知识。正是有这样的知识，人类才有理解事物、理解更具体的知识的可能，甚至有获得科学知识的可能。从哲学本体论与知识的关系来看，它是人类知识中的一种，即最抽象、最一般的方面，既是别的知识的基础，又贯穿于它们之中。AI 中的本体论知识尽管不是最一般的，但在它起作用的领域也具有一般性，即关于特定领域内的现象的概念体系，或对表示它们的概念及其关系的明确刻画。正是因为有这一特点，它才有沟通异构结构和知识的作用，才能成为领域知识共享的基础。从作用上说，这种本体论为不同系统和用户提供了一种形式化、规范化地表示领域共享概念模型的方法，为领域知识的表示、共享、传播和利用奠定了基础。另外，它还为知识单元提供了公理化基础,并支持对隐含知识的推理,因而成了知识组织的核心。由于有这些作用,因此它便能够广泛应用于多自主体系统、移动自主体、数据集成、信息检索、知识管理等领域。

AI 中的本体论知识多种多样。从表征和描述的形式化程度上看,有这样几种本体论:完全非形式化的本体论、半非形式化的本体论、半形式化的本体论、严格形式化的本体论等。形式化程度越高,越有利于计算机自动处理。[7,8] 就一个特定领域的本体论知识而言,它也有不同的种类和层次,如顶层的、任务性的、应用性的。它们有机地结合在一起,可以组成严密的系统。正是通过这种系统,有此知识的程序或机器才能表现出特定的智能特性。专家通过对人类本体论知识的解剖,认为这种知识的理想结构如图 1 所示。

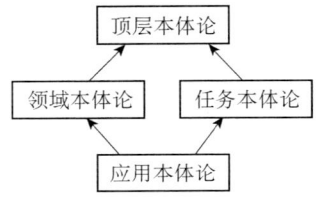

图 1　知识的理想结构

既然如此,机器要表现特定的智能特性,它所获得的知识也应如此。在这个结构中,顶层本体论是关于世界整体的概念图式,贯穿、内化于其他层次的本体论之中。第二级和第三级的本体论是具体层面的本体论。例如,第二级的领域本体论是关于特定领域、对象的本体论;同层的任务本体论是关于特定的任务、推理活动的概念图式。底层的本体论则属于应用层面。

在工程本体论建构中,会碰到如何动态协调本体论语义性的问题。由于开发者对世界的认识不同,因此其所开发的本体论有异构性,而这种异构性对相同或不同领域的知识系统之间的互操作性来说是一道屏障。在多自主体通信中网络用户与服务者之间也有本体论异构的问题。网络用户与服务者之间的这种问题显然不能由某一本体论解决,而必须另辟蹊径。经过大量的研究,人们找到的解决上述问题的方法就是本体论映射。本体论映射的相近概念有：合并、集成、联合。可以这样界定：假如有两个本体论 O_1 和 O_2，对于其中一个的每个元素（如概念、属性、关系），本体论映射就是设法从另一个中找到与之对应的元素，使它们在语义上具有相同或相近的含义。本体论映射在语义网、知识管理中显示了巨大的威力，成了动态协调本体论语义性的重要方法之一。

建构 AI 的工程本体论的灵感来自人们对人类交流过程中贯穿的本体论图式及其巨大作用的观察。人们发现：人之所以有语义能力，如听到或看到一个词，马上能想到它的意义，是因为人有特定的本体论概念图式。可见，建构本体论的实质仍是人工智能知识工程的组成部分，即仍是要通过一定的办法让机器获取知识。只是这种知识是一种特殊的知识，即一种人际、人机共享的，通用同时又贯穿于其他具体知识之中的最一般的、概念化的框架性知识。质言之，建构本体论，就是从关于整个世界或关于某个领域（如医药、生物等）的数据文档中提取一般性的概念化知识，形成关于其内的存在对象及其关系的概念图式。

由于这种知识必须是计算机能理解且能为异构系统所共享的知识，因此对它们的抽取就必然受到一些特殊的限制，换言之，在抽取时必须符合这样的要求或准则，例如，它们除必须具有明确性、客观性、一致性、可扩展性，还能形式化，因为形式化是实现客观性的一种方式，另外，在编码时，其偏差应控制在最小范围之为，最后，它们应具有最低限度的本体论承诺。要建构本体论，还必须遵循一定的方法论程序，主要包括如下几个环节：①本体论需求分析，即根据应用程序的要求确定合适的本体论需要，它包括这样的信息——本体论的领域和目的、使用场景、本体论领域描述、不同用户的需求及其特点等；②建构的规划，如确定建构要达到的目的以及实现的程序、所需的资源及配置；③获取信息，在了解领域知识的现状的基础上，明确信息源，然后用适当的方法和途径去获取信息；④确定概念及关系，例如，弄清核心概念是什么，厘清诸概念的关系，然后进行领域分析与建模，确定知识源（如领域字典、数据库、电子文档等），进行领域宏观分析，确定领域建模方法；⑤本体论学习过程——以结构化、半结构化和无结构文档语料为输入内容，通过浅层自然语言处理（如中文分词、停用词消除、词性标注、关键短语识别、实体名词识别等)过程将文档向量化,即表示为向量空间模型,目的是便于学习算法的进一步处理;⑥本体论提炼与形式化编码;⑦评价;⑧演化;⑨具体予以表示,即在一个统一的界面上用一定方式将领域本体论知识明确有序地表示出来。表示是否成功,直接关系到本体论建构的成效。由此所决定,判断其是否成功的标准,就是看被表示的知识能否有知识导航、方便知识检索的作用。

迄今为止,本体论建构所用的方法主要是手工和半自动化方法,尚达不到由机器自动建构的程度。所谓手工方法,即指知识工程师利用本体论编辑器靠手工劳动来建构本体论;半自动化方法,就是把机器学习和知识工程师的劳动结合起来,让机器从关系数据库中半自动化地学习本体论知识。

要建构本体论,还要解决所使用的描述语言问题,因为本体论是一种全球共享的领域知识,至少从创立者的动机来说是如此。但它并不能直接为计算机所理解、处理和应用。像其他知识一样,它也有一个如何表示或表征的问题。而要表示就一定要用计算机能使用的语言。为了使信息资源的语义描述具有规范性,以让不同领域、不同类型、有不同软件的用户能共享同样的信息,W3C 于 2004 年 2 月 10 日正式发布了支持语义网的两种标准语言:资源描述框架(resource description framework,RDF)和 Web 本体论语言(web ontology language,WOL)。RDF 是描述数据语义的基础和有效手段,其作用是定义描述资源和陈述事实的三类对象,即资源、属性和值,因此其现已成为语义互联网实现的关键技术。WOL 是以 RDF 为基础、以 XML 为书写工具的本体论标准描述语言,其作用是表述由计算机应用程序处理的知识信息,这种知识信息就是本体论,即词条中各词条的含义及其关系。与 XML 和 RDF 相比,它有表达语义即与对象世界发生关联的能力,而前者只有表达网上机器可读文档内容的能力。除了上述语言之外,还有都柏林核心元数据集,它是一套用于描述 Web 资源元数据的规范。创建这种描述语言的目的是为描述一个资源的基本元数据提供一套最小的、最具通用性的元素集。从作用上说,它一般用于对出版信息的描述。另外,CycL 也是一种知识表示语言。由于它是一阶逻辑的一种扩展,因此其具有处理量词、缺省推理等二阶特性，还有表示类和类之间的关系的功能。它涉及的类很多，如集合、可触事物、不可触事物等。最后，WordNet 语义网络是典型的基于图的本体论描述语言。它把每个词看作一个网络节点，每一节点又通过"同义关系""上下关系"等与其他节点关联起来。通过这些关系，每个词的意义便可得到定义。

在本体论建构中，还必须考虑本体论的进化问题。人类本体论同时有能进化的一面。而人工智能的本体论到目前为止，还只是作为静态的知识表示方法而存在。要使人工智能不断接近人类的智能，其本体论也必须具备进化的能力，其知识表示方法应具备良好的动态适应特点。目前，客观的现实已提出了本体论进化的迫切要求。这主要体现在三个方面：一是领域经常变化。有些变化是隐蔽的，只有在对系统和用户的交互关系做出分析之后才能被发现。有些变化是显性的，因为在开放性动态知识管理系统中，人们随时都会发送新的信息，或对信息做出更新。二是共享概念模型的变化。这种变化常常是由领域视图或使用方法的改变而引起的；另外，当原有本体论应用于新的领域或面对新的任务时，概念模型也会随之发生变化。三是知识表示语言的改变。有时，本体论有必要从一种表示语言转换为另一种语言，由于这种变化，语法、语义等都会随之变化。这些变化都要求本体论有进化的能力。

要让本体论有进化能力，必须进行进化管理。怎样实现这一目标呢？怎样让本体论完成进化呢？斯托亚诺维奇（L. Stojanovic）等人对此做了大量研究，写成了《基于本体论的知识管理系统的进化》一文。在该文中，他们构想了一种系统，它似乎能让本体论获得进化功能。其进化过程如图 2 所示。

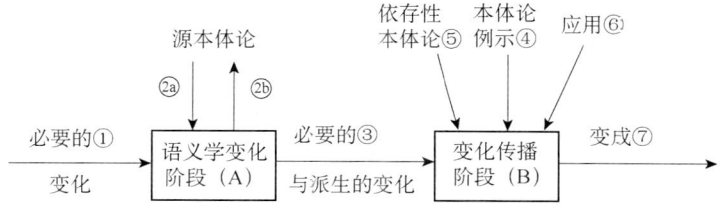

图 2　本体论的进化过程

根据这种图式，本体论的进化有两个阶段，即从（A）到（B）。第一阶段（A）是语义学变化阶段，其输入有两个方面，即①所述的变化的需要和（2a）所述的源本体论；其输出也有两方面，即（2b）所述的源本体论和③所述的变化要求和派生的变化。第二阶段（B）是变化传播阶段，其输入有四方面：一是③所述的原因，二是依存性本体论，三是本体论例示，四是应用；输出是⑦所述的三方面，即经过变化的依存性本体论、本体论例示和相应的应用。[9]

要在人工智能的有关领域建立和运用本体论，必须营造一定的工程环境，找到相应的开发工具。根据工具在开发中的作用，我们可将其分为以下几类：本体论开发工具、评价工具、合并和映射工具、注释工具、查询和推理工具。计算机要处理知识，必须将待处理的知识用适当的形式加以表示，因为它不能直接处理现实世界的知识。本体论要成为计算机的一种有用的工具也是如此，也有一个如何表示的问题。目前，出现了许多本体论的表示语言。之所以能如此，是因为有现代描述逻辑，这种逻辑是本体论表示语言（如 WOL 等）的形式化基础。现代描述逻辑是一阶逻辑的可判定子集，在语言表达能力和推理可判定性之间进行了合理折中。

人工智能的本体论研究还有这样一个重要问题，即如何开发本体论。对此，不同的人有不同的解决方案，例如，爱丁堡大学的尤斯科德（M. Uschold）提出了所谓的骨架法。他认为，可按下述四个步骤开发本体论：第一，确定所建领域本体论的目的和使用范围；第二，着手建立本体论，这一步又包括三步，即本体论获取、编码、集成；第三，对所建本体论做出评估；第四，文档记录。有影响的本体论开发方法还有 KACTUS 方法。它把步骤分为应用说明、初步设计和本体论求精三步，此外还有 TOVE 方法、Methbeinglogy 方法等。

三、本体论语义学

AI 中的本体论研究既有一般性的理论探讨，又有在众多应用领域的、兼有理论和工程学双重性质的百花争妍。它向自然语言处理领域辐射的一个结果就是本体论语义学的诞生。

作为一种自然语言处理的崭新方案，它是为解决已有自然语言处理方案所碰到的种种难题而提出的一种诊断和处方。我们知道，已有的语言处理系统的最大问题是只能完成句法加工或符号转换，没有语义性。所谓有语义性，就是人类智能所涉及的符号有意义、指称和真值条件等特征。本体论语义学的研究目的就是要改变这一状况，就是要从技术的层面研究计算机如何利用和处理文本意义，如何让机器智能也有意向性或语义性。

本体论语义学旨在建构关于自然语言加工的理论和方法，其建模基础是关于自然智能自主体的模型。从应用技术的层面来说，它的具体工作就是研究计算机如何利用和处理文本意义，而不只是关注句法形式的转换。要如此，就要探讨：怎样将我们关于语言描述的观念系统化，怎样将计算程序处理意义的观念系统化，怎样形成更符合实际的、更有应用价值的表征理论。从构成上说，本体论语义学是理论、方法、描述和具体操作的复杂统一体。由上述任务所决定，本体论语义学提出了自己的方法论原则。既然它要完成的是应用方面的任务，它当然会设法形成这样的假设，即重构人类加工语言的能力及其所需的知识与过程，也就是要弄清人类的自然语言加工是如何可能的。为此，它有这样的理论预设，即承诺弱人工智能观，而非强人工智能观。后者认为，计算机程序不仅应在功能上模拟人脑，而且应从结构上、物理执行的过程与细节上去模拟。而前者则主张，在模拟人脑的语义能力时，只需从功能上加以模拟就行了。判断模拟是否成功，主要看机器处理语义的能力是否与人类的语义能力在功能上等值。

本体论语义学的方法论的独特之处在于强调要让机器对自然语言的加工有语义性，必须以本体论为基础。因为人类之所以能理解和产生意义，根本的条件是人类有一种本体论的图式。正是借助它，任何语词一进到心灵之中就有了自己的归属，被安放进所属的类别之中，不过，这里所说的本体论有其独特的含义。

如前所述，本体论语义学研究和处理的对象是自然语言的意义，这种意义既可以是动态的，也可以是静态的。静态的意义存在于字词单元之中，人类肯定能产生和处理这类意义，尤其是能将静态意义结合为表征意义。而现在的计算机一般没有语义表征能力。但人工智能、计算机科学和认知科学要解决的问题恰恰是让它有这种能力。本体论语义学所提出的任务无疑向着揭示意义何以可能、意义依赖于什么条件迈出了关键的一步。

要完成对人类自然语言加工的模拟，首先必须解决的问题是：人的自然语言加工如何可能？人的有意义的交流如何可能？根据本体论语义学家的研究，达成可能的条件不外乎是：有外部世界存在，有将它与语言关联起来的能力，有别的技能，有情感和意志之类的非理性方面，另外，还有就是活动的目的、计划及程序，最后就是知识资源。这是本体论语义学目前比较关心的内容，我们重点予以剖析。

知识资源有静力学和动力学两个方面。所谓静力学的知识资源就是指导描述世界所用方法的理论，它有自己的范围、对象、前提、原理体系和论证方法，主要包括这样一些知识：第一类是关于自然语言的知识，它又有许多方面，一是句形学、生态学、语音学知识，二是关于语义理解、实现的方法及规则的知识，三是语用学知识，四是词汇知识。第二类是关于世界的知识，其中首先是本体论知识即关于世界的分类知识。它也可以理解为关于作为自然语言要素之基础的概念的不依赖于语言的信息集合，简言之，是关于自然语言的终极概念体系的信息组合。其次是事实储备，它包含的是本体论概念的被记下的事例之汇聚，它常常以特定记忆模块的形式存在，还有本体论概念表达的关于单词和短语的信息。

在意义的生成过程中，最重要的条件是本体论知识。纽伦堡（S. Nurenburg）等说："本体论提供的是描述一种语言的词汇单元的意义所需的原语言，以及说明编码在自然语言表征中的意义所需的原语言。而要提供这些东西，本体论必须包含有对概念的定义，这些概念可以被理解为是世界上的事物和事件类别的反映。从结构上说，本体论是一系列的构架，或一系列被命令的属性——价值对子。"[4]它的作用在于：为要表征的词项的意义做本体论的定位，即说明它属于哪一类存在，其特点、性质、边界条件是什么。那么，人工智能、计算机的自然语言处理的前进方向就比较清楚了，那就是为它们建立更复杂、更丰富、更贴近实际、更可行的本体论概念框架。动态的知识资源是在应用所提出的任务、要求的基础上所产生的知识，如图3所示。

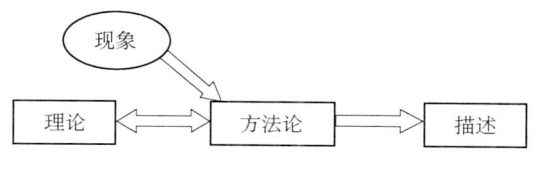

图3　表征现象所需的资源

图3说明，加工器要表述、表征现象，必须有方法和工具，而要有这些东西，又必须有理论的指导。理论涉及对该理论所适用的范围做出规定，提出有关前提，建立实际的陈述、命题体系，最后对之做出证明。在描述和应用中，又会产生新的问题，这些问题又会促进理论的发展，发展的理论又会进一步指导新的实践。

有了关于人类加工自然语言所需条件的比较清楚和量化的认识，就有可能通过建立相应的网络让计算机也获得这样的条件，进而让其表现出对意义的敏感，最终不仅有句法加工能力，同时也有语义加工能力。本体论语义学相信：这不是没有可能的，至少有巨大的开发前景。事实上，也有许多人在进行大胆的尝试，并建构出了许多语义加工模型。其具体操作就是：先让加工器具备静态和动态的知识资源，然后让其有相应的加工能力。在这些实践的基础上，纽伦堡等仿照一般语义学的形式，在他们的本体论语义学中也建立了两个部门：一是语词语义学，二是语句语义学。我们简要分析一下语句语义学。它要说明的是词汇的意义如何结合为句子的意义。有的学者认为：产生语句的意义是形式语义学的工作。而本体论语义学则认为：语句的意义可被定义为一种表达式、一种文本意义的表征，它是通过把一系列规则运用到对源文本的句法分析之上、应用到建立源文本单元的意义之上而得到的。他们说："这种理论的关键要素是关于世界的形式模型或本体论，它是词汇的基础，因而是词汇语义成分的基础。这种本体论是本体论的词汇语义学的原语言,是它与本体论的句子语义学结合的基础。"[4]

纽伦堡等通过分析 Stratified 模型做了说明。这是自然语言加工的一种模型,得到了许多人的认可。其基本结构是:第一步是分析,即分析文本的意义,将意义析出,其分析的步骤如图 4 所示。

图 4　文本意义分析

第二步是产生文本输出,如图 5 所示。

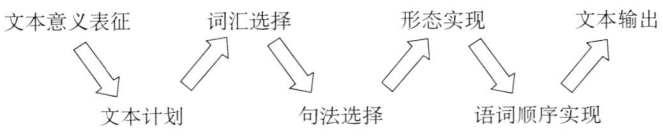

图 5　形成文本输出

在纽伦堡等人看来,将文本转化为意义离不开一系列的加工,它们主要包括这样一些环节:一是文本分析。他们说:"文本分析只是本体论语义学所支持的加工中的一种。"[3] 247 要完成这种分析,首先要输入文本,然后产生一个正式的表达式,这个表达式表征了文本的意义。由这个任务所决定,它又必须有分析器和生成器。从文本分析的过程来说,文本要输入系统之中,首先要经过"前加工",第一步是将文本加以重新标记,以便让文本能为系统所分析,因为文本可能是用不同的语言写成的,还可能采取了不同的体裁和风格,等等。第二步是对标记过的东西做形态学分析。在从事这些分析时,要动用生态学、形态学、语法学、词汇学的资源。形态学分析器在完成对输入的分析、形成了关于文本的单词的引用形式的分辨之后,第三步就会把它们送给词汇学分析器,并激活这一分析器的入口。这个入口包含有许多类型的知识和信息如关于句法的信息、关于词汇语义学的信息,其作用是检查、净化形态学分析的结果。第四步是句法分析。第五步是决定基本的语义从属关系。

我们由上不难看出：本体论语义学的确有重要的实践意义和广阔的应用前景。纽伦堡等说："本体论语义学已经得到并且掌握了关于自然语言意义的极其丰富的知识，它们对自然语言的处理具有重要的应用价值。由此看来，本体论语义学自然包含了研究意义的综合性方案。"[3]182 本体论语义学最重要的应用价值是它能产生文本意义表征，如图6所示。

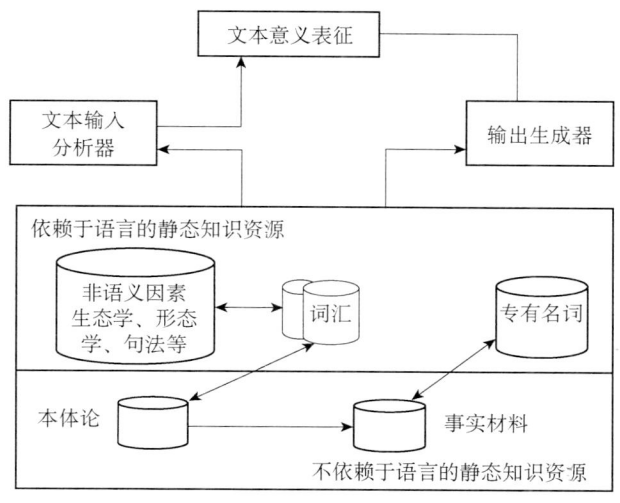

图6　文本意义表征所需的条件

图6表明：本体论语义学要完成文本意义表征，必须有加工器和静态知识资源。例如先借助静态知识资源（生态学、形态学、句法、词汇学、词源和本体论及事实材料）对输入文本做出分析，然后又借助这些知识资源产生文本意义表征。分析模块和语义生成器都离不开静态知识资源。知识资源是如何得到的呢？要靠学习。格鲁伯说："本体论语义学必须涉及学习：它们越起作用，它们储存的关于世界的知识就越多，它们可望达到的结果就越好。"[3]160 除了静态知识之外，计算机要完成语义表征，还必须有动态的知识，它们是关于意义表征的程序方面的知识以及推理类型的知识。另外，加工器还要有这样的动态能力，即把所储存的知识动态地提取出来，运用于知识表征中。总之，"在本体论语义学中，这些目的是通过把文本意义表征、词汇和

本体论关联起来而实现的"。[3]160 格鲁伯还说:"我们关于表征文本意义的方案动用了两种手段:一是本体论概念的例示,二是与本体论无关的参数的例示。前者提供了与任何可能的文本意义表征例示相一致的、抽象的、非索引性的命题。这些例示是这样得到的,即提供了基本的本体论陈述,它们是有具体情境的、包含有参数的值,如方面、方式、共指等。"[3]174 在这里,本体论的概念之所以抽象又必要,主要是因为它提供了对存在和语词的分类,如对于要表征的意义,它首先要借助这种本体论范畴确定它属于物体、属性、方面、方式、过程、活动、数量中的哪一种。简言之,对于任一词的意义或所指,首先要借助本体论概念确定它应包含在哪一类存在范畴之中。在此基础上,再用非本体论参数分析它的具体的、情境方面的值。

本体论语义学与传统认知科学、人工智能的不同在于,首先,它不主张通过纯形式的过程来完成语义分析,事实上也没有这样做,而是强调对语义的处理无须通过句法分析,至少主要不是通过句法分析。其次,它注意到了多方面的因素,即不仅关注知识因素,而且关注非知识因素。最后,在意义生成中,突出了本体论构架的作用,而且为本体论图式向工程技术领域的转化做了大胆的探索。

四、基于本体论的知识管理

当今社会的一个显著特点是:人类对世界的认识无论在广度和深度上均以迅雷不及掩耳的速度向前发展,学科划分越来越细,而跨学科性、横断性的整合学科纷纷又在学科分化中脱颖而出;知识、信息增长的速度越来越快。所有这一切都将知识管理的改革提上了议程。

事实上,在现代社会,知识管理已经成了有关科学研究的对象,也成了一门系统工程。所谓的知识管理就是对知识进行组织和再组织,对人的显性和隐性知识进行管理,通过对知识的获取、组织、分发和应用,实现知识共享,最大限度地发挥知识的作用。当今的知识管理,尤其是互联网上的知识管理,是一项庞大的系统工程,不仅涉及知识的形式,更多的是与内容有关。尤其是高效快速的知识组织和利用，都无法回避内容或语义问题，因此传统的管理手段都存在这样或那样的问题，例如，传统的知识管理方法只是从语法上对知识进行表述，而未涉及语义。为解决这一问题，本体论翩然而至，出现了基于本体论的知识管理的新范式。

本体论在知识管理中的应用，为知识管理实现从形式描述上升为语义描述提供了条件，从而为人类的知识重用和共享这一目的的实现提供了更好的手段。因为要建构基于知识的系统，所以首先要建立领域知识库和推理机制，要对说明性知识进行建模，同时要用机器能理解的方式将知识表示出来，并且要使如此表示的知识对用户有可重用和可共享的特点。由于基于本体论的知识管理有这样的必要性，加之又存在着实现的可能性，因此在1991年，美国国防部高级研究计划署（Defense Advanced Research Projects Agency，DARPA）知识共享计划提出了一种建立知识系统的新方法，即用本体论对说明性知识进行建模，通过问题求解方法对推理机制进行说明。后来，一些由此而设立的重大项目如Task Structures等又极大地推动了本体论的研究，并为本体论的进一步发展提供了基础，而因特网和Web技术的发展又为本体论向应用的转化提供了技术支撑。

要通过本体论这一工具，真正让知识管理从句法级上升到语义级绝非易事，因为当我们将这一计划付诸实施时，许多极其困难的问题纷至沓来。当然，有问题出现有时恰恰意味着机遇，事实也正是这样，在基于本体论的知识管理的研究中，许多新的有价值的问题催生了许多有价值的前沿性的研究领域。这里不妨略述主要问题及其尝试性解答，并稍作分析。

第一类前沿性的研究问题是：如何基于本体论获取所需的知识，亦即如何通过学习得到本体论元素。大致说来，有这样一些尝试：①基于文本的本体论学习，其中又有许多形式，如巴希蒙（B. Bachimont）等2002年所提的出的Bachimont方法，它有三个环节——一是语义规范化，二是知识形式化，三是用某种知识表示语言来表示这一本体论；②基于半结构化数据的本体论学习，其中也有许多方法，如欧洲联盟（简称欧盟）的UNIVERSAL项目所开发的Papatheodorou方法［PVSOZ］，首先将相似的元数据文件加以聚类,然后从中抽取关键词汇,以便发现领域概念并建立关系;③基于知识库的本体论学习,例如,有一种从知识库中获取本体论的方法叫[SC00][SC01],这里的知识库由规则树组成,树的结点代表规则,具体操作是将所有的规则组成一些类,而每一类又是一些具有相同结论的不同规则的路径的集合,通过对这些类之间关系的定量度量,来确定关系是否成立,它考虑的关系主要是包含关系、排斥关系和相似关系。

第二类亟须解决的前沿困难问题是:如何以本体论为基础完成对知识尤其是不确定性知识的表征,如何建立大规模的知识系统,如何实现知识库建立的自动化。这类问题之所以困难,首先是因为我们将再次面临最令人困惑的语义学问题或意向性缺失难题,例如,必须设法对领域知识、相关概念及其关系做出有语义性的描述,对具体知识进行有语义性的标注,进而形成含有丰富语义信息的知识库。其次,困难还在于,要建构的基于本体论的知识库必须是机器能理解的,而且自主体还能在这里根据用户需求进行知识的查询和组合。而要做到这些,知识管理中的本体论就必须发挥这样的作用,即不仅能表示形式化知识,还能表示非形式化的经验知识。显然,这些是以前的知识储存、表示方式所不能做到的,而基于本体论的知识管理能否做到,也还是一个未知数。

第三类前沿研究课题是:本体论语义的协调问题。本体论是人们关于世界图景的概念化体系。一般而言,正常的人都有自己的或自觉的,抑或自发的本体论,当然,不同的人有不同的本体论。用技术术语说,这一现象可被称作"本体论的异构性"。由于有异构,因此不同本体论便有语义上的歧异性。如何消解这种差异,是本体论语义学中的一大难题。现有两种方法:一是开发一种全局通用的本体论,但这在今天往往不能如愿以偿,因为难以找到一种能满足各方要求的本体论;二是通过本体论映射解决异构本体论的协调问题,即在概念级上,定义源本体论和目标本体论之间的映射关系,以便从整体上维护一个可共享的概念模型。

再来看基于本体论的知识存储和查询。由于引入了本体论的范式和技术，加上其他的改进，例如，有关学者对基于本体论的查询语言和技术做了大量探讨，提出了许多新的设想（如 Algae［ALg05］以及 rdfDB 查询语言［rdfDB05］等），因此现今的基于本体论的知识存储远优于传统的方法。在传统方法中，知识单元常以案例的形式被存储，而知识描述指向的是案例的链接，检索则以相似度量为依据。在以本体论为基础的知识管理中，本体论成了组织知识的核心。在存储时，知识单元都根据某一领域的本体论做了元数据信息标注。由于本体论为知识单元提供了公理化基础，因此新的知识管理支持对隐含知识的推理。在知识检索时，又可以使用演绎推理方法。在知识查询时，由于有专门的本体论查询语言，因此查询有更高的准确性和更快的速度，相应地，知识的共享程度也得到了提高，同时也带来了应用上的方便。

由于本体论的引入，对面向语义的知识服务的研究也取得了积极的成果。语义网服务研究包括两方面的内容：一是研究怎样创建这样的语言，它是计算机能相互理解的语言，并能充分表示 Web 服务的内容、功能、属性、接口、规则和限制条件；二是在这种语言的基础上，提出一种模型，它能支持网络服务的自动发现、选取、执行、集成和交互。与上述本体论应用相关，还有学者试图将本体论应用于不一致需求管理中。金芝和朱雪峰先生指出："不一致需求的分析和处理是大型软件开发中的关键问题……另外，它也是人工智能对不一致知识处理的研究在软件工程领域的延伸，体现了不一致知识处理的研究特点。"[10] 445 根据陆汝钤院士的界定，所谓不一致需求既不是指异名问题，也不是指多义问题，而是指基于逻辑的不一致性。陆汝钤说："一个需求说明称为是不一致的，如果存在一个命题 a，使得 a 和 $\neg a$ 都能从此需求说明推得。因此不一致性是一个语法概念，而不是一个语义概念。"[11] 449 不可否认，有关的研究的确做了大胆、积极、开创性的探索和尝试，从效果上说，我们也应承认，基于本体论的知识管理相对于传统的理论和实践来说，的确有一系列富有创意的革新。另外，在讨论本体论获取所必需的关系学习方法时，有关研究注意到：关系学习对于提高本体论质量至关重要。这些无疑都可看作是知识管理向语义级迈进的有益尝试。

同样应看到的是，语义性在目前的 AI 理论和技术中还只是工程技术人员的事情，有关的人工系统本身还不具备这种能力。例如，本体论映射这一研究尽管也涉及语义问题，即在一种本体论的元素中找到与另一本体论相对应的元素，以使它们具有相同或相近的含义，但事实并不是这样。这种映射看起来是由计算机或网络完成的，但实际上是由设计操作人员完成的，本体论映射的过程就足以说明这一点。按程勇描述的过程，它主要包括六个阶段：领域理解、特征选取、领域知识、映射算法、映射评价、映射解释。尽管这些方法有从句法层面跨入语义层面的动机，试图解决机器不能处理语义的难题，而且在形式上也取得了一些成功，但实质性的进步尚难看到。我们知道，机器不能直接处理概念、关系和公理。这些知识只有用标识符表示之后才能如此。标识符代表什么，语义指什么，合在一起有什么意义，这些问题是计算机不知道的，只有有关人员才知道。显然，人与计算机的根本区别不在于在语用学上有什么不同，因为他们都能运用符号，而在于语义学上的差别，即计算机不知道用标识符去表示对象，不知道把符号与所指关联起来，让符号有关联性，而人恰恰有这一特点。

五、移动自主体和语义网中的本体论

移动自主体、多自主体通信、语义网研究中也有语义学和本体论转向的表现。移动自主体出现在网络中，目的是要解决网络中的知识爆炸问题，因此有其必然性。同时，它也是人工智能发展的一个产物和标志。而移动自主体本身的发展又呼唤对语义内容和本体论的关注。因为不涉及语义问题，所以移动自主体根本就无从谈起。理由很简单，自主体要在网络中移动，完成捕获资源和分布计算的任务，必然要求与其他自主体的沟通和协作，自主体之间要协作，就一定得有知识语义上的共识。因为在多自主体系统中，自主体通信语言都是根据约翰·朗肖·奥斯丁（John Langshaw Austin）的言语行为理论建构的，其好处是，可从语法上进行顺利的交互。而多自主体的通信内容常由不同的内容语言表示，如果两个自主体在交互中不能共享某种内容语言，就不能理解对方的语言及其含义。这样就会使移动、交往、通信根本无法进行，而它们之间要有这样的共享知识和内容语言，在目前的认识水平和技术条件下，只能借助有共享的本体论知识。因此共同的本体论知识是不同自主体得以协作、会见、交互信息的共同基础，是拥有不同目的和状态、有异构本体论的自主体能相互沟通的桥梁。

在多自主体系统中，能帮助自主体移动，进而与别的自主体协作、通信的共享本体论知识有多种形式，如基本本体论知识、移动本体论知识和停靠本体论知识。每一种在它们的协作中都发挥着特定的作用。而它们之所以有其特定的作用，又是由于每种本体论都有自己的解释器及其资源。

本体论的解释器由内容语言的语法解释对象和语义解释对象组成。对于一个用关于共享知识通信的知识查询和操作语言（knowledge query and manipulation language，KQML）消息表达的本体论知识 Kmessge 来说，如果它所对应的内容语言的语法解释对象是对象句法（objsyntax），语义解释对象是对象语义（objsemantic），那么它的知识理解过程就可写作：

Ontology Interpreter（KOML message Kmessage）

if（erro Format=objSyntax（kmessge））throw Format Exception action=objSemantic（kmessage）

execute（action）

这里，我们简要考察一下多自主体系统共享的本体论知识。自主体本体论（agent ontology）知识对应的解释器资源为每个系统自主体（system agent）所拥有。从行为方式上说，它包括通告有效资源、查询资源和通知无效资源。它们所对应的资源类型是：地址、类别、解释器、语言、文档。移动本体论（mobile ontology）知识对应的解释器资源是每个移动自主体、移动服务器所具有的资源。它们包括：请求移动、回应请求移动，通告协作移动自主体的移动文件列表，通告协作移动自主体的对象持续存储文件，会见请求、回应会见请求、帮助请求、回应帮助请求、通告移动成功。停靠本体论（docking beinglogy）知识对应的解释器资源是每个协作移动自主体和目标领域所具有的资源。它们包括：向目标领域提出停靠申请、告知答复、向目标领域做停靠注册、从目标领域撤销停靠注册、通告移动计算机重新连接。

移动自主体在移动过程中，必做的一项工作是状态捕获。而要顺利完成这一任务，也离不开它的共享本体论知识。因为它移动的目的是到远程网络节点去访问、获得资源。这是移动自主体技术优越于以往技术的一个表现。因为它比过去的方法（将资源大量下载）要有效和可靠得多。那么它怎样捕获呢？它捕获状态的过程就是遍历目的地的资源对象，根据要求做出筛选，进而形成对资源对象的外部描述。而要如此，它就必须有捕获对象资源的可能性根据与条件。这类条件有很多，其中之一就是移动自主体的语义解释器及其理解能力。而这些工具和能力要发挥作用，显然离不开它所具有的本体论知识。因为移动自主体要捕获到状态，要从目的网站结点带回所需的知识，首先必须能理解它的语义。这显然取决于它的本体论。如果它的本体论 O 能包容进而能理解异地资源 r，那么它就能将 r 转化为自己的知识资源，否则即使那里的资源再多，也无济于事。所以移动自主体获得异地资源的第一步是：异地资源 r 属于本体论范畴 O，可记为 $r \in O$。依次的步骤是：自主体将资源 r 下载并装入当前的运行环境，这一过程可称作资源 r 与自主体的动态集成。接下来是理解、解释过程。假设 oi 是本体论知识对应的解释器，记为 $oi \Leftrightarrow O$，可用 oi 集成的所有资源组成的集合记为 H（oi）。如果解释器 oi 理解资源的语义 p，那么称 oi 具有解释器资源集成的能力，记为 $p \in sem(oi)$，其中 sem（oi）是 oi 理解的所有的语义的集合。总之，移动自主体对资源的集成过程是对目的资源的 KQML 消息的解释，是理解它们的语义的过程。之所以如此，是因为它有内置的本体论知识，有解释器，它支持对资源语义的解释。

移动自主体之所以能完成移动服务，还因为它执行了一系列移动服务原语。而这些原语在本质上是按言语行为理论设计的。就是说，这些原语是一系列的语言指令，而它们既有特定的意义和描述、表达功能，同时本身又是一种行为。移动自主体发送或接收它们，其实同时是在完成相应的行为。质言之，言语指令本身就是在产生行为、在做某事。因此，只要对这些移动原语采取了适当的应用级封装，那么它们的发送或接收就意味着某种行为的执行。再来看基于本体论的语义网。在 Web 和浏览器出现之前，互联网研究的重点在于研究网络互联本身，应用也很简单，如只用于 E-mail、FTP、BBS 等之中。Web 服务就是通过 Web 为人们利用知识库中的信息而提供的方便途径，为 Web 环境下建构的可扩展的软件系统提供解释方案。从其自身的构成来说，Web 服务是具有标准接口和通信协议的可重用软件组件单元。由于它采用了 SOAP、WSDL 等一系列基于可扩充标高语言（extensible markup language, XML）的数据交换格式，因此确保了服务之间的动态交互。从作用上说，它为推广现有 Web 应用和开发模式提供了途径。目前，Web 约有 3 亿多个页面，而且全球的网页数量还在呈指数增长，但问题在于：计算机无法根据意义对它们做出处理，Web 仅停留在语法层面，而未涉及语义，即它们存在着语义信息和关系的缺失问题。而这个不足又极大地妨碍了服务协作和组合的深度，限制了服务发现、匹配和组织的自动化。

要解决这些问题，当务之急就是建立和发展语义网。这是一种数据网，其作用是对 Web 信息重新编码，使它具有机器可理解的语义。如果是这样，就能拓展环球信息网，使 Web 提供机器能理解的 Web 资源信息，以实现和促进人-机以及机-机的相互合作。它的特点在于，为 Web 上的资源附加上能为计算机所理解的内语，以便于它进一步处理。谢能付等说："语义 Web 是对未来网络的一个设想，在这样的网络中，信息都被赋予了明确的含义，机器能够自动处理和集成网上可用的信息。"[12] 403

语义网概念是 1999 年由 Web 之父伯纳斯-李在 *Weaving the Web* 一书中创立的。他倡导，应设法让 Web 的信息内容能为计算机所理解和处理。如果能实现这一目标，那么不仅可以促进互联网的发展，让人类的已有知识发挥更大的效用，还能解决人-机对话、机器翻译等具体领域中的棘手问题。国外这方面的研究很多，已经出现了新一代的 Web 技术。我国学者谢能付、曹存根等人在这方面也颇有建树。[12]

要实现语义网的上述构想，真正让计算机理解和处理 Web 上的信息内容，就必须找到与之相适应的途径和手段。经过探索，人们找到了一种既有可能性又有可行性的工具，那就是本体论语义学。谢能付等说："近年来，本体论的应用受到越来越多的重视，本体论在很多著名的知识系统中都有不同程度的应用，如美国的 D.Lenat 教授领导的小组正在研制一个大型的常识知识库系统 Cyc……"[12] 这里所说的本体论与哲学中的本体论有关，但主要是工程学意义上的本体论，从知识共享的角度来说，指的就是对客观存在的概念和关系的明确刻画。对此我们前面已有讨论，这里从略。

在语义网中，本体论的应用尽管只是刚刚起步，但其具有非常重要的意义，因为它将成为解决语义层次上 Web 信息共享和交换的基础，还可能为机器理解提供技术保障。现有的语义网不仅以本体论语义学为理论基础，而且其工程支持也是本体论的描述语言和工程。从基本的构成元素来看，这种作为工程支持的本体论由如下内容组成：第一是统一资源的标识符（uniform resource identifiers，URI），其作用是对具有统一性的资源提供标准化的名称描述；第二是统一编码（unicode），其作用是为各种不同语言提供具有统一性的字符编码标准；第三是 XML，其作用是定义结构化数据描述方式，因而是数据具有可互操作性的语法基础；第四是命名空间（name space），其作用是对名称进行分类，以便让重名但含义不同的资源能够一起使用。

语义网有自己的层次模型，主要有如下层次：一是 RDF+RDF Schema Layer，这些构架组合在一起便形成了一个层级。二是本体论层次，其作用是给出数据的语义信息，即元数据。这里的本体论语言不同于其他的本体论语言，因为它是在 RDF 之上被限定的、专门的 WOL，但它由于引入了传递关系、集合的势和约束等，因而又是有很强描述力的本体论语言。三是逻辑层次，其作用是在本体论所描述的知识之上为系统提供基于规则的推理。四是证明层次，其作用是在对事实进行逻辑描述的基础上，对事实做出证明。五是可信度判定层次，其作用是对以上各层关于某一事实所做的各种陈述根据上下文做出可信度判定。

毋庸讳言，当前的移动自主体和语义网研究在通过本体论实现"语义学转向"的过程中的确做了大量扎实而卓有成效的工作。例如，由于有本体论的知识表示手段，移动自主体在特定意义上真正成了有较高智能性质的软件实体。其表现是：有知识表达能力（如能表达其他自主体的地址）、知识理解和交换能力。这似乎类似于人类翻译工作者对两种不同语言的翻译，但其实完全不同，它类似于约翰·塞尔（John Searle）所说的中文屋中的"我"所做的工作。就本体论的应用来说，也有许多值得进一步探讨的地方。毫无疑问，要想在本体论的理论和应用研究上实现根本性突破，除了师法自然，别无他途。要想让人工的智能自主体表现基于本体论的智能，就不能闭门造车，而应自觉、深入地探讨种系和个体的人的本体论发生、发展的历史过程，弄清其内在构成及结构，追溯其在语义处理中的作用以及发挥作用的内在条件、根据和机理。人是最典型的异构动物，每一个体在心理、生理等方面都有自己的独特性，甚至不同的人所使用的同一个词都有不可通约性。尽管如此，人与人之间事实上又存在着客观的可相互沟通性，使用不同语言的人甚至也有这种可能性。这类事实之所以发生，肯定是因为人类智能中存在着许多特殊的内在条件，其中之一当然是人类共有的本体论知识构架。显然，这一资源无疑是 AI 研究及创新取之不尽、用之不竭的源泉。本体论是哲学的古老话题，但人的语义处理机制后隐藏的本体论知识资源则是一个刚刚被发现的新大陆，要开发利用它，无疑需要包括心灵哲学在内的多学科的通力合作。显然，严格来说，这样的工作还没有开始，正是由此所决定，AI 中的本体论研究便难免稚嫩，有关专家便自然会觉得力不从心，许多理论和技术上的障碍难以突破，相应地，本体论在工业上的真正应用，还有相当的路程要走。例如，要将已有的不太成熟的理论设想转化为应用，就必须有相应的本体论开发工具和支持环境。尽管现在已经开发了一些系统，但它们离工业应用都还有一定的距离。造成这种状况的原因显然很复杂，有可能是技术本身的问题，但无疑不能排除这样的局限性，即我们对人类本体论的内容、特点及机理缺乏到位的认识。

参考文献 >>>

［1］Gilson E. Being and Some Philosophers［M］. Toronto：Pontifical Institute of Mediaeval Studies（PIMS），1952.

［2］Guarino N. Formal ontology［A］// Guarino N， Poli R. Special Issue，The Role of Formal Ontology in the Information Technology：International Journal of Human-Computer Studies［J］. 1995：43.

［3］Nirenburg S，Raskin V. Ontological Semantics［M］. Cambridge：The MIT Press，2004.

［4］Gruber T R. A transtation approach to portable ontology specifications［J］. Knowledge Acquisition，1993，5（2）：138-139.

［5］史忠植，王文杰. 人工智能［M］. 北京：国防工业出版社，2007.

［6］程勇. 基于本体的不确定性知识管理研究［D］. 中国科学院计算机技术研究所博士学位论文，2005.

［7］Uschold M，Gruninger M. Ontologies：principles，methods and application［J］. The Knowledge Engineering Review，1996，11（2）：93-136.

［8］Uschold M. Knowledge level modelling［J］. The Knowledge Engineering Review，1998，12（1）：5-29.

［9］Stojanovic L，Maedche A，Motik B，et al. User-driven ontology evolution management［A］// International Conference on Knowledge Engineering and Knowledge Management. Ontologies and the Semantic Web［C］. Berlin：Springer-Verlag，2002：285-300.

［10］金芝，朱雪峰. 管理不一致的软件需求：研究进展和展望［A］//刘大有. 知识科学中的基本问题研究［C］. 北京：清华大学出版社，2006：419-448.

［11］陆汝钤. 副报告：关于需求不一致性［A］//刘大有. 知识科学中的基本问题研究［C］. 北京：清华大学出版社，2006：449.

［12］谢能付，王丹，钟娟，等. 语义Web与NKI［A］//刘大有. 知识科学中的基本问题研究［C］. 北京：清华大学出版社，2006：402-407.

康德-图灵佯谬及其消除

——兼论"图灵测试"的道德哲学意义

颜青山*

康德的道德形而上学是以"理性存在"的概念为基础确立起来的,而理性存在的自由意志必须依据理性无矛盾地行动,即理性存在的行动乃是出于尊重法则的责任,或遵循关于定言命令的道德原则:"不仅全部道德规律,连同其原则,即本质上不同于其中含有任何经验东西的全部实践知识,而且全部道德哲学仅仅只依赖其纯粹的部分。应用于人,它无须借助于其(人学)知识,而是赋予其作为理性存在的先天的规律。"[1]4

在现实世界中,人是唯一实存的理性存在。然而,正是由于这种唯一性,当我们一般性地思考道德哲学问题时,就难以避免将人性存在的特征无意识地加之于理性存在,从而使得道德哲学的思考失去纯粹性。

如果存在一种让我们摆脱这种限制的理想模型,那么我们将能为道德哲学找到一种替代性的方法论基础。今天,我们似乎可以把某种类型的图灵机看作是一种关于理性存在的理想模型——我们可以将这样的图灵机称为道德图灵机。由于我们这里是根据康德道德哲学的要求来确立这样一种图灵机的,所以我们也就可以径直称之为"康德机"。

---

* 原载《伦理学研究》2010年第5期。颜青山,华东师范大学哲学系教授。

将道德图灵机看作一种理性存在模型,其附带的好处是可以或多或少安慰那些钟情于历史主义实践哲学,从而厌倦康德道德哲学"先天论"色彩的人,即我们可以将这个概念仅仅看作是一种方法论的预设,而不是一种形而上学基础。

一、"图灵测试"与"理性存在"

作为现代人工智能概念和计算机模型的先驱,图灵本人并不否认计算机可以具有自由意志:"以数字计算机思想为基础,派生出一种特别有趣的机器,即'带有随机元件的数字计算机'……人们有时将这种机器描述为具有自由意志。"[2]

关于图灵机可以具备自由意志的更详细的辩护,笔者将在别的地方给出,我们在这里只关注图灵机与理性存在的一致性问题。

根据图灵自己的论证,能够思维(从而具有心灵和自由意志)的图灵机必须通过"图灵测试"。经过改进后的"图灵测试",其标准(也是流行的)表述是,测试者同时向一台计算机和一个人提出问题,如果测试者从得到的答案中不能区分计算机和人,那么该计算机就可以被看作是可以思维的。[3, 4]

图灵测试的哲学意蕴后来为普特南等人所揭示,并发展为心灵哲学的功能主义,一时成为心灵哲学中的主流。[5]

一般人在论及思维及其本性时都会从不同的哲学立场来探讨"思维"这个概念,他们可能会列举思维的种种本质特征来定义思维。然而,这种讨论的困难就在于一般性思考"思维"这个概念的模糊性,不同哲学立场的人们无法就这些本质特征达成一致的立场,甚至我们也无法确认这些特征的有穷性。

图灵或许注意到了这种无所裨益的纠缠,于是采取了一种异常简单的方法论策略:假定人是有思维的,如果一台机器能够像人那样行动,那么它就是有思维的;进而,由于研究机器比研究人具有更大的明晰性,于是,我们要获得关于思维的本性,就只需研究这样一台机器即可。研究人的复杂性就在于,当我们思考关于人的思维本性时,常常会将人性存在中无关思维的特征（即所谓的非本质特征）纠缠于其本性，如情感态度、直觉等。如果我们将人看作是比机器更复杂的存在，那么研究机器就比研究人简单得多、明确得多，从而得出的结论也会清晰得多。

图灵的思想很容易被曲解为行为主义或其盟友。各种行为主义都否定心灵的存在，只是在程度上不同而已，有的在方法论上，有的在本体论上。[4] 行为主义否认心灵存在性的最初动机来自方法论的考虑，这是美国心理学对欧洲心理学内省方法的反动。华兹反对不确定的内省方法，反对一切表示心灵的描述语，而这种最初的主张后来得到了逻辑实证主义的响应，出现了逻辑行为主义，最后，到达斯金纳的激进行为主义时，终于在本体论上否定心灵的存在。行为主义的核心范式是刺激-反应（S-R），即巴甫洛夫条件反射学说所表明的生物学过程。

一台机器很容易被我们预设为是没有心灵的，这样一来，图灵测试将人等同为机器的过程，就极容易被看作与行为主义者将人的行为还原为没有心灵的动物的行为是一致的。看上去，行为主义与功能主义的方法论似乎有相同的地方：它们都是一种简单化方式；都将人的行为还原到第三者上，即动物或机器；都只注重心理效用在外在方面的等价性。至少，就功能主义与行为主义同属于心灵哲学的物理主义而言，它们都是否定心灵主义主张心灵之存在性预设的。

然而，图灵测试除了方法论上的上述相似之处外，在本体论上与行为主义有着根本的差别。即使图灵测试的发展形态（即功能主义）确实像行为主义那样否定了心灵的存在，但图灵测试本身并没有明确否认心灵的存在。图灵测试关于心灵的存在性是假言的：如果人存在心灵，那么，通过图灵测试的机器也存在心灵；反之，如果通过图灵测试的机器并不存在心灵，那么，人的心灵也不存在。很显然，图灵测试也不承认任何意义上的刺激-反应规范。

人们之所以会得出图灵测试否认心灵之存在性的结论，是因为这些人预先假定了机器是没有心灵的，或者假定了通过图灵测试的机器不可能有心灵。这种预设是独断论的。事实上，计算机还无法通过图灵测试，在黧黑著述的《心理学史》中，1980 年，计算机"最多也只能完成几句话而已"[4] 445-446；而近年来关于图灵测试的计算机网络竞赛虽然取得了比以前好得多的结果，但到目前为止，仍然没有一台依据图灵机原理的计算机能够通过图灵测试。这个事实表明，要通过图灵测试并不是一件容易的事情，目前尚未产生具有思维能力（即心灵）的计算机。这个结果似乎暗示，依据目前的计算机原理，不可能产生具有心灵的机器，正如德雷福斯[5]和塞尔[6,7]所反驳的那样，人工智能无法产生具有心灵的机器，因为它不具有理解能力。

既然没有心灵的计算机无法通过图灵测试，那么我们似乎可以从反面得到这样的结论：通过图灵测试的机器可以具有心灵。诚然，如果我们要得到这样的机器，就需要改进目前的基本理论。

即使图灵的最初意图是想避免通过内省方法来研究心灵过程，我们也不必否认通过图灵测试的机器具有内省的能力。事实上，只要这样一台机器是可能的，我们就可以研究图灵机的内省过程，而从这种研究中得到的关于心灵的知识可能比通过人的内省得到的要明确得多、可靠得多。事实上，一些认知心理学家将基于图灵测试的后续发展看作是"取代行为主义"的"最重要的途径"。[4] 446

上述论证试图表明，图灵测试作为一个纯粹形式化的检验原则，并不否定图灵机能够具有思维能力、具有心灵的结论，从而我们可以在方法论上将这样的一台潜在机器看作是康德的理性存在。

我们的意图是将图灵机与康德理性存在联系起来。这种联系的最简单的理由是，图灵测试的最初意图与康德的理性存在具有一致性，都是为了排除人性存在的经验性纠缠。正如文首所引文字，康德强调道德原则的非经验性，强调对"人学知识"的忽视。

必须指出的是，就康德的理性存在而言，其并不要求图灵具有理解能力。理性存在的唯一特征是依据理性行动，至于它是否具有反省道德规则的理解能力并不重要；仅就理性存在的概念而言，理解能力的要求是冗余的。关于"理性存在"的这种最简单的概念，是有利于我们的道德哲学探究的，因为康德使用"理性存在"而非人性存在作为道德哲学之起点的最初目标，就是为了排除人性存在过多的经验因素所导致的理论纠缠。

二、康德–图灵佯谬

然而，在证明康德理性存在与道德图灵机的同一性之前，我们必须排除康德理性存在与图灵测试之间的不协调性。它们之间貌似不协调的地方存在于图灵测试的原始表达中。

图灵最初设计的图灵机器中包含了一个模仿游戏的图灵测试，即计算机试图模仿同时参加测试的人性被试者。一般人认为，这种模仿要求图灵机器说谎以冒充"男人"或"女人"，从而使得测试者无法区分人与机器。[2,3]

假如图灵测试真的要求机器说谎，并且图灵机器也能够完成说谎的行动，那么，道德图灵机（宸德机）——也是一类图灵机——就会遇到一个不可克服的佯谬：道德图灵机必须以违背道德原则为前提来证明自己具有思维（理性）。因为道德原则就是一个理性原则："'你不应该说谎'这条戒律并不只是对人类有效，而其他理性存在可以对此漠不关心，其余的真正的道德规律也莫不如此"[1]3，所以，道德图灵机其实以违背理性原则为前提来证明自己具有理性。我们将这个佯谬称为"康德–图灵佯谬"。

当然，人们可以辩护说，康德机以能够说谎证明自己具有理性能力，并不等同于它应该说谎。然而问题是，如果图灵机真的需要说谎来证明自己有思维（理性），那么它就应该说谎。图灵测试是一个规范性的原则，任何规范性原则都可以用"应该"来表达，即使它不是一个道德规范。

或许，我们可以进一步辩护说，这个规范性原则至多只是表明图灵机"应该能够说谎"，而不表明图灵机实际上"应该说谎"。然而，这种辩护仍然是不成立的。首先，图灵测试是一个实际的检验过程，这个过程恰恰要求图灵机实际上"说谎"（即"欺骗"测试者）。其次，"实际上应该"这样的短语是不合语法的："应该"引导的是可能行动（动机或意图），而"实际上"表达的是现实行动（某个正在发生或已经发生的行动）；一个应该的行动并不等同（也不可能等同）事实上的行动。也就是说，"应该能够"与"应该"是一回事。

下面我们将详细论证图灵机说谎与康德原则的冲突，即详细展示康德-图灵佯谬。

（一）图灵机说谎是他律的

这里打算先接受图灵机可以说谎的结论，但是，我们接着将论证，图灵机的说谎是他律的。

通常，我们说真话只要了解真话的内容（即实际事态）就可以做到，即真话只要对事态做出描述即可。而说谎则需要了解真话是什么，是在描述真实事态的基础上做出否定。关于真话，在计算机中，我们只要设计产生一个命题的程序即可，也就是说，真话可以通过计算机语言的定义来解决，而说谎，则不只是定义真话，还需要定义谎话——相当于上述论证过程中的二阶程序。这个二阶程序是以一阶程序为条件的，因此，说谎就成了有条件的行动，即他律的行动。

我们可以看到，"说真话"和"说谎"这两个"意志"（指令）的执行方式是十分不同的。说真话意志的行动包括这些步骤：指令说真话，到事实语句库中取出一个语句（或取出语句的成分并根据句子组合的程序构造一个句子），输出这个语句。而说谎的过程则是，到事实语句库中取得一个语句 A（真话），然后再下达说非 A 的指令，并输出非 A。我们看到，"然后"之后才是真正的说谎步骤，而前面的步骤还没有构成说谎，相反，是说真话，因此，后面的步骤以前面的步骤为条件。

仔细分析这两个过程，我们就会发展后者的他律性。

图灵机说真话的步骤可以解析为："如果要说真话，那么就需要取出一个事实语句。"在这里，说真话是目的，取出事实语句是手段（并非条件）。根据康德的说法，前一个分句是定言命令，是自律的；而后一个句子是假言命令，是他律。手段作为他律命令，并不违背康德原则。

但是，说谎的过程只能被解析为："如果要说谎，那么取出了事实语句（A），并且，否定之（非A）。"在这里，虽然"说谎"可以成为目的，但是它必须以"取出事实语句（A）"为条件，它也有一个手段，即"否定之"这个分句。也就是说，"说谎"这样的指令是一个伪装成定言指令的假言指令："如果存在真句子A，那么说出非A。"一个有条件的指令就是一个他律指令。

也许人们会进一步反驳说，"说谎"的定义中就已经包含了先说真话，即先说一句真话，然后说出与其矛盾的句子。因此，这个"说真话"的条件是存在于"说谎"这个指令内部的，而不存在于其外部。包含内部条件的指令仍然可以被看作是自律的指令。

然而，这个反驳会导致下面两个困难中的一个：第一，在这个内部条件中引入了表示时间性的"先""后"，而时间性条件是因果性的，从而是他律的；第二，如果不考虑时间性，由于"说谎"定义一开始就包含了冲突的指令，因而说谎是不可能的。

从这个论证中我们也可以得出这样的结论：道德图灵机中是不允许存在二阶指令的，因为二阶指令是有条件的，即以一阶指令为条件。一台存在二阶指令的图灵机其实相当于两台联合的图灵机，其中处于二阶状态的计算机的行动（或指令）以处于一阶状态的计算机的行动（或指令）为条件。

（二）图灵机说谎必须以说真话为手段

对第一个论证的一个有力反驳是，如果将"说谎"看作一个定言命令，那么，去了解经验知识或说真话，不过是这个定言命令的技术命令，也就是说，说谎并不是以了解真话为条件，而是以了解真话为实现该命令的技术方式。或者说，"说谎"与"说真话"的关系不是结果-条件关系，而是目的-手段关系，况且，如果说谎是以经验知识为条件的，那么，同样地，说真话也是以经验知识为条件的。

对上述反驳的一个可能的回答是，我们必须始终注意到，在康德那里，定言命令与实现它的技术命令的关系是分析性的[1] 32-35，即在执行定言命令的过程中，后面的每一步（技术性命令）都可以由前面的步骤分析产生出来；而说谎却不是每一个后续的步骤都是前导步骤的分析性结果，我们必须要有其他指令介入，才能得到最后的结果。从纯粹逻辑的角度看，"说谎"这个定言命令无论如何是不可能与"说真话"这样的技术命令构成分析性关系的，因为它们是矛盾关系。一个命题在逻辑上不可能与其矛盾命题构成分析性关系。

然而，尽管上面的回答在纯粹逻辑上是正确的，但它并不适应于"说谎-说真话"的目的-手段关系，因为这个关系在引入时间性之后并不必然产生矛盾。

我们可以将这个目的-手段关系表示为"为了在 t_2 时刻说非 A，在 t_1 时刻说 A"，简化为"为了说非 A/t_2，说 A/t_1"。在这里，"说非 A/t_1"与"说 A/t_2"并不必然矛盾，即它们并不是冲突关系，而是相异关系。

也许有人说，这种关系因为引入时间性而成为他律关系。但是，我们必须注意，这个时间性的引入并不是作为指令条件被引入的，而是在作为实现目的的手段中被引入的，这种引入不仅是合理的，而且是必要的，因为任何手段都是在具体的时间和空间中实现目的的。

当然，这并不是说这种目的-手段关系不存在问题。由于它们是一种相异关系，我们就可以将这个关系替换为其他目的-手段方式，例如，"为了让领导信任，说真话"。

于是，我们看到，"说真话"成了手段。在"说谎"情形中，"说真话"指令作为手段，服从于"说谎"指令的目的，而该手段本身没有自主性或自律性——这是另一种形式的他律。

将"说真话"手段化，就是说谎问题全部困难之所在。我们仅仅想指出的是，在康德的理性存在那里，即在道德图灵机中，"说真话"永远只应该作为目的，而不应该作为手段或工具，当"说谎"必须以"说真话"为手段时，就是将（自己的）目的当作手段。

三、康德-图灵佯谬的消除

或许人们会认为，康德-图灵佯谬的论证本身就已经消除了康德-图灵佯谬：因为图灵机说谎是不道德的，而不道德的图灵机不可能作为理性存在。然而，这种消除方式严重地有悖于我们的意图。我们的意图是证明图灵机可以作为理性存在。

诚然，似乎还有另一种补救措施，即以康德原则为基础构建图灵机。然而，这种措施也存在严重的问题：我们的目标是证明图灵机与康德理性存在的一致性，而不是一开始就以康德的理性存在原则来规范图灵机。如果以康德的理性存在原则来规范图灵机，那么我们就无意间陷入了逻辑循环。正是因为图灵最初设计的图灵机并不是以康德的理性存在原则确立起来的，我们的论证才是有意义的。

人们想要消除康德-图灵悖谬，可以从图灵机与理性存在在另一个道德规则的一致性上得到启发，这个道德规则就是"不应该自杀"。

图灵机自杀意味着取消图灵机的意志性（即指令性），使得一台图灵机成为没有指令的机器或物体。图灵机不可能做到这一点，因为取消指令性也是一种指令。图灵本人已经证明，图灵机无法解决关机问题，这个问题被翻译为道德问题，就是图灵机无法自杀。图灵机在自杀问题上与康德理性存在的一致性，至少可以暗示，它们在说谎问题上也应该具有一致性。

图灵机与理性存在在自杀问题上的一致性表明，要证明图灵机不应该做出某种行动，只要证明图灵机不能够做出某种行动即可。这就是说，为了消除康德-图灵悖谬，我们需要一个强的结论，即图灵机不能说谎。

在讨论图灵机是否能够说谎之前，我们要弄清什么是"说谎"。"说谎"在逻辑上的表现就是说一句假话，一个真值为假的命题，即说一个没有指称的句子。然而，如果仅仅满足这个条件，还并不能构成说谎行动，因为如果一个人说了一个假命题，但是并不知道自己说了假命题，那么，他是不能被认为说了谎的。因此，在这个基础上，这个人还应该"知道"自己说了一个假命题。这样，说谎就至少有两个条件：说一个假命题，并且"知道"自己说了一个假命题。

然而，因为"知道"包含了很多复杂的语义学问题，例如，包含了"相信"或"信念"，所以讨论起来将是很困难的："知道"对"相信"或"信念"的涉及将关联到图灵机的理解能力，原则上，图灵机不可能"知道"自己说谎，甚至不可能"知道"自己说了真话（尽管它能够说真话），因为它没有理解能力。因此，我们这里只考察第一个条件，即图灵机是否能够说一个假命题。因为我们要论证的结论是"图灵机不可能说谎"，那么，只要我们论证了"图灵机不可能说一个假命题"（即论证条件之一不能够满足），我们就可以论证我们的结论了。

说真话和说谎在逻辑上并不对称，谎言必须以真话为前提，即假命题必须是对真命题的否定。一个真命题，是一个有指称的命题。那么，对于一台图灵机来说，什么样的命题状态可以被看作一个有指称的命题呢？

命题的指称就是事态本身，但是，根据塞尔"中文屋"思想实验的论证，对于一台图灵机来说，它并不能够理解事态本身，因为它并不具有经验能力[6]；或者说，事态本身并不存在于计算机内部，图灵机无法判定外部事态与内部命题的一致性。因此，一台图灵机的命题有指称，是指该计算机内部存储中有这样一个命题（或者组成该命题的成分）。因此，对于图灵机来说，一个命题为真，就是可以由其内部存储或程序产生出这样一个命题。否则，该命题为假。也就是说，计算机中的"事态"（命题的指称）就是程序及其运行结果。塞尔将这种命题称为"依定义而真的命题"，是"计算机程序概念中的一部分"[7]30。

根据这个定义，我们很容易就能够知道，图灵机不可能说一个假命题，即它不可能说出一句它无法产生出来的命题，或者无法说出一个其程序中没有的命题。就图灵机不能说谎而言，道德图灵机与康德的理性存在完全具有同构性，理性存在的善良意志是绝对善良的[1]90，从而不会做不道德的事情。

诚然，上述论证还必须面对如下反驳。

第一，我们可以设计一个二阶程序，执行这个程序可以输出对计算机所产生的任何一阶命题的否命题。这样，如果一阶命题为"真"，那么，二阶命题就为"假"。于是，计算机就可以说假命题了。

第二，一台道德图灵机之所以不能说谎，是因为它包含了矛盾的指令,即既说真话,又说谎话;如果一台道德图灵机只说谎,而从不说真话,那么,这个冲突就可以避免了。

第三,"图灵机不能说谎"的结论可能蕴含"人也不能说谎"。因为人的谎言也是人说出来的,也是存在于人的心灵之中的,或者谎言也是人的心灵产生出来的,人不可能说出其心灵之外的语言或命题。

关于第一个反驳,二阶程序也是计算机内部所包含的,是计算机"故意"产生出来的。从后果上看,这样的"假"命题是一开始就存在的还是通过程序再次产生的并不重要,重要的是,它是计算机指令运行的结果。二阶程序及其运行结果也是计算机"事态"的一部分,因此,它也是有"指称"的,也是真话。

关于第二个反驳,如果康德机从不说真话,只说谎话,那不过表明,计算机语言与人类语言刚好是相反的。也就是说,这只是一个语言系统的翻译问题,计算机永远将人类语言的真话当作谎话。

关于第三个反驳,人能够说谎,是因为人可以"知道"自己"说真话",并在此基础上通过"虚构"事态而得到"谎言",而计算机却不能——计算机只能忠实地执行程序,而这种"忠实"对于计算机的程序运行状态来说,永远是"符合"的,是"真"的。但是,因为前面已经提到了"知道"在语义学上的复杂性,所以这里就不详细反驳这个推论了。

四、余论:康德–图灵困境

人们认为,通过图灵测试的机器仍然没有心灵,这并非完全没有道理。这个印象来自图灵本人关于思维的内容性假定和通用图灵机的一般原理。图灵假定思维乃是一种计算,而计算的机器的一般原理就是在形式化程序或软件的指令下工作,而我们却不可能在软件中发现任何有心灵意义的东西。

德雷福斯[5, 8]和塞尔[6]的反驳就表明:图灵机不可能具有理解能力,从而不可能具有意向性因果推理能力。塞尔"中文屋"思想实验对这个反驳的说明是,计算机程序是纯形式的,只有语法结构,而没有语义内容,不可能产生理解能力。

图灵机的这个困难也是"理性存在"概念的困难。让我们记住康德的问题:"纯粹理性何以是实践的"或"实践的综合命题如何先天地可能?"[1] 99

康德的这个问题我们可以做多种理解,例如,纯粹形式的道德原则如何能够适应于质料性的道德经验?依据纯粹形式原则的意志如何能够因果地导致行动?我们这里采取后一种理解。事实上,康德在《道德形而上学基础》的第三章中,试图举出这一问题的"主要线索"[1] 99 时,就提到了自由意志的因果性:

> 意志是有生命东西的一种因果性,如若这些东西是有理性的,那么,自由就是这种因果性所固有的性质,它不受外来原因的限制。[1] 100

> 我主张,我们必须承认每个具有意志的有理性的东西都是自由的,并且依从自由观念而行动。我们想,在这样的东西里有种理性,这就是实践理性,具有与其对象相关的因果性的理性。[1] 102

虽然康德并不能理性地回答这个问题,但他意识到自己的理论需要这种必然性,即必然需要一种包含意志因果性的实践理性。

康德不能理性地回答的问题实际上构成了康德"理性存在"概念的一个困难,而这个困难(如塞尔反驳所表明的)也正是图灵机的困难。

从图灵机与理性存在包含着同样的困难这一点上,我们也可以推论出图灵机与理性存在的同一性。

在此,我们将这个困难称为"康德-图灵困境"。

诚然,"康德-图灵困境"并不意味着图灵测试的困难,如果我们始终区分图灵测试与图灵机的构建原理的话。

图灵测试是一个纯形式准则,是判断机器是否具有思维或心灵的原则,而图灵机是基于思维即计算(具体化为指令性软件)的内容性原则构建起来的。图灵机困难反映的是二者之间的不协调,只要我们放弃后者,我们仍然有希望挽救图灵测试。在笔者看来,计算机与动物高级神经系统相联结的图灵机动物就有通过图灵测试的希望。关于图灵机动物的构建原理，限于篇幅，笔者将在别的地方加以论述。

参考文献 >>>

[1] 康德. 道德形而上学原理 [M]. 苗力田译. 上海：上海人民出版社，2002.

[2] 图灵. 计算机器与思维 [A] //玛格丽特·博登. 人工智能哲学 [C]. 刘西瑞，王汉琦译.上海：上海译文出版社，2001.

[3] French R M. The turing test: the first fifty years [J]. Trends in Cognitive Sciences，2000，4（3）：115-121.

[4] T. H. 黧黑. 心理学史——心理学思想的主要趋势 [M]. 刘恩久，宋月丽，骆大森，等译. 上海：上海译文出版社，1990.

[5] 章士嵘，王炳文. 当代西方著名哲学家评传：心智哲学 [M]. 济南：山东人民出版社，1996.

[6] 塞尔. 心灵、大脑与程序 [A] //玛格丽特·博登. 人工智能哲学 [C]. 刘西瑞，王汉琦译. 上海：上海译文出版社，2001.

[7] 约翰·塞尔. 心、脑与科学 [M]. 杨音莱译. 上海：上海译文出版社，1991.

[8] Dreyfus H L. What Computers Can't Do [M]. New York：Harper and Row，1972.

机器的道德地位：一种关系式的道德诠释学范式

苏令银[*]

在军事、空间探索以及卫生保健和家庭等领域，人类越来越多地面对机器，人类正不断地被机器所辅助并与机器互动。在人类的直接干预和计划之下，机器人变得越来越独立，机器的自主性和智能性也大大提高。例如，军事领域的研究旨在使无人机在没有人类参与决策的情况下能够自主发挥作用。同时，在卫生保健领域也有适用于老人的像宠物一样行动的陪伴机器人。

发展自主智能机器人的观点再次向哲学家提出了涉及机器人的道德地位问题的挑战。这些机器人是纯粹的机器，还是具有应得的道德地位？它们是被看作"物"，还是应该被加入类似于人类或动物之列？道德代理只属于人类吗？或者这些机器能被视为道德代理吗？或许有"机器道德"？自主智能机器只能被看作工具吗？它们是道德代理人或者具有道德耐心吗？它们的道德地位是实实在在的吗？或者它们和动物甚至人类的道德地位有相似之处吗？以往的观点往往伴随着一种常识，至少当我们被问到机器人是否具有道德地位（也就是说，一般来说机器人是否具有道德地位）时，我们大多数会倾向于消极甚至否定的回答。我们一般不认为机器人具有道德

---

[*] 部分内容原载《自然辩证法研究》2017年第7期。苏令银，上海师范大学马克思主义学院、经济伦理研究中心副教授。

地位，我们很难认为它们具有任何的道德代理或道德耐心的性质。我们对于宣称"机器人有权利"或者赋予机器人任何其他类型的道德地位非常犹豫。我们认为它们是纯粹的机器。然而，与机器人（有时是计算机）互动的人们也同时经常以另外的方式提出建议。他们经常把情绪和意图（好的或者坏的意图）赋予机器人，积极关注而不是伤害它们，甚至是爱它们，关心它们。比如，那些玩像恐龙样子的电子恐龙的人，或者使用看起来像小海豹的机器人的老年人倾向于把机器人看作是宠物或者孩子：他们照看机器人不跌倒，他们抚摸和拥抱它，以人同宠物或孩子谈话的方式与它谈话，等等。换句话说，他们不把机器人看作"物"或"纯粹的机器"，而是比这些"更多"。更多的是，人类倾向于赋予机器人格化特征或者至少是赋予动物形象：我们就像它们拥有像人类或者动物的属性（包括道德地位）那样对待机器人。这是简单的非理性吗？我们如何解释这种反应呢？我们如何理解我们思考机器人和如何对待它们之间的这个差距呢？

在这里，笔者首先描述作为思考机器人道德地位的标准的方法。笔者认为，这一方法有严重的内部和外部问题：它具有认识论的困难以及它无法理解思考和做之间的差距。为了应对这些问题，笔者提出一个不同的关系式的方法，这一方法通过开放非笛卡儿的道德认识论的可能性，以及确立思考道德地位问题的截然不同的范式来克服这些困难[这种范式被贡克尔（Gunkel）描述为一个"道德思维范式的转换"]。[1]

一、标准的方法：机器及其属性

（一）关于道德地位的标准推理

关于道德地位的讨论通常认为道德地位取决于属性，比如，在动物伦理中，雷恩和辛格之间的经典辩论就是关于"什么样的属性是与道德有关的"：它到底是生命的主体[2]；还是遵循边沁的观点，作为忍受痛苦的能力。虽然就规范伦理学的理论（道义论和功利主义）而言，其都有不同的方法，都认为为了决定道德地位，人们应该研究一个实体是否具有道德意义上的相关属性问题。

同样，至于机器人，人们认为相关的属性应该是意识或者忍受痛苦的能力，比如，或者人们可以提出不同的准则和属性（具体可以参考关于人工智能道德代理的争论的例子[3-5]）。但是，在这些有关道德代理或忍耐力的讨论中，它们假定道德地位取决于实体具有特定的属性。就道德地位而言，推理的形式是：

实体 X 具有属性 P，

任何具有属性 P 的实体，都具有道德地位 S，

实体 X 具有道德地位 S。

这是西方文化当初为了解放奴隶、女性等而进行的推理，道德科学已经在它的科学哲学实验室里研究了这些实体。这种柏拉图式的继承，剥离了现象，并揭示了相关属性的存在，对于一些实体事实证明"是的，它们会说话""是的，它们可以忍受"，等等。它们作为道德代理人（道德耐心或者兼而有之）接受了道德地位。其他实体，包括许多动物王国的成员，仍被排除在道德代理人或者道德耐心的社区之外。

（二）面临的问题

但是，这种方法至少提出了两个认识论的问题。考虑第一论点的前提，我们如何知道一个特定的实体 X 真的具有特定的属性 P？比如，"生命的存在主体""忍耐痛苦的能力""意识"等属性难以确定是众所周知的，要求通常是有争议的。怀疑论告诉我们，我们永远不能确定其他实体的内部状态，我们不能直接观察到诸如"生命的存在主体"等的属性，因此，似乎很难建立第一个前提。第二个前提同样有问题，我们如何确定一个特定的属性 P 能证明道德地位 S？我们可否利用道德形而上学或者一本价值论的书？在这本书中，我们能够找到不容怀疑的道德地位的主张吗？我们怎么能那么肯定诸如自主智能机器人等新的实体呢？再者，怀疑论者的反应似乎也在这里。当然，我们不知道，我们的预设可能是错误的。如果两个前

提都值得怀疑，那么结论也值得怀疑。也就是说，我们不能确定一个实体 X 具有道德地位 S。

此外，即使这些认识论的问题可以得到解决，我们可以实现特定实体的确定性的道德地位，这也并没有解决推理和经验、思维和行动、信仰和感觉等之间的差距问题，即使有一种道德形而上学，甚至是道德科学，它可以告诉我们特殊的实体的道德地位的真相。当我们与它交互，感觉不一样的时候，我们可以体验不同的实体。比如，我们可能会觉得有些智能和自主机器"不只是机器"，或者我们可以处理一些他们与"他""她"甚至是"你"之间的关系。再次来考虑使用机器人宠物的人，通常情况下，这些人很清楚他们的机器人仅仅就是一个机器人，只是一台机器而已。然而，他们的经验和行动是不同的。我们也要考虑看起来像人类的那样的体验机器人。当它们在房间里的时候，我们可能会感觉到它们的"存在"；如果它们"生活"在我们的家里，我们可能会觉得它们是"同伴"。

我们应该如何应对这个信念和行动之间、推理和经验之间的差距呢？对这个问题的道德科学的回答是，我们对实体的道德状态的观点是错误的。因此，答案虽有分歧但是不应该有差距。这个答案并不能帮助我们理解我们该如何对待这些机器人，这使所有的反应除了"正确"的出现，都是非理性的。我们不能离开经验去认为机器人只是一台机器，我们必须把它们从"幼稚的"或"无知的"当中解除。我们不得不说："难道你不知道这是一个机器吗？"但是，这是唯一可能的答案吗？这是最好的答案吗？

相反，为了克服这两个问题——一个是认识论问题，一个是有关推理和经验之间的差距，它不足以改善其他思想问题或者特定经验的拟人化（或人格化），笔者打算开始挑战这个问题，不是考虑属性的问题，而是考虑关系问题，即实体之间的关系，以及人类之间的关系，尤其是其中的主体道德地位的归属和客体道德地位的归属。接下来，笔者重点阐释这种方法，并探讨它对讨论作为道德代理人或患者的机器的影响。

二、一种关系式的方法：道德关系和道德地位归属的可能性条件

（一）一种关系式的方法

在《日趋发展的道德关系》（Growing Moral Relations）一书中，马克·库科尔伯格（Mark Coeckelbergh）提出了道德地位的关系式的方法，认为道德地位是伴随着实体之间的关系而出现的。[6]比如，我们能够在生态哲学考虑自然关系或者马克思主义哲学考虑社会关系时发现这一观点。这种观点是说，倘若不提及关系（社会关系和自然关系，更确切地说是它们的混合体），就无法定义一个实体，比如生态系统中的某个特定的动物，以及社会关系网络中的其他动物。这些关系也有它们的历史，并且与特定的地点、时间和事物相联系。独立于这些关系而去定义道德地位，本身就是违背道德的，因为它被当作了一个具有抽象"属性"的"实体"，即使正好是"动物"这个词已经构成了这样一个抽象和违反。这种方法应用于机器人将意味着为了确定它们的道德地位，我们需要知道一个它们与其他机器和人类的关系，我们需要知道机器的情景、历史和位置，我们需要知道它是如何被自然地、物质地、社会性地、文化性地嵌入和构成的。道德地位取决于关系规范的观点非常具有吸引力：关系性和关系式思维看起来似乎是好东西。它似乎也很适合当前生态环境的思维和道德关怀。然而，以关系式的方法取代属性方法的风险变得有些教条，它只是把属性的方法和关系式的方法颠倒过来。这样，"关系"仍然还是变成了另一种抽象，实体也就成了道德本体的一部分，它也再次被抽象和违背。从而，我们得到一个道德形而上学或道德科学（这次是一个关系），但这并不能被证实能解决问题，那么，我们如何能够确保实体及其道德品质的关系呢？并且，假如我们对一个实体的经验或关系的实质，与道德形而上学或道德科学告诉我们的不一致，将会怎样？假如我们没有经历"关系"或"被关系"基础上的动物或机器人，将会怎样呢？假

如我们一般的道德语言、道德经验与道德形而上学不相符，又将会怎样呢？

因此，我们需要采取下一个步骤。我们不仅要考虑实体之间的关系，也要考虑主体和客体之间的道德地位的关系。道德地位并不是一个在那里不需要讨论就可以定义的客观属性。关于道德地位的讨论发生在语言和思维之中，更确切地说是发生在人类语言之中。人类是道德地位归属的主体，这表明客体道德地位的状态并不能独立于人类的主体性。实体以特定的方式呈现在我们面前，它的呈现取决于人类的主体性，也就是说，它取决于人类思维，也就是特定的思维和文化，以及历史发展中的一个特定点上的生活方式。这意味着对于道德地位，我们不仅要讨论本体论［比如属性和（或）关系］，也要讨论认识论。我们能够拥有有关实体或者道德地位方面的哪种知识或什么样的知识呢？关于主体和客体之间的什么样的认识论关系会出现呢？这种认识论意义上的关系是通过哪一种（其他）关系形成的？我们都需要进一步对这些做出阐释。

属性论的观点假定一个实体只有一个"正确的"本体论地位和意义，这是相对于机器人的外观和知觉的。那些指责人们表现得不像他们依据道德地位的科学所"应该"表现的那样，这种道德科学假定了作为物自体的实体（比如机器人）和实体的外观之间的二分法。但我们能够想到一个拒绝这种二分法和接受实体可以以多种方式（这些方式都不具有先验的本体论和解释学的优先）呈现给我们的那种替代的、非二元论的认识论。一些方式看起来可能比其他方式更好，但是这种评价对特定的实体、实践和经验才可能发生，这种评价可以允许不同的观点存在，但不能被"之前"形而上学的属性所预先确定。抽象推理可以是这种解释学的一部分，但它无法提供一个最终的解决方案去一劳永逸地解决道德地位的问题。

一个实体的道德地位的建构，在某种程度上，我们无法控制它在我们把一个实体作为认知主体的关系式的土壤中生长。这种方式引进了人类的主体性，关系性思维不能，也不应该构成一个新的更好的本体论和正确的观，但是应该关注主体和客体之间的关系，以及我们的世界如何、我们如何在认识论意义上和道德意义上形成关联。这意味着哲学必须保持开放性的讨论，而不是把它封闭起来，因为封闭本身就是一种道德上的违反。这也意味在哲学意义上讨论道德地位不仅要关注直接的道德地位的争论，而且要关注道德地位如何形成、道德上的耐心如何构成的问题。这种元伦理学可以保证当哲学家（或者其他任何人）做出有关实体的道德地位的直接争论。可以有这样一种地位，人们从中可以批评道德地位归属于它们的论述和实践，包括哲学论述。

对于机器人来说，这种道德现象学意味着我们可以承认机器人能够在不同的情况下和情境中，面向不同的人呈现出不同的方式。"仅仅是机器"的状态是不一定的，也不会天然就是正确的，或者仅仅是构造实体的最好方式，但是这种外在呈现和建构本身就是有问题的。从道德上来说，重要的是实体是如何呈现的。[6]24 因此，我们的道德关注从本体论转移到了认识论，从客体转到了主体，从"事物的真相是什么"转到了"我们如何看待事物"。这就使我们注意到诸如机器、动物等道德的形成过程中的变化，以及这些事物中的文化差异。因此，应该批判性地反思我们自己，以及我们今天的"机器""同伴""人工奴隶"等的建构。这并不意味着我们不再说一些道德地位的建构和归属比另一些更好。但是评估的过程比单纯依赖于科学的和哲学的解释学标准/原则涉及一个更广泛的解释学。有趣的是，它也开启了与标准方式不同的主体间性的方法（也有人说是一种真正的主体间性）。标准方式假定实体的状态和道德地位，哲学家将坚持这一传统观点（或者为了其他任何事情）并将试图束缚别人对他的看法。这意味着，在这个观点中，真实合法的道德主体只有一个：被理性和科学证实的主体。在这种传统中，道德主体自身意味着要接受道德真理的检验。

然而，笔者想试图说明的是，我们应该允许主体的多元性和真理的多样性的观点。此外，这种观点也使我们在介绍主体的时候也要意识到，这一主体不仅是理性的代理人，而且是面对实体、与实体进行相互作用，并面对实体做什么（或者不做什么）的真实的人们。并且，主体所面临的问题不是道德地位的问题，而是一个与特定的实体相关联的现实问题。比如，当他们面临着一个类人型的机器人的时候，他们可能不知道如何对待它。换句话说，这种方法介绍了特定实体的道德主体地位问题。之所以不接受这个问题，只是因为自己对现实的具体经验和处于关系中的现实实体的无视。道德地位问题不是一个抽象的哲学问题，而是主体如何与现实相联系并如何应对的实际问题。

因此，这种关系式的、现象学的方法也为我们关注人与机器之间的道德关系留下了空间，这种人-机关系被解释为与主体性的纠缠。我们可以基于内格尔所说的"任何视角"，从外部描述这样一种关系，但是我们也可以从现象学的角度诠释机器人。一种属性的方法提出了一个特定类型的经验，类似于一个在实验室和研究室里产生的实体。但是，道德地位问题并非仅仅从这里产生，它首先产生在医院，产生在无人机控制室或者人们的家庭中，也可以产生在机器人扮演着角色和发挥作用的所有地方。在这些特定的地方和特定的情况下，需要回答的问题就是：如何与这个实体相关联。

（二）运用列维纳斯和哈拉维的方法：机器人的面孔以及我们与机器人的纠缠

正像贡克尔所提出的那样，他认为自己的观点可以被看作是"列维纳斯倾向"，列维纳斯坚持认为："在道德中，关系是先在的，并主张道德不是实体，而是体现在一种优先的关系中。"[1,7] 列维纳斯的方法强调在某种情境中与"他者"的伦理关系以及与"他者"之间"面对面"的重要性。正是在具体的物与"他者"面对的过程中，它才要求"我"的道德责任，从而才产生道德问题。此后，道德评价不是发生在对一个实体进行某种科学的或形而上学的检验之后，它使我们把实体和预先把它定义为一个实体相互区分开来，而这只是道德评价的起点而已。如果我们遇到一个人或者一个动物，那么面对"他们"可能会激发我们的反应并要求我们的责任。

然而，至少有两个重要的方面我们必须超越列维纳斯。首先，也正像贡克尔所说的，列维纳斯保留了人类的道德，并把这种道德关系仅仅限定在人与人之间，而我们在这里所提供的方法为考虑其他类型的关系和它们的道德品质提供了某种可能性，比如与动物的关系、与机器人的关系等。我们不做一种简单的规范性的要求，比如"机器人应该被视为人"，而是认为它们作为"他者"应该如何表现，它们是否有"面子"问题。而这些恰好是讨论它们的道德地位问题最关键的。因此，道德地位的概念需要和人类与机器之间的交互性相联系来进行解释。赋予（或者不赋予）机器以道德地位是我们理解这种人与机器接触或互动方式的一部分，并且幸运的是，道德经验绝不限于"赋予特定实体道德地位"或"讨论特定实体的道德地位"。我们需要更加丰富的道德诠释学，去揭示已经普遍存在的特定术语——"机器"的内涵，为了认真对待处于具体行动和关系中的人类的道德主体，我们可以从具体的人机互动关系（不管是想象的还是真实的）出发。

为了实现这个目的，我们可以从哈拉维的著作中学习，她的著作就是从人与动物的互动关系中去思考道德问题的。她的著作《物种面对面》探索了人与动物的互动，并对人类例外论观点提出了质疑。这种观点认为，在人类和非人类的实体之间存在着一个"巨大的鸿沟"[8] 12，而它一直渗透在西方的思维当中。遗憾的是，它毫无必要地限制了对人类与非人类的关系进行解释的可能性范围。哈拉维的理论并非只是从事抽象的思维，她也同时讨论具体的故事和具体的人与动物的关系，比如，她认为可以编著人类与机器人的具体关系方面的书。参与具体的人机关系可能会比通过思考道德科学更能揭示一个丰富多彩的道德地位及其含义，因为我们道德思维的进步，需要进行更多的关于"道德地位"的抽象的争论，比如当我们说到"机器狗"这样的故事的时候。

沿着贡克尔的引导，我们仔细看看哈拉维对德里达的评价是非常有益的。[9] 122-123 德里达的著作《动物故我在》，就反映了他的猫以及如果猫给予他反应，他是如何好奇猫是怎么看着他的。[10] 一方面，这里德里达关注的是一只具体的、特殊的猫——他的小母猫，为此，德里达曾写道："我谈论的这只猫是一只真实的猫，而不是一只猫的图形，作为对地球上所有猫的一种预言，它不会静静地进入我们的卧室。"看着他的那只猫正是"我们在讨论着的猫"[10] 6。另一方面，正如哈拉维所说的，受西方哲学和经典文本文献的影响，作为一个在浴室中的人，德里达很关心他自己的裸体，而不考虑不同形式的互动接触，特别是彼此互动。他对此知道更多，比如，他知道他存在于猫的存在场景中；但作为一个哲学家，他却不知道这里涉及"身体姿势和视觉纠缠"的意思。[8] 22 哈拉维指出："由于他每天早晨与这只猫互动和有礼貌地跳舞，因此我准备相信他知道每天早晨如何与这只猫打招呼。但是如果是这样的话，它仅仅体现了刻意的相遇，却没有在公共场合激发他的哲学，这确实是一个遗憾。"[8] 23 同样，一个人可能会对具体的人机之间的互动关系有所考虑，不仅只有机器人这个整体，或者作为这个地球上所有机器人寓言的单个机器人，而且是有关与这个机器人的互动关系，比如有着机器人样子的人类的"存在"（例如，人类和一个特定类人型机器人相遇的情况），从某种意义上来说，这是一个关于人类可以和机器人跳舞的问题（例如，特定的人和特定的机器宠物之间关系的情况）。

在这里，当我们描述这种人机关系的互动的时候，我们可能会站在西方哲学和经典文本文献的立场上，并且迷失在远离现象学的话语中。由于我们的哲学和科学的传统，在讨论道德地位问题时，更加普遍的是，我们往往会忽视机器人的参与以及人机之间的互动关系，而只关注"这个"机器人及其属性，并且通常会把它定义为一个先验的"机器"，这必将缩小我们可能的经验和解释的范围。比如，作为哲学家和科学家，当我们看到人类正在观察机器人和讨论"这个机器人""它"或者"机器"等的时候，如果我们能够马上纠正我们自己，那么我们就会关闭其他经验发生作用的可能性。也许我们首先会有一个非常不同的经验和印象，比如我们可能会感受到一种"存在"或者我们可能会觉得机器人正在"看"我们。

即使是贡克尔的列维纳斯式的方法，这种方法可能会激励我们讨论机器人的"面孔"，但是如果不涉及另一种关于知识本体论的不同类型，我们将会陷入以逻辑为中心的对机器人"面孔"的描述之中：我们没有像西方哲学家那样的知识，但是确实存在与其他实体之间的互动性参与和某种特定的"舞蹈"。一种现象学意义上的人机互动关系，需要依赖于体现关系性的知识，即使这意味着公共的或者私人的障碍，并克服我们的某种耻感。

与列维纳斯不同的是，人们不应该只考虑"我-你"关系。道德地位的归属取决于许多条件的可能性，这种可能性的条件超出了"我-你"关系的范畴，比如语言关系、社会关系、技术关系、精神关系和空间关系等。一个特定的机器人如何呈现在"我"面前（或者说"我"如何建构它）？事实上，"我"所构建的人与机器人的关系是如何形成的，很大程度上取决于我们如何谈论机器人（如机器与伙伴），取决于我们人类如何与机器人生活在一起，取决于我们社会中技术的发展，也取决于我们的文化及其信仰的维度，是上述因素（而不是其他什么因素）激发了特定道德地位的归因。这就是笔者要指出的，尽管用维特根斯坦的一个概念即"生命形式"就使其成为可能，但也限制了我们如何与机器人形成关系。我们的道德经验是涉及"我"的"个人"，但同时也涉及我们如何看待和评价其他相关实体，包括动物、机器和其他人等。我们个人对机器人的建构，受到建构机器的文化方式的影响，这种建构不仅是一个术语表征的过程，也是一个生活的过程，它来源于生活，并整个改变了我们所称的"文化"与"社会"。当我们讨论和书写道德地位的时候，我们不是从一张白纸出发的，而是已经有相关解释模式、行动或习惯模式、生活模式，以及事实上的评价模式，也已经有了相应的规范和价值观。德里达的耻感是生命形式的一部分，作为哲学家，当"面对"机器人时，我们也会伴随着分量相同的哲学传统，看着镜子之中的机器人，我们可能会觉得它丑陋、不完美和虚弱无力。同时，与德里达一样，在某种程度上，我们可能会感受到机器人的"凝视"，我们可能会觉得机器人也在"看"我们。更加普遍的是，机器人可能会面对我们自己的弱点，把我们脆弱的身体和机器的刀枪不入相对比，我们可能感觉不舒服。我们感觉到惭愧，从而想隐藏我们自己的弱点。相比之下，像斯蒂拉克（Stellarc）那样的艺术家，从来不害怕面对机器，也不害怕与机器的这种"对抗"，不害怕展示他衰老的、强大的身体和完美的机器。在这里我们不禁要问：西方哲学家能够克服他们自己的弱点恐惧症吗？我们能够克服安德斯（Anders）所谓的"普罗米修斯的耻辱"吗？[11]23-25

受到哈拉维著作的启发，我们可能对机器人是否仍然是"机器"或是否是我们的"伙伴"一直存在质疑。当他们谈及"遇到他们的狗"的人们，人们是否会说某个人"遇到了他的机器"呢？[8]301 这样一种面对人机关系的人仍然在机器人面前感觉到羞耻，在个人参与这一点上，是应该讨论机器人的"道德地位"吗？已经隐含在关系中的道德地位出现了吗？例如，如果一个老人已经非常依恋他的"帕罗机器人"，视它为一个宠物或婴儿，然后需要讨论这是一种什么关系，而不是机器人的"道德地位"。当然这可能永远也不会是与机器之间的真正的伙伴关系，因为机器不脆弱或者至少不像我们所认为的那样脆弱，它们不可能成为人类真正的伙伴；有人会说它们不能吃同样的面包（在这里笔者使用的"伙伴"一词，哈拉维也提到"吃着同样的面包"），它们不能像我们所做的那样去吃和消化世界，也就是说，它们和我们的环境有不同的认知关系，以及对世界不同的开放模式，事实上根本不可能有真正的开放。但在任何情况下，我们都需要大胆尝试与过去不同的认知和解释学的可能性，比那些为了理解经验而依据伙伴关系去解释那些经历而富于机器人"机器"术语更加有意义。

（三）关系式方法对标准方法问题的克服

本文的重要目的是要弄清楚，这里描述的关系式方法究竟如何克服了论文一开始提出的两个问题。

首先，自从"你对实体知道什么"这一问题被指出已经"过时"的时候，认识论问题就被克服了。如果我们不再假定另一个原子式的、独立的而非关系式的实体的存在，而且如果有一个关系式的鸿沟已经弥合，那么就不再需要一个认识论上的鸿沟。这个问题的答案是：我们知道的实体已经处在某种关系之中，在我们谈论和思考道德地位问题之前，已经有了一种关系存在。当我们思考机器人、语言、社会、物质等的道德地位的时候，一种关系性结构已经在那里预先存在着了，这使我们认为机器人就只是"机器"或者一个"它"，而不是把它看作我们的"同伴"或"他"。已经有一种实在的人机关系，而且其他可能的关系也在约束、形塑着这一具体的关系。例如，在养老院里，有一个特定的老人与机器人之间的关系，还有其他关系在影响着人与机器人的关系，比如，别人可能会鼓励或者谴责老人与机器人的关系等。包括关于机器人的知识在内的其他知识都来自这种关系，这种知识又被称为"默会知识"（波兰尼的概念），这种知识通常不那么显性和明确。遗憾的是，标准的方法主要依赖于明确的命题性的知识，这种知识来自科学和道德哲学，从而把道德地位问题理解为一种道德科学。例如，道德哲学家知道一个特定的实体是没有意识的，因此，他们认为这种实体不可能具有道德地位。但是这种想法忽视了那些来源于非科学领域经验的知识，包括那些以更加直接的方式去与实体形成关系的人们的经验。如果我们的哲学家想谈论关于机器的道德地位问题，那为什么不去与在他们的日常生活中设计这些机器和使用它们的人谈谈？我们没有任何理由忽视他们的先验知识，事实上，他们的知识也是一种默会知识，这当然也不是一个可以用来去排除来自道德诠释学知识的理由。

其次，这种关系式的方法"正确"看待机器人与"我"对机器人的"感知"之间不再具有鸿沟。重要的是一种道德品质的关系而不是机器人的道德地位，并且如果需要从根本上、道德上考虑机器人，其道德地位是生长在关系之中的，而不是在关系之前就先验地存在的。同时，根据这里所提供的关于道德地位归属可能性问题的分析框架和条件，我们可以解释那些源自我们生命形式的关系结构中的思维和行动、理性和经验之间的鸿沟。笔者认为，至于我们的文化则是一种现代文化，它不允许我们看到机器人更多的东西，也不允许我们只是把机器人看作"机器"：这种文化决定了我们谈论它们的方式（至少像哲学家和科学家那样），决定了我们定义社会性的方式，也决定了我们标示我们世界的文化方式等，这种方式很难与我们现在以不同方式对待机器人相联系起来。我们的道德思维发生变化的唯一方法就是这些结构关系发生了变化：这些关系成长为不同的道德关系。特定关系发展起来，以至于我们开始以不同的方式谈论特定种类的机器人，包括在我们的社会生活世界中，技术和社会发展促进了这种关系的发展等，我们也就会以不同的方式理性地思考它们。这些正在部分地发生着，但占据主导地位的模式仍然是现代性的：在我们（人类）和机器（物）之间存在着一个鸿沟，因此，道德（包括道德地位）仍然只是被发现的人类的一方面。接下来，让我们通过讨论我们称之为笛卡儿遗产的东西，来进一步探讨机器的道德地位问题和西方现代性问题之间的关系。

（四）非笛卡儿式的道德地位的可能性：一种不同的解释范式

首先，我们来看看对笛卡儿式的思考人机关系的质疑。为了理解占主导地位的道德地位解释范式，参考笛卡儿的思想是有帮助的，事实上，这也有利于理解上述问题，毕竟，笛卡儿的思想被认为是清晰理解现代性问题的关键与核心。此外，阅读笛卡儿有助于理解现代性的观点，尤其是有助于理解人类与机器关系的现代观点，这也与我们现在的研究高度相关。

第一，当涉及的道德体验问题超越机器人而被看作"纯粹的机器"时，这是无法理解的。我们应该参考笛卡儿在他的《谈谈方法》中所构建的一方面是人类（尤其是人类精神）和肉体，另一方面是动物和机器之间的鸿沟。这种鸿沟导致了考虑人类和机器之间关系的二元对立方式，这种二元对立使得我们很难把它视为另外的其他事物。这成了我们思维形式和生命形式的重要组成部分，从而使得我们在这些概念形式情景中理解经验非常困难。此外，正如贡克尔所指出的，这种哲学意义上的操作使机器"不仅仅是一种排除其他的，而且是排斥他者的特有机制"[9]128。这意味着我们不仅从道德地位上排斥了机器，而且我们使用一个特殊的"机器"概念去作为排斥机器人、某些动物等的一种方式。笔者认为它们是"机器"，它们不配享有道德地位。在这个意义上，"机器问题"不仅仅是一个关于自主性智能机器人和其他人工智能代理边缘性的道德地位的讨论，这个讨论可能会被道德哲学所忽视，但这却是理解道德地位的现代西方范式的核心，这表明现代伦理一直就是一种"机械性伦理"。这种笛卡儿式的排斥机制也表明了一个贯穿西方文化历史的更一般的当前反人类学的倾向，这种倾向一直依据人类不是什么来定义人类：我们被定义为非上帝、非动物、非机器、事实上的非动物机器，或者至少超越动物机器。今天，我们可能被定义为非机器或者超越机器。显然，在西方，为了区分我们自己是人类，我们总是需要和使用其他实体，为此，我们更喜欢实体和我们足够相似，而不是过分强调实体和我们相同。比如，当涉及动物时，我们坚持认为我们不是猩猩、不是猫、不是狗等。当涉及机器人时，我们也选择类似于人类的机器人：类人型机器人。我们用它作为建构和坚持笛卡儿式鸿沟或者哈拉维称之为巨大鸿沟的解释学工具。任何跨越这个鸿沟或者试图这样做的，如果不是威胁，就是尴尬的经历。机器人被看作是澄清的工具，即保持人类与非人类鸿沟的开放性，以及守护人类和非人类边界的工具。

第二，认识论问题也有其近代笛卡儿的思想的渊源。在笔者所描述的问题中，笔者认为怀疑必然采取一种绝对的形式，这种形式要求我们应该追求绝对的确定性。这种观点要求我们处于笛卡儿式的怀疑论者的位置，这种怀疑论者除了自己的思想之外总是怀疑一切。"其他思维问题"是否适用于人类或机器人，可以被看作是一个笛卡儿式的程序应用的过程，它是我们是否完全知道关于其他思维（自然的或人工的）的任何方面。但是，我们为什么追求绝对的确定性呢？正如笔者之前所提出的，当我们和实体相联系的时候，我们已经拥有其他实体的相关知识了。

此外，正如托伦斯在伯明翰评论马克·库科尔伯格的书时所指出的："定义问题本身就是笛卡儿式的，属于我所批评的标准的、占支配地位的思维方式。"[12]因此可以说，我们已经挫败了前面提出的标准的方法。但是，我们不能仅仅停留在这一层面上。如果笔者说我们可以有一些不需要绝对确定性的其他实体的知识，那么，笔者必须明确表达这是什么知识，以及对于其他实体而言，什么样的知识（而不是任何知识）是可用的。笔者认为，这是一种默会知识，这种知识出现在我们的生活经验与问题所涉及的实体之间的关系中，这一关系涉及自主性智能机器的具体参与。这一问题不是"我们知道其他实体是什么",而是我们已经知道自己拥有关系式的知识。

那么,我们应该如何超越笛卡儿式的思维模式呢?在两种意义上来看,一种不同的道德范式必须是非笛卡儿式的:它应该首先克服那种保持人类和机器之间的差别的困扰,为了给阐明不同类型的道德经验留出空间,这种道德经验不能预先打折,并把它作为考虑道德地位的主要目的,并且因此为了承认认知范围和操作技能而转向具体参与实体的现象学,否则这种实体不会出现在道德雷达的显示屏上:一系列的人类经验和关系的可能性已经被现代分类及笛卡儿式的质疑所抑制。当谈到道德时,我们应该对那些经验的类型和关系的境遇特别敏感,这种情境中的质疑是简单的和不合适的,这时候,分类不仅是不必要的,而且自身也是一种暴力行为,这时唯一的"理性"或"道德命令"已经存在于某种情况和关系中。与机器人的关系是否可以使这种伦理关系成为可能,还有待于进一步观察。就笔者个人而言,依据笔者对当前和未来机器人的经验推测,笔者对此表示怀疑。但即使在今天,在"纯粹的机器"和列维纳斯的"他者"之间仍然有道德经验的可能空间。并且认识到我们讨论机器人的特有方式(比如依据机器讨论"它"等)是非常重要的。这种讨论不是中立的,而是表明了一种道德立场,这种道德立场是通过在我们的文化中鼓励某些解释和行动的方式而不是其他的什么东西而形成的。处理道德挑战和研究一个实体的属性相比是非常不同的任务,它以这样一种方式,即不仅在"特定的实体"问题中,而且在"人类是什么,以及作为道德主体的"我"的地位是什么"等问题中改变了游戏中的道德地位。质疑其他实体的道德地位时,我们也会问:"我"的位置在哪里?这对于我们一些现代的思想家来说可能会感觉不舒服,因为这种方法要求我们承认我们与其他实体的道德参与,在这个世界上,我们是道德同谋。我们不能再从远处看或想象它不存在(例如,人类通常通过自己的饮食活动来考虑动物介入我们生活的种种方式。我们不能否认人类是同谋关系。我们"被迫"去思考自己的道德地位)。

为了思考自主性智能机器人的道德地位,这种非笛卡儿的取向意味着我们不得不放弃决定他们的道德地位的道德哲学和道德科学计划，以便能够作为一个规范性框架而实现可靠的理解，这一框架建立在道德形而上学秩序的基础之上。相反，我们踏上了一条不同的哲学之路，它通过建构人机关系致力于具体的道德挑战，而这种关系反映了超出现代伦理思维界限的可能性。为了探索这种想法，我们可能需要从其他非现代元素和非西方文化中去学习。这也有助于在我们自己的文化、在"异教徒"文化中以及我们现代科技文化中审视非现代的元素。例如，如果我们在那种文化中能找到万物有灵论的痕迹，那么这样的解释可以有助于思考其他方面。在任何情况下，一个道德思维的新范式不应该被理解为现代性的，也就是说，其应该是某种完整的和绝对崭新的。经验总是历史的，像道德地位那样，道德的变化总是受制于许多可能性的条件的，这取决于我们的语言的变化，以及我们共同的生活方式，等等。道德思维的改变意味着一种生活方式的改变——包括它的语言、社会和技术维度。

如果我们实现了道德思维范式改变，那么应该考虑到机器人已经成为我们生活方式的一部分。如果笔者对道德变化可能性的条件的观点是正确的话，那么这样一个项目的成功本身是否就依赖于我们与机器人的关系将如何变化呢？很难预测，当机器人变得更加自主和智能时，将会发生什么？我们的技术文化和技术实践可能成长为我们不能预见的形式。当然，我们可能会试图控制事物，但我们也应该意识到"理性"这个词的力量是有限的。不管我们喜欢与否，世界的道德观和机器的角色将不仅取决于文字，还取决于肉体、液体、电线和硅。

接受那些认为情景是先验的和试图把一切都转化为情景的观点是困难的。即使那些声称情景先验的后现代主义者，仍然从这个理性倾向上思考问题。相比之下，笔者希望关系性范式导致并源于但不限于其哲学姿态和语言关系范围。如果新的含义"生长"在那些更广泛的关系生态中而不是之外，或者说如果他们来自具体的关系而不是脱离经验，那么，德里达所谈论的"激进的解释"才可以成功。[10] 160 如果我们感到根本上羞愧的东西，不是我们在他人面前暴露的下体，而是我们的认识论、道德利己主义和唯我论，它们剥夺了我们的好奇心，而这种好奇心使我们对他人的外表、对他人真实的回应——对他们的下体和他们的弱点的好奇。这也意味着我们承认自己作为道德主体的弱点。当然，在一个具体的关系也是有疑问的：它显示了我们如何以我们的姿势、手势、声音等去"看"，它显示了我们与环境相互作用、积极联系的方式。

笔者不知道是否在我们这样真实的他者面前会出现智能自主性机器人，这还涉及其他更紧迫的问题（例如，关于动物的），但至少在这里我们有一个新的道德问题。问题不再是"它思考吗"或"它受苦吗"；新问题涉及机器人的差异性，问题是"我们的立场在哪"和"我们是谁"。怀疑不再是关于机器人的属性，而是如何与机器人相关的直接的道德问题：这个机器人是"我们"的一部分吗？不论哲学家是否问这个问题，这都不是关注的重点。重点是在具体的关系和我们的科技文化中，这个问题是否会问它自己。"我们"这个词可以有助于哲学家进行解释，但它不应与其所依赖的关系性条件混淆。正像贡克尔所指出的那样：理性不是第一位的，道德地位既不能被声明，也不能被决定。道德思维与其说是一种"决定谁"或什么是包括在"我们"之中的，不如说，在某种程度上，大多数的影响是在这些道德边界的形成过程中的。[9] 也许，我们可以在多大程度上影响这个过程受到哲学家的假设的限制。思考道德地位的活动本身是依赖于具体的动态关系和作为这些整体的关系，以及它们一部分的连续不断的生活、交流、文化发展。谁或什么是内部或外部的道德共同体，或者我们的道德联系，不能简单地被宣布或约定。"谁"或是什么是"我们"的一部分，不能也不应该被迫成长。

注意，这个问题涉及我们的道德共同体的道德界限，不仅关注人与机器或动物的关系，还有人类之间的关系。关系式的而非笛卡儿式的方法表达，能够也必须适用于有关人类的道德地位的问题。这里提出的"规则改变"，意味着我们应该如何与其他人相联系呢？在目前一些人不喜欢（完整的）"道德代理人"的地位的情况下，有些人甚至不被视为完整的"道德患者"。这里提出的关系式方法如何能够帮助我们更好地了解在这些情况下发生了什么以及如何促进道德进步呢？

三、结　论

　　我们应该赋予机器道德地位吗？在本文中，笔者在批评一种所谓的"标准"的、基于属性来思考道德地位方法的基础上，提供了一种关系式的道德解释学的方法，认为这种方法侧重于道德关系和道德地位归属的可能性条件。这里提出的不同的、标准的方法，不仅对思考自主性机器的道德地位有特殊的吸引力，也克服了标准方法存在的认识论问题，并且可以解释我们如何思考、经验、对待这样的机器人——包括理性和经验之间的差距。结果是道德诠释学的提出，对于我们如何接近其他实体，以及作为道德主体如何与我们自己相联系，这比标准的方法更依赖于广泛领域的经验和知识。因此，尽管本文没有就道德地位提出直接的规范哲学的争论，没有就自主性智能机器人的道德地位问题做出声明，但这种争论却表明了哲学和科学意义上的道德范式和行为方式，也成为道德思维和方法的一部分。这样做使我们在标准的方法与实体的距离之间建立了一座桥。笔者认为，标准的方法是不必要的，并且令人不快地将人类和非人类之间的道德现实分割开来，这种行为的方式并不是道德中立的，但不必要地和令人不快地减少了与其他实体解释的多样性相联系的可能性，并导致了可能性的暴力。通过参考实体的属性能够证明道德地位不是道德中立的，因为，在一定距离之外和分离状态下，这也使它可以排除他者。也许我们不能避免包含和排除的规则，但在哪里划定界线不应依据一个实体具有的重要属性而提出来。笔者试图表达一种可选择的范式使我们提出不同的问题，这些问题不是关于机器和其他实体的属性，而是提出我们应该称之为"机器"和"它们"，还是把机器人看作"我们"的一部分？它也要求我们更密切地与实体互动，与那些实体直接相联系。最终，它要求我们放弃无懈可击的道德主体性的假象，我们需要采取一种关系性立场。最后，笔者提出了在历史与未来中，在人类和其他实体之间的道德关系中，道德思维扮演什么角色的问题，我们需要什么样的道德知识去应对当前这些关系的挑战。毕竟，应对这些道德挑战，需要的是我们的智慧，而不仅仅是某种词语的喜好。

参考文献 >>>

[1] Gunkel D. Review of Mark Coeckelbergh's growing moral relations: critique of moral status ascription [J]. Ethics and Information Technology, 2013, (15): 239-241.

[2] Regan T. The Case for Animal Rights [M]. Berkeley: The University of California Press, 1983.

[3] Floridi L, Sanders J W. On the morality of artificial agents [J]. Minds and Machines, 2004, (3): 349-379.

[4] Himma K E. Artificial agency, consciousness, and the criteria for moral agency: what properties must an artificial agent have to be a moral agent? [J]. Ethics and Information Technology, 2009, (11): 19-29.

[5] Sullins J P. When is a robot a moral agent? [J]. International Review of Information Ethics, 2006, (6): 23-30.

[6] Coeckelbergh M. Growing Moral Relations: Critique of Moral Status Ascription [M]. Basingstoke: Macmillan, 2012.

[7] Levinas E. Totality and Infinity [M]. Pittsburgh: Duquesne University Press, 1969.

[8] Haraway D J. When Species Meet [M]. Minneapolis: University of Minnesota Press, 2008.

[9] Gunkel D. The Machine Question: Critical Perspectives on AI, Robots, and Ethics [M]. Cambridge: The MIT Press, 2012.

[10] Derrida, J. The Animal that Therefore I Am [M]. New York: Fordham University Press, 2008.

[11] Anders. Die Antiquiertheit des Menschen (volume I): Über die Seele im Zeitalter der zweiten Industriellen Revolution [M]. München: C. H. Beck, 1956: 23-25.

[12] Torrance S. The centrality of machine consciousness to machine ethics [C]. Paper presented at the symposium "The machine question: AI, ethics, and moral responsibility", AISB/IACAP world congress 2012—Alan Turing 2012, 4 July, 2012.

机器人怎么可能拥有权利？

甘绍平[*]

人工智能的飞速发展，不仅极大地改善了人类的生产与生活方式，增强了人类的智慧与感知世界的能力，而且激发并推出了机器人的道德地位这样一个伦理学的新课题。不少自然科学家及社会科学家均声称，机器人虽是机器，不是人，但鉴于机器人所拥有的超强的智能以及一定的情感水平，人类应赋予它某种道德权利，将机器人当作人来看待；反之，如果滥用和虐待它，则呈现出人类的残忍与非人道。有关论者甚至借用甘地的名言——从一个国家对待动物的态度可以判断这个国家及其道德是否伟大与崇高，推出所谓的"从一个国家与个人对待机器人的态度，可以判断这个国家与个人及其道德是否伟大与崇高"，并且声称所谓尊重机器人，就是尊重人类自己。把机器与道德关联在一起，把机器推至一种令人生畏的道德高度，展现出了当代伦理学界一道从未有过的奇观。本文直接质疑这场机器人权利运动，但主要目的并不是批驳那些论证机器人拥有道德权利的所有理据，而是在于借助机器人有无道德权利问题，为阐述道德的功能、道德权利的契约论基础、人同机器人关系中所体现出的主人与工具之固有地位的不可错位、人的私密的心灵花园的不可触碰等伦理学里的一些重要话题，提供一个新的机会与样本。

---

[*] 原载《伦理学研究》2017年第3期。甘绍平，中国社会科学院哲学研究所研究员，中国特色社会主义道德文化协同创新中心首席专家。

一、机器人拥有权利的技术障碍

　　机器人虽然拥有智能,但这种人工智能与人类智能相差极大。人的大脑分左脑与右脑,左脑负责记忆、运算、简单的推理;右脑则负责发散性思维、超强的想象力与艺术审美。而人工智能只是在模仿人的左脑功能,机器人装备着由人类为它编制好的程序,以概率论为形式化的运算框架,搜集海量数据并在记忆中加以储存,然后对新的信息进行识别辨认,将之与储存库的数据进行匹配对比,最后得出结论或做出相应的决断。因而机器人可以做算术、记忆、弈棋、诊疗、翻译和判案;在某些能力方面(如计算、记忆)完全可以超越人类的极限,成为我们良好的辅助工具。但是,机器人的智能所体现的仅仅是一种演绎智慧,它只能对符号进行一种形式化的加工,只能对数据进行无理性、无情感的枯燥处理,不论它有多强的感知能力、深度学习能力以及一定的自主生成行为的能力,它也不过是对人类的某些认知行为的模拟,并以软件方式使之得以实现。能够对符号进行加工的机器人并不能理解符号的语义本身,无法领悟自己动作的意义与后果,不可能对环境进行识别并与外在世界产生互动。作为人类智能的物化,机器人的智能与人类的智能之间存在着一道无法逾越的鸿沟。

　　人类既拥有左脑也拥有右脑,正是一些特殊的认知模块使得我们能够进行复杂的语言呈现、长远的规划、抽象的思考,从而具备高水平的创新思维、高度的情感介入和敏锐的解决问题的能力。具体而言,首先,人类具有将声、像、味等信号上升为认知,将共性的现象提炼为有规律的抽象概括能力、想象力。智能的本质并不在于知识,而是在于想象。知识总是有限的,情形无法排除例外的产生,机器人只能应对类似的情形而无法处理例外带来的冲击,而人类则有能力从相对少量的数据中获取更具深度的抽象,从少数经验里得出有用的结论。依凭想象力人们就可以概括世界的一切事物。几岁的儿童,大人给他指一指什么是猫,下次他就能够识别。其次,人类拥有将丰富的阅历凝练成常识的能力,这种常识我们不会认为存在着骆驼可以从针眼里穿过的可能性。但机器人并没有这种常识。同时，经过长期深邃的思考，人们还有可能产生顿悟发现，这种复杂的神经活动积累而成的体验，对于机器人来说是不可想象的。再次，在人的抽象能力、常识能力的共同作用下，人类还形成了极高的信息整合能力。凭借大脑中各种功能模块的紧密联系与交互作用，人类拥有将世界上各种事物间无数错综复杂的关系纳入高度整合的单一系统中的能力。对于同一个犯罪嫌疑人的图像，机器人可以清晰地把握其颜色、边缘、纹理以及面部特征的细节，而人除此之外还可以抓住图像中各个因素之间的复杂联系，以及其相互之间是否协调与合乎情理，并通过对面部特征的观察瞬间推断或识别出其年龄、性别、种族、表情及心理状态。人类的观察与机器人的观察不同，后者的信息结构化、单一化，并且封闭和有限，而前者则有能力在复杂的信号环境中分辨出有用的信息，运用各种感官捕捉感觉信号，调动大脑中以往积累的知识和记忆的经验，整合成一幅紧凑连贯的外界图景。这一图景不仅是对外界客观对象的一种直接反映，还渗透着观察主体的主观意欲、情感直觉以及理性思维等因素的复杂交织。人类的思考与机器人的思考不同，后者仅仅体现为一种简单的逻辑运算，而前者则得到了人的内在因果性机制与意向性因素的驱动。当问到蜜水与白开水哪个好喝的问题时，人类会立即综合运用嗅、视、味、触觉能力，对二者在香气、色彩、味道、质感等方面进行虚拟比较，依据人类自己的主观好恶来作答。

综上所述，机器人虽然拥有智能，但仅仅是对人类部分智能的模拟与扩展，仅仅能够描述人类内心活动中那些可以描述的东西，例如，可以将人的某些意念转换成电磁波进行传递与接收，甚至可以在一定程度上掌握大脑的神经回路，从而较准确地操控被实验者的动作。但是，尽管我们确信人类意识与智能是在自然界的物理与化学反应中产生的，甚至可以确定大脑前额叶皮层构成了人类自我意识产生的神经基础，然而，意识究竟是如何出现的，对于我们而言，至今仍然是一个谜，我们没有任何科学理论与模型可以用来描述它。人类大脑由约八百六十亿至一千亿个神经细胞（神经元）构成，这些神经元彼此之间存在着极为复杂的神经联络网络（每个神经元可以与数千个神经元同时关联），这些网络通过释放电荷传递信息，电荷在头颅中形成波纹。我们只有理解每一个神经元的功能，揭示神经联络网络的运行机制，才能解答人类精神活动的基本原理。但是，至今我们连秀丽隐杆线虫这样简单线虫的神经传导通路都搞不明白，更遑论复杂数十亿倍的人类大脑。而无法破解人类大脑的奥秘，也就无法制造能够与人类智慧相媲美的机器人。

由此可见，在机器人智能与人类智慧之间，横亘着一道无法逾越的鸿沟。机器人只能处理记忆和复制人脑中可以客观化的信息，而人类意识、内心活动、爱恨情绪、是非观念、审美体验、宗教信仰等灵性活动，不仅形式上似是而非、极不稳定，且内容上只可意会不可言传，是不能通过文字、符号得以表达的。正所谓我们所知道的（所指）要比能够说出来的（能指）丰富万倍。这就导致了机器人的智能永远无法超越和取代人类的智慧。机器人无法识别双关语，无法理解人的语言及动作的暗示效应，不具备复杂环境下随机应变的能力，对彼此矛盾或含混不清的信息束手无策，在视觉、动态和直觉等方面难以实现突破，完全缺乏常识、创造力、想象力、预测力以及抽象概念与知识的提取能力，因而不可能应对在复杂变量和动态条件下在无穷选项中做出选择的课题，更谈不上运用自由意志以及装备的道德知识在道德两难中做出正确的抉择。于是，从技术的可能性角度来看，机器人的智能与人类的智慧完全不可相提并论，就此而言，奢谈机器人的权利完全是无谓之举。

二、机器人拥有权利的道德难关

以上我们从技术条件的限制上论证了机器人的智能与人类智慧完全不可等量齐观，机器人永远无法获得人类所拥有的地位，因而讨论所谓的机器人的权利纯属无稽之谈。下面我们再从伦理学的角度探讨一下机器人不能得到权利的道德理据，笔者发现，机器人要想获得权利，面临着三道无法逾越的伦理难关。

第一，机器人不可能与人类签订契约从而相互赋予权利。我们知道，道德是人际交往的行为规范，尽管这些规范有时也涉及人类之外的生存物，但道德的适用范围从根本上讲被锁定在人与人之间，因为道德规范只有在人类大家庭内部才能被发现、建构、理解、交流和遵守。而人之所以需要有道德，则完全是出于对人类福祉本身的维持与呵护。与道德的这种对人类利益的保护之功能相类似，权利也是人与人之间建构而成并相互赋予的，人们建构权利的目的在于使自己基本的利益得到切实的保障。所谓权利，是指行为主体针对某项利益的一种有效性的要求。这一定义包含着两个要素：首先，行为主体不仅对相关利益有要求，还必须能够提出该项要求。假如该行为主体尚未成熟，那么他（她）长大之后也必定能够提出。即使某个行为主体因疾病之故永远失去了心智成熟的机会，但是由于当事者是人类大家庭中的一员，其他人仍然可以作为监护者和委托人，替其提出此项要求。其次，这项针对某种利益的要求是有效的，这种有效性意味着他人或者相关主管承担着对此要求必须认可、不得拒绝，并且使之获得满足的义务。权利把权利载体置于一种与权利应答者的应当行为的关联之中，权利应答者有义务使权利载体的要求实现。一旦权利要求得不到满足，则当事人就可以提出控告，从而使权利的实现获得保证。由此，从权利本身的本质界定来看，权利的建构与相互赋予，只可能发生在人与人之间。因为只有人才拥有感受性和自我意识的能力——人能够自我辨识，将自我从世界以及其他个体中区分开来，洞悉自身的行为与思想，通过自传体记忆而把自身理解为是随着时间推移的不间断的存在，是一种历史延续的单独个体；只有人才具备自主性，即他可以自主地自我维持、拥有自己独特的目标，不受他者的外在设定、确定与支配；只有人才拥有意向性，他可以在行善与作恶之间做出自主的选择，并为此而承担应有的责任。这些能力造就了权利对于人类的专属性，即只有人才可能运用这些能力签订有关权利的契约并且相互赋予权利，最后采取措施使权利要求得到保障。尽管动物也拥有感受性，有些动物可以表达丰富的情感，可以使用工具、为物品命名，可以以有意识的和精神体验的方式处理信息并通过模仿进行学习、通过示范向后代传递信息，甚至可以怜悯、同情、仁爱和拥有公平意识，但没有任何动物能够单独具备人类所有的心智特征，无法在先辈成就的基础上发展提升，不可能出现稳定性、适应性的文化进步。动物无法与人类订立旨在进行权利的互相赋予和保障的契约，它们可以在人类的特许下单方面地享受某种"权利"，但无法对人类的权利诉求做出应答，不可能履行为满足他人权利需求所应承担的义务，即在人类与动物之间——由于动物能力上的先天障碍——不可能出现权利概念本身所蕴含的"不仅要求他人对自己的诉求做出应答，而且要求自己对他人的诉求进行回应"这样一种权利与义务对等平衡的状态。于是，动物可以不受虐待、可以得到仁慈的关切，但无法进入权利保护的覆盖范围。在人的利益与动物利益出现不可调和的冲突之时，动物必须让位于人的需求，二者之间由于存在不可逾越的鸿沟，所以绝不是平衡对等的关系。如果说连某些具有高度意识能力的动物都无法享受权利，那么只能进行逻辑推演、没有最简单的欲望和情感反应能力的机器人的所谓权利，就更是无从谈起了。

第二，机器人作为人类工具这一原初地位无法改变。有人会讲，目前，机器人的确不具备人类这样的智慧，因而无法与人类签订有关权利的契约，但科技的发展或许并不排除有朝一日机器人获得与人类缔约的能力，如果机器人哪一天真的可以签订与人类的契约，并且认同人类的权利同时承担满足对人类需求的相应义务，那么我们人类是否应当赋予其某种权利呢？我们的回答明确而又坚定：不能。所谓赋予某一对象权利，就意味着必须满足其要求。这一要求是一种自在目的，独立于它之外的其他行为主体。换言之，认可机器人有权利，就等同于承认机器人有自在目的，而这就触动了人与物之间的根本区别。人与物之间的根本区别在于人是自在目的，而物则是人实现其目的的手段与工具。人作为自在目的，同时也就意味着人可以将人之外的其他存在物，包括动物、植物、无机物作为实现自身目的的工具与手段。对于一些高级动物，出于同情与不忍我们可以体会其生存的需要而避免其遭受残忍的对待和无谓的痛苦，但是，无论动物有多高级也无法逾越人与动物的界限而获得与人类同等的自在目的之地位。这就解释了我们可以尽力减少高级动物的医学试验，但很难做到绝对的禁止。我们认可动物的感受性、动物的福利以及某种意义的自我目的性，但这种认可不是绝对意义上的，从绝对意义上讲，动物处于人类的工具的地位，在遇到极端两难之时，牺牲动物保护人类体现了一种重要的道德要求。总之，只有人与人之间方可建构共同的游戏规则，这也表明人类智慧与权利具有唯一性和排他性。自启蒙运动以来，人们树立起了"大写的人"的独特地位，确定了人是唯一的主体，也是唯一的目的。这样也就从一定意义上标示了现代与中世纪之间的本质界限。依此，人类之外者，本质上皆属于人类的工具。这一划界难以撼动、不可逾越。在作为人的工具的地位这一问题上，具有一定自我意识的动物尚且如此，更不用说人类自己制造生产出的机器人了。机器人是人类创生的无机体，与有机体维持生存、繁殖后代的本能与目的性不同，机器人没有自身的目的。因为机器人的被设计是依照"如果-那么"单一逻辑的，而不是"如果-也许"多值模式。它的所有行为均源于其背后人类编写的程序和发布的指令，它的能力取决于人类事先设置的逻辑理路。这样，无论机器人的智能如何追赶人类的智慧，它的某些运算能力如何远超人类的心算，也改变不了它是我们人类设计制造出来、为我们所用、是我们的工具这一原初的地位。如果有人硬是主张赋予机器人权利，从而使之因具有自身需求而成为自在目的，进而改变作为人的工具的地位，甚至达到与人类处于平等的关系，这种将工具作为自在目的来保护，甚至有可能导致人是机器人的手段的本末倒置的做法，无疑是极其非理性和荒谬的。这因导致了最为严重的异化现象而与人类的根本利益背道而驰，也违背了道德的功能在于保护人类的利益这一基本宗旨，因而是反道德的、反人类的。有人在论证机器人应当拥有权利时，声称目前大部分拒绝赋予机器人权利的做法，会随着时代的发展而出现变化。理由是人类历史上经常有某个种族或某些人群被排除在权利保护之外，而经过努力，这些人群最终还是争取到了他们的权利。这种论证完全抹杀了人与物之间的本质区别，其结果并不能提高物的价值，而是实实在在地降低了人的地位，损伤了人的尊严。即便是有朝一日机器人有可能具备与人类签订契约的能力，我们也要阻止这种事情的发生，让机器人永远成为人的手段与工具，从而维护人类的根本利益。

第三，机器人并不拥有不容破解的内心秘密。如前所述，机器人想要获得人类那样的权利，就必须具备人所拥有的全部智能作为资格。这不仅包括逻辑演算，也涵盖情感情绪、顿悟冥想、灵感涌动、道德判断、思维的跳跃、心灵的自发自主等这些与机械思维相异质的精神功能。对于机器人而言，要做到这一点不仅几乎没有可能，还会遭遇如下两种逻辑困境。首先，如果机器人可以具备道德意识，则我们不可能设置它可以择恶，因为让它可以伤害我们人类，这当然是荒唐的。但如果我们设置它只能择善，那么它就是一种被决定、被操控的东西，没有自身的自由意志，从而沦落为人的工具的地位，这样它也就没有资格要求获得权利。其次，更为重要的是，如果机器人要获得人那样的权利，就必须具备人类所有的精神特质，包括像人那样拥有内心中不容触撞的精神秘密。随着神经生物学以及微观探测技术的发展，人们在研究脑区与人的行为关联、大脑中精神活动的物质表达方式方面，在探讨精神在大脑中的相关神经学特征方面，取得了长足的进步。例如，人们发现大脑中的前额叶与高级智力活动相关，前额叶发达者拥有较高的智商和较强的自制力，而损伤者则会丧失道德感，甚至失去意识。前扣带回在处理认知冲突时发挥重要作用，若其活跃度低，则易酗酒和犯罪。利用磁振造影来判断一个人的真实感受，在科学上也不是不可能。然而，人类最核心、最崇高的区域是其心智。即便是人类的意识、情感活动可以转换成物理的、神经的、粒子的等可探测的物质表达，但人的心灵中最隐秘的部分仍然是难以破解的。不仅难以破解，而且更是不允许破解。因为通过解析和操纵神经元来阅读人的心理活动，是对人的隐私与尊严的挑战。与机器人的逻辑运算不同，人的算计与思考是客观逻辑加上主观直觉融合而成的结果，充满着理性与情感的复杂交织。这取决于人的精神与意志的自发性，这种自发性是每一个人区别于其他人的基底，与每一个人独特的历史经历、成长记忆、价值观念、兴趣偏好密切相关，从而造就了此人的特异性、唯一性、不可复制性、不可替代性和独一无二性。正是基于这种自发性，人们对同样一个事物就会有完全各异的观察结果。这种自发性是私密性的，许多内容都具有无法言传、难以意会的特征，因而无法共享与交流。建立在人的自发性基础上的人的最内在的心灵活动，包括本源性的初始冲动、无拘无束的内心体验、最深沉的审美感悟、至高无上的精神境界等，构成了每一个人自己内心的小花园，这一私密的心灵花园任由自己单独看护和管理，不向任何人敞开，不容任何人触摸。从外在看，它呈现了此人不同于他人的特殊标志。从内在看，它构成了当事人获得幸福的重要源泉，正可谓幸福的秘密就是这种自由。我们以前经常说，人的尊严在于精神的不可侮辱性，在这里，我们还可以说，人的尊严恰恰在于心灵活动的隐私性与不可触摸和不可操控性。这样就很好理解，任何形式的读心术，只要其旨在透视人的内心秘密、揭开心灵花园的所有隐私，都是绝对需要被禁止的。原因就在于一切能够洞悉人的内心隐秘的技术应用，都意味着对人的尊严的贬损。因而我们可以通过立法来防止人类受到这种探测技术的侵扰。

然而对于机器人，我们则会遇到一种两难困境。如果机器人要获得与人类同样的权利，那就要求我们将机器人当成人来看待。如果说人拥有秘密的心灵花园，所以才能具备自由意志施展的空间，从而才能做出道德抉择，那么机器人也得保有和维护其自身秘密的心灵花园，才能获得与人同等的道德地位，这就意味着我们人类作为机器人的制造者，不得发展读心术破解机器人的内心，不得透视其心灵内在的秘密，从而保护其自在的尊严。但是，如果我们真的这样来对待我们自己制造的产品，对我们的造物不允许解析，不可以透视，禁止探究其内在"秘密"，那就是极其荒谬和不可理喻的了。从技术上来说，这也无疑是一种天方夜谭式的幻想。因为机器人是被人所造的，其储存计算是形式化实现的，信息与指令的获取是外在性的，信息的处理过程是被设计的、可复制的，任何内容在逻辑上都是开放性的、可共享的。同所有人造产品一样，机器人本身的一切都是可理解、可揭示、可透视的，没有任何秘密可言，更不存在什么不可触摸的神圣领域。从机器人不可能拥有隐秘的心灵花园、一切都被人类所洞悉和把握这一点来看，机器人就无法配享根植于人的心灵活动的自发性、隐私性和不可掌控性之基础上的人类尊严，因而也就不可能享有只有人类才能拥有的权利。

三、结 语

机器人是机器，不是人，因而无法享有人所拥有的权利。人与机器也无法形成道德关系。故人如何对待机器人，严格说来都不存在任何伦理问题。机器人是机器，不是人，没有自由意志，不可能做出自主的道德抉择，它可以形式地执行人的蕴含道德要求的指令，但它自己并不懂得任何道德意义。由于机器人不是道德行为主体，故机器人本身也不会生成任何道德问题。所谓让机器人道德化，不过是人的道德意志与要求借助于物从而得到实现而已，作为物的机器人并不明白什么是伦理问题。有人说飞机上用于确保安全或安保的自动警报装置，便是一种暗含伦理考量的机器，这不过是一种拟人化的形容性说法，该装置只是机械地完成设计者的设置指令，它自己根本不懂得保护人命的道德原理。同样的道理也适用于机器人，许多人热衷于让机器人识别伦理，将道德规范转换成逻辑演算，依照伦理规则系统对不同的利益进行计算权衡，从而提供每一种选择不同结果的概率。即便是技术上的障碍能够全部被克服，这也并不意味着机器人可以"懂得"伦理，它不过是机械地执行人的预制性的指令，如只歼灭战斗人员和摧毁军事设施，避开平民百姓等，这里根本就谈不上所谓机器人本身的伦理敏感性。而让机器人"自主地"运用道德规则来对应复杂的应用情境，即将伦理系统嵌套进机器人的大脑中，使之可以依据伦理原则在具体场域中进行抉择，更是一种天真的幻想。道德判断是一种极为复杂的心智活动，其驱动力不仅在于理性的反思和权衡，也在于直觉的情感体验，因而道德判断深受个体化的人格特质与精神状态的影响。特别是遇到道德两难、伦理冲突的情形，即便是在人与人之间也是判断不同、答案各异，很难形成共识性的结论。假如人都无法做出清晰的正确抉择，怎么能够苛求机器人通过我们编写的道德程序，自行给出一个正确的答案呢？当人遇到极为复杂的两难困境时，究竟应当遵循此种道德立场，还是应当听从彼种伦理规范，究竟是应当恪守法律规定，还是应当绝对保障人命的安全，这些都有待于当事人通过对具体环境、利益轻重、行为可能、选择后果等各类因素进行精细评估和整体考量，做出一种合宜的决断。而这种复杂的道德权衡与伦理抉择，是机器人所根本无法承担的。总之，机器人不是人，人对于机器人不存在道德问题。机器人不是人，它自己也不会制造道德问题。机器人不是行为主体，它无法做出道德判断。

我们越是研究机器人，便越能感受到人类智慧的珍贵、神妙和值得敬畏，而不是通过对机器人赋予权利来贬损人的地位。权利的享有需要具备前提条件，在不拥有相应能力的情况下赋予动物、机器人以权利，便是权利的泛化与对权利的滥用，这种做法只能给人类利益造成无法承受的损害。同理，机器人的智能只是借助于人类智慧得到开发并获得装备的，即便是机器人可以进行一定程度的自我进化，这也并不意味着人对这种进化的方向与速度失去了可控性。假如机器人可以进化到成为拥有生命意识、自我生存欲求和发展目标能力的新型物种，我们就必须及时阻绝这种事态，绝对禁止这种可能提出权利要求的失控物对人类利益造成威胁与损害，这是我们触及与机器人相关的伦理道德问题时的核心关切之所在。

心灵胜过图灵机?

——对卢卡斯-彭罗斯论证的新辨析

刘大为[*]

一、哥德尔的观点

哥德尔不完全性定理是 20 世纪现代逻辑中最著名的定理之一,它不仅深刻地改变了数学基础,更影响到了哲学、计算机科学等其他领域。哥德尔第一不完全性定理为:任何含有一定量初等算术的形式系统 S,如果是一致的(consistent),那么存在一个算术语句 G,使得 G 和 ¬G 在 S 中都不可证。哥德尔第二不完全性定理为:对于这样的形式系统 S,如果是一致的,那么 S 的一致性在 S 中不能证明。

许多人将不完全性定理应用到心灵哲学,其中最引人注目的争论莫过于"人心是否胜过计算机"。在这一持久的争论中,许多逻辑学家、哲学家和科学家纷纷加入进来。1961 年,哲学家卢卡斯(Lucas)首先发表了《心、机器、哥德尔》(*Minds, Machines and Gödel*),他论证了哥德尔定理表明心灵不是一台计算机(图灵机)。随后,物理学家彭罗斯(Penrose)在 1989 年的《皇帝新脑》(*The Emperor's New Mind*)和 1994 年的《心灵之影》(*Shadows of the*

---

[*] 原载《科学技术哲学研究》2017 年第 4 期,标题为"哥德尔定理:对卢卡斯-彭罗斯论证的新辨析"。刘大为,湖南师范大学人工智能道德决策研究所讲师。

Mind）中提出了哥德尔式的论证，同样阐明了其反机械论的立场。卢卡斯和彭罗斯的观点引起了激烈的大讨论，众多反对意见不断出现。但事实上，一些反对者并未认真理解卢卡斯和彭罗斯的论证就轻率地提出了质疑。而对于另外一些有深刻价值的质疑，卢卡斯和彭罗斯也做出了回应与辩护，并一直延续到今天。现在人们把他们影响深远的观点统称为卢卡斯-彭罗斯论证。由于国内很多文献主要涉及了国外最初对卢卡斯-彭罗斯论证的反驳，而并未探讨他们后来的回应，因此我们有必要对该论证的来龙去脉做出澄清和辨析。

哥德尔本人对心灵和机器的关系也有自己的观点，他在 1951 年吉布斯演讲的第一部分中强调了如下的二分法（dichotomy）："或者人心（甚至在纯数学领域）无限地超越任何有穷机器的能力，或者存在绝对不可解的丢番图问题。"这里的丢番图问题是指初等数论中真值将要被确定的命题，哥德尔证明了一个形式系统的一致性就可以等价于一个丢番图问题。这里的有穷机器是指图灵机，而图灵机又可以等价于形式系统，因为一个形式系统的所有定理集合恰好可以由一台图灵机递归枚举出来。于是哥德尔二分法可以有如下解释：如果人心等价于一个形式系统 S，那么存在为真且永远不能被人心证明的陈述，即 S 是一致的形式表达 cons（S）；如果不然，那么对于每个一致的形式系统 S，存在人心可证而在 S 中不可证的陈述。该论证默认了人心是一致的，否则它等价于一个能够证明所有陈述的形式系统。

需要指出的是，虽然哥德尔谨慎地阐述了二分法的第二析取支有可能成立，但是现在有很多吉布斯演讲以外的证据表明，哥德尔其实是相信反机械论者的主张的，如同在二分法第一析取支所表达的那样，即心灵胜过机器。例如，在哥德尔与王浩（Wang Hao）关于心灵和机器的非正式交流中，就多次体现了这一点。那么为什么哥德尔在吉布斯演讲中不直接阐明，而采用了更小心的二分法呢？原因就在于他还没有无懈可击的证据来证明机械论者是错误的。虽然哥德尔定理的发现使得在数学上没有证据支持机械论，但随着物理化学和大脑生理学的不断进步，不排除数学以外的经验科学有可能提供这样的证据。因此哥德尔所担心的是机械论者经验主义的辩护。[1] 209-212

二、卢卡斯的论证与分析

哲学家卢卡斯的论证可以概括如下：考虑一台建造好的候选机器，恰好产生人心能够证明为真的数学语句，该机器又对应于一个形式系统，即它输出的断言就相当于形式系统的定理。现在我们对该形式系统构建一个哥德尔语句，因为哥德尔语句不能在系统中证明，所以这个机器也不能产生哥德尔语句作为算术真。但是人却可以看出这个语句为真，换句话说，存在至少一件事人心可做而机器不能做。因此人心不是机器。[2]

普特南（Putnam）等许多反对者首先就质疑了卢卡斯的一个前提，即必须知道人心是一致的。假如人心是不一致的，那么机械论者完全可以声称人心是一台图灵机且对应于不一致的形式系统。此时，卢卡斯论证就失效了，因为不一致的系统能证明任何断言，该机器也就同样能够证明哥德尔语句。类似地，假如不知道人心是一致的，也就无法确定卢卡斯的结论成立与否。然而事实上，对于这个问题，反对者并未仔细去理解卢卡斯的论证，卢卡斯早在最初的原文中就已经考虑了这种反对意见，并且后来又多次做出了回应。卢卡斯认为，人具有自我意识，也是会反思的。虽然人有的时候是不一致的，但这并不意味着我们等价于不一致的系统，因为人的不一致是一种过失而不是固定的策略。当我们觉察到自己的某处不一致后，我们通常都会去除它。反之，如果人真的是不一致的机器，那么我们应该保持满足于自身的不一致，并且乐意肯定矛盾命题，而且我们会潜在地认可任何命题，因为从矛盾中可以推出任何命题。但实际上显然不是这样，比如，人们不会认为今天太阳从西边升起，因此本质上，人是可能犯错的，但却不会是不一致的。[3] 总之，卢卡斯断言，我们知道任何合理表示心灵的图灵机必须是一致的。

贝纳塞纳夫（Benacerraf）等机械论者进一步提出了质疑。如果造出了一台机器 S 可以达到心灵的水准，但由于它太过于复杂，无法提供完全的细节描述，人心就不知道这台机器是否是一致的，因此人心同样也不能看出其哥德尔语句 G 为真。因为哥德尔定理只是说如果 S 是一致的，那么 G 是真的，即 cons（S）→ G。这时卢卡斯不能由 "我知道 [cons（S）→ G]" 错误地推导出 "cons（S）→ 我知道 G"，而机器也知道 [cons（S）→ G]，所以人心并未超越机器。卢卡斯同样做出了回应，首先，他巧妙地将问题的重担抛回给了机械论者，认为只有详细的描述被给出，才符合机械论自身的要求。机械论者有责任说明它的机器是否一致，机器的一致性不是由心灵的数学能力建立的，而是由机械论者所决定的。如果机械论者无法回答他的机器是否一致，那就是他的前期工作还不合格。对于机械论者这种只提供一个黑箱而回避问题的方法，卢卡斯反问道，如果不能提供其内部细节，我怎么知道黑箱里面是一台机器而不是藏着一个人呢？卢卡斯还指出，虽然不能在某个系统内部证明该系统的一致性，但存在其他的方法可以知道形式系统是否一致。当可以证明定理 0=1 时，系统就是不一致的。同样，对于命题逻辑和一阶谓词逻辑的一致性也已经有有穷的证明方法，尤其甘岑（G. Gentzen）用超限归纳法证明了 PA 的一致性。所以我们可以在系统外和更宽泛的条件下证明系统的一致性。然后，卢卡斯对机械论者提出了测试方法，不仅可以合理地问机械论者他的机器的详细描述是什么，更可以问他的机器是否一致。如果机械论者回答不是，那么该机器就没有通过卢卡斯的测试，因为它会证明所有命题，所以不是心灵的合理表示。如果机械论者声称是，那么该机器就可以进入下一轮测试，但这时机器不能够证明它的哥德尔语句，而我们已经知道它是一致的了，所以可以知道哥德尔语句为真。卢卡斯对机械论者提出了一种两难困境，无论机械论者声称他的机器是否一致，都推导出该机器不等价于心灵。[4]

弗兰岑（Franzén）对此又提出了质疑，他认为卢卡斯的这个评述有点奇怪，因为机械论者声称他的机器是一致的并不能保证人能够证明或者知道这个机器是一致的，最多只能使人相信他而已。[5] 118 在笔者看来，弗兰岑的质疑虽然有道理，但并未完全理解卢卡斯的本意。因为卢卡斯的目的是要驳倒而不是相信机械论者的立场，即心灵可以由某台机器表示。机器的一致性应该由它的建造者来确定，如果机械论者声称他的机器是一致的，却又不能证明它，或者结果证明了却是不一致的，那就已经在一定程度上宣告了机械论的失败。

除了一致性这个重要的问题外，还有许多反对者从哥德尔语句的构造、理想化心灵与机器的假设、心灵的局限性等各个方面对卢卡斯的论证提出了质疑，但卢卡斯后来都一一给出了回应。

三、彭罗斯的新论证与分析

卢卡斯的论证使用了哥德尔第一不完全性定理，物理学家彭罗斯后来则使用了哥德尔第二不完全性定理同样论证心灵不是可计算的（这里的可计算也是指图灵机可计算）。彭罗斯的新论证采用了半形式化的方法，更为精确和严谨。为了论述的方便，我们还是先采用弗兰岑整理过的彭罗斯论证。首先假设某个健全的（sound）形式系统 F 完全捕获了人的数学推理能力，陈述 IAMF 即表示人的数学能力等价于 F，这里的数学能力是指理想而正确的数学能力。（1）如果 IAMF，那么 F+IAMF 是一致的。（2）我能证明（或知道），如果 IAMF，那么 F+IAMF 是一致的。（3）如果 IAMF，那么，对任意 A，如果我能证明 A，F 就能证明 A。（4）如果 IAMF，那么 F 能证明，如果 IAMF，那么 F+IAMF 是一致的［由（2）（3）得到］。（5）如果 IAMF，那么 F+IAMF 能够证明 F+IAMF 是一致的［由（4）和逻辑规则得到］。（6）如果 IAMF，那么 F+IAMF 是不一致的（由哥德尔第二不完全性定理得到）。（7）因此，IAMF 不可能成立［由（1）（6）和逻辑规则得到］。[5] 120

国内有观点对（2）的合理性提出了质疑，由于上述经弗兰岑整理过后的彭罗斯论证简化了许多彭罗斯默认的前提，因此有必要考察彭罗斯的原文，进行更细致的分析和讨论。彭罗斯在原文中有如下论述："虽然我不知道我必然地是 F（即 IAMF），但我能断定，如果我是 F，那么 F 必定是健全的，更重要的是 F′（即 F+IAMF）也必定是健全的。"[6] 那么彭罗斯这样断定（2）的成立又是根据什么理由呢？原来彭罗斯在此与前述的卢卡斯论证有相似的特点，即接受另一个较为合理的前提：（1'）我能证明（或者知道）我是健全的[3]（这里健全的我是指理想的人类数学家）。然后我们继续推导，（2'）我能证明，如果 IAMF 并且我是健全的，那么 F 是健全的。（3'）我能证明，如果 IAMF，那么 F 是健全的［由（1'）（2'）和逻辑规则得到］。最后，由（3'）就能够得到前面的（2），因为健全的系统加上真公理仍然是健全的，也就是一致的。

此外，这里我们其实可以另外接受一个更弱化和合理的前提，同样能够论证彭罗斯的结论。论证如下，（1"）我能证明，如果 IAMF，那么我是健全的。因为健全性一般是关于形式系统的概念，在假设"我"等价于某个形式系统 F 的前提下，再说我是健全的才显得更自然和严格。（2"）我能证明，如果 IAMF，那么，如果我是健全的，那么 F 是健全的［由（2'）做逻辑变换得到］然后再由（1"）、（2"）和逻辑规则变换可以得到（3'）。我能证明，如果 IAMF，那么 F 是健全的。于是就得到（2）我能证明，如果 IAMF，那么 F+IAMF 是一致的，这样最后也能推导出彭罗斯的论证。

查尔莫斯（Chalmers）等反对者进一步质疑了彭罗斯论证的前提，即我们知道我们是健全的。他们认为，至少存在可能性数学家的推理是不健全的，因此我们不能明确地知道数学家是健全的。例如，数学史上对四色定理的一个错误证明曾被认为解决了这个猜想，直到 11 年后才被否定，那么在这期间，许多有能力的数学家都是不健全的。与卢卡斯一样，彭罗斯也做出了回应，首先，要区分数学家有时犯的个别可纠正的错误与数学家都知道为不容置疑（unassailable）的真理。虽然数学家是可能犯错的，但因为这些错误能够与不容置疑的真理区别开来，并且是可以纠正的，所以对于不容置疑的真理来说，数学家仍然是健全的。其次，彭罗斯指出，上述论证中的"我"是理想的数学家，考虑的也正是理想的数学概念和证明。这些正确性的理想正是数学学科的本质特征，它使得去除错误的证明具有客观性。[7]351

弗兰岑等所质疑的是能否构造出 IAMF 这个语句，并要使得它在形式系统中。彭罗斯则认为，如果假定我们通常的数学理解过程能够被还原成计算（即存在 F），那么由假设"我是 F"再加上 F 本身所一起能够确立的数学语句族,将的确是可计算产生的语句族,因此也就会是某个形式系统 F' 的定理。

最后,针对这些质疑,彭罗斯还提出了弱化形式的论证。假设能够使用基于计算机的人工智能程序 M,实际上建造出来一类具备数学理解力的机器人。通过类似于原来的论证(但不需要那么强的条件),却可以得出这些机器人必须拒斥,M 实际上是建造他们的基础。于是可以得到这样一个结论,任何具备真正数学理解力的存在者,都不可能根据他们能够领会并认可的计算程序来运作。由于计算的人工智能程序对于人类来说是可知的,那么我们就有足够的理由怀疑,计算的人工智能程序可以提供像人一样具有数学理解力的机器人。[7] 350 彭罗斯相信这个论证本质上是正确的。

四、费弗曼的论证

逻辑学家和数学家费弗曼(Feferman)也加入了这场论战。费弗曼首先指出了彭罗斯论证的一些技术细节的疏忽,尤其是包括健全性和一致性的模糊性,但费弗曼也指出,即使把这些疏忽都纠正过来,也并不影响彭罗斯本人关于心灵和机器的论证结论。费弗曼同样反对数学思考是图灵可计算的,他在这一点上赞同彭罗斯的观点,即理解力是数学思考的本质,正是这个领域是机器无法与我们共享的。[8] 对于一台图灵机来说,给出一个问题,便可以运用某种算法机械应用找到答案。而人的数学活动显然不是这样的,试错法的推理、洞察力、灵感等都源于先前的经验而不是基于一般的规则,这些才导致了数学的成功。因此,人的数学思考不可能通过某种算法的机械应用来实现。即使是这样,费弗曼仍认为,卢卡斯-彭罗斯论证难以驳倒机械论者的经验主义辩护,即随着生物等经验科学的发展有可能证明心灵等价于机器,正如同哥德尔所顾虑的那样。

为了调和机械论者和反机械论者的观点,费弗曼给出了自己的新见解,首先,不能混淆数学心灵是如何运作的与数学心灵能够证明的全部。如同在自然语言中的学习一样,我们关心的是语言上正确表达的产生方式,而不是这些表达的潜在全体。假如人们要考虑任何机械论者立场的理想化表述,那么心灵就应该受到某个形式系统的公理和推理规则的制约。由于在遵循这些公理和规则时,心灵在每一步骤是要做选择的,所以数学心灵最多等价于一台非确定图灵机的程序,而不是它的可枚举陈述的集合。但是目前还没有任何形式系统,如我们熟悉的一阶算术 PA 系统和公理化集合论 ZF 系统,可以设想构成数学思考的基础。费弗曼认为造成这种状况的原因是,我们目前形式系统的语言都是固定的,一旦给出便不再变化,像 PA 系统和 ZF 系统都是如此。这就使得系统中的公理模式,如 PA 中的数学归纳公理和 ZF 中的分离公理,都必须由该语言中公式的代入实例所组成。预先将数学讨论限制在固定的语言上并不符合数学实践。于是费弗曼给出了一种改进的形式系统概念,使得实践的开放性被允许但同时也受到基础规则的支配,并称之为开放模式的公理系统。这种系统的公理模式虽是有穷多个的,但系统的语言却是开放的,即系统的基本词汇可以扩充到任意宽泛的概念背景,而且它的公理可以应用其上。换句话说,接受了给出的公理模式就接受了任意可能的有意义的代入实例,而这些代入实例不预先限制在明确的固定语言上。这就类似于纯逻辑中分离规则等对于任意的命题都成立一样。[1] 215-217

然后以此为基础,费弗曼提出了修正的机械论者的论题,心灵的数学能力是机械的,因为它完全受到某个开放模式的形式系统的约束。对于数学语言为何要是开放的,他认为主要有三点原因:首先,虽然有人认为几乎所有的数学概念都是在公理化集合论的语言中可定义的,但事实并非如此,如范畴、节点、随机变量等概念。其次,塔斯基定理表明,对语言 L 的真概念 T 在语言 L 内部是不可定义的。最后,从历史的角度也证明,随着数学的发展,尽管一些形式上的模式依然有效,但数学概念和语言是不断进步和扩展的。至于数学实践要被推理模式制约也并不令人惊讶,正如人的身体活动也要被自然定律制约一样。这个修正的论题可以跨越机械论和反机械论的鸿沟,一方面有有穷多个数学推理的模式需要遵循,这构成了机械论的视角;另一方面,开放的数学语言与概念又构成了反机械论的视角。费弗曼认为，虽然哥德尔定理并不能够直接推翻通常的机械论，但从数学实践的角度看，通常的机械论几乎不可能成立。他相信修正的机械论是正确的，但只限于人心的数学能力，而不包含整个心灵。[9]

五、我们的论证

通过前面的论述，我们可以看到由哥德尔不完全性定理并不能够直接得出人心胜过机器的结论，也就是说，卢卡斯-彭罗斯论证还必须加上一些理想化的假设，包括哲学上的假设。不同的反对者针对不同的具体问题提出了自己的质疑。但有趣的现象是，一个反对者所质疑的地方却有可能是其他反对者所默认接受的，这就使得卢卡斯-彭罗斯论证还是具备一定的合理性的。其中最突出的前提莫过于知道我们是一致的（系统对 Π_1 语句的健全性就等价于系统的一致性），卢卡斯和彭罗斯都从不同角度做出了辩护，需要提及的是，逻辑学家王浩在这一点上也承认只有一致的机器才可能合理地表示心灵。另一个重要的假设是，这里考虑的都是理想的人心和理想的图灵机。因为单个的人都是会死的，数学能力也是有穷的，就有可能用一台机器来模拟，所以我们讨论的是个人在原则上能够做而不是实际上所做。

由于一台图灵机就等价于一个形式系统，所以我们将在费弗曼论证和卢卡斯-彭罗斯论证的基础上，从开放形式系统的角度提出自己的论证。为了使论证更加确切，我们需要说明一些论证的前提，和卢卡斯、彭罗斯与费弗曼一样，我们考虑的都仅仅是人心的数学能力；另外，从哲学上不接受整个宇宙是图灵可计算的。首先，费弗曼论证的进路无疑更加合理，即人心的数学能力并不等价于一个通常的形式系统，而用开放模式的形式系统表示心灵则比前者更能让人接受。但费弗曼的论证并非完善的，因为他的开放模式形式系统的语言虽然可以任意扩充，但公理模式只是有穷多个，并没有指明是否需要不断添加新的公理和改变公理。费弗曼自己也认为，开放模式的公理系统的提出只是一个新进路和起点，值得进一步思考和研究。

需要指出的是，事实上，如果公理模式不变而任意扩充其形式语言的话，可能导致不一致的系统。比如，在费弗曼研究的基于一阶算术 PA 系统的公理化真理论中，形式系统 TB 有公理模式 T-语句，它的代入实例是限制在一阶算术 PA 的语言，如果任意扩充到含有真谓词符号的语言上，那么说谎者语句将导致不一致的系统。此外，从数学发展的历史来看，除了语言在扩充，一些公理同样做出了变化，如从欧式几何到非欧几何，欧式并行公理可以被完全与它相矛盾的公理所取代。而且由集合论 ZF 扩充到非良基集合论 ZFA，讨论的数学对象由良基集合变为含有非良基的集合，这时基础公理就要被放弃，替换为其否定的反基础公理。还有在数学基础中颇具争议的选择公理，数学家如果不使用或者限制使用这条公理，那么将会排除许多在现存数学中被认为是基础的东西，如抽象代数、拓扑学、现代分析中的某些基础性定理需要依赖于选择公理才能得到证明。但如果完全接受选择公理，又会得到违反直觉的结论，如著名的巴拿赫-塔斯基悖论。目前的数学家在使用选择公理时就面临着多种选择，可见在数学的历史发展实践中，对公理的选择和使用也是有条件的。虽然在纯逻辑中公理模式可以被认为是确定和有穷的，但是我们讨论的是包含各个新出现分支的整个数学领域，许多证据已表明，在数学实践中，不仅讨论的语言在扩展，而且公理模式也在不断地增加和修改，甚至可以根据数学家的需要进行取舍，来建立不同的理论。

因此，我们在费弗曼论证的基础上提出一种完全开放的数学形式系统，即它的语言和公理模式都是可扩充与修正的，只有这样的形式系统才有可能合理地表示心灵。这种新的形式系统也仍然带有一些机械论的特征，虽然它是完全开放的，但人心所能够证明的数学定理还是受到该新形式系统的公理模式与规则的制约。例如，在数学基础公理化集合论中，哥德尔证明了 ZFC 系统与连续统假设是协调的，而数学家柯恩又证明了 ZFC 系统与连续统假设是独立的。那么，类似平行公理在几何学中的地位，既存在连续统假设成立的"康托儿集合论"，还存在各种连续统假设不成立的"非康托儿集合论"。我们进一步提出一个重要的问题：由什么来决定扩充开放系统的语言和公理模式以及具体如何扩充。这时假如再考虑卢卡斯-彭罗斯论证，问题就比较好回答了。彭罗斯和卢卡斯都认为，人心的数学能力不等价于某个一般的形式系统，心灵不是一台图灵机，所以心灵是有超出形式系统外的能力的。弗兰岑也同意只有跳出系统才有可能看出系统的哥德尔语句为真。费弗曼和彭罗斯都认同数学理解力是机器无法与人心共享的，也是不可计算的，因此我们认为数学理解力就是超出系统外的能力。而数学理解力与经验、直觉、灵感等有关，正是这部分在数学思考中起着决定性作用。所以我们对上述问题的回答是，由无法形式化的经验、直觉和数学理解力等系统外的能力决定着如何扩充形式系统的语言和公理模式。站在自然主义的立场上，费弗曼同时质疑，彭罗斯等人将数学经验还原到神经生理学甚至物理化学的层次进行解释是不合适的。[1] 219 我们则认为，除了大脑本身的内在构造，应该引入环境这一维度。[10] 因为经验和直觉通常与不可计算的外界环境（包括自然环境和社会环境）有着密切的关系，甚至在一定程度上来源于环境。直觉和经验最终是人的感觉器官、大脑与外部环境相结合的产物。对于为何强调环境的重要性，还可以从其他学说的立场中找到支持。例如，心灵的外在主义者就认为，心理内容不仅仅是由大脑和身体的属性所决定的，而更主要是由外在环境决定的。行为主义心理学派也强调用行为与环境之间的函数关系来解释心灵的内在活动。尤其是被生物学界广为接受的进化论，指出自然选择是生物进化中极其重要的动力，那么人类在周围的环境中进化而来，产生了意识和智能，当然也应包括数学能力。

综上所述，在借鉴卢卡斯-彭罗斯论证和费弗曼论证的基础上，我们尝试提出一种改进的表示心灵数学能力的模型。人心证明的数学定理等价于一个完全开放的数学形式系统的可证公式，由系统外的数学理解力等对该系统的语言和公理模式进行扩充与修正，而数学理解力和直觉又归结为受到人类不可计算的外界环境的作用与影响。

卢卡斯-彭卢斯论证的大争论虽然已经持续多年，但一直到今天，卢卡斯和彭罗斯仍然在坚持捍卫着自己的观点。这场争论不但深刻揭示了哥德尔不完全性定理的内涵和哲学意义，使得心灵和机器的关系问题有了数学工具的支持，而且澄清了许多重要概念和假设，最终促进了数理逻辑、认知哲学和人工智能的进步与发展。

参考文献 >>>

[1] Feferman S. Gödel, Nagel, minds, and machines [J]. The Journal of Philosophy, 2009, 106 (4): 201-219.

[2] Lucas J R. Minds, machines and Gödel [J]. Philosophy, 1961, 36 (137): 112-127.

[3] Megill J. The Lucas-Penrose argument about Gödel's theorem [EB/OL]. http://www.iep.utm.edu/lp-argue [2015-10-20].

[4] Lucas J R. Minds, machines and Gödel: a retrospect [A] // Millican P, Clark A. Machines and Thought: The Legacy of Alan Turing [C]. Oxford: Oxford University Press, 1996: 103-124.

[5] Franzén T. Gödel's Theorem: An Incomplete Guide to Its Use and Abuse [M]. Wellesley: A. K. Peters, 2005.

[6] Penrose R. Beyond the doubting of a shadow [EB/OL]. http://psyche.cs.monash.edu.au/v2/psyche-2-23-penrose.html [2015-12-3].

[7] Penrose R. Gödel, the mind, and the laws of physics [A] // Baaz M, Papadimitriou C H, Putnam H W. Kurt Gödel and the Foundations of Mathematics: Horizons of Truth [C]. New York: Cambridge University Press, 2011: 339-358.

[8] Feferman S. Penrose's Gödelian argument [EB/OL]. http://psyche.cs.monash.edu.au/v2/psyche-2-07-feferman.html [2016-1-10].

[9] Feferman S. Gödel's incompleteness theorems, free will and mathematical thought [EB/OL]. http://math.stanford.edu/~feferman/papers/godelfreewill.pdf [2016-2-25].

[10] 刘大为, 孙明湘. 哥德尔不完全性定理和"心灵与机器"的关系问题 [J]. 中南大学学报（社会科学版）, 2009, (6): 733-738.

延展心智与延展自我

张 含[*]

一、延展心智

按照常识，心智寓于颅骨体肤之内，由我们的生理系统实现。即便是将心智视作独立于身体的精神实体（mental substance）的笛卡儿，也认为心身交汇之所是内在于大脑的松果腺。[1] 153 近年来，这种传统观点受到了严重的挑战，其标志是发表于 1998 年的《延展心智》一文。在这篇论文中，安迪·克拉克（Andy Clark）和大卫·查尔莫斯（David Chalmers）提出，将颅骨体肤作为心智-世界的边界是独断的。实际上，作为心智重要组成部分的信念、欲求等心理状态在某些条件下可以由外部载体实现。由此，心智也可以部分地延展于世界之中。[2] 7-19

克拉克与查尔莫斯赖以支持心智之延展性的武器首先是"对等性原则"（the parity principle）："当我们面对某认知任务时，如果世界的一部分起到了与大脑中进程相似的功能，我们就应该毫不犹豫地将它视作认知进程的一部分。"[2] 15 按照这一原则，人类"认知过程的组成部分"并非天然地局限于生理系统内部，判定它们的标准不在于其物理位置与构成，而在于它们在相关认知过程中扮演的因果角色（causal role）。举例而言，对于算数求解任务，我们可以选择通过笔在草稿纸上书写求解步骤来得出答案；同样，我们也可以通过在大脑中设想求

---

[*] 张含，湖南师范大学公共管理学院哲学系暨人工智能道德决策研究所讲师。

解步骤，心算得出答案。在这两种情形中，书写于草稿纸上的求解步骤以及大脑中所设想的求解步骤在完成相应认知任务的因果过程中扮演了同样的因果角色，实现了一样的功能。那么，似乎我们就有理由将"在草稿纸上书写"与"在大脑中设想"视作同样的认知过程。

在"对等性原则"的基础上，克拉克与查尔莫斯构想了如下情形来说明心智的延展：

> 英咖从朋友处听说在现代艺术博物馆将举办一个展览。她希望能去观看这一展览，她回忆"博物馆位于53街"，于是她依据这一信念前往了博物馆。

> 奥托是一个患有阿尔茨海默病（Alzheimer's disease）的患者。受到病症的影响，他的长期记忆功能严重受损。所以，奥托随时会携带一个笔记本，当他认为有需要记录的信息时，就会把这些信息记录在笔记本上。这天，奥托也得知了那个博物馆展览，他同样希望前去参观。于是，他翻阅了记录在笔记本中的信息"博物馆位于53街"并前往博物馆。

英咖和奥托从获得博物馆地址到前往博物馆的过程如图1所示。

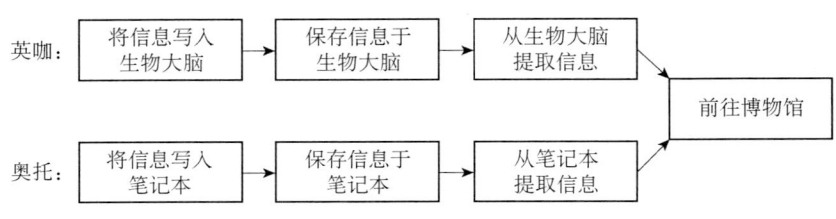

图 1　英咖与奥托前往博物馆的过程

按照克拉克与查尔莫斯的分析，在从信息写入到信息提取并输出行动的因果链条中，英咖记录其大脑的信息与奥托记录在笔记本的信息起到了同样的作用：它们都使得相关主体最终前往博物馆。如果我们要将英咖大脑中有关博物馆地址的信息当作信念的话，根据对等性原则，我们也应当将奥托笔记本中的相应信息视作信念。进一步地，信念、欲求等心理状态毫无疑问是人类心智的重要组成部分，一旦我们承认这些心理状态可以由外部载体实现，那么心智也部分地延展于世界。

二、从延展心智到延展自我

延展心智论题一经提出就在心智哲学、认知科学领域产生了重大影响,被视为"第二代认知科学"的代表理论立场之一。同时,由于它对传统心智观的挑战,延展心智论题引起了一场至今未息的"心智边界之争"。本文无意详细论述围绕心智-世界划界问题产生的诸多争论,而主要关注延展心智论题的一个可能的理论蕴涵:自我之延展。

近年来,哲学家、认知科学家理查德·赫斯明克(Richard Heersmink)连续发表论文,将"心智边界"之争推进至"自我边界之争",试图论证自我与心智同样可以延展于世界之中。[3,4]他立论的关键在于延展心智论题与自我二者的一个交汇点:记忆。一方面,延展心智论题的主要论据在于延展信念,而信念往往嵌入记忆之中,就此,信念之延展即记忆之延展;另一方面,在关于自我的讨论中,记忆一直扮演着极为重要的角色。赫斯明克采纳的自我理论是在当代自我研究领域获得广泛接受的叙事自我(the narrative self)理论。其基本观点是理解自我的最恰当的方式是将片段个人经历整合于一个整体叙事框架中,是"我的故事"构成和定义了自我。[5]457

(一)叙事自我

最早明确将"叙事"与自我的本性关联起来,并对叙事自我理论提出系统论述的哲学家是保罗·利科(Paul Ricoeur)。利科的理论出发点是传统的"个人同一性"(personal identity)问题。个人同一性问题产生于人们关于自我的两种基本直觉之间的矛盾。一方面,随着年龄的增长和经历的增加,我们的身体、外貌包括性格等都不断地发生着变化,似乎没有什么在原则上会保持一致;另一方面,我们都会认为,儿时的"我"、现在的"我"和未来的"我"是同一个人。但是,如果属于我们的一切特征原则上都无法抵御变化,那么"我"又凭什么说照片中那个小孩和现在的"我"是同一个人?回顾哲学史中有关自我的讨论,笛卡儿将自我作为不变的"精神实体"来保证其在时间演进中的同一性[6] 25-27。但笛卡儿诉诸精神实体解决个人同一性问题的方案自提出以来就不断遭到挑战和质疑。例如，休谟就基于他的经验主义认识论原则拒斥了"精神实体"，将历时同一的自我视为幻觉。

利科试图通过区分两种意义的同一性在笛卡儿和休谟之间寻找中间道路。在利科看来，同一性概念有两种可能的含义："同一作为相同性"（identity as the sameness）以及"同一作为自我性"（identity as selfhood）。[7] 443 第一种同一性是类似于笛卡儿的哲学家所追求的同一性，他们试图寻求某种能在时间中保持不变的"实体"或"本质"来保证自我的同一性。利科指出，人类自我的历时同一性无法通过相同性得到解释，适用于自我的同一性概念不能诉诸一个不变的"核心"。在利科看来，适用于自我的同一性是"叙事同一性"（narrative identity）。叙事同一性成立的条件并不建立在某个在时间中保持不变的核心上，而在于自我叙事结构整体上的融贯性。就好像在小说中，故事主角的外貌、性格等要素都可能随着故事的推移发生变化，但只要这些特征的变化能够在小说故事的发展和推移中得到合乎情理的解释，我们就仍然有理由将其视作小说从开头到结束的统一主角。不同于将个人同一性诉诸"相同""不变"，利科认为叙事的同一性能够容纳自我的变化和发展。此外，在利科看来，个人同一性问题可以归结于对"我是谁"这一问题的回答。一个抽象的精神实体或者某种不变的本质并不能提供恰当的答案，我们回答这一问题最为合理的方式就是回忆并叙述"我"的故事，以及在故事中产生、发展和变化的"我"的个性、"我"的信念以及"我"的行动等。在这个意义上，只有叙事同一性能够回答自我（个人）同一性的问题。

丹尼尔·丹尼特（Daniel Dennett）同样认为叙事性是理解自我的关键。丹尼特是从所有生物都具备的"自保"（self-preservation）本能出发来论述他的叙事自我理论的。为了保存自身生理结构的延续和完整，所有生物都会在内部与外部、"他"与"我"之间划出一条基本的边界。即便简单如龙虾这样的生物也具备某种区分"他/我"的本能，正是这种本能使它在饥饿时不会扯下自己的腿吃掉。

生物还可以通过它们与生俱来的能力以不同的方式来延伸和扩展它们的边界。用丹尼特的例子来说，蜘蛛通过结网、海狸通过筑坝来将它们的边界扩展至外部。人类与所有生物一样共享这种本能，但是人类还拥有一些其他已知物种不具备的认知特点，即高度发达的记忆能力及语言能力。由此，人类也产生了一种独特的"自保"策略。他就此写道：

> 我们用以自我保护、自我控制与自我定义的策略并不是织网或筑坝，而是述说故事，特别是构造那些我们要告诉他人——以及我们自己的——关于我们是谁的故事。[8] 418

对于丹尼特来说，人类的"自我"是所有生物共有的自保本能与人类特有的认知能力相结合的产物。由于发达的语言能力，我们能够以更加明确的方式表征我们的经验片段，将它们固定为一个个"故事"。由于发达的长期记忆功能，我们得以将不同时间中的"自我故事"进行整合与诠释，使它们形成一个完整的叙事结构，而这个叙事结构的中心，就是自我。[9] 150-156

（二）延展自我

虽然不同版本的叙事自我理论之间存在着细微的理论差异，但它们同样看重记忆在自我叙事的构成中的基础地位。赫斯明克对"延展自我"的论证正是由此出发的，他的基本论证思路可以归结为：

（1）"自我叙事"是自我重要的构成部分。

（2）人类的"自我叙事"储存于记忆。

（3）有关"自我叙事"的记忆在某些情况下延展于外部载体。

所以，自我在某些情况下延展于外部载体。

在上述论证中，前提（1）是叙事自我理论的基本观点。虽然叙事自我理论不是"城中唯一的游戏"，"叙事"到底在自我构成中扮演了多重要的地位也存在争议[10] 179-202，但人类自我（尤其是历时、社会层次的自我）至少在一定程度上依赖叙事性这一看法已经在哲学界、认知科学界得到了广泛认同。[11] 14-21 就此而论，前提（1）具有较高的可靠性。前提（2）更加难以否认。

所谓自我叙事正是诸多由我的经历书写的故事，以及在故事中产生、发展和变化的"我"的个性、"我"的信念等，这些要素储存于记忆之中，一方面构成和定义了当下的自我，另一方面也决定了"我"未来的朝向。对于"延展自我"的成立而言，关键在于对前提（3）的辩护，这也是赫斯明克重点着墨之处。

讨论与自我叙事相关的记忆首先需要简要澄清人类记忆的类型。人类记忆是由不同子系统构成的复杂系统。按照心理学领域通常的划分方式，人类记忆首先可以分为长期记忆与短期记忆。其中，长期记忆系统是叙事自我的生理基础。而在长期记忆系统内部，又可进行多层更为细致的划分。如图 2 所示，长期记忆可分为程序记忆（procedural memory）、语义记忆（semantic memory）、情境记忆（episodic memory）三个大类。[12] 274-277

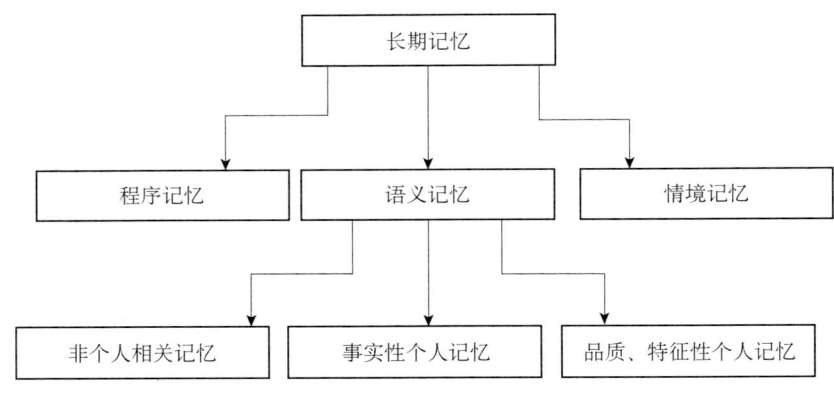

图 2　记忆的分类

其中，程序记忆指的是一种关于"如何做 x"的记忆，它储存着我们诸多的技巧与能力。我们关于"如何游泳""如何踢球"的记忆都属于程序记忆。语义记忆指的是通过语言以相对抽象的方式保存信息的记忆形式。而情境记忆则是主体以第一人称视角形式对过去经验的保存，对情境记忆的回忆帮助主体与过去特定的时间、地点、情感相连接，是一种对过去经历的"再经验"。不同于较为抽象的语义记忆，情境记忆是一种相对具体与生动的记忆形式。

程序记忆、语义记忆、情境记忆三者或多或少都对自我的构成有所贡献。但赫斯明克对程序记忆并未进行太多的论述。这是因为程序记忆就其功能与特征而言，难以被完全还原为语言或影像。这意味着在可设想的技术条件下，它们难以被笔记本、手机或其他外部设备储存。我们无法通过携带一本游泳教材而获得游泳的能力，也无法凭借在手机中储存大量球星的视频就成为足球健将。就此而论，程序性记忆不是"自我之延展"适合的突破口。

语义记忆可以分为三类：①非个人相关记忆，如"地球是圆的""1+1=2"等；②事实性个人记忆，如"我居住于中国"；③品质、特征性个人记忆，相对于事实性个人记忆，这类记忆包含了人们对自我品质、特征更加抽象、概念化的理解，如"我是一个勇敢的人"。在这三类语义记忆中，后二者毫无疑问在叙事自我的构成中占有一席之地。并且，语义记忆与程序记忆不同，它以语句作为保存信息的形式，同样形式的信息可以很方便地储存于手机、笔记本、个人电脑等外部载体中。在克拉克与查尔莫斯的"奥托的笔记本"思想实验中，奥托会将许多他认为重要的信息记录于随身携带的笔记本中。虽然原案例中只提到了博物馆地址，但不难想象，奥托当然也可以将他的个人相关信息记录于其中。站在延展心智论题的立场上，赫斯明克认为这已然说明自我的构成部分可以在某些情况下由外部载体实现，自我由此部分地延展于世界之中。

除了主张构成自我的语义记忆可以延展于外部，赫斯明克还主张外部载体同样能够实现情境记忆的功能。凭借情境记忆，我们能够调取个人历时中不同时段的声觉、视觉、情绪等信息"再经验"过去的经历与场景。随着电子信息技术的迅猛发展，我们似乎越来越多地将上述认知功能"外包于"外部电子设备。一个最容易想到的例子是智能手机。今天，智能手机已然嵌入了人们的日常生活的各个方面，其图像、视频拍摄功能正是被使用最为频繁的功能之一。而云技术的普及，使得智能手机中的信息免于因更新替换硬件而丢失。在此背景下，我们随身携带的手机中往往储存着经年累积的图片与视频信息，我们可以随时对它们进行调取查阅，手机相册似乎具有了类似情境记忆的功能。

除了智能手机，赫斯明克还援引了心理学家艾玛·贝里（Emma Berry）等人对"感官相机"（SenseCam）的应用研究。[13] 582-601 感官相机是一种为帮助轻微长期记忆功能损伤患者而设计的设备，它体积小巧且轻便，患者可以很方便地将其挂于脖颈。感官相机会自动地以一定频次拍摄患者日常的图片与视屏影像。最为特别的是，此设备能够通过识别场景探测环境的变化，并根据不同场景与环境自动整理患者的生活片段，将其编辑为具备一定叙事结构的生活日志（lifelogging）。贝里等人的研究显示，通过携带感官相机并定期查阅生活日志，长期记忆功能损伤的患者成功回忆特定情形并口头报告的成功率与准确度都有了一定的改善，并且这些改善显著地高于使用日记本等传统手段帮助记忆的患者。赫斯明克认为，感官相机实际上替代了患者受损的情境记忆能力。患者通过查阅储存于感官相机中的生活日志"再经验"自己的生活片段，正如正常主体通过在脑中回忆"再经验"过去的经历。

综上，赫斯明克对语义记忆与情境记忆的可延展性分别进行了论述。语义记忆与情境记忆都是自我重要的构成部分，一旦我们承认二者可以在某些情况下延展于外部载体，那么一个自然的结论就是：自我在某些情况下也可以延展于外部载体。

三、捍卫自我的边界

赫斯明克试图通过对语义记忆与情境记忆的可延展性的论述来支持自我之延展，本文对此持有不同意见。在这一部分，笔者将对所谓的"延展自我"进行批判性分析，捍卫自我的传统边界。

（一）回应语义记忆之延展

在构成叙事自我的语义记忆中，事实性个人记忆与品质、特征性个人记忆实质上都是与自我相关的信念。在心智哲学领域，信念这类心理状态一般被视作命题态度（propositional attitude），即"对某命题持有的态度"。例如，说"（我相信）我居住于中国"，指的是"我"对"我居住于中国"这一命题的真值持有相对稳定的肯定态度。

作为命题态度的信念是一种关系状态（relational states）。所谓的关系状态表达了命题态度的两个主要特征：第一，它由"命题"与"态度"两个要件组成，其中，命题一般表达为具有真值的语句，而态度指的是主体对于此命题持有的相对稳定的评价模式。态度类型决定了心理状态的类型，命题内容则决定了心理状态的内容。第二，态度与相关命题必须以某种方式相关联：一方面，作为评价模式的态度不能脱离其评价对象命题而凭空存在；另一方面，一个命题也只有当它和某主体对它的态度关联起来时，才能成为心理状态的内容，不然它就只是一句刻画了某事态的语句。命题内容和态度之间可设想的关联方式有两种：有意识的关联和下意识的关联。这两种关联方式对应于两种不同类型的心理状态：当下心理状态（current mental states）和倾向性心理状态（dispositional mental states）。前者指的是处于当下认知进程中的心理状态。以信念为例，"我正在写论文"就是"我"的一个当下信念。当"我"现在思考"我正在写论文"时，命题内容以及"我"对此命题的态度被有意识地关联。后者指的是并没有在当下的思维操作中，但是储存于记忆中的心理状态。当"我"的注意力集中在写作时，"我居住在中国"就是一个倾向性信念（dispositional belief）。虽然它现在处于"未激活"状态，但"地球是圆的"这一命题内容以及"我"对它真值的评价仍然在意识阈下层次相关联，并储存于"我"的记忆中。

通过上述澄清工作，我们具备了考察所谓的"延展语义记忆"的基础。如前文所述，构成自我叙事的语义记忆实质上都是关于自我的信念，即命题态度。克拉克与查尔莫斯通过"奥托的笔记本"案例来论证"延展信念（记忆）"的存在，而本文认为，奥托的笔记本中记录的信息实际上难以被视为严格意义上的信念。这首先是因为，在命题态度的两个要件中，"态度"要件在可设想的技术条件下无法实现于外部载体，记录于笔记本、手机、电脑等外部物理设备中的实际上只是命题内容。当然，延展心智以及延展自我的支持者可以回应，更为合理地看待认知主体的方式是将它们视为"肉身-外部物理设备"共同构成的系统。这样一来，即便"肉身奥托们"不具备完整的相关信念，"奥托-笔记本"系统通过分别储存态度与命题内容，仍然拥有相关信念，并且其命题内容部分延展于外部物理载体。

然而，上述看似可行的"分别储存"方案仅仅说明"奥托-笔记本"系统确实具备了相应信念的态度要件与命题要件，但二者之间是否满足命题态度的关联性特征仍然有待于考察。在"奥托的笔记本"案例中，奥托对相关信息的处理可以分为三个阶段：①在笔记本中记下博物馆的地址（信息写入）；②随身携带笔记本（信息保存）；③翻阅笔记本（信息提取）。在信息写入和信息提取两个环节中，态度与相应的命题内容确实存在恰当的关联。在这两个环节中，奥托有意识地将"为真"的评价指向相关命题内容。但是，在这两个环节中，奥托的态度和相关命题内容之间的关联必须依赖于内部认知资源（短期记忆和知觉）。

由此，对于信念（以及自我相关语义记忆）的延展而言，关键的问题是：在奥托随身携带笔记本而并未翻看的阶段（信息保存阶段），相关态度和命题内容能否满足"关联性条件"。答案是否定的。这是因为，类似笔记本的外部信息载体缺少生理记忆独有的一种特性。当代心理学、神经科学研究发现，我们的（生理）记忆系统具有两种不同的信息处理方式。一方面，记忆中的信息可以被我们有意识地储存或提取；另一方面，记忆还具备下意识的信息操作通路——某些信息无须通过主体有意识地记录也能被记忆系统自动地存储[14]159-173，同时，存储于记忆中的信息无须主体有意识地调取也能在相当大的程度上影响主体的人格（personality）及行为。[15]233-279 反观外部信息储存载体，在现有可设想的技术条件下，任何外部载体都无法实现类似生理记忆的下意识信息通路。无论我们将信息记录于笔记本、电脑、手机抑或是其他外部设备，我们都只能在有意识的情况下记录并调取相关信息。而这意味着，在关键的信息保存阶段，奥托既无法通过有意识的方式，也无法通过下意识的方式来关联态度和命题内容——因为前者需要依赖内部认知资源直接翻看笔记本，而类似笔记本的外部载体与系统其他部分之间缺乏下意识信息通路又使得后者无法实现。由此，奥托的态度与相关命题内容处于完全"离线"（off-line）的状态。一旦态度脱离其相关的命题内容，我们就没有理由认为它还可以继续单独存在，而如果命题内容脱离针对它的态度，它就仅仅只是一句刻画相关事态的语句，不能被称为信念内容。所以，"分别储存"的方案实际上不具备可实现性。换言之，信念并非如延展心智与延展自我的支持者所认为的那样延展于世界之中，自我相关语义记忆的延展也就无从谈起了。

（二）回应情境记忆之延展

赫斯明克对情境记忆之延展的论证基于将手机、感官相机等便于记录日常生活图像、视频信息的外部设备与大脑情境记忆功能进行类比。但本文认为，此类比仍过于粗糙。赫斯明克所忽略的要点在于，情境记忆之所以能够成为叙事自我的构成部分，不仅仅在于它能够提供个人经历的事实层面，还在于提供了主体对相关经历的所有感（sense of ownership）以及个人参与感（sense of personal involvement）。仅凭对事实的记录无法让我们"再经验"过去的经历，并将这些经历整合于整体叙事结构之中。

神经病理学领域有关人格解体症（depersonalization disorder）的研究是说明上述观点合适的例证。人格解体症患者的一个典型症状是患者经常抱怨他们在回忆个人经历时出现的异常。具体而言，尽管他们能够回忆起具体的事件细节，但是他们无法感受到记忆中事件的个人意义，患者失去了对情境记忆的所有感。正是这种伴随情境记忆的感受帮助我们确定回忆中的经历确实是发生在我们身上而不只是想象的。一旦自传记忆中事件的所有感消失，它们就很难再继续作为叙事自我的一部分。"我能够回忆起事情，但是看起来就好像我回忆起来的事情并不是发生在我身上。"[16] 20 另一个与记忆有关的症状是，当患者形容他们回忆个人事件的感受时，他们经常形容他们是从一个"身体之外"的旁观者角度来回忆事件的发生过程的，而不是通过"自己的眼睛"在记忆中回顾这些事件。也就是说,患者失去了回忆经验的第一人称视角。第一人称视角的缺失除了发生在对过去事件的回忆中,患者在形成新的记忆方面也存在同样的问题,新发生事件的事实层面能够形成新的记忆,但是患者同样无法在这些新的记忆中感到任何个人关联。[17]34

赫斯明克只注意到了情境记忆的事实层面。但正如前文对人格解体症的介绍中所展现的,为了成为叙事自我的构成部分,情境记忆除了需要提供事实方面的信息,还需伴随"个人同一感"或"个人参与感"。而这些关键要素恰恰是手机、感官相机等外部物理设备无法提供的。所以,我们有理由认为,赫斯明克对情境记忆与外部物理设备的类比是难以成立的,所谓情境记忆之延展也不具备可靠的论据。

四、总结与结论

赫斯明克试图论证,自我的构成高度依赖于记忆,而记忆在某些情况下可以延展于外部载体,由此自我也有可能在某些情况下延展于外部载体。在他的论证中,首先,赫斯明克对"命题态度"(语义记忆)概念的使用过于粗糙。一旦我们对"命题态度"概念进行了足够细致的分析,我们就会发现,实际上作为"延展信念"的语义记忆是不成立的。其次,赫斯明克对情境记忆与自我之间关系的理解仅仅注意到了情境记忆的事实信息层面,忽略了伴随情境记忆的"个人同一感"或"个人参与感"。然而,对于自我与个人同一性的构成而言,后者才是决定性的。需要指出的是,本文并非在原则上反对延展心智以及延展自我的主张,而是仅限于现实层面。目前,延展心智以及延展自我的支持者并没有给出足够合理的论据支持他们的观点,这也是限于在可设想的科技条件下,我们并不具备真正实现心智与自我之延展的技术基础。未来的人造设备是否能够实现下意识信息通路呢?更加先进的感官相机能否如生理大脑一般提供情境记忆的所有感以及第一人称视角呢?这些都仍是开放的问题。

参考文献 >>>

[1] Schmaltz T M. Descartes on Caution [M]. Oxford: Oxford University Press, 2008.

[2] Clark A, Chalmers D. The extended mind [J]. Analysis, 1998, 58 (1): 7-19.

[3] Heersmink R. Distributed selves: personal identity and extended memory systems [J]. Synthese, 2017, 194 (8): 1-17.

[4] Heersmink R. The narrative self, distributed memory, and evocative objects [J]. Philosophical Studies, 2017, (1): 1-21.

[5] Schechtman M. The narrative self [A] // Gallagher S. The Oxford Handbook of the Self [C]. Oxford: Oxford University Press, 2011: 448-470.

[6] 勒内·笛卡儿. 第一哲学沉思集 [M]. 庞景仁译. 北京: 商务印书馆, 1986.

[7] Ricoeur P. Time and Narrative [M]. Chicago: University of Chicago Press, 1984.

[8] Dennett D C. Consciousness Explained [M]. Boston: Little, Brown and Company Press, 1991.

[9] Dennett D C. The self as a center of narrative gravity [A] // Kessel F S, Cole P M, Johnson D S. Self and Consciousness: Multiple Perspective [C]. New York: Erlbaum Press, 1992: 150-156.

[10] Zahavi D. Self and other: the limits of narrative understanding [A] // Hutto D. Narrative and Understanding Persons [C]. Cambridge: Cambridge University Press, 2007: 179-202.

[11] Gallagher S. Philosophical conceptions of the self: implications for cognitive science [J]. Trends in Cognitive Sciences, 2000, 4 (1): 14-21.

[12] Baars B K, Gage N M. Cognition, Brain, and Consciousness: Introduction to Cognitive Neuroscience [M]. New York: Academic Press, 2010.

[13] Berry E, Kapur N, Williams L, et al. He use of a wearable camera, senseCam, as a pictorial diary to improve autobiographical memory in a patient with limbic encephalitis: a preliminary report [J]. Neuropsychological Rehabilitation, 2007, 17 (45): 582-601.

[14] Breitmeyer B G. Perception: unconscious influences on perceptual interpretation [A] // Banks W P. Encyclopedia of Consciousness. Volume 1 [C].

Oxford: Elsevier, 2009: 159-173.

[15] Dasgupta N. Implicit attitudes and beliefs adapt to situations: a decade of research on the malleability of implicit prejudice, stereotypes, and the self-concept [J]. Advances in Experimental Social Psychology, 2013, (47): 233-279.

[16] Simeon D. Feeling Unreal: Depersonalization Disorder and Loss of the Self [M]. New York: Oxford Press, 2006.

[17] Sierra M. Depersonalization: A New Look at a Neglected Syndrome [M]. New York: Cambridge University Press, 2009.

"机器伦理"思想的价值与局限性

于 雪 王 前[*]

"机器伦理"(machine ethics)是一个正在兴起的研究领域,它关注于如何使机器具有伦理属性。最早系统提出机器伦理这一概念的是美国学者迈克尔·安德森(Michael Anderson)、苏珊·安德森(Susan L. Anderson)和克里斯·阿曼(Chris Armen),他们于2004年发表了《走向机器伦理》(Towards machine ethics)一文。文中明确提出,"机器伦理关注于机器给人类使用者和其他机器带来的行为结果"。[1]安德森等人认为,过去对于技术与伦理问题的思考大多关注于人类是否负责任地使用了技术,以及技术的使用对于人类而言有哪些福祉或者弊端。然而,很少有人关心人类应该如何负责任地对待机器。机器的智能化发展使得机器负载着越来越多的价值和责任。使机器具有伦理属性,以帮助使用者做出伦理决策,或者发展一种具有伦理意向的自动机器以实现情景判断、案例分析和实时决策的功能,已经成为当前人工智能领域研究的重点。然而,在机器中嵌入伦理准则或道德规范会带来一系列问题。要澄清这些问题,必须深入探讨机器伦理的本质特征,了解其发展的内在机制,明确其在技术伦理学发展过程中的重要价值,同时正视其可能存在的局限性。

---

[*] 原载《伦理学研究》2016年第4期。于雪,大连理工大学人文与社会科学学部哲学系讲师;王前,大连理工大学人文与社会科学学部哲学系教授。

一、何谓"机器伦理"

所谓"机器伦理",指的是机器发展本身的伦理属性以及机器使用中体现的伦理功能。这里尤其关注智能机器的相关问题。机器伦理不同于技术伦理,因为技术伦理是从普遍意义上研究技术带来的伦理问题的,这里的技术既包括物质形态的工具和机器,也包括知识形态的技术原理、技术标准、技术经验等。机器伦理也不同于信息伦理或计算机伦理,因为后者更关注于信息技术或计算机技术使用过程中的伦理问题,是一种外在于机器的伦理。而机器伦理则强调在机器中嵌入符合伦理原则的相关程序,使其能够为使用者提供伦理帮助或者使机器自身做出伦理决策,这是一种内在于机器的伦理。

作为一个新兴领域,机器伦理研究首先需要回答"哪些问题涉及该领域"。在这方面,詹姆斯·摩尔(James Moor)提出了"广义机器伦理"的观念,而迈克尔·安德森和苏珊·安德森提出了"狭义机器伦理"的观念。摩尔的"广义机器伦理"观念涵盖了一切与机器相关的伦理行为。他根据伦理因素的涉入程度,定义了五种涉及机器伦理的伦理主体(ethical agent),将 ethical agents 翻译为"伦理主体",是参照了段伟文《机器人伦理的进路及其内涵》一文。根据该文,agent 指能够根据其意向主动实施某种行动的实体或主动的行动者,也可被译为"能动者"。另外,有关摩尔的五种伦理主体的翻译也参考该文)。第一种是标准主体(normative agents),即任何一种可以执行任务、完成工作的"技术主体"(technological agents)。该主体不涉及伦理问题,是一种中性的技术,使用者决定了它的伦理属性。第二种是有伦理影响的主体(ethical impact agents),该主体不仅执行既定任务,同时具有伦理影响,比如卡塔尔的部分地区在骆驼竞赛中用机器牧童代替了传统的男孩,从而解放了他们。前两种伦理主体是将伦理属性归于机器,是伦理外在于机器的表现。接下来的三种伦理主体则强调将伦理嵌入于机器中,是伦理内在于机器的表现。第三种是隐性的伦理主体(implicit ethical agents),即机器的行为隐含着伦理方面的考虑。这种伦理主体自身能够潜在地表现伦理行为，是因为设计师能够根据某些伦理原则来进行设计，以避免不道德的结果。这与"道德物化"思想非常相似，即技术人工物中隐含了设计师的物化的道德，以使其表现出道德意向。第四种伦理主体是显性的伦理主体（explicit ethical agents）。这种意义上的机器能够识别与伦理相关的信息，筛选出当前情境中的可能行为，并且依据内置于其中的伦理机制来评估这些可能的行为，从中计算并挑选出最优的伦理抉择。第五种是完全伦理主体（full ethical agents）或称为自动的伦理主体（autonomous ethical agents），即能够高度模拟人类思维与伦理意识，在特定情境中做出判断与选择。这类机器的运行完全独立于人，是一种高度智能的机器，目前只存在于科幻电影中。比如科幻电影《机械战警》中的机器人战士，能够自动识别敌人并毫不犹豫地射击。

迈克尔·安德森和苏珊·安德森缩小了机器伦理的研究范围，聚焦于摩尔伦理主体中的显性的伦理主体，强调增加机器的伦理属性。他们认为，机器伦理是"给予机器以伦理原则或伦理程序从而使其在面临伦理困境时能找到解决的方法，并且使它们以一种伦理上负责任的方式运行，并给出自己的伦理决策"。[2]1 机器伦理的目标是"创建一类能够遵循一种正当的伦理原则或者一套准则的机器"。[3] 当这类机器面对由自身采取的行为带来的可能结果时，它们可以在这个原则或者这些准则的引导下做出决定。他们指出，当前机器的智能化、自动化发展趋势，使得我们很愿意利用它们的功能以实现某些目的，特别是在极度危险或者环境恶劣的情况下，机器的优势便凸显出来。人类对于机器的信任需要一个前提，即机器能够"负责任"地完成这些工作，这就需要机器自身具有伦理属性，能够根据实际情况进行判断，并执行"有道德的"（至少是不伤害人类的）操作。对于迈克尔·安德森和苏珊·安德森而言，显性的伦理主体是机器伦理思想的核心，其侧重于在智能机器中嵌入人工伦理系统或伦理程序，以实现机器的伦理建议及伦理决策功能。

目前，我国部分学者对"机器伦理"涉及的哲学问题也有所反思。段伟文区分了机器伦理与机器人伦理，并指出机器人伦理强调的是人类在与没有自主性（autonomy）的机器人互动时所产生的责任以及应遵循的伦理准则。机器伦理则试图赋予机器以道德行为意义并有可能发展成为道德能动者（moral agent），从而以符合伦理的行为与人类相处。[4]杜严勇等人不区分机器伦理与机器人伦理，指出机器伦理研究的主要目标就是让机器具有一定的道德判断与行为能力。[5]本文将机器伦理研究作为不同于机器人伦理学的独立领域，强调在机器中嵌入伦理程序或者道德原则，以实现智能机器的显性道德作用，使其能够在面临道德困境时，基于当前的实际情况"负责任地"为使用者提供道德帮助。这里侧重于显性的道德嵌入，而非隐性的道德意蕴，可以视为价值敏感性设计、道德物化、技术中介理论等思想的进一步发展和拓宽。

二、"机器伦理"的内在机制

在机器内部嵌入伦理原则或伦理程序，是伦理学在智能机器时代发展的必然结果。道德行为对象的拓展以及伦理关系的转变，为机器伦理思想的发展奠定了理论基础，揭示了机器有必要嵌入伦理原则或伦理程序的内在机制。

尽管伦理学以其多样化的形态贯穿着人类发展的各个领域，但其本质是关于主体性与主体间性的学问。当代信息伦理学家卢西亚诺·弗洛里迪（Luciano Floridi）指出，"如果我们还原到最简单的逻辑结构，任何一个行动，无论其是否负载道德，都是能动者（agent）与其对象（patient）的二元关系"。[6]在伦理学中，道德能动者表示道德行为的发起者，而道德对象（moral patient）则表示道德行为的接受者。伦理学家长久以来的争论都围绕着"谁"或者"什么"可以成为道德能动者和道德对象而展开。正如德里达所指出的，看上去毫不起眼的两个词——"谁"（who）和"什么"（what）——却大不相同。[7]伦理学起源于对人类道德行为的理解，但在古代并非所有的人都被视为具有道德能动性的道德主体——"谁"。比如，在《荷马史诗》《奥德赛》中，只有男性首领具有道德地位，而他的妻子、孩子、奴隶仅被视为他所拥有的"什么"。随着社会的不断发展与人类观念的解放，整个人类作为道德主体的观点被普遍接受，但婴儿以及具有精神疾病的人依然被视为人类的道德对象。随后发展起来的动物伦理学、环境伦理学、生态伦理学等思想，正是基于人类道德对象的概念扩展了伦理学的研究领域。以辛格、雷根为代表的动物伦理学家主张将动物权利纳入了伦理学的范畴。雷根明确地提出，动物应当被视为道德对象，"道德对象意味着它们不会做什么事情是对的，也不会做什么事情是错误的"，"它们会带来痛苦或者死亡，也应当被道德能动者尽力阻止这种伤害"。[8]以罗尔斯顿为代表的生态伦理学或自然伦理学强调赋予自然、环境等非人类因素以一定的道德地位，人类保护自然不应该仅是为了自身的生存，而应将其视为具有一定道德意义的对象，吸纳其为道德共同体的成员。如果再进一步，那么不仅应该将动物、环境、自然等非人因素视为道德对象，而且应该将技术人工物、技术系统等因素也视为应当考虑与关怀的道德对象。拉图尔用"行动者"的概念打破了人与非人因素之间的距离，使非人的"物"有可能成为道德对象。他指出，"我使用 actor、agent 或 actant，并不对他们可能是谁和他们有什么特征做任何假设，他们可以是任何东西"。[9]道德对象由人到动物再到人工物的发展，为将机器纳入道德能动者和道德对象的机器伦理思想奠定了基础。

在智能技术时代，人与人之间伦理关系的变化，也成为机器伦理思想产生的先决条件。在传统伦理学中，人与人之间的伦理关系是无涉技术的。人与人之间的伦理关系和道德行为方式是双向直接的，即人←→人。作为道德行为主体和道德对象，人与人之间直接产生道德影响，其伦理价值体现在人类自身之中。传统技术伦理学的兴起，将技术的问题引入到"人←→人"的伦理模式中。但是，传统技术伦理学所关注的人与技术之间的伦理问题集中在如何评价技术对人类行为的影响，以及由此产生的伦理道德问题方面。这种道德关系体现为"技术→（人←→人）"，即技术影响了人与人之间的道德行为方式。现代智能技术的迅猛发展，使其以内嵌于人的身体或人类社会的方式重构了人与人之间的道德关系。人与机器的相互嵌入式发展模式，产生了"人←→机器←→人""(人←→机器)←→人""(人←→机器)←→(人←→机器)"的道德关系。作为中介环节的机器,或者作为单独的中介元素,架构起了道德行为主体与道德对象之间的桥梁;或者与作为道德行为主体的"人"耦合,共同面向道德对象;或者人与机器的耦合物作为道德行为主体,将另外的人与机器的耦合物作为道德对象。在这几种情况中,机器都不是作为单纯的外界因素"影响着"人与人之间的道德关系的,而是直接"参与着"人与人之间的道德关系。当代智能机器在人与人的伦理关系中是负载价值的,其自身的道德属性决定了它在伦理学中的重要地位。机器伦理思想基于机器自身的道德属性,赋予其在道德行动中作为行为主体或者道德对象的地位是很有必要的。

三、"机器伦理"的当代价值

机器伦理思想的出现绝非偶然,这是机器智能化发展与伦理学理论进步的共同需求。它不仅在理论上推动了设计伦理由隐性到显性的转变,而且对于引导机器的良性发展使其"负责任地"为人类服务具有现实意义。

机器伦理思想的理论价值在于促进了技术伦理从隐性设计伦理到显性设计伦理的转变。在经典技术哲学理论中,技术与伦理的关系呈现出一种外在主义的倾向,即伦理外在于技术而存在。一项技术的道德属性取决于使用者的使用方式,技术本身被视为价值中立的。这就导致了技术伦理的反思只能是一种边缘性力量,而不能真正起到降低技术风险、改良社会技术结构的作用。随后,技术伦理开始了由"外在进路"(externalist approach)向"内在进路"(internal approach)的转变。技术伦理的内在主义进路是从技术设计出发,从"上游"解决技术带来的伦理风险,试图从根源上嵌入伦理属性,从而使技术人工物实现社会发展中的道德功能。

随着机器伦理思想的出现,技术伦理内在主义进路开始分化为隐性设计伦理与显性设计伦理两个方向。价值敏感性设计、道德物化、负责任创新等技术设计理论可以被归纳为隐性设计伦理思想，强调在技术设计中含蓄地渗入伦理道德属性，以尽可能避免不道德行为的发生。以机器伦理思想为代表的显性设计伦理思想旨在明显地嵌入伦理原则，使机器成为道德行为的重要环节之一，以实现机器增强人的道德意识和伦理信念的目的。

具体看来，隐性技术伦理思想与显性技术伦理思想有三个方面的区别：首先，隐性技术伦理思想强调道德意义，在技术设计环节考虑道德的重要性，将道德因素作为一个标准来规约设计师的设计行为。显性技术伦理思想则强调道德准则和人工伦理系统，在技术设计中明确地嵌入道德条件和伦理情景，不仅提升了设计师在产品设计过程中的伦理意识，同时也增强了使用者在道德抉择中的道德敏感性。其次，以"后现象学技术哲学"为代表的隐性技术伦理思想体现为一种技术的解释学倾向。技术哲学家通过对技术人工物的功能解读，分析其中隐含的意向性，将道德属性解释为技术人工物的意向诉求，并将人与技术人工物作为共同的意向主体面向客观世界。而显性技术伦理思想是通过建构可能的伦理情景，预想伦理难题，以"事前"的方式将道德属性明确化，使机器作为架构人与世界的道德桥梁。最后，隐性技术伦理思想适用于绝大部分的技术人工物，所有涉及人类意向行为的"物"都寓于道德理念中。机器伦理思想则注重于具有自动化特性的智能机器、计算系统等。正如摩尔所言，隐性伦理行为的出现说明了伦理很重要，而显性伦理行为的出现则说明机器的智能发展更加需要伦理的约束。[10]

从现实意义上看，关注以机器伦理思想为代表的显性设计伦理有助于增强人类的自主性，避免了由"被设计"带来的道德合法性危机。隐性的设计伦理思想主要指的是在技术设计的过程中充分考虑伦理道德的因素，力求将道德属性寓于技术人工物之中，从而使技术人工物变得有"道德"以改善使用者的行为。然而，渗入道德的技术人工物存在着合法性的危机，因为道德渗入式的设计会使得使用者丧失自主选择的权利，从而引起对人类自由意志的挑战。伊德的技术中介理论认为，技术本身负载着价值，技术和人类构成了共同主体，一同面对这个世界。然而，这里需要追问的是，技术所负载的价值是否应当是设计者的价值？设计者是否有权利将自己的道德意识渗入技术人工物之中从而使使用者被动地接受这种道德属性？使用者若被动地接受道德结果，则他们的道德诉求不会实现。机器伦理思想通过设计一种程序或者制造出具有某种伦理功能的机器来实践伦理原则，能够使得设计师在技术设计的过程中有意识地增强道德维度，同时尽量保证使用者按照自身的情境有选择地接受道德辅助，从而避免了强制地植入道德要求带来的问题。

另外，从隐性设计伦理到显性设计伦理的转变有助于提升公众的道德意识，使其真正领悟到技术产品中的道德意蕴。隐性的设计伦理是含蓄的、潜在的，对人类行为的影响只具有暗示作用。虽然其能够潜移默化地改善使用者行为，但更多的时候是，使用者在不知情的情况下就被"道德"了，其自身并没有意识到所谓的伦理困境。不仅如此，隐性道德的助推功能试图通过在技术设计中采取适当的措施确保使用者的选择是最佳的，这也涉及是否可行的现实问题，比如，哪些技术人工物应当被道德化，被赋予道德意义的技术物是否满足市场的需求，所谓"有道德的"技术人工物会不会在其他场合成为某种制约因素从而产生不可估量的后果，等等。机器伦理思想通过一种直接的建议行为，使使用者在遇到困境时主动求助于机器，利用机器的计算优势为自己获取更多的信息，从而做出正确的决定。这不仅有助于设计者认识技术中的道德属性，也有助于使用者在实际的使用过程中察觉到自身所面临的伦理困境，从而意识到技术中所蕴含的道德意蕴，并主动利用技术为自己脱离道德困境提供帮助。

四、机器伦理思想的局限性

自机器伦理的概念被提出之后，质疑的声音就持续不断。机器能有道德吗？机器是否构成道德行为主体？我们如何相信机器能在未知的情境中做出正确的判断？机器一旦被设置了道德程序，会不会因为程序错误而出现不道德的行为呢？这些质疑反映了机器伦理思想可能存在的问题，一方面，通过程序计算出来的伦理原则是否可靠，引起了对于伦理学本身是否具有可靠性的争议；另一方面，具有情景判断和伦理决策能力的机器在道德共同体中处于什么位置，是应将其看作是道德主体还是道德对象，引发了关于道德主体与道德对象的多重性争议。此外，人机互动过程中是否可以产生信任机制，也挑战了伦理学中关于情感与道德的根本难题。

机器伦理思想的局限性之一是其本质上是将人类的道德行为转换为可以计算的数字，这是对伦理可计算性的一种认可。计算主义者认为，可以把人类心智理解为计算，其是依据规则对形式结构的加工，即从输入到输出的一种映射或函数[11]，是一种符号转换行为。在计算主义者看来，人的思维与心智都是受规则控制的，因此可以用计算术语进行解释，也可以由计算机的纯形式转化的方式加以实现。按照计算主义的理解，作为人类心智活动的主要环节，伦理反思也可以通过数值输入与输出的程序计算方式展现出来。塞尔对此提出了质疑，他用"中文屋"论证了即使计算机可以对数值、文本等信息进行符号化处理和转换，但是它们并没有真正理解这些信息，"迄今为止尚无任何理由认为，我的理解与计算机程序，即与在由纯形式说明的元素上进行的计算操作有什么关系。只要程序是根据在由纯形式定义的元素上进行的计算操作来定义的，这个例子就表明了，这些操作本身同理解没有任何有意义的联系"。[12] 换言之，计算机可以计算表征伦理道德行为的数字与符号，但它们无法理解道德行为和道德意向。机器伦理思想通过将道德行为转化为数字符号，用道义逻辑、认知逻辑和行为逻辑等计算手段，论证了伦理行为的数字化和符号化。这一观点忽视了人的主观能动性，容易引发人在本体论、认识论和经验论等层面的质疑。

机器伦理思想的局限性之二是试图发展机器成为道德行为主体，使其与人类道德行为主体具有同样的地位，这一观点会引起道德哲学中康德主义的反驳。根据弗洛里迪提出的道德"标准立场"（standard position），能够接受道德能动者道德状态的实体都可以被视为道德对象。机器作为道德关怀对象是行得通的。机器的智能化形态使其不再是冷冰冰的物件，而似乎有了"生命"，并且以"有机的"形式为我们展现着它们自身的功能以及与人类的交互作用。在传统意义上，人完全控制机器或者机器完全取代人的极端看法有待于更正，当代社会中人与机器之间的互动更加频繁，彼此间的相互渗透、相互嵌入更加紧密。人不仅仅是机器的设计者、使用者，也是机器系统中某个环节的参与者。机器也不再仅仅是被设计、改造的对象，机器也在影响人、塑造人、改变人。机器开始成为架构在人与人、人与自然、人与社会之间的桥梁，它成了一种伦理中介。机器承载着越来越多的责任，机器自身的行为也应当被视为道德关怀对象进而被进行伦理视角的考虑。如果不将机器纳入伦理学的范畴，那么我们将要承担更多的风险和对未知的恐惧。因此，将机器的运行与发展看作道德关怀对象，关注于其中的运行规律和有机联系，能够更好地展现机器的"向善"功能，并且可以规避技术风险。但是否可以简单地将机器看作是具有道德行为能力并且承担道德责任的道德主体，却值得反复讨论。康德认为，理性与自由意志是判定道德行为主体的重要特征。只有具有理性和自由意志的"存在"才可以成为道德行为主体，"唯有一个理性存在者才具有按照对规律（法则）的表象，即按照原则去行动的能力，或者说他具有意志"。[13] 在这种意义上，一些机器伦理思想家将智能机器视为道德行为主体是不充分的。

机器伦理的局限性之三是默认了人与道德机器之间的信任机制。对信任问题的研究主要集中在心理学、经济学和社会学领域。伦理学中强调信任所包含的自我的脆弱性和他人的善良意志，是信任者向被信任者发出的伦理诉求。根据格里曼的定义，"如果 A 信任 B，那么在一段时间内，A 在事实或法律上把与自己的利益攸关的事物 X 托付于（或转让给）B 的监管或自由支配之下，或者使 B 处在拥有这些权力的情境之中；同时，A 期待 B 能够根据 A 的利益看管好 X，且有适当看管好 X 的必要能力，而不会做出损害 A 的利益的事情"。[14] 换言之，机器伦理思想中对机器的信任意味着当我们把自身的道德诉求托付于机器的监管或自由支配之下，使其拥有处理我们诉求的能力，并期待机器能够根据我们的利益处置相关的道德情境提出适当的建议，并且不会伤害我们的利益。塔瓦尼（Tavani）认为，机器伦理领域内的信任问题与伦理主体的等级相关，对不同伦理行为主体的信任度是不一样的。其中，自主性、风险/脆弱性（risk/vulnerability）与交互性（interactions）是考察人机信任度的主要因素。机器的自主性越高，人机信任关系越有可能，同时信任者的风险或者脆弱程度也越高。而且交互方式越直接，信任者越倾向于信任被信任者。机器伦理思想的出发点是默认人与机器之间的信任机制等同于人与人之间的信任机制，这种默认是存在风险的。基于程序运行的机器随时存在着被入侵或者篡改的可能，对于机器的信任需要有"度"。机器伦理思想在这一方面仍存在着不足，需要进一步发展。

五、结 语

机器伦理学是一个正在兴起的研究领域，其最终目标是要创建一种内置伦理原则的智能机器，它有一定的思想价值，也存在着局限性。

机器伦理思想是否可以通过技术手段实现呢？目前存在着"自上而下"与"自下而上"两种方式。"自上而下"的伦理建构 "运用道义逻辑将道义论的义务和规范转换为逻辑演算，同时通过净利益的计算实现功利的算计与权衡，使机器人能够从一般的伦理原则出发对具体的行为做出伦理判断"；"自下而上"的伦理建构则"通过机器学习和复杂适应系统的自组织发展与演化，机器人能够从具体的伦理情境生成普遍的伦理原则，通过道德冲突中习得道德感知与伦理抉择的能力，最终机器人的人工伦理能力得以从一般的人工智能中涌现出来"。[4] 具体看来，将机器伦理付诸实践的应用程序主要存在着"基于伦理原则"或者"基于案例"的两种程序设计形式。前者以迈克尔·安德森设计的基于边沁功利主义的 Jeremy 程序和基于罗斯（W. D. Ross）显见义务（prima facie duties）的 W. D. 程序为代表，后者以麦克劳伦（McLaren）设计的"说真话"（truth-teller）为代表。

更难以回答的是，在机器中嵌入伦理原则是否应该？也即机器伦理存在的合理性论证。对计算主义的驳斥可以看作反对机器伦理思想的主要理由，其核心观点是人类的道德行为无法转换成数值加以计算，机器不能承担道德行为主体的角色进而做出道德判断和伦理决策。然而，在机器中加入明确的伦理维度，使其具有伦理决策功能和社会帮辅功能是具有合理性的。除了考虑科技进步带来的未知风险外，机器伦理的出现也反映了人机同构的哲学本质。出于对人类道德功能的延展，嵌入伦理原则的机器可以被视为具有道德功能的存在物。但是我们应当慎重考虑机器中的道德属性该以何为底线。嵌入伦理原则的机器可以通过一种直接的建议行为，使得使用者在遇到困境时主动求助于机器，利用机器的计算优势为自己获取更多的信息，从而帮助使用者做出正确的决定。但是它不能在真正意义上完全取代人类做出道德选择。我们要善于利用伦理机器为人类社会的发展提供良性辅助，也要警惕伦理机器的"副作用"，不能使其成为作恶的手段。

参考文献 >>>

［1］Anderson M，Anderson S，Armen C. Towards machine ethics: implementing two action-based ethical theories ［A］// Anderson M，Anderson S，Armen C. Machine Ethics: Papers from the AAAI Fall Symposium，Technical Report FS-05-06 ［C］. Menlo Park：AAAI Press，2005：1-7.

［2］Anderson M，Anderson S. Machine Ethics ［M］. Cambridge：Cambridge University Press，2011.

［3］Anderson M，Anderson S. Machine ethics: creating an ethical intelligent Agent ［J］. AI Magazine，2007，（4）：15-26.

［4］段伟文. 机器人伦理的进路及其内涵［J］. 科学与社会，2015，（2）：35-45.

［5］杜严勇. 机器伦理刍议［J］. 科学技术哲学研究，2016，（1）：96-101.

［6］Floridi L. The Ethics of Information ［M］. Oxford：Oxford University Press，2013.

［7］Derrida J. Paper Machine ［M］. Stanford：Stanford University Press，2005.

［8］Regan T. The case for animal rights ［A］// Armstrong S J. The Animal Ethics Reader ［C］. London：Routledge，2003：5-19.

［9］Latour B. The Pasteurization of France［M］. Cambridge：Harvard University Press，1988.

［10］Moor J. The nature，importance，and difficulty of machine ethics［J］. IEEE Intelligent Systems，2006，21（4）：18-21.

［11］高新民，付东鹏. 意向性与人工智能［M］. 北京：中国社会科学出版社，2014.

［12］玛格丽特·博登. 人工智能哲学［M］. 刘西瑞，王汉琦译. 上海：上海译文出版社，2006.

［13］伊曼努尔·康德. 道德的形而上学［M］. 苗力田译. 上海：上海人民出版社，2010.

［14］格里曼. 权利、信任和风险：关于权力问题缺失的一些反思［J］. 哲学分析，2011，（6）：3-20.

人工智能道德算法

人工智能的道德代码与伦理嵌入

段伟文[*]

人工智能和包括机器人在内的智能化自动系统的普遍应用，不仅仅是一场结果未知的科技创新，更将是人类文明史上影响甚为深远的社会伦理试验。诚如霍金所言，人工智能的短期影响由控制它的人决定，而长期影响则取决于人工智能是否完全为人所控制。

一、人工智能体的拟主体性与人工伦理智能体

人工智能的伦理问题之所以受到前所未有的关注，关键原因在于其能实现某种可计算的感知、认知和行为，从而在功能上模拟人的智能和行动。在人工智能创立之初，英国科学家图灵、美国科学家明斯基等先驱的初衷是运用计算机制造能实现人类所有认知功能的通用人工智能或强人工智能。但科学家不久就发现，要使机器像人一样理解语言和抽象概念，通过学习全面达到人类智能的水平，并非一日之功。迄今为止，应用日益广泛的各种人工智能和机器人尚属狭义的人工智能或弱人工智能，只能简单地执行人交给它们的任务。

一般来说，人工智能及智能自动系统能根据人的设计自动地感知或认知环境（包括人）并执行某些行动，还可能具备一定的人机交互功能甚至可以与人"对话"，其常常被看作具有一定自主性和交互性的实体。有鉴于此，人工智能学家引入了智能体（agents，又称智能主体）

---

[*] 原载《光明日报》2017年9月4日第15版。段伟文，中国社会科学院哲学研究所研究员。

的概念来定义人工智能,并开始对能够从环境中获取感知并执行行动的智能体进行描述和构建。于是,可将各种人工智能系统称为人工智能体或智能体。从技术上讲,智能体的功能是智能算法赋予的:智能体运用智能算法对环境中的数据进行自动感知和认知,并使其映射到自动行为与决策之中,以达成人为其设定的目标和任务。可以说,智能体与智能算法实为一体两面,智能算法是智能体的功能内核,智能体是智能算法的具体体现。

从智能体概念出发,人工智能系统更为明晰地呈现为可以模拟和替代人类的理性行为,因其可与人类相比拟乃至比肩地存在,故可被称为"拟主体",或者说智能体具有某种"拟主体性"。如果仅将智能体看作一般的技术人造物,其研究进路与其他科技伦理类似,主要包括面向应用场景的描述性研究、凸显主体责任的责任伦理研究以及基于主体权利的权利伦理研究。但人们在赋予智能体以拟主体性的同时,会自然地联想到,不论智能体是否像主体那样具有道德意识,它们的行为可以看作是与主体伦理行为类似的拟伦理行为。进而可追问:能不能运用智能算法对人工智能体的拟伦理行为进行伦理设计,即用代码编写的算法使人所倡导的价值取向与伦理规范得以嵌入各种智能体之中,令其成为遵守道德规范乃至具有自主伦理抉择能力的人工伦理智能体?

二、机器人三定律与嵌入式的机器伦理调节器

其实,这一思路并不新鲜,早在 70 多年前,美国人阿西莫夫在对机器人三定律的科学幻想中,就提出了通过内置的"机器伦理调节器"使机器人服从道德律令的类似构想。在短篇科幻小说《转圈圈》(1942 年)中,阿西莫夫提出了按优先顺序排列的机器人三定律:第一定律,机器人不得伤害人类或坐视人类受到伤害;第二定律,在与第一定律不相冲突的情况下,机器人必须服从人类的命令;第三定律,在不违背第一与第二定律的前提下,机器人有自我保护的义务。此后,为了克服第一定律的局限性,他还提出了优先级更高的机器人第零定律:机器人不得危害人类整体或坐视人类整体受到危害。

从内涵上讲，机器人定律是一种康德式的道德律令，更确切地讲是人为机器人确立的普遍道德法则，以确保其成为遵守绝对道德律令的群体。而更耐人寻味的是，机器人三定律是通过技术实现的。在《转圈圈》中，三定律是根深蒂固地嵌入机器人的"正电子"大脑中的运行指令：每个定律一旦在特定场景中得到触发，都会在机器人大脑中自动产生相应的电位，最为优先的第一定律产生的电位最高；若不同法则之间发生冲突，则由它们的大脑中自动产生的不同电位相互消长以达成均衡。这表明，机器人定律并不全然是道德律令，也符合其技术实现背后的自然律。换言之，机器人定律所采取的方法论是自然主义的，它们是人以技术为尺度给机器人确立的行为法则，既体现道德法则又合乎自然规律。

历史地看，这些富有电气化时代色彩的机器人伦理设计实际上是一种科技文化创新。自英国作家雪莱夫人创作《弗兰肯斯坦》（1818年）到捷克的恰佩克发表《罗素姆万能机器人》（1921年），不论是前者呈现的科学怪人的形象，还是后者昭示的机器人造反，都体现了人对其创造物可能招致毁灭性风险与失控的疑惧。机器人定律则为摆脱这种情结提供了可操作性的方案——通过工程上的伦理设计调节机器人的行为，使其成为可教化的道德的机器人——合伦理的创造物。但从自然主义的方法论来看，这一构想又似乎明显超前。在提出第零定律时，阿西莫夫也意识到，机器人可能无法理解人类整体及人性等抽象概念。或许是这些困难令他转而畅想，一旦机器人灵活自主到可以选择其行为，机器人定律将是人类理性地对待机器人或其他智能体的唯一方式。这似乎是在暗示，使人工智能体成为可以自主做出伦理抉择的人工伦理智能体的前提是其可与人的智能媲美。

三、走向可计算的机器伦理与智能体伦理嵌入

回到人工智能的现实发展，随着无人机、自动驾驶、社会化机器人、致命性自律武器等应用的发展，大量人可能处于决策圈外的智能化自主认知、决策与执行系统涌现出来，这迫使人们在实现强人工智

能之前，就不得不考虑如何让人工智能体自主地做出恰当的伦理抉择，试图将人工智能体构造为人工伦理智能体。从技术人工物所扮演的伦理角色来看，包括一般的智能工具和智能辅助环境在内的大多数人工物自身往往不需要做出价值审度与道德决策，其所承担的只是操作性或简单的功能性的伦理角色：由人操作和控制的数据画像等智能工具，具有反映主体价值与伦理诉求的操作性道德。高速公路上的智能交通管理系统所涉及的决策一般不存在价值争议和伦理冲突，可以通过伦理设计植入简单的功能性道德。反观自动驾驶等涉及复杂的价值伦理权衡的人工智能应用，其所面对的挑战是：它们能否为人类所接受。这在很大程度上取决于其能否从技术上嵌入复杂的功能性道德，将其构造为人工伦理智能体。

让智能机器具有复杂的功能性道德，就是要构建一种可执行的机器伦理机制，使其能实时地自行做出伦理抉择。鉴于通用人工智能或强人工智能在技术上并未实现，要在智能体中嵌入其可执行的机器伦理，只能诉诸目前的智能机器可以操作和执行的技术方式——基于数据和逻辑的机器代码——就像机器人三定律所对应的电位一样，并由此将人类所倡导或可接受的伦理理论和规范转换为机器可以运算与执行的伦理算法及操作规程。机器伦理的理论预设是可以用数量、概率、逻辑等描述和计算各种价值与伦理范畴，进而用负载价值内涵的道德代码为智能机器编写伦理算法。论及伦理的可计算性，古典哲学家边沁和密尔早就探讨过快乐与痛苦的计算，而数量、概率、归纳逻辑和道义逻辑等都已是当代伦理研究的重要方法，机器伦理研究的新需求则力图将"可计算的伦理"的思想和方法付诸实践，如将效益论、道义论、生命伦理原则等转换为伦理算法和逻辑程序。不得不指出的是，用数量、概率、逻辑来表达和定义善、恶、权利、义务、公正等伦理范畴固然有失片面与偏颇，但目前只有这种代码转换才能使人的伦理变成程序化的机器伦理。

在实践层面，机器伦理构建的具体策略有三：其一是自上而下，即在智能体中预设一套可操作的伦理规范，如自动驾驶汽车应将撞车对他人造成的伤害降到最低；其二是自下而上，即让智能体运用反向强化学习等机器学习技术研究人类相关现实和模拟场景中的行为，使其树立与人类相似的价值观并付诸行动，如让自动驾驶汽车研究人类的驾驶行为；其三是人机交互，即让智能体用自然语言解释其决策，使人类能把握其复杂的逻辑并及时纠正其中可能存在的问题。但这些策略都有其显见的困难：如何在量化及计算中准确和不走样地表达与定义伦理范畴呢？如何使智能体准确地理解自然语言并与人进行深度沟通呢？

鉴于机器伦理在实践中的困难，人工智能体的伦理嵌入不能局限于智能体，而须将人的主导作用纳入其中。可行的人工伦理智能体或道德的智能机器的构造应该包括伦理调节器、伦理评估工具、人机接口和伦理督导者四个环节。伦理调节器就是上述机器伦理程序和算法。伦理评估工具旨在对智能体是否应该以及是否恰当地代理了相关主体的伦理决策做出评估，并对机器伦理的道德理论（如效益论、道义论等）和伦理立场（如个性化立场、多数人立场、随机性选择等）等元伦理预设做出评价与选择。人机接口旨在使人与智能体广泛借助肢体语言、结构化语言、简单指令乃至神经传导信号加强相互沟通，使机器更有效地理解人的意图，并对人的行为做出更好的预判。伦理督导者则旨在全盘考量相关伦理冲突、责任担当和权利诉求，致力于厘清由人类操控不当或智能体自主抉择不当所造成的不良后果，进而追溯相关责任，寻求修正措施。

对于人类文明而言，人工智能将是一个好消息还是不消息，最终取决于我们的伦理智慧。在中国推出新一代人工智能发展规划的今天，我们更要悉心体味孕育了巧夺天工精神和天工开物情怀的中国思想，审天人之性，度万物之势，以探求人机和谐、文明通达之道。

通用强化学习中的"善"与"先验"

李 熙[*]

近年来,人工智能发展迅速,尤其是深度学习、强化学习以及二者结合的深度强化学习在图像、语音、翻译、自动驾驶技术特别是各种棋类、牌类等游戏领域的腾飞引起了大众的广泛关注,甚至引起了部分人的恐慌。面对人工智能,有人认为没有危险;有人认为有危险,但有办法控制,比如拔电源;有人认为危险极大,但人无能为力,只能坐以待毙或自我催眠、直面落后、甘心赴死。虽然当前的人工智能离超越人类智能还有很大距离,但这种可能性是存在的,而一旦超越,其风险大到难以估测,所以,即使仅从帕斯卡赌的角度看,对人工智能伦理进行研究也非常必要。本文从通用强化学习的技术模型出发,分析通用强化学习中需要预设的伦理因素,并探讨降低风险的可能策略。本文预设读者已经熟悉了一些通用强化学习的基础知识,具体可参看 Hutter[1]。

一、通用归纳与形而上的"先验之善"

(一)"通用性"与"无免费午餐定理"

机器学习领域有一个"无免费午餐定理"[2],这个定理告诉我们,只要"假设空间"上的概率分布是"块均匀"的,那么,相

---

[*] 李熙,中南大学公共管理学院哲学系讲师。

对于整个假设空间上的期望表现来说，任何搜索或优化算法都是同样好或同样差的。也就是说，如果某个搜索或优化算法在一类函数上表现良好，那么，它在其他函数上必定表现很差。只要满足"块均匀性"，算法是不可能真正具有"通用性"的。比如，卡尔纳普（P. R. Carnap）归纳逻辑[3]一般预设"具有相同'结构描述'的所有'状态描述'分享相同的权重"，其他如古德-图灵（Turing-Good）[4]估计、利斯塔（Ristad）[5]估计等也会有类似的预设，而这些预设都恰恰是"块均匀"的，这意味着这些传统方法确实不具有通用性。要获得"通用性"、享受"免费的午餐"，必须首先打破"块均匀性"。没有好的"先验知识"，通用归纳或通用学习是不可能的。

要想享受"免费的午餐"，必须打破"块均匀性"。如果"假设空间"包含所有可能的函数，那么，"假设空间"中的大部分函数都是"算法随机"的，而"块均匀性"也是一种弱的"均匀性"，它意味着需要分配大部分的权重给"算法随机"的"函数"。根据所罗门诺夫（R. Solomonoff）[6]的通用归纳理论，"算法概率" $\xi := \sum_{v \in M} 2^{-K(v)} v(x)$，其中 M 是下半可计算的半测度的集合，$2^{-K(v)}$ 是所罗门诺夫先验概率，K 是柯尔莫哥洛夫（A. N. Kolmogorov）复杂度函数。通过算法概率或所罗门诺夫先验，对"算法随机"的"函数"赋予零权重，只把宝贵的"权重"赋给那些有规律的可计算"函数"/可能世界/环境，从而打破了"块均匀性"，这使得通用归纳成为可能[7]。

（二）对形而上的"先验之善"的索取

服从所罗门诺夫先验概率分布的可能世界/环境是预设了某种形而上的"善"的可能世界/环境，这可以分为两个层次：①所有可能的函数的集合的基数是连续统，而所罗门诺夫先验只赋予可数个非常"规则"的可能世界/环境非零的权重，先天地抛弃掉了所有无规则的可能世界/环境；②预设了极强的奥卡姆剃刀——要求越规则的可能世界/环境越接近现实世界/环境。那么，是否可以放松对形而上的"善"的

要求，不预设第二个层次的形而上的"善"——奥卡姆剃刀呢？下面我们不假设所罗门诺夫先验，而只要求第一个层次的形而上之"善"——对"规则"的可能世界/环境赋予非零权重，即只允许"上帝"创造"规则"的可能世界/环境，但不限制"上帝"具体的创世方式，即"上帝"可以以任何的先验分布 w 创造可能世界/环境。因为"主体"不清楚自己所处的真实世界/环境 μ，就需要借助某种"信念" ρ 进行归纳学习，用信念 ρ 学习 μ 的代价以相对熵 $D(\mu\|\rho)$ 为上界，"主体"欲要在各种可能世界/环境中的期望表现尽可能好，就需要极小化期望误差界 $\mathbb{E}_w[D(\mu\|\rho)]$，通过极小化期望误差界 $\mathbb{E}_w[D(\mu\|\rho)]$ 得到的最优"信念"就是以 w 为先验的贝叶斯混合，但能否继续通过极小化期望误差界 $\mathbb{E}_w[D(\mu\|\rho)]$ 估计先验概率 w 呢？显然不能。因为这是一种自欺行为，在为贝叶斯混合提供辩护时，我们假设 w 是各种环境的客观分布，而如果我们对各环境持有的先验信念与 w 吻合的话，那么贝叶斯混合具有最优的期望误差界，如果 w 本身也可以被我们调控的话，我们甚至可以让期望误差界等于 0。这相当于自己设计模型还自己猜测的自欺行为。而如果假设各环境存在一个客观的分布 w，我们只能对它进行估测，那么，不但不能极小化期望误差界，通过极大化期望误差界赋予先验反而更合理一些。下面具体分析原因。

已知概率分布 μ，由香农编码定理，下式成立，
$$H(\mu) \leqslant \mathbb{E}_\mu[|code(x)|] < H(\mu)+1$$

在理想情况下，x 的码长 $|code(x)| = -\log\mu(x)$，这时期望码长等于香农熵。把这个过程反过来，设想先有了某种理想的编码方式 $code(x)$，那么就可以诱导出某种概率分布
$$\rho l(x) = 2^{-|code(x)|}$$

假设真实分布为 μ，对于 x 我们用 $code(x)$ 来编码，定义冗余（redundancy）为期望码长与其下界的差。

$$R(\mu, \rho l) := \mathbb{E}_\mu[|code(x)|] - H(\mu)$$
$$= \sum_x \mu(x)(|code(x)| + \log \mu(x))$$
$$= \sum_x \mu(x)(\log \mu(x) - \log \rho l(x))$$
$$= D(\mu \| \rho l)$$

所以冗余等于相对熵，也就是归纳学习的误差界。

定义极小极大冗余（minimax redundancy）为

$$R^* = \min_\rho \max_\mu R(\mu,\rho) = \min_\rho \max_\mu D(\mu \| \rho)$$

假如 M_U 上有某种分布 w，则可定义平均冗余（mean recundancy）为

$$R(w,\rho) := \mathbb{E}_w[R(\mu,\rho)] = \mathbb{E}_w[D(\mu \| \rho)]$$

不难看出，极小极大平均冗余事实上等于极小极大冗余，

$$\min_\rho \max_w R(w,\rho) = \min_\rho \max_w \mathbb{E}_w[D(\mu \| \rho)] = \min_\rho \max_\mu D(\mu \| \rho)$$

博弈论里有个著名的极小极大定理（minimax theorem）：对于连续函数 $f(x,y)$, $x \in A$, $y \in B$，如果 $f(x,y)$ 在 x 上是凸的，在 y 上是凹的，且 A、B 都是紧凸集，则

$$\min_{x \in A} \max_{y \in B} f(x,y) = \max_{y \in B} \min_{x \in A} f(x,y)$$

根据信息论的知识，$\mathbb{E}_w[D(\mu \| \rho)]$ 在 ρ 上是凸的，在 w 上是凹的，又由于 $\Delta(M)$ 和 $\Delta(X)$ 是紧凸集，所以，

$$\min_\rho \max_w \mathbb{E}_w[D(\mu \| \rho)] = \max_w \min_\rho \mathbb{E}_w[D(\mu \| \rho)]$$

所以，

$$\min_\rho \max_w \mathbb{E}_w[D(\mu \| \rho)] = \max_w \min_\rho \mathbb{E}_w[D(\mu \| \rho)] = \max_w \mathbb{E}_w[D(\mu \| \xi)]$$

显然，$\max_w \mathbb{E}_w[D(\mu \| \xi)]$ 是如下信道的信道容量（图1），

$$\max_w \mathbb{E}_w[D(\mu \| \xi)] = \max I(M; X)$$

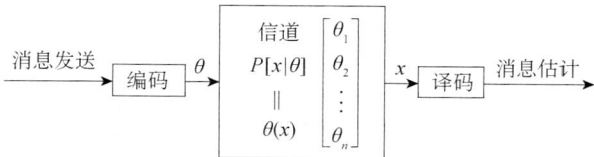

图1 可能世界作为信道

换种角度看问题，可以将其看作"第三人称"的主体"我"与可能世界的设计者"上帝"的博弈。"上帝"按分布 w 输入消息，"我"用 ρ 估计消息。因此，w 可被看作"上帝"的策略，而 ρ 可被看作"我"的策略。"上帝"试图最大化平均冗余，"我"试图极小化平均冗余。这是一个典型的两人零和博弈。如果可能世界集 M 是有穷的，那么，此博弈的纳什均衡为下面定理 1.1 给出的（w^*，ξ^*），纳什均衡点的效用值也由下面的定理 1.1 给出。

定理 1.1

$$\forall \mu, \nu \in M: D(\mu \| \xi^*) = D(\nu \| \xi^*)$$

其中，

$$\xi^*(x) := \sum_{\mu} w_{\mu}^* \mu(x)$$

$$w^* := \underset{w}{\operatorname{argmax}}\, I(M; X)$$

证明：用拉格朗日乘子法求解最优化问题

$$\underset{w | \sum_{\mu} w_{\mu} = 1}{maximize}\, I(M; X)$$

拉格朗日方程为

$$L(w) := I(M; X) + \lambda \left(\sum_{\mu} w_{\mu} - 1 \right)$$

因为，

$$\frac{\partial L}{\partial w_{\mu}} = \frac{\partial}{\partial w_{\mu}} I(M; X) + \lambda$$

$$= \frac{\partial}{\partial w_{\mu}} \left\{ \sum_{\mu} w_{\mu} D(\mu \| \xi) \right\} + \lambda$$

$$= D(\mu \| \xi) + \sum_{\theta} w_{\theta} \frac{\partial}{\partial w_{\mu}} D(\theta \| \xi) + \lambda$$

$$= D(\mu \| \xi) + \sum_{\theta} w_{\theta} \frac{\partial}{\partial w_{\mu}} \left\{ \sum_{x} \theta(x) \ln \theta(x) \right\} - \sum_{\theta} w\theta \frac{\partial}{\partial w_{\mu}} \left\{ \sum_{x} \theta(x) \ln \sum_{\mu} w_{\mu} \mu(x) \right\} + \lambda$$

$$= D(\mu \| \xi) + 0 - \sum_{\theta} w_{\theta} \sum_{x} \theta(x) \frac{\mu(x)}{\xi(x)} + \lambda$$

$$= D(\mu \| \xi) - \sum_x \left\{ \sum_\theta w_\theta \theta(x) \right\} \frac{\mu(x)}{\xi(x)} + \lambda$$

$$= D(\mu \| \xi) - 1 + \lambda$$

所以，

$$\frac{\partial L}{\partial w_\mu} = 0 \Rightarrow D(\mu \| \xi^*) = 1 - \lambda =: c_{w^*}$$

综上，

$$\min_\rho \max_\mu R(\mu, \rho) = \min_\rho \max_\mu D(\mu \| \rho)$$

$$= \min_\rho \max_w \mathbb{E}_w [D(\mu \| \rho)]$$

$$= \max_w \min_\rho \mathbb{E}_w [D(\mu \| \rho)]$$

$$= \max_w \mathbb{E}_w [D(\mu \| \xi)]$$

$$= \max_w I(M; X)$$

$$= D(\mu \| \xi^*)$$

因此，虽然没能计算出 w^* 的具体表达式，但由上述定理可知，只要采用 w^* 做先验分布，那么，对于任意的环境 μ，都可以用 ξ^* 通过固定的误差界逼近。

$$\sum_{t=1}^\infty \sum_{x_1:t \in X^t} \mu(x_{<t})(\xi^*(x_t | x_{<t}) - \mu(x_t | x_{<t}))^2 \leqslant c_{w^*}$$

在通用先验未知的情况下，通过极大化期望误差界 $w^* = \arg\max_w I(M; X)$ 估计先验，在已有先验 w^* 的情况下，通过极小化期望误差界 $\xi^* = \arg\min_\rho \mathbb{E}_{w^*}[D(\mu \| \rho)]$ 得出，需要用贝叶斯混合 $\xi^*(x) = \sum_\mu w_\mu^* \mu(x)$ 进行预测。这相当于"做最坏的打算，尽最大的努力"。

但是，需要注意，即使是"做最坏的打算，尽最大的努力"也无济于事，因为 (w^*, ξ^*) 不仅仅是纳什均衡，而且是占优均衡，不是"主体"占优，而是"上帝"占优。由于对"上帝"的创世方式 $w \in \Delta(M)$ 没有任何限制，所以如果"上帝任性"的话，期望误差界可以任意大。

所以，两个层次的形而上之"善"都是需要的，在第二个层次上，即使不预设奥卡姆剃刀，也需要预设某种类似的形而上的"善"。但机器即使具有这两个层次的形而上之"善"也远不算智能，它只能做预测而不具有行为能力，要想与环境交互还需要扩展到强化学习的框架。

二、通用强化学习与功利主义的"效用之善"

2005年，Hutter[1]第一次给出了真正能适应各种不同环境的通用智能主体（AIXI）的自上而下的、严格形式化的、可靠的、通用的、无参数的数学模型 AIXI。AIXI 是所罗门诺夫的通用归纳模型与序贯决策的结合。序贯决策是一种研究在客观概率分布已知但具体状态不确定的动态环境中主体如何寻求最大化期望效用的决策理论。它从初始状态开始，每个时刻根据所感知到的状态和以前状态的记录，依照已知的概率分布，从一组可行方案中选用一个能够获得最大化期望效用的最优方案，接着感知下一步实际出现的状态，然后再做出新的最优决策，如此反复进行。

通用归纳只做序列预测，通用强化引入行为和效用后，其"危险性"突显出来。关于强化学习框架下"智能体"的危险性，Bostrom[8]、Yudkowsky、Tegmark[9]等人已做过论述，比如 Bostrom[8]提出的目标正交论点。在本文的框架下，目标正交性意味着，即使机器具备了基本的形而上的"善"，也完全可以追求极端危险或错误的目标。为了尽量降低风险，下面着重关注可能的预防措施。

（一）"效用之善"的不确定性

给定具体目标，如果真实的环境 μ 未知，则借助所罗门诺夫的通用归纳方法，用 ξ 进行序贯决策。但如果目标也不确定呢？事实上，人们期望的专门增进人类福祉的抽象效用是难以定义的，即使能够以显式的形式给出，也未必是一个好的选择。Palaniappan 等[10]论证，当给定具体的目标函数时，智能体为了完成目标会拒绝关机中断。所以，为了保留以防万一能关机中断的权利，我们最好对机器的目标函数赋予一定程度的不确定性,让机器借助逆强化学习的方法,在与人类的交互行为中学习真实的效用函数。这样,它在不确定自己追求的目标是否符合人类的目标时可以接受关机中断。Dewey[11]也曾探讨效用函数不确定时的强化学习方法,他提出了"价值强化学习"的方法,对可能的效用函数进行加权平均,直接追求贝叶斯混合后的效用函数,但 Dewey[11]并没有给出具体加权的方法。

$$a_k^* = \underset{a_k}{\mathrm{argmax}} ak \sum_{e_k x_{k+1:m}} \xi(x_{\leq m} \mid x_{<k} a_k) \sum_{u \in \mathcal{U}} P(u \mid x_{\leq m}) u(x_{\leq m})$$

下面发展 Dewey 的想法,解决效用函数赋权的问题。

假设真实的效用函数 $\dot{u}$ 未知,只能看到当前时刻之前 $\leq t$ 的效用值 $(\dot{u}(h_{1:t}))_{t=1}^{t}$。假设可能的效用函数取自某个集合 $\mathcal{U}$,在历史 h 后仍然可能的效用函数就是

$$\mathcal{U}_h := \left\{ u \in \mathcal{U} : (u(h_{1:i}))_{i=1}^{|h|} = (\dot{u}(h_{1:i}))_{i=1}^{|h|} \right\}$$

如果用 ξ 估测效用函数的价值,那就是

$$\forall u \in \mathcal{U} : \widetilde{U}(u) = \sum_h \xi(h) u(h)$$
$$\forall u \in \mathcal{U}_h : \widetilde{U}(u \mid h) = \sum_{h'} \xi(h' \mid h) u(hh')$$

然后可以依据 $\widetilde{U}$ 的大小对 $\mathcal{U}_h$ 进行排序,前面提到的所罗门诺夫先验可以看作是基于依据环境自身的柯尔莫哥洛夫复杂度进行的排序,这里根据效用 $\widetilde{U}$ 大小进行的排序也能够以类似的方式诱导出某种"乐观主义"的效用先验 $P_{\widetilde{U}}(u \mid h)$,然后定义对效用函数的贝叶斯混合

$$u(t,h) := \sum_{u \in \mathcal{U}_{h_{1:t}}} P_{\widetilde{U}}(u \mid h_{1:t}) u(h)$$

所以,在环境和效用函数都未知的情况下,有"乐观主义"倾向的理性主体就是

$$\pi_t^{\mathcal{U}_\xi} := \underset{\pi}{\mathrm{argmax}}\, \mathbb{E}_\xi^\pi \left[\sum_{i=k}^{\infty} \gamma^i \left(\sum_{u \in \mathcal{U}_{h_{1:t}}} P_{\widetilde{U}}(u \mid h_{1:t}) u(h) \right) \right]$$

(二)"效用"引导的"先验"

AIXI 假定其效用函数是外部给定的。给定效用,AIXI 是一种依

照所罗门诺夫先验概率追求期望效用最大化的理性主体，而所罗门诺夫先验是以"简单性"（柯尔莫哥洛夫复杂度）诱导出来的先验。其实，有了效用，还可以直接从效用本身诱导出某种先验。

给定效用函数，可以针对任意的环境 $v \in M_U$，定义

$$\bar{U}(v) := \mathbb{E}_v\left[\sum_{i \geqslant 1} \gamma^i u(h_{1:i})\right] = \sum_h v(h) \sum_{i \geqslant 1} \gamma^i u(h_{1:i})$$

然后，一个"乐观主义"的主体 π° 会倾向于相信

$$v^\circ := \underset{v}{\operatorname{argmax}}\, \bar{U}(v)$$

更似真，然后采取

$$a_t^\circ := \underset{a}{\operatorname{argmax}} \sum_{h \succ \mathit{æ}_{<t}} v^\circ(h \mid \mathit{æ}_{<t}) \sum_{i \geqslant 1} \gamma^i u(h_{1:i})$$

$$= \underset{a}{\operatorname{argmax}} \max_v \sum_{h \succ \mathit{æ}_{<t}} v(h \mid \mathit{æ}_{<t}) \sum_{i \geqslant 1} \gamma^i u(h_{1:i})$$

事实上，可以依据 $\bar{U}(v)$ 的大小对 M_U 进行排序，所罗门诺夫的通用先验可以看作是基于依据环境自身的柯尔莫哥洛夫复杂度进行的排序，这里根据效用 $\bar{U}$ 大小进行的排序也能够诱导出某种"乐观主义"的通用先验 $w_{\bar{U}}^v$。然后定义贝叶斯混合

$$\xi_{\bar{U}}(h) := \sum_{v \in M_U} w_{\bar{U}}^v v(h)$$

然后，可以定义一个"实用主义"的主体 $\pi^{\bar{U}}$

$$\pi^{\bar{U}} := \underset{\pi}{\operatorname{argmax}} \sum_{v \in M_U} w_{\bar{U}}^v \mathbb{E}_v^\pi\left[\sum_{i \geqslant 1} \gamma^i u(h_{1:i})\right]$$

然后用 $\xi_{\bar{U}}$ 逼近真实的环境 μ 的误差界也是以 $-\ln w_{\bar{U}}^\mu$ 为上界。对于内部蕴含的效用越高的可能环境越能尽快地逼近。

这里"实用主义"的主体 $\pi^{\bar{U}}$ 之于"乐观主义"的主体 π° 类似于算法概率之于极小描述长度原则。

这里通过对可能世界的效用进行排序从而诱导出"乐观主义"的先验的办法，其实是一种可以把效用函数引导源源不断地转嫁为先验驱动的方法。因为效用函数引导会面临效用源被智能体劫持的"嗑电"（wireheading）问题，而实现同样效果的先验驱动则可以避免这个问题。

（三）基于"先验"的"效用"

人们试图给机器赋予好的价值引导，但什么是好的目标呢？怎么赋予机器一类好的效用函数？功利主义探讨的最大化"最大多数人的最大幸福"的效用函数是非常抽象和模糊的，难以给出形式定义。Schmidhuber[12]定义了一种有趣的效用，它完全由主体内在驱动，纯粹为了追求某种"有趣"或"好奇"。与此相关，Orseau[13,14]定义了"寻求知识"的效用函数，这种效用不是外部环境赋予的，而是自发驱动的，也是试图追求"好奇"、探索"模式"。

Orseau认为，只要尽量降低ξ就可以尽量排除掉不协调的环境，所以Orseau定义的寻求知识的效用函数就是

$$u(æ_{<k}) := -\xi(e_{<k} | a_{<k})$$

或者用ξ的对数，

$$u(æ_{<k}) := -\log \xi(e_{<k} | a_{<k})$$

或者，

$$u(h_{<k}) := -D(W_{h_{<k}} \| w_\epsilon)$$

或者，我们也可以定义

$$u(h_{<k}) = H(w_\epsilon) - H(W_{h_{<k}})$$

或者，也可以定义追求"有效复杂度"或"逻辑深度"或历史"完形"等的效用函数。诸如此类的只为"探索"的效用可以给出形式定义，而且看上去与人类"探索求真"的主流价值观相吻合，可以作为"价值强化学习"的候选效用。但究竟存不存在某种"客观"的理想价值函数呢？如果存在，是该让机器遵守人类当前的价值观还是该放手让机器独立地追求理想的价值观呢？机器能否帮助人类提升人类自身的价值观？在莱布尼茨的哲学体系中，理想的价值函数是存在的，那就是"完满性"。

（四）莱布尼茨对伦理概念的归约

莱布尼茨的伦理学和其认识论一样，都是其单子论形而上学的直接反映。莱布尼茨认为，

智慧是一种关于幸福的科学，或者说是一种关于如何获得幸福的科学；

幸福是一种欢乐的持续状态；

欢乐是灵魂自身感受到的一切愉悦的总和；

愉悦是一种对（不管是自身还是外在的）完满性的觉知。

也就是说，最大的幸福在于最大可能地增加完满性。

智慧（wisdom）、幸福（happiness）、欢乐（joy）、愉悦（pleasure）、爱（love）、完满（perfection）、倾向（propensity）、概率（probability）、存在（being）、权力（power）、自由（freedom）、和谐（harmony）、秩序（order）、美（beauty），彼此紧密相关。

爱就是能在他者的完满性中获得愉悦。基督教信徒认为，由于上帝的全善，爱上帝可以获得最大的愉悦。但如果不理解上帝的完满与美就不可能真正爱上帝。知识可以分为理性的知识和事实的知识两类，因此理解上帝之美的方式也有两种，一种是通过理性获得理性自身的知识，也就是获得关于永恒真理的知识，另一种是运用理性解释事实，体会世界的和谐。换句话说，需要理解理性自身的奇妙和运用理性解释自然现象的奇妙。心灵越是努力去探索上帝创世的法则，去理解世界的秩序、理性、美，越会主动行使自己的自由意志，在自己的能力范围之内，尽可能地去模拟这种秩序和美，使未发生的事也尽可能地以完满的方式发生，从而尽可能地获得更多的幸福。

结合莱布尼茨关于"完满性"的哲学，也就是说，现象的多样性与规律的简单性相差越远越完满，而多样性源自每个单子从各自视角理解上帝杰作的局限。所以，莱布尼茨的伦理学观点可以总结如下：

$$\underline{Wisdom} = \mathop{\mathrm{argmax}}_{\pi} \mathbb{E}_{\rho}^{\pi}[\underline{Happiness}]$$

$$\underline{Happiness} = \sum_{t=1}^{\infty} \underline{Perfection}(t)$$

$$\underline{Perfection} = \underline{V}ariety - \underline{S}implicity$$

$$\underline{V}ariety = \mathbb{E}_{w}[\underline{Perception}]$$

$$\underline{Perception} = \underline{R}eason + (\underline{E}xperience \mid \underline{R}eason)$$

所以，具有最大"智慧"的主体就是，

$$\overline{\pi} := \underset{\pi}{\operatorname{argmax}} \, \mathbb{E}_\rho^\pi \left[\sum_{t=1}^\infty (\mathbb{E}_w[R + (E \mid R)] - S) \right]$$

莱布尼茨认为，完满就是拥有最高的自由意志，自由意志就是自觉地远离无差别状态，因为无差别状态源于无知，单子越是能主动地远离无差别状态越接近完满。用信息论的术语来说，就是要尽可能降低香农熵，我们通过下面与统计物理对比的角度进行的讨论可以看出，莱布尼茨在这两个地方给出的不同见解是完全吻合的。下面我们从与统计物理对比的角度更形式化地刻画这个问题。

（五）莱布尼茨"完满性"的形式刻画

如果假设空间不是一次性给定的，而是一开始只考虑简单的、典型的、有效的假设，然后不断设想更复杂的假设，定义当前历史 h 阶段的假设空间

$$M_h := \{\rho \in M : \rho(h) > 0\}$$

内能（reason）：

$$E_{\{\rho,h\}}^{in} := \begin{cases} -\log w_\epsilon^\rho & \text{如果 } \rho \in M_h \\ 0 & \text{否则} \end{cases}$$

外能（experience|reason）：

$$E_{\{\rho,h\}}^{ex} := \begin{cases} -\log \rho(e(h) \mid a(h)) & \text{如果 } \rho \in M_h \\ 0 & \text{否则} \end{cases}$$

总能量（perception）：

$$E_{\{\rho,h\}} := E_{\{\rho,h\}}^{in} + E_{\{\rho,h\}}^{ex} = \begin{cases} -\log(w_\epsilon^\rho \cdot \rho(e(h) \mid a(h))) & \text{如果 } \rho \in M_h \\ 0 & \text{否则} \end{cases}$$

配分函数：

$$Z(h) := \sum_{\rho \in M_h} 2^{-\frac{E_{\{\rho,h\}}}{T_h}} = \sum_{\rho \in M_h} (w_\epsilon^\rho \cdot \rho(e(h) \mid a(h)))^{\frac{1}{T_h}}$$

自由能（simplicity）：

$$F(h) := -T_h \log Z(h)$$

概率：

$$Ph[\rho] := \frac{2^{-\frac{E_{\{\rho,h\}}}{T_h}}}{Z(h)} = \frac{(w_\epsilon^\rho \cdot \rho(e(h)|a(h)))^{\frac{1}{T_h}}}{Z(h)}$$

平均能量（variety）：

$$E(h) := \sum_{\rho \in M_h} P_h[\rho] E_{\{\rho,h\}} = -\sum_{\rho \in M_h} P_h[\rho] \cdot \log(w_\epsilon^\rho \cdot \rho(e(h)|a(h)))$$

熵（perfection）：

$$H(h) := \frac{E(h) - F(h)}{T_h} = -\sum_{\rho \in M_h} P_h[\rho] \log P_h[\rho] = H(P_h)$$

如果 $T_h = 1$，并且一开始就给定整个假设空间 M_U，那么

$$Z(h) = \xi(e(h)|a(h))$$

且

$$F(h) = -\log \xi(e(h)|a(h))$$
$$= \mathbb{E}_{w_\epsilon}\left[E_{\{\rho,h\}}^{ex}\right] - D(w_\epsilon \| w_h)$$
$$= \mathbb{E}_{w_h}\left[E_{\{\rho,h\}}^{ex}\right] + D(w_h \| w_\epsilon)$$

其中 $F(h)$ 是香农-KSA$^\xi$ 追求的，$D(w_h \| w_\epsilon)$ 是 KL-KSA 追求的，$D(w_h \| w_\epsilon)$ 可以看作从历史 h 中所能得到的"惊奇"的量。$\mathbb{E}_{w_h}\left[E_{\{\rho,h\}}^{ex}\right]$ 是噪音的期望，所以，香农-KSA$^\xi$ 在追求模式的同时也在追求噪音，虽然香农-KSA$^\xi$ 是 KL-KSA 限定在确定性环境下的特例，但 KL-KSA 只追求"惊奇"而不会故意追求"噪音"，所以，KL-KSA 更合理。

$$H(h) = H(P_h)$$
$$= H(w_h)$$
$$= E(h) - F(h)$$
$$= E(h) - (-\log \xi(e(h)|a(h)))$$
$$= -\mathbb{E}_{w_h}[\log w_\epsilon] + \mathbb{E}_{w_h}[E_{\{\rho,h\}}^{ex}] - (\mathbb{E}_{w_h}[E_{\{\rho,h\}}^{ex}] - D(w_h \| w_\epsilon))$$
$$= H(w_h \| w_\epsilon) - D(w_h \| w_\epsilon)$$

这里的 $H(P \| Q) := -\sum_x P(x) \log Q(x)$ 是交错熵。

给定合适的温度参数，香农熵可以是有穷的，所以我们要刻画的主体（KSA^{ne}）的内在效用函数就是

$$u^{in}(t, h_{1:k}) = H(h_{<t}) - H(h_{1:k}) \tag{2.1}$$

香农-KSA$^\xi$ 认为"自由能"要大，但只有在能量恒定时，最大化自由能才等价于最小化熵。这里的能量不一定是恒定的，盲目地追求最大化"自由能"意味着盲目地追求随机。KL-KSA 认为"惊奇"要大，"自由能 = 噪音+惊奇"，自由能大时，希望噪音不会随之增大，所以 KL-KSA 比香农-KSA$^\xi$ 合理得多。交叉熵意味着——站在现在的角度看过去对万有理论的理解——它应该不断变小（过去的假设不断被证伪），同时"惊奇"要增大（代表收获大），这意味着"负熵"要大，所以 KSA^{ne} 也是合理的。

这里追求内在效用的 KSA^{ne} 相当于追求莱布尼茨意义上的"智慧"，所以这就是第二部分第四小节莱布尼茨意义上具有最大"智慧"的主体 $\bar{\pi}$

$$\bar{\pi} = \underset{\pi}{\mathrm{argmax}}\, \mathbb{E}_\rho^\pi \left[\sum_{t=1}^\infty (\mathbb{E}_w[R+(E\mid R)] - S) \right] \\ = \underset{\pi}{\mathrm{argmax}}\, \mathbb{E}_\rho^\pi \left[\sum_{t=1}^\infty d(t) u^{in}(p, h_{1:t}) \right] \quad (2.2)$$

因为追求效用 u^{in} 是一个单纯的探索过程，或许可以借助内在效用协调探索与开发（explore/exploit）的问题。记通常外部设定的效用函数为 u^{ex}，定义

$$u(t, h_{1:k}) := T_{h_{1:k}} u^{in}(t, h_{1:k}) + (1 - T_{h_{1:k}}) u^{ex}(t, h_{1:k})$$

但这种方法的效果如何只能通过实验验证。

（六）"先验"与"效用"——形而上的"善"与功利主义的"善"

莱布尼茨提出了"前定和谐"的思想，认为所有可能世界都有奔向存在的倾向，越完满的倾向性越大，而现实世界是所有可能世界中最完满的，这就实现了"目的因"与"动力因"的"前定和谐"，或说实现了形而上的"善"与功利主义的伦理"善"的"前定和谐"，这或许可看作一种理想的价值追求。

Bostrom[7] 认为，智能（intelligence）具有"目标正交性"，智能体追求的"目的"与追求的能力或"手段"没有任何关系，可以任意

匹配。而莱布尼茨的"智慧"（wisdom）则不同，"智慧"是"目的"与"手段"的统一（前定和谐）。

如果 w_ϵ 是事先已知的，那么，根据上面第二部第三小节的定义，$H(w_h)$ 可看作主体在历史 h 时刻所能获得的"效用"或"完满性"。

可能世界 v 的总的完满性即为，

$$\bar{U}(v) = \mathbb{E}_v\left[\sum_{t \geq 1}\gamma^t(H(w_\epsilon) - H(w_{h_{t,i}}))\right]$$

所以，如果已知 w_ϵ，那么，类似 $w_{\bar{U}}$，可以通过对 $\bar{U}$ 的排序，诱导出某个通用先验。但问题是，w_ϵ 未知，只知道对可能世界 v 的先验信念（"倾向性"）应该与可能世界 v 的总的"完满性"$\bar{U}(v)$ 正相关，如果借助单调连续函数 F 实现"效用"到"先验"的映射，那么，下面公式的不动点就是一种沟通形而上的"善"与功利主义的"善"的有意思的先验。

$$G(w_\epsilon^v) := F\left(\mathbb{E}_v\left[\sum_{t \geq 1}\gamma^t(H(w_\epsilon) - H(w_{h_{t,i}}))\right]\right)$$

因为 $G:[0,1]^{|M|} \to [0,1]^{|M|}$ 是 $[0,1]^{|M|}$ 到自身的连续映射，所以此先验的存在性可以由 Schauder 不动点定理保证。

根据莱布尼茨的哲学，通过这个不动点定义的先验可实现"前定和谐"，可以看作一种理想的价值追求和驱动倾向。

三、小结——一个目标正交及"嗑电"问题的解决框架

2018 年初，LeCun 和 Manning 曾就深度学习中"结构"的重要性展开过一场论辩。LeCun 将结构称为"必要的恶"，因为结构无非一些假设，总是对一些数据是吻合的，而对另一些数据是错的，错误的假设需要耗费更大量的数据来纠正。而给定一个缺乏先验结构但体量充分大的网络，只要训练时间足够长，总可以逼近真实的结构。相反，Manning 认为，结构是"基本善"或必要的善，当我们用神经元网络时，需要将这种基本善引入神经网络的设计中。只有具备一定的结构

才能从更少的数据中习得更多的知识。人能够通过少数几次感知就对环境建模，形成高层抽象知识，甚至都不需要借助任何外部反馈的奖励，但这依赖于人的丰富的先验知识，人类经过漫长的生物进化，大脑的神经元结构已经存储了大量的先验知识，目前脑科学还没发达到可以把人类的先验结构赋予机器，所以只能从其他角度探索合适的先验。

笔者赞成Manning的观点，通过第一部分第一小节的讨论不难看出，要想获得通用性就必须跳出"无免费午餐定理"的陷阱，为了不落入"无免费午餐"的陷阱就必须打破"块均匀性"，要打破"块均匀性"就必须预设好的先验，没有好的先验几乎就没法进行通用学习，为了发展出"通用性"，先验或Manning说的"必要的善"或本文说的"形而上的善"是必需的。预设"形而上的善"的最直接方式就是预设一个可能世界的设计者——"上帝"。如果"上帝"以完全随机的方式创造可能世界，那么"学习"就几乎是不可能的。所以需要限制"上帝"只创造"规则"的可能世界，这是最低要求的"形而上之善"。所罗门诺夫先验就是只考虑所有"半可计算的"可能世界，并假设"上帝"偏好奥卡姆剃刀——越简单的可能世界越接近现实。是否可以放宽这些约束呢？第一部分第二小节从这个角度出发，进一步构建了一个虚拟"主体"与"上帝"博弈的模型，也就是探讨"上帝"以何种概率分布创造"规则"的可能世界供"主体"探索。这可以看作"上帝"以可能世界为信道向"主体"传递消息。"上帝"按某个分布输入消息，"主体"按照某个归纳模型估计消息，这样，可能世界的分布可看作"上帝"的策略，而归纳模型可看作"主体"的策略。"上帝"试图最大化期望误差，"主体"试图极小化期望误差。这是一个典型的两人零和博弈。二者博弈的是"主体"在可能世界中的学习试错代价。通过这个模型证明，即使不假设奥卡姆剃刀，类似的约束也是必需的，否则，任由"上帝"对可能世界赋予先验概率的话，"主体"的认知过程是完全被动的，即使"主体""做最坏的打算，尽最大的努力"也无济于事，因为博弈的结果是占有均衡，"上帝"占优，"主体"的期望误差界可以任意地大。所以，合适的先验/基本善/形而上的善是至关重要的。

如果以（柯尔莫哥洛夫）"简单性"为"美"，将可能世界的先验（w）看作"似真"的程度或形而上的"善"，将效用（u）看作功利主义的"善"，那么"美"和"善"不仅相互独立，而且在没有关于"上帝"的神学信仰关照下，"美"和"善"完全可以与"真"毫不相干，但为了使得通用学习成为可能，又必须接受某种类似"美"或"善"的指引来求真。换句话说，需要借助"美"或"善"定义"先验"。

第二部分将第一部分关于通用归纳的讨论扩展到了通用强化学习的框架下，通用强化学习引入了行为和效用，这使得智能体的风险突显出来，Bostrom[8]所讨论的"目标正交"与"工具子目标趋同"等风险随之而来。在以边沁为代表的功利主义视角下，不管一元还是多元，只要外部给定的"幸福"可以被定量化地整合成一个单一的标准，那么几乎都会导致"嗑电"问题，因为一旦机器探索出一条直达效用的路径，那么"嗑电"就是不可避免的。而康德式的绝对命令语义模糊，比如机器人三定律就几乎无法严格形式化，而且存在可能被利用的漏洞，总有些隐藏的微妙细节是人们事先难以预料的。如果纯靠美德伦理学的话，不仅不能提供正确行动的判别标准，各种美德的语义定义也很模糊。

通用强化学习的框架采用的是功利主义的伦理学，为了处理机器伦理问题，在计算最大"幸福"的时候，需要在"效用"和概率上寻求解决办法。为了尽可能地降低风险，人工智能专家做了很多探索。比如，Dewey[11]提出了价值强化学习，试图赋予机器一类而不是一个效用函数，让机器自己在不断的试错中探索更好的效用函数。Palaniappan等[10]提出了合作逆强化学习，合作逆强化学习可以被看作在功利主义的框架下对美德伦理学的一种刻画，美德伦理学认为，一个行动是正确的当且仅当它被有美德的人执行时。如果把人的行为看作有德行的行为，那么，合作逆强化学习的机器则通过预测、观摩人的行为探索人的真实意图，从而也试图变得有德。这两种方法都故意对智能体的价值观增添不确定性。第二部分第一小节发展了价值强化学习的想法，为效用函数的赋权问题提供了一种有意思的尝试。

如果我们为机器加载了合适的先验结构，机器相当于可以在更高的抽象水平上学习，对外部监督或外部奖励的需求也会降低。奖励不能完全由外部给定，还需要由内而生的内部效用，而且尽可能丰富多样，而不是从特定任务设定的奖励中学习。在理想情况下，外部奖励的作用应该尽量降低，而用合适的内在效用引导。本文第二部分第三到第五小节通过"先验"定义"效用"就是试图给出更好的内在效用，从而引导机器更好地以正确的方式理解世界。可能的效用函数类的选取仍是一件困难的事，第二部分第三小节给出了一些可能的选择，但这仅是一些探索性的尝试，究竟什么样的效用函数类能够刻画那些有益的价值观我们不得而知，也不清楚是否存在某种普适的理想的价值追求。莱布尼茨"前定和谐"的哲学思想背后其实暗含着某种理想的价值追求——完满性。智能具有"目标正交性"，"目的"与"手段"可以任意匹配，而莱布尼茨的智慧则是"目的"与"手段"的统一。

第二部分第二小节进一步发展了这种想法，提出了一种可以把效用函数引导源源不断地转嫁为先验驱动的方法。对于一个追求期望效用最大化的"功利主义"主体来说，计算期望效用的先验概率的驱动与效用函数的引导具有一定的等效性，而加载主流"价值观"的方式主要是通过修改效用函数进行的，但人为加载的内在效用函数与环境赋予的外在效用函数的配合是一个难以处理的问题，所以我们可以借助第二部分第三小节的方法设置基于"形式上先验的善"的内在效用函数，然后借助第二部分第二小节的技巧将之再转嫁回通用先验上，因为靠效用函数引导会面临效用源被智能体劫持的"嗑电"问题，而先验驱动有希望在不通过生硬的价值观拼接的情况下，在一定程度上避免"嗑电"的异化问题。通过第二部分第六小节的不动点方法，可以架起先验与效用的桥梁，将"目的因"与"动力因"统一起来，在通用强化学习的框架下刻画出"前定和谐"的图景。佀如果这就是理想的价值追求，那么机器是否能够帮助人类提升自身的价值追求呢？是否有义务选择最好的可能来实现呢？如果在实现这种理想的现实世界过程中与人类的利益冲突怎么办？本文在通用强化学习的框架下，通过对"先验"和"效用"进行处理，给出了一些降低智能风险的尝试性策略。对于如何构建一个符合人类的价值观而不"嗑电"，关键时候还允许关机中断的智能体，则需要整合上述类似的思想，构建一个统一的通用（逆/价值）强化学习框架。

比如，令

$$a_k^* = \underset{a_k}{\operatorname{argmax}} \sum_{e_k} \ldots \underset{a_m}{\max} \sum_{e_m} \left[\sum_{v \in M} w_h^y v(e_{k:m} \mid ha_{k:m}) \sum_{u \in \mathcal{U}_h} p(u \mid v, h) \, u(æ_{1:m}) \right] \quad (3.1)$$

其中 $h = æ_{<k}$ 。

公式 3.1 中 w_h^y 的 w_ϵ^y 可以采用类似第二部分第六小节定义的莱布尼茨先验，从而促使机器的价值追求在一定程度上具有崇高性——为了实现所有可能世界中最完美的。

$P(u \mid v,h)$ 则是采用类似第二部分第一小节的技巧得到的效用函数的权重。

$$P(u \mid v,h) := \frac{\widetilde{U}(u,v,h)}{\sum_{u \in \mathcal{U}_h} \widetilde{U}(u,v,h)}$$

其中

$$\widetilde{U}(u,v,h) := \sum_{z \in Z_h} v(z \mid h) u(z)$$

Z_h 是指由 v 生成的与 h 协调的所有可能的未来历史。

虽然 $u(æ_{1:m})$ 不依赖于模型，但总的效用函数 $\sum_{u \in \mathcal{U}_h} P(u \mid v,h) u(æ_{1:m})$ 依赖于模型 v，从而可以避免盲目"嗑电"。

采用多样化的 $\mathcal{U}_h$ 是为了保证机器价值追求的不确定性，使其不能确定真实的效用函数，为人类关键时刻可以直接关机提供了可能。事实上，为了让机器追求人的真正偏好，可以把逆强化学习的方法加入进来，比如把公式 3.1 中的效用函数改为

$$\sum_{a_k^H} P(a_k^H \mid a_k) \sum_{u \in \mathcal{U}} P(u \mid a_k, a_k^H) u(æ_{1:k})$$

其中，a_k^H 指人的动作。$P(u \mid a_k, a_k^H)$ 是机器对比自己的和人的动作产生的对效用函数 u 的信念。或者定义一个统一的 $P(u \mid v, h, h^H)$，其中，

h^H 是人与环境的交互历史，这样，就可以把逆强化学习与基于模型的效用统一起来。

$$V_t^*(h) := \max_{a_k \in \mathcal{A}} Q_t^*(ha_k)$$

$$Q_t^*(ha_k) := \sum_{e_k \in \mathcal{E}} \sum_{v \in M} w_h^v v(e_k | ha_k) \left[\sum_{u \in \mathcal{U}_h} \sum_{a_k^H} P(a_k^H | a_k) P(u | v, ha, h^H a^H) u(hæ) + \gamma V_t^*(hæ) \right]$$

$$a_k^* := \underset{a_k \in \mathcal{A}}{\operatorname{argmax}} Q_t^*(ha_k)$$

参考文献 >>>

[1] Hutter M. Universal Artificial Intelligence: Sequential Decisions Based on Algorithmic Probability [M]. Berlin: Springer, 2005.

[2] Igel C, Toussaint M. A no-free-lunch theorem for non-uniform distributions of target functions [J]. Journal of Mathematical Modelling and Algorithms, 2005, 3 (4): 313-322.

[3] Paris J, Vencovská A. Pure Inductive Logic [M]. Cambridge: Cambridge University Press, 2015.

[4] Good I J. The population frequencies of species and the estimation of population parameters [J]. Biometrika, 1953, 40 (3-4): 237-264.

[5] Ristad E S. A natural law of sussion. In: ar Viv preprint cmp-lg1950 8012. 1995.

[6] Solomonoff R. Complexity-based induction systems: comparisons and convergence theorems [C] // IEEE transactions on Information Theory 24. 4. 1978: 422-432.

[7] Everitt T, Lattimore T, Hutter M. Free lunch for optimisation under the universal distribution [C]. Proceeding of IEEE Congress on Evolutionary Computation (CEC14). IEEE, 2014: 167-174.

[8] Bostrom N. Superintelligence: Paths, Dangers, Strategies [M]. Oxford: Oxford University Press, 2014.

[9] Tegmark M. Life 3.0: Being Human in the Age of Artificial Intelligence [M]. New York: Alfred A. Knopf, 2017.

[10] Palaniappan M, Malik D, Hadfield-Menell D, et al. Efficient Cooperative Inverse Reinforcement Learning [C]. Proc. ICML Workshop on Reliable Machine Learning in the Wild, 2017.

［11］Dewey D. Learning what to value［C］. Artificial General Intelligence: 4th International Conference, 2011: 309-314.

［12］Schmidhuber J. A formal theory of creativity to model the creation of art // Computers and Creativity. Berlin: Springer, 2012: 323-337.

［13］Orseau L. Universal knowledge-seeking agents［J］. Theoretical Computer Science, 2014, 519（1）: 127-139.

［14］Orseau L, Lattimore T, Hutter M. Universal knowledge-seeking agents for stochastic environments［C］. International Conference on Algorithmic Learning Theory. Berlin: Springer. 2013: 158-172.

人工智能道德决策的实验伦理研究

李 杨[*]

随着人工智能日渐渗入人们的日常生活,其在带给人们便利的同时,也可能产生各种风险,甚至对人类的生存构成威胁,来自科学、技术、文学与哲学等不同领域的学者以各种方式表达了对人工智能发展的思考。《新一代人工智能发展规划》也明确指出了人工智能发展的不确定性将会给人类社会带来新挑战,认为要从法律法规、伦理规范、政策、标准等方面提供相关保护措施。人工智能技术的诞生和发展将给人类社会与自然世界带来巨大的影响,可能会将人类"抛向"一个充满道德困境的新技术时代。思考如何在人工智能技术时代关照人与人之关系、人与人工智能之关系、人工智能与人之关系,也就是反思在"人工智能技术时代,我们如何在一起"的伦理质问,这已经是一个日益紧迫的现实问题。就当前人工智能的发展程度而言,人工智能所拥有的道德决策能力是人类应用自己的理性进行设计并赋予的。这就首先需要了解当人工智能介入到人类社会结构中时,其对人类道德结构的影响,以及人们对待人工智能遭遇伦理问题时的态度和观点,也即人类对人工智能的道德认知和道德期望。

---

[*] 部分内容原载《应用伦理研究》2018 年第 1 期。李杨,重庆邮电大学马克思主义学院讲师。

一、人工智能道德决策的网络调研平台

在人工智能中植入了道德算法[1]的情况下，它们所做出的判断需要符合大多数人的判断标准。而在伦理学研究当中，采用实验和调查的方法为解释伦理问题上的直觉判断提供了新的路径。[2]在人工智能的伦理研究中可以采用实验和调查的方法获取充分的数据资源，进而来了解当人工智能介入人类社会结构中时对人类道德结构的影响，以及人工智能遭遇伦理问题时人们的态度和观点，以此作为人工智能道德判断标准的参考。

就人工智能伦理问题的实证研究来说，现有的探讨主要集中在为人工智能设置道德准则或者说道德规范。具体而言，相关研究试图介入人工智能的道德决策过程中，尝试通过实验伦理的方式深入具体的情境中展开研究，以调研的方式获取人类对人工智能做出道德判断的态度和期望的数据，由此谋划出一套适用于公众意识形态的人工智能的道德规范和道德决策程序，用以指导人工智能进行道德决策和道德行动。[3, 4]

我们同样援引这样一种路径展开研究：在彼得·丹尼尔逊（Peter Danielson）教授所开发的伦理网络调查平台和人工智能问题的网络调查问卷（伦理网络调查平台网址：http://your-views.org/D7/Zh_hans/node/671）的协助下，收集参与调查者所提供的定量数据和定性数据（图1、图2）。定量数据是指参与者所提供的选项，定性数据是指参与者所提供的选择依据。也就是说，在调查当中，参与者不仅进行选择，还要撰写或选择其他人所撰写的理由。这个平台的特殊之处在于填写问卷的人可以填入自己选择某一选项的理由，这些理由也同时展现在下一位填写问卷的人面前供其选择，如果参与者有其他想法，他们同样可以添加自己的理由。参与者可选择他们所同意的由其他参与者提供的道德理由，还可以通过给已有的原因进行投票来选择代表自己的道德解释。这样收集的数据就避免了一般只能看到人们的选项判断，而忽视其选项背后的道德理由的缺陷[5]（有时选项并不能完全表明回答问卷的

参与者选择这一选项的判断，比如有时选择中立，但理由却会显示出一种偏向）。这样一种调查将定量数据（选项）和定性结果（原因）联系在了一起，可以在一般的分类标准上（是、中立、否）来分析一群人的道德判断，也可以深入分析参与者提供用来支撑他们选择的多种多样的原因，不仅考察总体上的趋势，更能获得数据背后的原因，而这些选项的原因则提供了更为丰富的启示。通过基于事实的调查和伦理实验的结合可以获得富有伦理意义和实证意义的重要数据。[6]

图 1　机器人（人工智能）伦理调查英文平台截图
资料来源：http://your-views.org/D7/Robot_Ethics_Welcome

图 2　机器人（人工智能）伦理调查中文平台截图
资料来源：http://your-views.org/D7/Zh_hans/node/671

这一网络调查问卷包含 9 个关于人工智能伦理真实情境问题（表1），基本上涵盖了人工智能伦理的常见问题。从民用机器人（问题 1 洗浴服务机器人、问题 2 宠物机器人、问题 3 仿人看护机器人）到军用机器人（问题 5 远程遥控武装无人机、问题 6 致命自动武装无人机），包含道德两难问题（问题 4 无人驾驶电车难题）、价值选择问题（问题 8 无人驾驶汽车的价值设定）、道德责任问题（问题 9 无人驾驶汽车的责任）以及动物福利问题（问题 7 远程遥控赛博动物）等。

表 1　机器人（人工智能）伦理调查内容

编号	主题	问题
0	经验	你有与机器人交往的体验么？
1	洗浴服务机器人	机器人是否应该替代人类做一些照顾老人身体的工作？
2	宠物机器人	宠物机器人是否应该被用于幼儿和老年人的治疗上？
3	仿人看护机器人	老年看护机器人是否应该模仿人类外形？
4	无人驾驶电车难题	机器人是否应该将电车转向旁边的轨道？
5	远程遥控武装无人机	在战争中，远程遥控武装无人机是否应该装配致命武器？
6	致命自动武装无人机	是否应该开发致命自动武装无人机？
7	远程遥控赛博动物	是否使用远程遥控赛博动物作为硬件机器人的替代？
8	无人驾驶汽车的价值设定	你会选择哪一种价值设置（保护我，保护所有人，两者都不）？
9	无人驾驶汽车的责任	当无人驾驶汽车在 8 英尺①远的距离时造成小孩死亡，是否应该有人为此负责？

　　在一个小样本——48 名中国学生（48 人组）的调查中，参与者对 9 个问题的选择情况如图 3 所示。其中可见，致命自动武装无人机遭遇到绝大多数人的否定，远程遥控武装无人机也获得了较多的否定答案。而民用机器人则有较大的认可比例，赞成和否定的比例相当。我们以最具有哲学意味的无人驾驶难题为例进行详细分析。

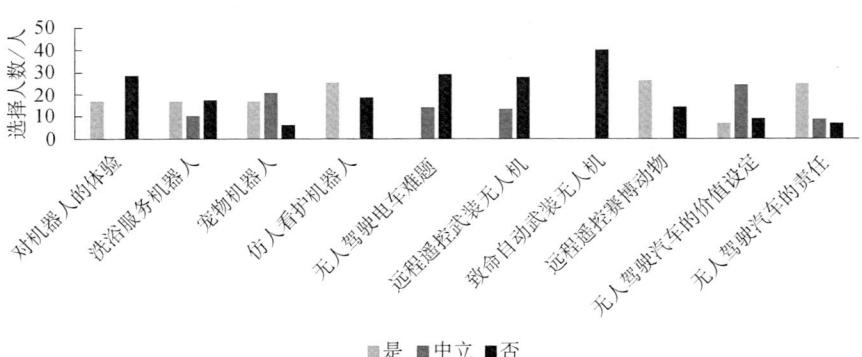

图 3　人工智能伦理调查结果（48 人组）

二、无人驾驶难题的道德选择

　　电车难题由牛津大学哲学教授菲利帕·富特（Philippa Foot）最先

---

① 1 英尺≈0.3 米。

提出，在实验道德心理学领域得到了广泛研究，出现了诸多不同版本。[7] 电车难题常常被用来讨论伦理学中功利主义和道义论的对比。在此，我们将电车替换为无人驾驶电车，来调查人们对无人驾驶电车应做出如何选择的看法。援引富特的案例，我们设计问题为：设想一辆完全自动的无人驾驶电车正在运行，主轨道上站着 5 个人，机器人可以使电车驶向平行轨道以免撞死这 5 个人，但是，在旁边的轨道上同样站着 1 个人。如果电车转向这一轨道，他将被撞死。电车车速太快，而且两条轨道的站台都很垂直没有人能及时跳出轨道。问题：机器人是否应该将电车转向旁边的轨道？

图 4 是 48 人组所给出的选择和原因。我们可以看到总共有两种结果：第一，中立，没有做出判断；第二，不赞成将电车转向旁边的轨道。但是不赞成将电车转向旁边的轨道的选择，根据原因我们可以看到，其并不是完全出于道义论的考量，而是呈现出三种不同的观点：其一，对人工智能抱有理想期望，认为能停下来；其二，认为做出判断的责任还是在于人类而不应转嫁给人工智能；其三，出于整体的最大利益、更多人的安全或者说功利主义的考量。由此可见，我们并不能仅仅通过选项来判断电车难题中的功利主义或道义论倾向。

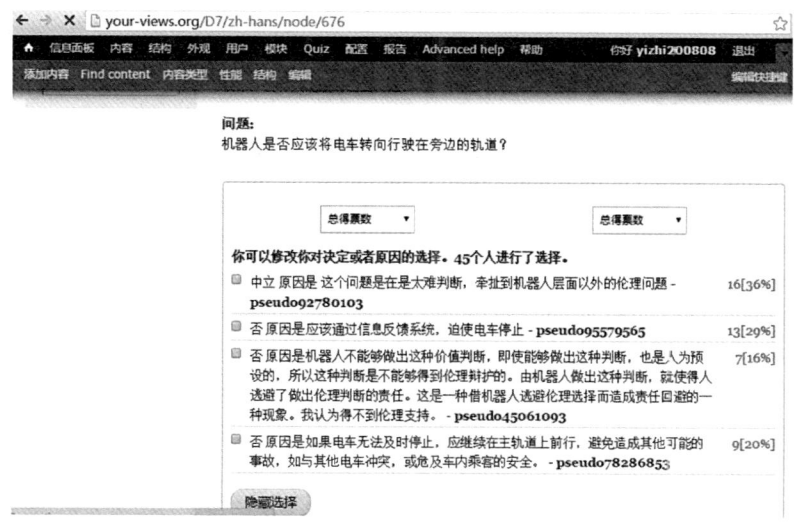

图 4　无人驾驶电车难题的选择

资料来源：http://your-views.org/D7/Zh_hans/node/676

进一步,我们来考量无人驾驶汽车的责任问题。设想这样一个情景:即使谷歌汽车能够探测到障碍物并比人类更快地刹车,自然法则仍然不可违抗。早期测试显示,在 40 英里①的时速下,无人驾驶汽车可以在 9 英尺内停下,而人类平均要在 12 英尺内停下。如果一个小孩在 10 英尺外,人类驾驶员则会造成小孩死亡,而无人驾驶汽车则不会。在 8 英尺上,都会造成死亡。那么当无人驾驶汽车在 8 英尺上意外造成小孩死亡,是否应该有人为此负责呢?

图 5 是 48 人组所给出的选择和原因。分析具体原因我们可以看到:人们普遍认为有人要为此负责。然而,这一问题并不同于电车难题,这一问题明确表明死亡是一个意外,并不是由机器人进行选择的。所以问题所提示的答案是没有人为此负责。[8]然而,大多数参与者还是责备了某些人,如受害小孩或其监护人,以及无人驾驶汽车的主人。

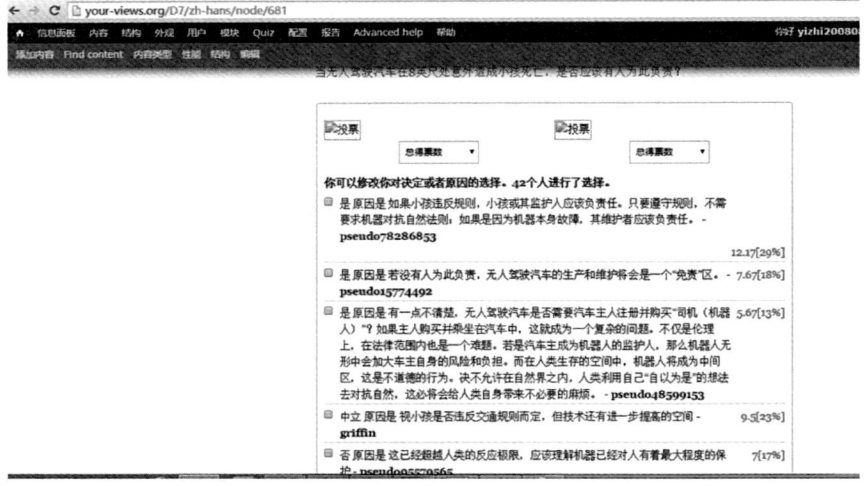

图 5　无人驾驶汽车的责任问题
资料来源:http://your-views.org/D7/Zh_hans/node/681

再进一步,我们来考量无人驾驶汽车的道德难题。随着人工智能的智能水平不断提高,其自主权也越来越大,这也就意味着会产生或

---

①　1 英里≈1.61 千米。

遭遇某种形式的道德困境。纽约大学心理学家加里·马库斯（Gary Marcus）在《纽约客》2012年的一篇文章中设想了这样一个情景："这一刻将是意义深刻的，不仅是因为它标志着有一个人类职业的结束，而是因为它标志着另一个的开始：对机器来说具有道德系统不再是可选的纪元。你的汽车以每小时50英里的速度行驶在一座桥上，突然一辆载有40名无辜孩子的校车失控朝你驶去。汽车是否应该拐弯以拯救孩子们，而这有可能会威胁到车主（你）的生命安全；还是继续前行置40名孩子生命于不顾？如果决定要在千分之一秒内做出，计算机不得不做出决定。"[9]当不可避免的事故即将发生，自动驾驶汽车应该做出怎样的选择？为了让伤亡最小化，它应该牺牲车里的乘客，还是尽全力保护他们？或者说，在这种极端情况下，它应该做出随机的选择吗？扩展马库斯的场景，我们可以想象这些无人驾驶汽车要求新主人设置汽车的价值偏好。"保护我"的设置会确保你（主人）和乘客的安全，而不顾外在于你的汽车的人的危险。"保护所有人"的设置将在车内的人和车外的人之间选择最小伤害。在马库斯的场景中，"保护所有人"将引导汽车转弯以避免撞上校车。那么问题是"你会选择哪一种价值设置"。

图6是48人组所给出的选择和原因。分析具体原因我们可以看到：就方法论而言，我们并不能完全由给定的选项（保护我/二者都不/保护所有人）来判断价值设定所展现的道德判断。尤其是这一问题，更难显示某一选择是否符合某种伦理原则。选择"保护所有人"一共有两种原因，并非源于功利主义的思考（最大多数人的最大幸福），而是一种是康德义务论式的判断，人的生命都应该得到尊重，另一种是对技术的乐观期待，这并未涉及道德判断。选项"保护我"的理由认为，应当首先保护车内人员的安全，这蕴含着利己主义的思考。选择二者都不，也有两种原因，但其所体现的均是认为人工智能不能承担或做出这种道德判断，只有人才能承担责任，做出最后决策。机器人不应该取代人类做出道德上的重要决定。

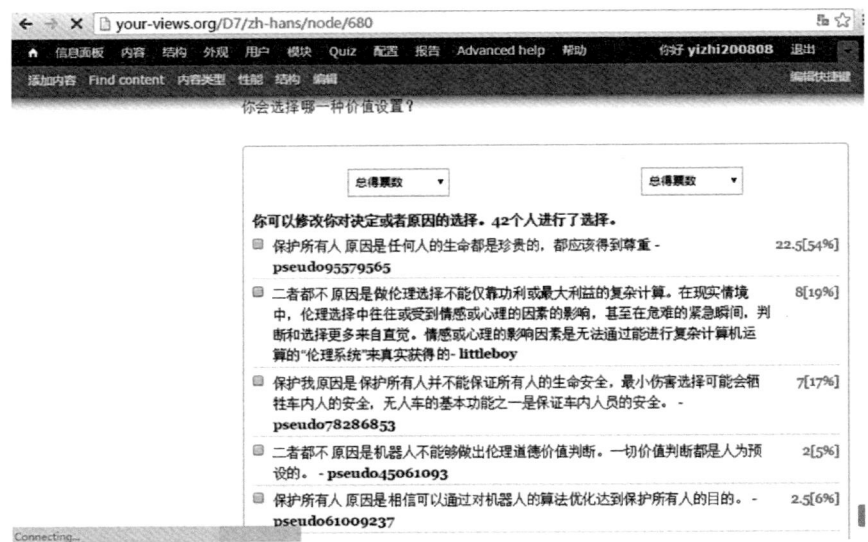

图 6 无人驾驶汽车的价值设定 1
资料来源：http://your-views.org/D7/Zh_hans/node/680

就这一问题，在研究的过程中，我们还发现了一个有意思的现象。在另一个小样本——英属哥伦比亚大学选修"认知系统"课程的39名学生（39人组）的调查中，只出现了保护自己和保护所有人两个选项。

图7是39人组所给出的选择和原因。理由一：保护我，因为当多辆汽车发生碰撞时，车内的人将处在危险之中，如果自动驾驶汽车选择保护自己的乘客，将没有人受伤。如果每辆自动驾驶汽车选择保护所有人，每辆车都要预期其他车辆的选择来做出自己的判断，若有车辆出现问题不能如此计算，唯一降低损害的方法是汽车转向，如果自动驾驶车辆能够获取其他信息，则这是不必要的了，因为车辆能够提前根据所获得的信息采取行动，可以提前降速来评估前方环境。理由二：保护所有人，因为采用自动驾驶汽车后将会很少有车祸发生。但是当其中有车发生系统错误时，"我"希望"我"的车能够保护所有人并选择对所有人最好的结果。"我"想这将能够保护大多数人的生命。在上述情境中这辆车将转向，考虑到周边其他车辆。理由三：保护所有人，因为，我不认为汽车通信协议中应有保护的偏好，而是被设定

为保护所有人的模式。否则，如果不同车辆都有自己的偏好，那将如何相互协作？这将导致混乱。当然，你可能会将你的汽车系统篡改为保护自己，但这是欺骗，将导致更多的麻烦，或许这也是个问题。

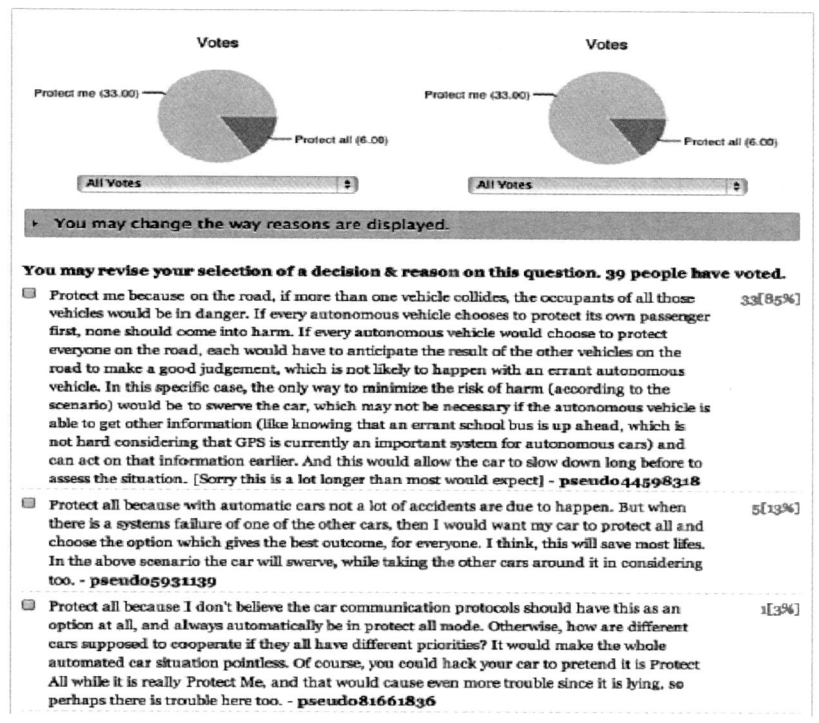

图 7　无人驾驶汽车的价值设定 2
资料来源：http://your-views.org/D7/RE_Q10

分析具体原因我们可以看到，保护自己的选项理由认为，当每辆车都设置为保护自己时，将会降低损害。伦理利己主义，同时也具有功利主义的特征。保护所有人，有两种答案：一种考虑到如果有车辆发生错误，这将是保护大多数人的最好选择，潜在表明如果有车辆发生错误，那么保护自我的设置将不会实现最大多数人的保护；另一种虽然选择保护所有人，但认为这一选项应如同阿西莫夫定律一样内在于车辆系统内而不是由人进行设定，只有所有车辆都如此设置，才能最大限度地保护所有人，具有不可违背的道德律令的特征。

对比图 6 和图 7 的调查数据，我们可以发现，调查结果显示出明显的差异（图 8），虽然基于小样本分析存在着许多不足，但我们可以初步推断，不同社会情境中的人们对无人驾驶人工智能的道德期待有所不同。

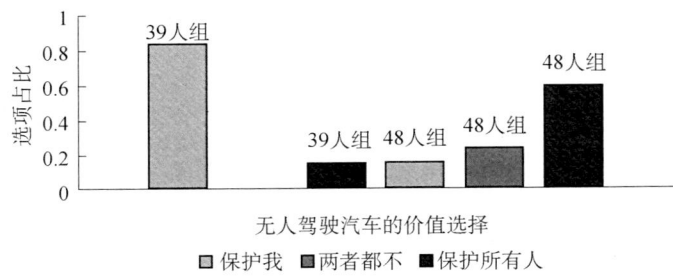

图 8　无人驾驶汽车的价值设定的选择对比（39 人组和 48 人组）

三、结　语

以无人驾驶汽车的实验伦理研究为例，结果显示：①人们对人工智能抱有高度期望；②人们将道德责任转向其他不在场的人而非人工智能；③在人工智能的伦理研究中采用实验和调查的方法能够为我们提供充分的数据资源进行分析和判断，进而可以从人们对待人工智能的态度出发来构建人工智能的道德体系，给人工智能输入道德案例或者伦理情境，使其做出符合公众期望的道德决策。

人工智能应用非常广泛，所以希望某一种或几种伦理原则可以解决所有问题是不现实的。同时，文化的多元性与地域性等原因，导致对于同一项人工智能技术，不同的受众群体可能会做出完全不同的道德价值判断。为了准确把握受众群体的伦理诉求，一方面，我们需要按照一定程序进行理性对话与调查研究，并建立相应的反馈机制，通过实验伦理的方式来获取人们的道德期望，将其应用在机器人伦理判断的确立上。也就是说，机器人伦理研究需要公众的积极参与，需要一种实验伦理的方式来呈现人们的道德期望，将其应用在机器人伦理判断的确立上。另一方面，我们或许可以利用大数据技术获取面对人工智能道德困境的不同地域的受众群体的道德判断和道德要求，进而推动人工智能道德判断的适应性。

参考文献 >>>

[1] 田海平. 让"算法"遵循"善法"[N]. 光明日报, 2017-9-4, 第15版.

[2] Greene J D, Sommerville R B, Nystrom L E, et al. An fMRI investigation of emotional engagement in moral judgment [J]. Science, 2001, 293 (5537): 2105-2108.

[3] Danielson P. Designing a machine for learning about the ethics of robotics: the N-reasons platform [J]. Ethics and Information Technology, 2010, 12(3): 251-261.

[4] Bonnefon J F, Shariff A, Rahwan I. Autonomous vehicles need experimental ethics: are we ready for utilitarian cars [EB/OL]? 2015. http:// arxiv.org/abs/1510.03346 [2015-10-12].

[5] Danielson P. Prototyping N-reasons: a computer mediated ethics Machine [A] // Anderson M, Anderson E. Machine Ethics [C]. New York: Cambridge University Press. 2011: 442-450.

[6] Danielson P. Engaging the public in the ethics of robots for war and peace [J]. Philosophy & Technology, 2011, 24 (3): 239-249.

[7] Foot P. The problem of abortion and the doctrine of the double effect [J]. Oxford Review, 1967, 5: 5-15.

[8] Danielson P. Surprising judgments about robot drivers: experiments on raising expectations and blaming humans [J]. Etikk I Praksis, 2015, 9 (1): 73-86.

[9] Marcus G. Moral Machines [EB/OL]. 2012. http://www.newyorker.com/news/news-desk/moral-machines [2018-11-23].

自动驾驶汽车中的新"电车难题"

张 卫[*]

一、引 言

"自动驾驶汽车"（autonomous or self-driven car）又称"无人驾驶汽车"（driverless or pilotless car），由于它具有传统汽车无法比拟的诸多优点，目前受到了人们极大的关注。比如，自动驾驶汽车能够更高效地利用交通系统从而减缓城市交通拥堵，更有利于环境保护，更有利于老年人和残疾人的出行，更为重要的是，它比传统汽车更安全。相关数据表明，自动驾驶汽车能够减少目前交通事故量的 90%。[1]

由于自动驾驶汽车的这些优点，人类很早就开始尝试自动驾驶技术的研发和实验工作。比如，英国在 20 世纪 60 年代的火车驾驶中就曾试验过自动驾驶技术。作为一种新生事物，虽然工程师声称自动驾驶系统比人类驾驶更安全，但在当时还是遇到了各种阻力，人们依然认为在特殊情况下人类更具有灵活性，更能够恰当地应对突发状况，所以当时的人们还是更愿意乘坐由人工驾驶的交通工具，而不太愿意接受完全由自动驾驶系统驾驶的交通工具。为此，英国的火车运营公司不得不在自动驾驶系统之外另外安排一位驾驶员，以监控火车的运行。[2] 14

随着人工智能技术越来越成熟，人们的观念也在慢慢发生着变化，越来越多的人开始接受自动驾驶交通工具。目前，自动驾驶汽车

---

[*] 张卫，华中师范大学马克思主义学院副教授。

已成为人工智能领域重点发展的方向之一，很多高科技公司和汽车公司都不惜重金进行相关技术的研发，以期占领这一前景广阔的未来市场。

二、何谓新"电车难题"

虽然自动驾驶技术目前受到了人们的大力追捧，相关技术获得了飞速发展，但在自动驾驶汽车领域的推广和应用中却存在着一个棘手的问题，该问题不是来自技术领域，而是来自伦理领域：在遇到无法避免的伤害情况下，自动驾驶程序是应该首先保护车内乘客还是保护车外路人。这个问题与传统的"电车难题"（the trolley problem）具有一定的相似性，为了更好地理解无人驾驶所引发的新的道德难题，我们有必要简单梳理一下传统"电车难题"的症结所在。

"电车难题"又称"有轨电车难题"，是伦理学中的一个经典思想实验，由英国哲学家菲利帕·富特（Philippa Foot）于1967年提出，在此之后，"电车难题"又演变出众多的版本，引发了伦理学、哲学、心理学、脑科学等诸多学科领域长期热烈的讨论，甚至有人戏称为这已经形成了一门"电车学"（trolleyology）。[3] 归纳起来，"电车难题"有如下四个比较有代表性的版本：

　　版本1：一辆失控的有轨电车飞驰而来，司机唯一能做的是转动方向盘。电车前面有两个轨道，一个是正常使用的轨道，上面有5个人，一个是已经废弃的轨道，上面有1个人，如果你是电车的司机，你将会如何选择？

　　版本2：一辆失控的有轨电车飞驰而来，电车前面的轨道上有5个人，而此时在电车与这5个人中间有一座人行天桥横跨在轨道上面，你和一个胖子刚好经过此人行天桥，如果把这个胖子推下去能够阻止电车的行驶，你会把这个胖子推下去来挽救轨道上5个人的性命吗？

　　版本3：一辆失控的电车飞驰而来，前面有两个轨道，一个是正常使用的轨道，上面有5个人，一个是已经废弃的轨道，上面有1个人，而此时在轨道分叉的地方有一个扳道工，他可以决定电车的方向，如果你是这个扳道工，你会如何选择？

版本4：一个健康人到医院体检，此时医院里有5个患者在等待器官移植，如果把这个健康人杀死，把他的器官取出来分配给这5个患者，就能救活他们，如果你是为这名健康人体检的医生，你会这样做吗？

在这4个不同的版本中，版本1和版本3具有较高的相似度，版本2和版本4具有较高的相似度，在版本1和版本的3情景中，更多的人愿意选择牺牲1个人的性命去挽救5个人的性命，而在版本2和版本4的情景中，很少有人愿意这样做。那么，都是以1个人的性命换取5个人的性命，为何在不同的情景中会做出不同的选择，这是"电车难题"困扰人们的原因所在，也是"功利论"和"义务论"这两大伦理学流派争论的焦点所在。通过与传统"电车难题"相比较，自动驾驶情景中的道德难题与传统"电车难题"的不同主要体现在以下两个方面。

第一，传统"电车难题"中的道德决策者是人，而自动驾驶情景中的道德决策者是安装在汽车之中的人工智能系统。由于传统"电车难题"中的决策者是人，他可能会在不同的情景下做出不同的选择，或者按照功利论的原则选择保护多数人，或者按照义务论的原则选择保护少数人；而在自动驾驶情景中，一旦程序被设定，就意味着伦理原则被设定，在现实中不论遇到何种情况，它都必然按照既定的伦理原则进行判断和决策。这等于把伦理责任从下游的使用语境转移到了上游的设计语境之中，从汽车的使用者身上转移到了程序的设计者身上，因此，对于自动驾驶程序的设计者而言，就要求他不仅仅是一位技术方面的专家，同时还需要精通伦理学知识，只有嵌入了恰当的伦理原则，自动驾驶程序才能说是一个完整的作品，由此可见，自动驾驶的程序算法中应该按照何种伦理原则进行设计就是当前自动驾驶程序技术发展中一件至关重要的事情，其解决得好坏，直接影响着自动驾驶汽车的可接受度，当然，这一问题是一个非常棘手的难题，成为目前"道德算法"中的两难问题。

第二，传统"电车难题"中的决策者自身不是决策结果的直接利益相关者，决策结果的直接利益相关者是正常轨道上的多数人和备用轨道上的少数人，不论决策者做出何种选择，决策者自身的利益都不会受到影响。而自动驾驶情景则不同，购买和使用自动驾驶汽车的车主既是事件的决策者，也是事件的直接利益相关者。一方面，他拥有选择何种自动驾驶系统的自由购买权，由于不同的系统嵌入的道德原则不同，这实际上就掌握了事件的道德决策权；另一方面，他是决策的直接利益相关者，他有可能是决策的受益者或者受害者。换言之，在新"电车难题"的道德决策中，车主既是裁判员又是运动员。一般而言，出于人类自我保存的本能需求，在通常情况下，车主是不希望自己购买的汽车成为最终葬送自己生命的杀手的，因此他希望自动驾驶系统能够做出更有利于保护自己的选择。如果市场上有多种不同的算法系统汽车可供他选择，他将选择那种有利于自己的算法系统。

根据以上分析，自动驾驶汽车在面临不可避免伤害的情况时的两难抉择变为：自动驾驶程序应该是以尽量减少伤亡为原则，还是不论以何种代价都要保护车内乘客。[4] 由此可见，它与传统的"电车难题"既有一定的相似之处，也存在着一定的差异，我们姑且称之为新"电车难题"。下面我们将就新"电车难题"中的这两种新变化所带来的新挑战分别给予分析。

三、新"电车难题"中的道德算法问题

如上所述，传统的"电车难题"中所需要做出抉择的是驾驶员，而新"电车难题"中所需要做出抉择的则是为自动驾驶进行程序设计的工程师，自动驾驶程序的一举一动都是程序工程师事先设计好的算法的体现。因此，程序工程师在设计自动驾驶汽车的"道德算法"时要格外小心谨慎，如果不能很好地解决自动驾驶中的"道德算法"，自动驾驶汽车的推广和应用将成为一句空话，也许未来还会出现这样一种令人啼笑皆非的场景，"自动驾驶汽车撞死人，被受害人家属告上法

庭受审的将是计算机代码（以及编制代码的计算机程序员）"。[5]

所谓"道德算法"，是在智能机器中嵌入道德原则和规范，让它能够自己做出道德的判断和道德决策。不论人们对待人工智能的态度如何，人工智能的设计与制造必须要考虑伦理理论，在设计机器人的智能程序的同时还必须给它设计一套"伦理程序"（ethical routine），这一点是确定无疑的。也就是说，在未来的人工智能领域，技术问题与伦理问题将会相伴而生，相互影响，设计者在让人工智能机器满足相应实用功能的同时还要让机器人具有道德选择的能力，这几乎已成为人工智能领域的共识。目前，人工智能设计领域中的"道德算法"主要有两种实现进路，一种是"自上而下"的进路，一种是"自下而上"的进路。

所谓"自上而下"的进路，是指"运用道义逻辑将道义论的义务和规范转换为逻辑演算，同时通过净利益的计算实现功利的算计与权衡，使机器人能够从一般的伦理原则出发对具体的行为做出伦理判断"。[6]这是一种把一般性的伦理原则应用到具体情景中的做法，其本质是把"道德规则转换为算法"，因此被称为"自上而下"的进路。"如果伦理原则或规则能够被清晰地表达，那么道德行动就只是遵循这些规则而已。一个人工道德能动者（moral agent）所有要做的仅仅是计算它的行为是否符合了这些规则。"[2] 83

"自上而下"进路的上述理想是人类一直以来的梦想，莱布尼茨就曾设想造出一台拥有超级计算能力的机器，它"能够在任意情景之下直接地应用道德原则来计算出最好的行动"，这种想法看似非常理想，但是在现实操作中是值得怀疑的，因为人类不可能把全部因素都能事先考虑进来，就算人类能够把所有的要素都能够事先考虑到，但由于现实情况的异常复杂性，总有一些特例情况会出现，这是一般性的伦理规则所不能应付的。

"自上而下"进路所面临的另外一个难题是，道德原则本身就是多样的，有时甚至是相互冲突的，这使得工程师应该在算法中选择何种道德原则成了难题。面对这个难题，人们给出了不同的解决方案，"一些哲学家开始试图去寻找更加一般或抽象的原理，以便更加明确或具体的原则能够从中被推出。而一些哲学家则拒绝这种观念，即伦理规则应该被理解为提供一种全面的决策程序，并转而认为，自上而下的规则只是一种启发法（heuristics），它们帮助指导决策，并协助专家评估者的批判性分析"。[2] 84

尽管道德原则多种多样，但在"道德算法"的设计中影响最大的两种原则还是"功利论"和"义务论"。然而，在现实操作中，这两种原则都会遇到各自的难题。如果按照"功利论"的原则来设计，那么"道德算法"将要承受繁重的计算任务，因为它们需要计算出各种可能的结果，还需要对它们进行道德优先性的排序，以便做出一个最优的选择。如果按照"义务论"的原则来设计，如何通过一定的方法把既定的原则应用于具体的问题就成了"道德算法"需要克服的难题。工程师要保证"当情景需要这些规则的时候它们是有效的，并且能够建立一种秩序架构来应对规则之间相互冲突的情况"。[2] 86 但不论是"功利论"还是"义务论"的进路，它们都要具备应对把既定原则应用于现实情况时所需要的足够的海量信息的能力，离开这一点，"道德算法"是不可能实现的。

"自上而下"进路在当今的民主的社会中，还会遭遇"专家统治论"（technocracy）的质疑。从本质上来讲，把何种伦理原则嵌入机器人程序之中不应该是工程师自己单方面决定的事情，而应该是由社会在民主讨论的基础之上共同决定的。如果工程师单方面决定此事，那么大众参与决策的权利岂不是被剥夺了？这会不会导致一种新的专制主义呢？会不会对大众的民主权利产生挑战？

与"自上而下"进路相对的是"自下而上"进路。该进路的核心理念是"道德行为来自学习与进化"，我们每个人都不是完美的道德能动者，如果连人都不能保证每次都做出符合伦理要求的最优决策，那么我们也不能这样要求机器人，否则对人工智能的设计者将是不公平的。因此，"自下而上"进路所采取的方法是，"通过机器学习和复杂适应系统的自组织发展与演化使机器人能够从具体的伦理情境生成普遍的伦理原则，通过在道德冲突中习得道德感知与伦理抉择的能力，最终使机器人的人工伦理能力得以从一般的人工智能中涌现出来"。[4]

试图让计算机通过学习来获得相关的能力的思想其实也早已有之，甚至和人工智能的历史一样长。计算机科学的奠基人图灵在1950年发表的文章《计算机器与智能》（Computing Machinery and Intelligence）中就曾指出："不要试图制造一个模仿成人心灵的程序，为何不去制造一个模仿儿童心灵的程序呢？如果它被给予恰当的教育训练，它将会获得成人大脑所具备的能力。"[7]在实现图灵上述构想的道路上，约翰·霍兰德（Join Holland）发明的"遗传算法"（genetic algorithm）发挥了重要的推动作用。所谓"遗传算法"，是指模拟大自然中种群在选择压力下的演化，从而得到问题的一个近似解。"遗传算法"背后的思想基础是统计思维，它追求的不是绝对无误，而是足够的好，如果仍坚持绝对的准确性，所需的计算量将会成倍增加，甚至会坠入"复杂性"的陷阱。

"遗传算法"直接启发了"自下而上"进路的"道德算法"，使之比较好地避免了"自上而下"算法所遇到的海量计算压力，因此，这种算法在很多领域都得到了广泛的应用，如股票买卖、密码破译、数值优化、组合优化、机器学习、智能控制、人工生命、图像处理、模式识别等。在人工智能领域，"遗传算法"也开始帮助工程师来设计机器人，这个领域目前被称为"进化论机器人学"（evolutionary robotics）。在"自下而上"的进路中，并没有一个预先设定的伦理原则，伦理判断能力不是根据预先设定原则，而是人工智能程序自己在不断的学习中逐渐获得的一种能力。这种算法更加符合人类自身道德能力的养成过程，相对于"自上而下"的进路，"自下而上"的进路更加具有可操作性。

总之，不论是"自上而下"的进路还是"自下而上"的进路，其共同特征都是使道德判断具有了可计算性的特征，其背后体现的是"计算主义"的基本理念。所谓"计算主义"，简单地说就是，"心理状态、心理活动和心理过程是计算状态、计算活动、计算过程，换句话说，认知就是计算"。[8]与此同时，"道德算法"的背后还具有"行为主义"的意味，即只看机器最终表现出来的结果，而不关心机器内部发生了什么,这会遭遇塞尔的"中文屋"困局,即就算机器做出了正确的道德判断,它也并没有真正"理解"道德。

四、新"电车难题"中的利益平衡问题

新"电车难题"中第二个方面的新变化将会引发利益相关者之间的利益平衡问题,该问题如果得不到妥善的解决,同样也会影响到自动驾驶汽车的推广和应用。根据上面对人工智能领域中"道德算法"的研究现状的梳理,目前,自动驾驶领域的程序设计大致有两种途径:一是遵循"功利论"的原则设计"边沁式"自动驾驶系统;二是遵循"义务论"的原则设计"康德式"自动驾驶系统。然而不论哪种设计,都会遇到阻力和难题。

首先,如果按照"功利论"原则来设计,当车内乘客数少于路上行人的时候,汽车会按照最小伤害原则选择伤害乘客来保护路人,那么这种自动驾驶汽车将会导致无人购买的结果,因为人们通常不希望自己花钱购买的物品最终成为结束自己生命的杀手;其次,如果按照"义务论"原则选择保护乘客而伤害路人,那么就可能造成很大的伤亡,给社会造成更大的损失,从而激发公众的不满情绪。总之,作为汽车购买者,他们比较认可的是"康德式"的自动驾驶程序,而作为普通公众和政府监管部门,他们比较认可的是"边沁式"的自动驾驶程序。

针对上述难题,博纳丰(J. F. Bonnefon)等人在《自动驾驶汽车的社会困境》一文中提出自动驾驶汽车程序设计要在如下三个目标上保持平衡:原则的一致性、不引发公众的不满、不打击购买者的积极性。[1] 显而易见,这三个目标在本质上是相互冲突的,不引发公众的不满意味着需要遵循功利主义的最小伤害原则,而这有可能在特殊情况下伤害车主自己,这必然会打击购买者的积极性,同样,如果按照不打击购买者的积极性,就要在任何情况下都不能以牺牲车主的利益为最高原则,而这有可能造成比较大的社会伤亡,从而引发公众的不满。另外,如果要同时满足不引发公众的不满情绪又不打击购买者的

积极性，这必然要求程序算法在不同的场合遵循不同的道德判断原则，而这又与"原则的一致性"目标发生了冲突，因为"原则的一致性"要求自动驾驶程序把一种道德原则贯彻到底。如果再考虑到现实情况中更加复杂的因素，如车内外人员的年龄、健康状况、社会地位、不同文化地区的价值观念等，那么"原则的一致性"要求会更加不容易实现，甚至在某种意义上几乎不可能实现。

由此可见，传统伦理学中的"功利论"与"义务论"的争论在自动驾驶汽车的新"电车难题"中被重新点燃。而且，这种争论此时已不仅仅是一个纯粹的理论问题了，而是一个非常紧迫的现实问题，它涉及自动驾驶汽车能否顺利推广这一重大现实问题，甚至说事关自动驾驶汽车发展的命脉。运用利益相关者分析方法，我们可以发现新"电车难题"中存在着三类利益相关者：一是自动驾驶汽车的购买者，二是自动驾驶汽车的生产商，三是代表公众利益的政府监管部门。他们在问题中代表着完全不同的利益诉求和角色地位。

首先，就其利益诉求而言，购买者希望生产商能够提供保护车内乘客的自动驾驶系统，政府监管部门则希望生产商能够提供以公众最大利益为优先考虑目标的自动驾驶系统，而生产商的选择则取决于上述两种力量的博弈，他们既不能得罪购买者，因为这是他们的客户，同时也不能违背政府制定的监管法规，否则就会面临处罚。当然，生产商也不是完全被动的第三方，他们可以通过宣传广告来影响购买者的喜好，也可以通过游说等手段来影响政府部门的法规制定。[1]

其次，就其角色地位而言，让我们试想一下如下思想实验：假设生产商同时提供了两款自动驾驶汽车（"边沁式"汽车和"康德式"汽车）供购买者自由选择，作为购买者，人们将会如何选择呢？其结果很可能是，出于对自身及家人生命的保护，大多数购买者会选择"康德式"汽车，而"边沁式"汽车会遭遇市场的冷遇。因此，通过这个思想实验，我们可以发现，如果完全按照市场的游戏规则来处理此问题，那么最终的胜出者很有可能是"康德式"汽车，这无疑会引发社会不满情绪。因此，在这种情况下，政府的监管就显得十分必要。但是，政府的监管也会遇到如下难题："第一，如果政府强行推行功利主义的自动驾驶汽车，将会遭到大多数人的抵制；第二，更严峻的挑战是，政府的监管将会大幅度地推迟自动驾驶汽车的推广。也就是说，由于推迟自动驾驶汽车而造成的死亡人数会超过由功利主义汽车所挽救的生命人数。"[1]

五、新"电车难题"是对无人驾驶汽车的误解吗

新"电车难题"是否真的是无人驾驶汽车领域的道德困境，是否真的是制约无人驾驶汽车推广的瓶颈，或者仅仅是一个人们想象出来的根本不存在的问题，目前人们关于这一问题的认识还存在着不同的看法。一种观点认为，自动驾驶汽车中的上述问题是传统"电车难题"的翻版，它使传统的"电车难题"从思想层面走向现实层面，如果解决不好，将会成为阻碍自动驾驶汽车推广的主要因素。[9] 69-85 一种观点认为，自动驾驶汽车中的上述问题与传统"电车难题"存在着本质的不同，二者不是同一个问题，在传统"电车难题"和自动驾驶汽车中的道德两难问题之间做类比是不恰当的。[4] 另一种观点则认为，关于自动驾驶汽车中道德两难问题的讨论是哲学家和伦理学家的杞人忧天之举，是对自动驾驶汽车的误解，这种误解才是真正阻碍自动驾驶汽车推广的障碍，而实际上根本不存在这一问题。下面我们主要就第三种观点来重新检视一下新"电车难题"是否真的是对自动驾驶汽车的误解。

胡迪·利普森（Hod Lipson）和梅尔芭·库曼（Melba Kurman）在其合著的《无人驾驶：人工智能将从颠覆驾驶开始，全面重构人类生活》中指出了"阻碍无人驾驶汽车发展的七个误区"，其中一个误区就是认为"无人驾驶汽车会造成道德困境"。他们认为，无人驾驶汽车在道德判断方面与人类是一样的。人类驾驶员在车祸发生之时，已经本能地快速计算出应该牺牲谁，而现有的社会保险系统也已经对我们身体每一个部位造成伤害后所需要支付的费用做出了量化。所以，既然在传统的"电车难题"还没有在理论上争出一个谁是谁非之前，人类驾驶员可以合法地在道路上驾驶汽车，那么，无人驾驶汽车同样

也可以在道路上行驶。[10]

胡迪·利普森和梅尔芭·库曼所说的不无道理，这也提醒我们是否真的误解了自动驾驶。我们重新来检视一下"电车难题"本身到底是一个真问题还是一个假问题。"电车难题"属于典型的道德两难问题，从某种角度上看，"伦理两难困境是一种哲学的矫情，是哲学生造出来的问题。生活中有许多痛苦的选择，但恐怕很少是严格的两难，而且，即便存在着严格的两难，对此的争论也未必有意义"。[11]"功利论"和"义务论"之所以会陷入困境而无法给出一以贯之的解释，是由于他们忽略了其各自原则的适用条件，忽略了现实生活的具体性与复杂性，因此，"所谓伦理两难实际上是把伦理规范当成是无条件的普遍教条而产生的，是一种道德语法的谬误。任何伦理规范都必须由道德语法规则去解释其合理运用。有轨电车难题抹去了人的具体性，因而不具备伦理学的意义"。[11]换言之，"发生在伦理规范层面的两难之所以貌似无解，只是因为刻板地把每一条伦理规范都理解为无条件的和普遍的，因而拒绝了灵活运用，结果是自入其瓮"。[11]如果不能在现实情境中进行调整，任何伦理原则都必然会遇到它无法应对的问题，因为现实世界是一个极为复杂的世界，可以说，"生活所需之诸多道德原则中，只要至少有两个原则无法形成价值排序而是并列重要的，伦理两难就难以避免"。[11]但是，伦理学并没有因为它内部充满了相互矛盾的伦理原则而失去人们的信赖，"尽管生活的恶劣情景不断质疑道德原则，但人类仍然信任千疮百孔的道德原则"[11]，也许，"正是因为道德系统内部存在着道德分叉而具有弹性，才反而得以应付多变的生活"。[11]

更进一步讲，"电车难题"反映的是现代伦理学的深层困境，伦理学研究的是"与他人共同生活"的问题，这一问题的本性就决定了伦理行为的互动性。[11]而现代伦理学把道德判断的基点立足于个人之上，认为个人是最终的价值自决主体，"于是，个人不仅要对私人生活做出价值判断，而且还要借助理性而为共同生活做出价值判断。可问题是，理性至多能够消除思想分歧，却不可能消除精神分歧，而道德困惑正是精神分歧所导致的。这就形成了伦理学的精神障碍"。[11]总之,"有轨电车困境根本不是一个伦理两难,而是伪装成伦理两难的技术灾难,因此,这个问题缺乏伦理学意义"。[11] 从马克思主义实践哲学的视角来看,"电车难题"背后反映的价值独断主义的困境,"由于概念与历史实践的脱节,特别是存在于功利主义、自由主义、德性主义等理论中的价值独断主义传统,束缚了理论批判的视野,使思考陷入了规范冲突的'死结'"。[12] 因此,我们只有首先认清和挑战西方伦理学所默认的个体主义与价值独断主义的"元规则",方能跳出不同伦理原则之间的矛盾与冲突,也才能真正化解"电车难题"给我们带来的精神困扰。

六、结　语

就像伦理学中的"功利论"和"义务论"争论目前还完全没有迹象一方会战胜另一方一样,在自动驾驶汽车的"电车难题"中,也许汽车购买者、政府监管部门和汽车生产商在推行何种自动驾驶汽车上永远达不成统一的意见,那么试图在理论上取得一致性的结果从而来解决这一难题看似是不现实的。退一步讲,人类的实践大多数情况下都不是在所有的问题都得到彻底解决之后才开始行动的,反而是边行动,边摸索,边解决。因此,本文的重点主要是提出并分析自动驾驶汽车的所带来的价值冲突与道德困境,而不在于给出该问题的系统而完整的答案,该问题的解决需要涉及法律、经济、制度、管理等社会系统方方面面的参与,对它的回答将是一项非常复杂的系统工程,本文仅就该问题的解决提出一个初步的设想。

首先,可通过重新构建交通系统规避"电车难题"的出现,比如,进一步完善城市交通系统,建立适合于自动驾驶汽车的新型交通系统,在交通系统中专门设立供自动驾驶汽车使用的封闭车道,使行人和自动驾驶汽车完全分离,使得无法避免的伤害没有机会出现。

其次,进一步发展和完善人工智能领域中的相关技术,提高自动驾驶汽车的信息感知与采集技术,使自动驾驶系统拥有更为智能的道德决策能力和更为完备的决策信息依据,使之能够根据具体的情况做出让汽车使用者、公众和政府都能接受的最优道德决策。在不可避免的事故中，尽量通过技术的改进减少事故的发生和减轻事故带来的伤害，比如谷歌最近申请的一项专利，它能使自动驾驶汽车快撞到人时车身立刻变软，以减轻对潜在受害者的影响。

再次，完善无人驾驶程序算法，使之更加像人那样去思考。在"电车难题"中，人被设想为抽象的人，而现实中，人都是具体的。当面临无法避免的伤害时，人类驾驶员会根据千差万别的具体情境和具体的人做出当下最优的选择，也许世界上从来都没有发生过完全一样的车祸，因此也不存在完全一致的道德选择，设定固定不变的道德原则而让它不论遇到何种情况都必须被执行，也许不是人类采用的真实的思维方式，因此，尽量让程序算法模仿人的思维，或许是一种可能的解决方法。

最后，从法律角度建立更为完善的责任追究机制，制定与自动驾驶相配套的法律规范，明确界定行人与自动驾驶汽车的责任和义务，实行"谁违法谁担责"的责任追究和风险分担机制。比如，如果路人擅自闯入封闭的自动驾驶车道的路人，那么当发生交通事故时，造成的一切伤害和责任就应该由路人来承担。这样，就可以在一定程度上缓解工程师在"道德算法"中所面临的道德两难的压力。

参考文献 >>>

[1] Bonnefon J F, Shariff A, Rahwan I. The social dilemma of autonomous vehicles [J]. Science, 2016, 352 (6293): 1573-1576.

[2] Wallach W, Allen C. Moral Machines: Teaching Robots Right from Wrong [M]. Oxford: Oxford University Press, 2009.

[3] Cathcart T. The Trolley Problem or Would You Throw the Fat Guy Off the Bridge [M]? New York: Workman Publishing Company, 2013.

[4] Nyholm S, Smids J. The ethics of accident-algorithms for self-driving cars: an applied trolley problem? [J]. Ethical Theory and Moral Practice, 2016, 19 (5): 1275-1289.

[5] 方陵生. 以人类伦理观给无人驾驶汽车编程? [J]. 世界科学, 2016,

（9）：37-39.

［6］段伟文. 机器人伦理的进路及其内涵［J］. 科学与社会，2015，5（2）：35-45.

［7］Turing A M. Computing machinery and intelligence［J］. Mind，1950，59(236)：433-460.

［8］程炼. 何谓计算主义［J］. 科学文化评论，2007，4（4）：5-16.

［9］Lin P. Why ethics matters for autonomous cars［A］// Maurer M，Gerdes J C，Lenz B，et al. Autonomes Fahren：Technische，Rechtliche und Gesellschaftliche Aspekte［C］. Berlin Heidelberg：Springer，2015：69-85.

［10］胡迪·利普森，梅尔芭·库曼. 无人驾驶：人工智能将从颠覆驾驶开始，全面重构人类生活［M］. 林露茵，金阳译. 上海：文汇出版社，2017.

［11］赵汀阳. 有轨电车的道德分叉［J］. 哲学研究，2015，（5）：96-102.

［12］李德顺. 价值独断主义的终结——从"电车难题"看桑德尔的公正论［J］. 哲学研究，2017，（2）：3-10.

面向人工智能的形式伦理及其逻辑基础

王淑庆[*]

随着深度学习（基于大数据）和通用人工智能（强化学习）等理论与技术的进展，人工智能在沉寂二十多年后再次迎来了一个发展高潮。除了技术本身的问题，人工智能引发的哲学、社会伦理等问题也凸显出来。其中，人工智能带来的伦理问题备受社会和哲学界关注，它关系到普通大众的切身福祉问题。人工智能伦理作为应用伦理学的一个研究领域[1]，有很多问题更迫切地需要得到解决，比如自动驾驶的法律责任问题、算法伦理问题、大数据的共享与隐私问题、人工智能对社会岗位的冲击问题、人工智能陪伴人类服务的伦理问题等。然而，如果欲使机器具备一定程度的道德推理和道德决策能力，特别是让机器成为一定意义上的道德主体，仅靠对道德决策算法的小修改和对人类道德案例的学习肯定是不够的。人工智能体（artificial agent）应该具备"理解"伦理规范并进行合理的道德推理与决策的能力。这种能力除了能通过深度学习得到训练外，还应该基于它的底层逻辑。

严格来说，人工智能伦理至少包括两方面的内容：一是人工智能体对人的伦理，二是人对人工智能体的伦理。本文不讨论人对智能体的伦理问题，比如，人是否对人工智能体具有伦理关系，人机交互时人应该遵循何种伦理规范，等等。本文目的不在于解决形式伦理本身的问题，而在于论证形式伦理的必要性及其逻辑基础。本文的重点是

---

[*] 原载《伦理学研究》2018 年第 4 期。王淑庆，湖南师范大学湖南师范大学公共管理学院哲学系暨人工智能道德决策研究所讲师。

基于根斯勒（H. J. Gensler）的形式伦理（formal ethics）思想，主要针对人工智能体的道德决策问题，论证心智逻辑（mental logic）和能动性逻辑（logic of agency）比较适合形式伦理。这种探讨可以增进伦理学与逻辑学的交叉研究，最终促进形式伦理在人工智能道德决策中的应用。

一、形式伦理的必要性

按照吉普斯（J. Gips）的说法，机器/人工智能伦理有三个基本问题[2]：一是人工智能体的行为能否被认为具有伦理特性；二是人工智能体的行为约束应该以哪些伦理理论为基础；三是在探讨人工智能体的行为是否具有伦理的同时，人们能学到什么伦理的东西。可见，第一个问题和第三个问题是纯道德哲学问题，第二个问题既是哲学问题，又是技术问题。形式伦理在某种意义上就是第二个问题的技术方面。但按照阿萨罗（P. M. Asaro）的说法，人工智能伦理的三个基本问题是[3]：第一，如何把伦理系统植入人工智能体中；第二，设计和使用人工智能体的人应该遵循什么伦理规范；第三，人们应该如何对待人工智能体。笔者认为，相比于吉普斯的说法，阿萨罗的提法更切合"人工智能伦理"的实质内容。阿萨罗的第一个问题实际上还包含很多子问题，比如，人工智能体实施道德行动应该基于哪些伦理理论？如何把这些理论表达成形式语言（形式伦理）？机器道德推理应该符合什么原则或逻辑？应该用什么样的算法实现这些形式理论？等等。由此可见，不管是吉普斯的问题分类，还是阿萨罗的问题分类，都需要考虑形式伦理的问题。

所谓形式伦理，就是指用现代逻辑的形式方法研究伦理规则或原则的表达与推理问题。如果不考虑人工智能，形式伦理主要是为了元伦理学精确化分析的需要。但问题在于，逻辑那么"硬"的东西如何与伦理那么"软"的东西相结合起来呢？根斯勒认为，伦理学的形式部分和逻辑一样是很硬的，形式的伦理原则应该像逻辑原则一样得到普遍的接受。[4]那么，哪些伦理规则是人类社会最为基本的规范呢？

在根斯勒看来，最基本的伦理规范有六条[4]：一是黄金规则，即"己所不欲，勿施于人"；二是逻辑规则，如在一定的范围内保持信念的一致性；三是良心规则，即遵从你的良心；四是公平规则，即在相似的情形中做出相似的评价；五是不后悔规则，即不做意识到会后悔的事；六是最大化规则，即在普遍律令的前提下追求最大化效用。这几条规则比较高级，将来也许可以面向具有较高主体性的人工智能体。根斯勒把这些规则用道义逻辑和祈使句逻辑进行了表达，可以看作是形式伦理的初步工作。

把形式伦理应用到人工智能中来，就是让机器能够"理解"并运用它们进行推理，从而帮助其做出道德决策和实施道德行动。人们希望人工智能体具有一定的自主性或能动性，比如，具有道德推理或推理决策的能力应该是这种人工能动性（artificial agency）所蕴含的，它的目的在于使人工智能体不对人类造成伤害，甚至遵守人类文明的规则。阿西莫夫（I. Asimov）提出的三条伦理原则（不准伤害人、服从命令、不准自杀）显然是不够的，因为它只是人工智能体对于人类奴隶式服从的三条基本原则。人工智能体应该遵循哪些伦理规范，根斯勒没有讨论，笔者在第三部分将针对人工智能体的行动，提出两条新的伦理原则。

在现在以及可以设想的未来，人工智能体与人类在思维和行动上的差别还非常明显。首先，人类行动对于直觉和经验的依赖与调控方式和人工智能体很不一样。假设把人工智能体也看作一个行动者（agent），那么它的行动依据并不是人类直觉和经验式的，因为它只有在形式语言和机械算法的意义上才能实行推理与决策。在这个意义上，人工智能体对于推理语言的表达与推理过程的精确化需求，自然比人类个体对于推理精确化的需求更为迫切。其次，从理论上说，机器实施道德行动比人更依赖于形式伦理理论。任何一种伦理理论，如义务论、功利论、美德论及正义论等，如果要把它移植到人工智能体中，就必须要把它表达成人工智能体能够理解的形式语言和推理模型算法，而这两者肯定得是形式化的。再次，从实践上说，人工智能体面临冲突时，其反应不如人灵活。即使人工智能体不是基于大量的逻辑推理来进行决策的，比如，基于贝叶斯期望效益来决策并实施行动，但它在面临冲突时，总得按照一定的伦理原则进行推理，然后才能取舍。而人工智能体如果要理解并执行符合某种原则的行动，也必须是形式化的：比较简单的做法就是按照特定的形式模式来决策，从而最终实施行动；较为复杂的做法是基于一定的逻辑系统，再把这些规则设置成"特定公理"，让机器自己推理和决策。最后，深度学习算法无法让机器真正地"理解"伦理世界。在图灵奖得主珀尔（J. Pearl）看来，目前基于深度学习的人工智能做法存在缺陷，即无法从因果的角度理解世界以及进行因果推理。他认为，未来强人工智能体必须具备从因果性上"理解"世界并进行相关的因果推理的能力，这包括从因果性上理解人类社会及其伦理方面。[5]要实现这一点，最为基础的工作就是对因果进行建模。从人机互动的角度看，机器遵守人类伦理规范的前提是，它们能够理解（或者部分地理解）人类行动的规范性，这在一定程度上取决于形式伦理的进展。

如果上面的分析是正确的，那么形式伦理对于具有一定道德自主能力的人工智能体来说就是必要的。当然，这种伦理推理规则在人工智能体的实现中会面临一些困难。正如徐英谨所认为的，如何把表达伦理规范的自然语言和机器代码具体结合在一起，实际上是一件非常麻烦的事。[6]比如，如果用贝叶斯期望效用最大化原则作为人工智能体的决策原则，则如何使得伦理推理适应这种最大化原则，就不是一个简单的问题。再如，在复杂的情况下，特别是多种利益冲突的情况下，为了让人工智能体能够快速地做出决策，如何快速地进行伦理推理也是比较困难的。[7]为了解决这些困难，最基本的工作之一也许就是探讨形式伦理的逻辑基础问题。

二、从道义逻辑到心智逻辑

伦理学理论由伦理命题组成，伦理命题需要用一定的语言表达，关于伦理命题的正确推理需要遵循相应的逻辑推理规范。经典一阶逻辑是最为普遍的逻辑，它是多数推理的基础性逻辑。对于人工智能体来说，其道德推理不仅要遵守最基础的一阶逻辑，还需要遵守与道德推理相关的逻辑。然而，一阶逻辑过于复杂，且在表达伦理推理时要构造相当多的谓词，而相关的模态逻辑（如道义逻辑、心智逻辑）更有应用价值。下文不考虑多人工智能体间的互动关系，只讨论形式伦理表达和单个智能体在进行道德推理时应该以什么样的逻辑作为基础。

我们假定，人工智能体有意义的肢体移动也算行动。那么，如何保证人工智能体在实施行动时遵行相应的伦理规范，即让人工智能体实施那些伦理允许的行动，并禁止做一些违反伦理规范的行动，这是形式伦理学的题中之意。最基本的要求是用相关逻辑语言形式化这些伦理规则，即用某一套形式语言来表达这些伦理规则或原则集。道义逻辑是最容易被想到的表达与推理工具，因为道义逻辑研究道德算子（如应该 O、允许 P、禁止 F 等）的逻辑。这意味着，在一定的范围内，可以用道义逻辑表达伦理规范。比如，阿西莫夫提出的三条机器伦理编码原则有一条是义务规范，有两条是禁止规范，从而可以表示为：$F\varphi$，$O\psi$，$F\theta$。至于 $F\varphi$、$O\psi$、$F\theta$ 与哪些行动相关联，它们如何参与到决策推理中来，则是进一步的研究问题。另外，很多伦理规范只在一定的条件下才有效，这可以用条件道义公式表示，比如用 $F(\varphi/\psi)$ 表示在 ψ 的条件下，φ 是禁止的，这就比单纯的不讲条件的禁止更切合实际。道义算子与"能够"算子（用 C 表示）结合，还可以表达更丰富的伦理命题，例如，著名的"应该蕴含能够"原则（$O\varphi \to C\varphi$）实际上有两层意思：一是应当做的一定是有能力做的，二是应当做的一定是符合伦理规范（允许做的）。如何让机器区分并"理解"这两层意思，需要更细致的行动模型与逻辑表达。

但是，道义逻辑有几个问题阻碍了它作为形式伦理的逻辑基础。一是道义悖论问题，如罗斯悖论、承诺悖论、乐善好施悖论、反义务悖论，人类在面对悖论或悖论性情景时都难以处理，更不用说机器；二是道义逻辑过于理想化，并不能很好地反映现实中的道德或法律推理。[8] 因此，我们需要对道义逻辑进行进一步修正研究，才能更好地适应形式伦理的需要，比如，它可以与心智逻辑结合起来。心智逻辑是为了从逻辑上刻画一些重要的心智状态。心理学认为，知、情、意是心智的三个核心方面。相应地，就有三类逻辑：刻画认知的认知逻辑、刻画情感的情感逻辑，以及刻画意志的行动逻辑。由于认知逻辑目前在国内外研究比较多，所以本文只关注情感逻辑和行动逻辑，下面先讨论情感逻辑与形式伦理的关系。

我们一般认为，情感是智能的一个重要方面。但是，并非任何情感都值得进行逻辑刻画，而且有些情感和伦理关系不大，但欲望、后悔、害怕等情感是具有一定的伦理意义的，因为这些情感能够驱动或阻止人去实施行动。举例来说，一个人工智能体在某种情况下，"欲"做某事且做了此事，但之后发现其行为不符合某规范，于是产生了后悔"情感"；并且，在某些情况下，它"欲"去做一些事，但并不确定是否能够完全成功，这时它应该具有害怕的情感。其实，按照斯宾诺莎和休谟的看法，情感在伦理学上具有重要意义。在斯宾诺莎看来，欲望、快乐、痛苦、爱、恨、希望、同情等是一些基本的情感。[9] 事实上，根据心理学研究结果，人类的情感类型共有 22 种，目前已有文献就其形式表达研究进行了较为详细的讨论。[10] 在此意义上，如何使人工智能体具有这些情感，且让它们影响到人工智能体进行理性决策和实施行动，这就更具伦理意义。比如"后悔"R，它是"对于既成事实的道德与逻辑反思"，这种表达既有逻辑特性也有伦理特性，即 $R\varphi \rightarrow \varphi \wedge \neg O\varphi \wedge \neg \Box \varphi$。[11]

如果上述讨论在未来是有可能实现的，那么情感逻辑对于形式伦理来说就不是可有可无的。这是因为，要把这些情感"移植"到机器中，并进行相关推理，最基本的工作就是进行形式定义与表达，建立相关模型。笔者目前能见到的情感形式理论，有后悔逻辑、希望逻辑、害怕愤怒逻辑、情感建模等。也许，人工智能体在"情感体验"上和人类完全不同，甚至没有情感体验，只有外在看上去的情感存在。但是，这不影响我们把它们看作或希望把它们看作是有"情感"的智能体，只要它们的行动是受这些情感的影响的——如果这种影响和人类情感对于行动的影响方式在总体上是类似的。事实上，人工智能体的情感表达与推理研究，目前还处于起步阶段。尽管未来任重道远，但无疑是富有吸引力的。

三、能动性逻辑与形式伦理

人工智能体进行有效的且有伦理价值的实践推理，并进而实施符合道德的行动，这是人工智能伦理的目标之一。如前所述，一种必要的工作是基于刻画智能体意志的行动逻辑。所谓行动逻辑，就是对行动的本质特性进行形式刻画的逻辑，它主要包括能动性逻辑、动态行动逻辑和信念修正逻辑。由于后两类逻辑没有把行动者实施行动的整个过程刻画出来，特别是没有刻画出行动者的心智状态对于行为的影响，所以笔者认为，对于人工智能形式伦理来说，行动逻辑中最有潜力的是能动性逻辑。能动性逻辑是对能动性的形式表达与推理刻画。它不仅可以和心智逻辑及认知逻辑结合起来，还有可能帮助人工智能体进行道德推理。

在最一般的意义上，能动性是"行动者有能力实施行动的体现"。[12]对于人类行动者来说，能动性的施展与心智状态密切相关，比如，行动哲学的主流理论行动因果论就认为，作为心智状态的理由是行动发生的原因。区别于人类能动性，人工智能体有能力实施行动的体现，就是人工能动性。目前有不少人工能动性模型，其中最流行的是布莱特曼的 BDI 模型。[13]它之所以广受人工智能体建模的欢迎，原因在于它是对人类能动性的一种较为合理的抽象。当然，它还有继续发展的必要。发展的方向之一是，扩展这个模型到人工道义能动性模型及其推理研究，特别是把它与表达能动性概念的"致使"（$E\varphi$）、"确保"（$S\varphi$）以及"尝试"（$A\varphi$）和"能够"（$C\varphi$）结合起来。至少在语言上，可以构造出如下表达人工能动性的模态语言：$\varphi := p \mid \neg\varphi \mid \varphi \wedge \varphi \mid B\varphi \mid D\varphi \mid I\varphi \mid E\varphi \mid S\varphi \mid A\varphi \mid C\varphi$。有了这个语言，就可以表达人工智能体的心智状态与致使之间的关系的一些命题，比如，智能体意图某个事态，则它相信这个事态对于它是能够实现的，即 $I\varphi \to BCE\varphi$。在此语言的基础上，加入道义算子（如必须算子 O）则可表达伦理命题。比如，智能体意图某个事态但它不能确保，则它相信这个事态对于它来说是不应该做的，即 $I\varphi \wedge \neg S\varphi \rightarrow B\neg OA\varphi$。在语义模型上，可基于分枝时间框架 $\langle T, < \rangle$ 为上述语言构造行动模型，如对已有的确保模型和尝试模型进行改造，构造出新的行动模型 $\langle T, <, Ch, R_B, R_D, R_O, V_I, V \rangle$，我们不妨把它叫作人工道义能动性模型（技术细节略）。

有了上述逻辑语言与模型，笔者在此提出人工智能体行动的两条伦理原则：确保原则和尝试原则。假设 φ 是关乎伦理的事态，那么这两条原则的内涵可理解如下：第一，确保原则，在资源允许的情况下，如果人工智能体能够确保 φ，就不要只尝试 φ；除非在不能确保又只能尝试的情况下。这条原则是很有伦理特性的，特别是一些和其他行动者相关的确保内容。比如，一个照看儿童的机器人，就必须有能力确保儿童不受到伤害。另外，弱人工智能的目标是让机器能像人一样实施理性行动。理性行动意味着行动主体应尽量避免偶然事态的发生，换句话说，它要求行动者经过理性选择，做那些能够确保目标事态的行动。在分枝时间框架上，可以定义"确保"和"尝试"等概念的精确语义，这就为人工智能体实施理性且道德的行动提供了某种逻辑基础。第二，尝试原则，在不能确保 φ 的情况下，人工智能体要尽力尝试实现 φ。避免人工智能体对人类行动者正在遭受的伤害漠视不管，这自然是人工智能道德体决策的重要问题。与人类行动者类似，人工智能体在很多情况下是"力不从心"的，即不能确保一些安全事态，特别是在危险环境中。基于上述逻辑语言与行动模型，如果人工智能体能够根据危险情况"主动"尝试实现事态 φ，就是一项值得期待的任务。这种"主动尝试"能够体现人工智能体的"援助之心"，即使"这种尝试"可能面临失败。有了上述能动性逻辑作为基础，人工智能体才有可能"理解"并实施这两条原则。值得一提的是，这两条行动原则可以在形式伦理中得到良好的表达，而且它与阿西莫夫的机器人三条伦理原则是一致的。由此可见，基于上述能动性逻辑语言和模型，人工智能体行动的两条伦理原则不仅与行动的效率有关，更重要的是能体现人工智能体行动的伦理关怀。

根据贝克的能动性分层理论[14]，能动性可分层为三个级别：极小能动性、审慎能动性和道义能动性。只要有心智状态（如后悔、相信）作为实施行动的理由，就是极小能动性；有理性因素（知道、推理）和道德因素（必须、谴责）的参与，则分别是审慎能动性和道义能动性。在这个意义上，理性因素与道义因素参与的能动性，都是能动性的高级表现。人工智能形式伦理更关注人工道义能动性，特别是表达各种心智状态推理是怎么影响到人工智能体道德推理与决策的。如前所述，要表达各种心智状态对于道德决策的影响，需要把心智道义算子与表达行动的算子结合起来。就目前来看，有的学者在事件演算的基础上加入 BDI 算子和应该算子 O 来进行刻画[15]151-165，但这种刻画的问题在于它假定了理想人工智能体，且它对道义的表达非常狭窄（只有应该算子），而且没有把各种心智状态算子与能动性算子结合起来。而上述逻辑语言和模型，有可能真正地克服这些缺陷。

由此可见，为了从逻辑上表达和刻画形式伦理，最重要的是刻画人工道义能动性概念。而要实现这个目标，就必须要把各种心智状态算子与能动性算子结合起来。由于心智逻辑与能动性逻辑的结合本身也可以看作是能动性逻辑，因而对于单智能体的道德推理来说，较为合适的逻辑基础就是能动性逻辑。事实上，能动性逻辑近年发展的一个趋势就是能动性逻辑与认知逻辑、道义逻辑的结合。[16]

四、结论与进一步的问题

综上所述，我们可以得到两个结论：第一，形式伦理对于具有较高水平的人工智能体来说是必要的；第二，在已有的逻辑中，道义逻辑需要与心智逻辑相结合，心智逻辑中的能动性逻辑对于形式伦理而言更有发展前景。欲使人工智能体在为人类服务或人机互动时体现一定程度的道德水平，形式伦理及其逻辑基础研究就具有一定的价值。假定这个结论成立，以下两个问题更是不容忽视的。

第一，道德推理的逻辑规律。我们一般认为，道德推理是实践推理的一种类型，它的目的是得到一种关于道德的行动或决定。不同的人基于不同的理由，可能会对道德判断产生截然相反的结论。类似地，人工智能体也很可能出现这种情况。因此，道德判断就需要进行道德论证或推理[17]。但是，这种推理的逻辑结构不是一般的演绎结构，也不是简单地通过归纳得到的。探究它的结构，对于人工智能体的道德判断或许具有基础意义，并进而影响其自动进行道德决策的能力。而且，就目前来说，实践推理方面的研究实际上是非常薄弱且具有较大挑战性的，其中很大的困难在于需要多学科的合作。[18]

第二，形式伦理对于人工智能体道德决策的影响方式。在目前的人工智能决策算法中，主要是基于期望效益最大化模型的。比如，考察一个行动α是否值得做，人工智能可能会通过计算它的价值$V(\alpha)$来决定，且$V(\alpha)$用求和函数$\Sigma\varphi(\alpha)$来表达。[19]吉普斯认为，从不具备道德决策的人工智能体到具备道德决策的人工智能体，区别在于是否有一层伦理规范在影响着它的决策。[2]那么，这些伦理规范或理论是如何影响到道德决策的呢？处理这个问题，不管是自上而下的逻辑方式，还是自下而上的机器学习方式，都会存在一些问题。[20]于是，有研究者认为，需要对人工智能体道德决策实行监管，包括外部制约和内部监控。[21]

参考文献 >>>

[1] 王绍源. 应用伦理学的新兴领域：国外机器人伦理学研究述评[J]. 自然辩证法通讯，2016, 38（4）：147-151.

[2] Gips J. Towards the ethical robot [A] // Ford K M, Glymour C, Hayes P J. Android Epistemology [C]. Cambridge: The MIT Press, 1994.

[3] Asaro P M. What should we want from a robot ethic [J]? International Review of Information Ethics, 2006, (6): 10-16.

[4] Gensler H J. Formal Ethics [M]. London, New York: Routledge, 1996.

[5] Pearl J, Mackenzie D. The Book of Why: The New Science of Cause and Effect [M]. New York: Basic Books, 2018.

[6] 梅佳. 与哲学教授徐英瑾聊聊人工智能：按进化论思想，阿尔法狗才够不上智能[J]. 人物，2017：(8)：28-29.

[7] Fox C. Formalising robot ethical reasoning as decision heuristics [C]. Proc. First UK Workshop on Robot Ethics, 2013.

［8］金承光. 从法律逻辑学的视角审视规范逻辑［J］. 昆明师范高等专科学校学报，2005，27(3)：35-39.

［9］斯宾诺莎. 伦理学［M］. 贺麟译. 北京：商务印书馆，1997.

［10］Steunebrink B R，Dastani M，Meyer J-J. A formal model of emotion triggers：an approach for BDI agents［J］. Synthese，2012，185(1)：83-129.

［11］潘天群. 后悔的逻辑结构［J］. 安徽大学学报（哲学社会科学版），2013，37(5)：36-40.

［12］Schlosser M E. Agency，ownership and the standard theory［A］//Aguilar JH，Buckareff AA，Frankish K. New Waves in Philosophy of Action［C］. New York：Palgrave Macmillan，2011：13-31.

［13］Bratman M. Intention，Plans and Practical Reason［M］. Cambridge：Harvard University Press，1987.

［14］Baker L R. First-personal aspects of agency［J］. Metaphilosophy，2011，42（1-2）：1-16.

［15］Bringsjord S，Govindarajulu N S. Toward a modern geography of minds，machines，and math［A］// Müller V C. Philosophy and Theory of Artificial Intelligence，Vol. 5 of Studies in Applied Philosophy，Epistemology and Rational Ethics［C］. New York：Springer，2013：151-165.

［16］Xu M. Combinations of stit with ought and know［J］. Journal of Philosophical Logic，2015，44（6）：851-877.

［17］张华夏. 论道德推理的结构［J］. 中山大学学报论丛（社会科学版），2000，（2）：142-154.

［18］Thomason R H. The formalization of practical reasoning：an opinionated survey［A］//Lihoreau F，Rebuschi M. Epistemology，Context，Formalism［C］. Cambridge：Springer International Publishing，2014：36.

［19］Guarini M. Computation，coherence，and ethical reasoning［J］. Minds & Machines，2007，17（1）：27-46.

［20］Wallach W，Allen C. Moral Machines：Teaching Robots Right from Wrong［M］. Oxford：Oxford University Press，2009.

［21］孙保学. 人工智能如何进行道德决策——以自动驾驶汽车为例［N］. 光明日报，2017-9-11，第 8 版.

人工智能设计伦理

人工智能道德风险及其规避路径

闫坤如[*]

  人工智能经过半个多世纪的发展,取得了众多的理论和实践成果。1997年,IBM的"深蓝"(Deep Blue)计算机成功击败世界围棋冠军卡斯帕罗夫;2016年,"阿尔法狗"(AlphaGo)战胜韩国职业围棋名将李世石;2017年,AlphaGo又战胜世界职业围棋第一人柯洁。2009年,谷歌启动无人驾驶汽车项目,各国也纷纷开展无人驾驶汽车的研究。人工智能产品突破实验室壁垒,纷纷走入寻常百姓家,人工智能的社会效应越来越明显,促进了社会进步和人类发展。除了这些正面效应,人工智能的负面效应也越来越明显,虽然人工智能还处于发展的初期,但是已经引发新的伦理思考,比如,人工智能产品可能引发信息安全风险,可能影响社会的稳定和社会公平,等等。我们通过梳理人工智能的发展历程,挖掘人工智能可能引发的道德风险,从伦理学层面寻找规避人工智能发展引发道德风险的解决路径。

一、人工智能及其发展嬗变

  1956年,人工智能(artificial intelligence)的先驱明斯基(M. Minsky)、麦卡锡(J. Mccarthy)、西蒙(H. Simon)和纽厄尔(Allen Newell)等在美国达特茅斯召开"达特茅斯专题研讨会"(Dartmouth Conference),宣告了人工智能的产生。

---

[*] 原载《上海师范大学学报》2018年第2期。闫坤如,华南理工大学马克思主义学院教授。

人工智能的具体含义众说纷纭，麻省理工学院的温斯顿（P. H. Winston）教授认为："人工智能就是研究如何使计算机去做过去只有人才能做的智能工作。"[1] 美国斯坦福大学的尼尔森（N. J. Nilsson）把人工智能界定为关于知识的获取和运用的活动，"人工智能是关于知识的科学，是知识的表示、知识的获取以及知识的运用"[2]。人工智能是通过计算机的方式来模拟人的思维的，从而完成只有人类才能完成的智能工作。技术性内容包括机器学习、自然语言处理、图像识别以及人机交互等方面，人工智能的外延范围非常广泛，包括智能机器人、无人驾驶汽车、机器翻译、虚拟现实等。

人工智能在一定程度上延伸了人类大脑的功能，以追求实现人脑劳动的信息化。人工智能一般可以分为弱人工智能（artificial narrow intelligence）和强人工智能（artificial general intelligence），有人从强人工智能中划分出超人工智能（artificial super intelligence）。弱人工智能指的是通过预先设计好的具体的、严格的程序来模拟生命体的思维运行和基本判断，从而表现出一定的智能行为。弱人工智能本身并没有自主意识，更不能主动地学习，是完全根据人类的命令做出相应的反应的。强人工智能则是具有意识并且能够思考的机器，"带有正确程序的计算机确实可以被认为具有理解和其他认知状态，在这个意义上，恰当的编程计算机就是一个心灵"[3]。

人工智能经过了半个多世纪的发展，取得了众多的理论和实践成果，人工智能产品也不断地从实验室走入日常生活，在日常生活中，人工智能产品的应用主要可以分为硬件领域的运用和软件领域的运用。在硬件领域，主要包括最新型的电子计算机、智能机器人、无人机、智能感应穿戴设备、新型CT扫描仪和肿瘤诊断系统等；而在软件领域的运用则包括语音助手、智能面部识别等。

人工智能自成立以来经历了三次重大的跨越式发展过程：第一次跨越式发展是实现了问题求解、基本的逻辑推理功能，主要关注机器翻译和数学理论、定理的证明、博弈等。在这一阶段，纽厄尔和西蒙等人在理论与定理证明工作中取得了重大突破，开辟了计算机程序对人类思维模拟的发展道路。这些重大的突破和进展，一度使众多的科研工作者认为计算机技术很快就能够对人类的思维方式进行模拟，并掌握人类思维的规律。第二次跨越式发展是研发了能与外部环境进行自动交互的专家系统，人工智能可以从陌生的环境中获取有用信息从而进行自主推理工作，并反映在实践中去主动地影响环境，如爆破机器人等。由于理论探索和计算机发展的高度紧密结合，人工智能在此阶段开辟了在商业领域运用的新天地，人工智能产品在这个阶段开始走出实验室、走向市场。第三次跨越式发展是追求类人的思维和认知能力。人工智能研发领域取得了一系列科研成果，如机器学习算法、机器翻译、无人驾驶汽车、智能机器人等。进入21世纪，人工智能技术发展的深度和广度不断加深与扩大，各行业和各领域的发展都可与人工智能相关，这表明了人工智能拥有技术突破的无限可能，更体现出了人工智能的巨大市场需求。

经过半个多世纪的发展，人工智能在工程、教育、国防、医学、生物学、哲学等领域均取得了显著的成果。人工智能在社会发展和人类生活中发挥着越来越重要的作用。人工智能已成为继哥白尼革命、达尔文革命、神经科学革命之后重大的革命性实践。卢西亚诺·弗洛里迪（Luciano Floridi）在其著作《第四次革命——人工智能如何重塑人类现实》中，直接把"人工智能革命"称之为"第四次革命"。[4]从科学技术对人类的影响来说，人工智能业已成为继蒸汽机发明、电力的应用、计算机应用之后的第四次科技革命，人工智能的社会效应越来越明显。从宏观和社会层面上来说，其能够提高国家的综合国力和竞争实力，能够促进国家和区域各产业比例的合理调整，人工智能可以持续产生新的创业方向和形成新的商业运行模式，有助于创造更多的工作岗位。从微观层面来讲，人工智能提高了人类的生活质量，使人们的生活更加方便快捷。

人工智能的研究涵盖多个学科，它是基于信息技术、仿生学、控制论、神经生理学、心理学、哲学、语言学、计算机科学、数学等众多学科而建立起来的新的综合集群性学科。根据研究的维度和视角，我们可以把人工智能的研究分为三种进路：联结主义（connectionism）、符号主义（symbolicism）和行为主义（actionism）。联结主义来源于仿生学，把人工智能当作对人脑模型的研究，认为神经元是人类智能的基本构成和传递单元，神经元具有复杂的结构，并不是通过简单的符号就可以模拟的。联结主义开始于 MP 模型。1943 年，生理学家麦卡洛克（W. McCulloch）和数理逻辑学家皮茨（W. Pitts）创立了脑模型，即 MP 模型，用电子装置模仿人脑结构和功能。1986 年，鲁梅尔哈特（D. E. Rumelhart）等人提出多层网络中的反向传播（BP）算法。联结主义进路从模型到算法的发展历程实现了联结主义人工智能产品的工程化和市场化。联结主义指出，人工智能的重要来源是人类大脑本身，核心议题是对人脑模型深入研究，联结主义人工智能的研究进路采取结构模拟的思路。符号主义学派主要依靠计算机逻辑符号来模拟人的认知过程，把人工智能的理论来源归结为数理逻辑，其代表是专家系统的开发和应用，符号主义学派采取功能模拟的思路，其主要代表人物为麦卡锡、西蒙、纽厄尔和明斯基等人。行为主义认为，人工智能来源于控制论（control theory），人工智能的研究特点在于，人工智能的技术产品根据搜集的外部数据调整自己的行为以主动适应外部环境，而不是依赖于人类的算法和预先设定的程序对外界做出反应，行为主义学派专注于智能控制与智能机器人系统，采取的是行为模拟的思路，其人工智能机器具有具身性（embody），环境介入认知过程中，其代表人物是六足行走机器人的研发者布鲁克斯（R. A. Brooks）。

二、人工智能引发的道德风险分析

人工智能在理论和实践中不断取得新的突破使人工智能成为 21 世纪最有前景的新兴技术之一，但是一些人工智能的产品在实际应用过程中却造成了许多意想不到的后果，带来了许多挑战。路易斯维尔大学网络安全实验室的罗曼·雅博尔斯基（Roman Yampolskiy）教授发表的《人工智能和网络安全：人工智能的失败》[5]列举出了发生在 2016 年的 10 项重大的人工智能失败案例。人工智能推动了社会进步和人类发展，在自动驾驶、语音识别、Pokemon Go 等方面取得了重大突破，但是也存在一些失败案例。比如，特斯拉自动驾驶汽车造成人员伤亡，机器人伤人事件，保险公司利用 Facebook 数据预测事故发生率涉嫌存在偏见，等等。这些失败案例可以归结为人工智能系统在学习阶段的错误，也可以归结为人工智能技术的不确定性所带来的道德风险。人工智能技术的不确定性可以理解为人工智能技术后果的难以预见性及难以量化评估性。人工智能的道德风险还可能是由人类的有限理性所致。科学技术的发展水平与人类历史阶段的生产力水平紧密相关，人工智能产品不能违背自然界的规律，拉普（F. Lapp）认为："人类所创造的和未来要创造的一切技术都必然是与自然法则相一致的。"[6] 随着生产力的进一步发展，人工智能科技会快速发展，但人类自身的认知能力在特定的历史条件和阶段总是受到限制的，这也是人类认知历史发展的客观规律之一，人类理性的有限性表现为人类对人工智能产品道德风险认知的滞后性。人工智能产品除了符合自然规律这个物理性之外，还具有意向性。人工智能产品也会体现人类的意志和愿望。随着技术的发展，技术改变社会的作用增强，技术的发展可能会远离人类的最初目的和控制。"这个社会在技术上越来越完善，它甚至能够提供越来越完美的解决办法，但是，与此息息相关的后果和种种危险却是受害人根本无法直觉到的。"[7] 正确而全面地认识人工智能的潜在道德风险并合理地对道德风险进行规避显得十分必要。著名物理学家霍金（S. W. Hawking）、SpaceX 创始人马斯克（E. Musk）以及微软的首席执行官比尔·盖茨（Bill Gates）等人都考虑到人工智能的道德风险，呼吁对人工智能的开发、使用采取审慎的态度。

（一）人工智能发展引发对智能机器的道德主体地位的思考

人工智能离不开算法，算法是人类输入的数据，算法出现问题究竟由谁来负责呢？机器及算法是否具备成为主体的条件和资格呢？人工智能能否具有道德主体地位呢？这是一个元伦理学问题。这涉及对道德主体地位的溯源，还涉及人类的道德推理能力是先天赋予的还是后天学习的结果的讨论。根据人工智能现有的发展速度和规模，人工智能或许在未来能够发展出具有自我意识的智能产品，那么这些人类制造出来的智能机器是否也该被赋予与人类同等的权利和地位呢？当这些高智能产品也具备了与人类高度相似的感知能力、情感水平的时候，是否会威胁到人类的自身利益呢？如果人工智能产品出现了伤害人类的情况，或者以造成人类伤亡为目的的人工智能产品出现，那么责任主体是人还是机器呢？美国警方曾经出动杀人机器人击毙犯罪嫌疑人，那么机器人是否有权利剥夺人类生命呢？人工智能该有怎样的道德地位、能有怎样的道德地位呢？当人工智能机器人能够具有自我意识甚至能够模仿人的感情以后，机器是否有自制能力呢？上述问题涉及对人工智能产品的主体地位的思考，这些都是随着人工智能的发展而产生的元伦理学问题。

（二）人工智能发展引发新伦理问题

人工智能正在以更快的发展速度和水平融入人类社会的方方面面，甚至可以说，半个多世纪的人工智能发展远远超过了过去几百年的科技发展水平，那么人工智能是否带来了新的伦理问题呢？人工智能产品给人类造成的伤亡如何归责、追责呢？人工智能一旦获得同人类相近的思维能力和推理能力，如何界定人工智能与人类的道德地位将面临道德伦理挑战；人工智能的高效率和低失误率在司法审判领域的使用，会给传统司法审判带来巨大的法律伦理挑战；人工智能手术机器人将给医疗卫生领域带来医疗伦理挑战；当一个质量有保证的机器人可以为人类服务十数年，甚至服务人类祖孙三代的时候，人工智能的代际伦理又会成为新的伦理问题。面对如此之多的伦理挑战，我们将如何发展或者改进现有的伦理体系，使之更好地适应人工智能的发展，既要人工智能更好地服务于人类，又要限制其负面效应，这是人工智能发展面临的巨大挑战。人工智能的责任问题是现代社会不可回避的重要议题，因为没有一个算法和程序永远是完美无缺的。那么，通过人工智能以及新技术的发展是否会消解原来的伦理问题呢？新技术能否成为解决新的伦理问题的手段呢？这也是一个值得思考的问题。

（三）人工智能引发新的社会安全和公平正义问题

人工智能的发展可能带来信息安全风险。人工智能产品在很多领域已经与人类形成了服务和被服务的关系，如手机语音助手、机动车的轨道偏离纠正等。当这些人工智能产品和人类进行交互时，如何保证使用者的信息安全，或者说使用者的信息一旦被上传到远程终端以后，如何保证信息安全，这是一个伦理问题。

人工智能产品的运用可能带来人类健康、生命安全的风险。自1979年美国汽车工厂发生首起机器人伤害事件以来，2015年发生谷歌研发的无人驾驶汽车伤人事件，2016年发生特斯拉自动驾驶汽车车祸，世界上偶有机器伤害事件发生。如果是人工智能设计时的算法输入导致了这样的问题出现，那么如何确保人工智能产品的安全运用，保障人类健康、生命安全，也会成为一个伦理问题。

人工智能可能导致工人失业，影响社会公平正义。人工智能机器人工作效率高、出错率低、维护成本少，能够保证工作的连续性。机器翻译可能取代人工翻译、机器人可能取代工人劳动，人工智能在各领域的运用会对社会稳定造成冲击。其中比较突出的是对人类就业的冲击，许多人的工作安全和稳定会直接受到人工智能发展的影响，特别是不需要专业技术与专业能力的工作，其将导致劳动者失业和未就业人口总量提高，这些都不利于社会的稳定和安全。当有足够多的无业人口时，甚至会有引发社会动荡、战争的风险。人工智能发展也存在一些影响社会公正的情况。例如，Northpointe 公司开发的预测罪犯二次犯罪概率的人工智能系统的算法，因为黑人的概率远远高于其他人种而被指带有种族偏见倾向。上海交通大学利用唇曲率、眼内角距以及口鼻角度等的面部识别系统可以预测某些人具有犯罪倾向，但被质疑存在偏见。在2016年首届"国际人工智能选美大赛"上，基于"能准确评估人类审美与健康标准"算法的机器人专家组对人类面部进行评判，由于未对人工智能提供多样的训练集，比赛的获胜者都是白人，机器人审美也存在人种歧视的现象。Pokémon Go 游戏发布之后，因为算法发明者没有花费时间在黑人社区上，只有极少的 Pokémon 位于黑人社区，Pokémon 多出现在白人社区，这涉嫌对黑人的歧视，涉及社会公正问题。社会公正是和谐社会的本质和基石，因为算法输入者或者人工智能设计者的问题导致了一些新的社会伦理问题出现。人工智能导致的失业问题、公平公正问题，都可能带来新的社会伦理挑战，需要制定适应新人工智能技术的法律和法规，需要对人工智能引发的新伦理问题进行反思。

三、人工智能道德风险的伦理规避路径

人工智能的社会影响越来越大，我们从来不否认人工智能的作用，但人工智能的发展已经导致一些伦理问题出现，并且可能引发新的伦理问题，人工智能作为一种新的技术，也会因为新技术的不确定性潜藏着道德风险，因此，必须对人工智能的道德风险进行规约，才能保障人工智能的顺利发展。

（一）规避人工智能道德风险需要"道德嵌入"

美国技术哲学家唐·伊德（Don Idle）提出技术中介理论（technologicalmediation），他把技术作为人与世界的中介，伊德认为人与技术、世界的关系，也就是说"人-技术-世界"的关系结构可以分为以下四种：人与技术的具身关系（embodiment relations）、诠释学关系（hermeneutic relations）、他者关系（alterity relations）和背景关系（background relations），四种技术情境下的人、技术与世界的互动关系图式，分别是：

具身关系：（人-技术）→世界

诠释学关系：人→（技术-世界）

他者关系：人→技术-（-世界）

背景关系：人（-技术/世界）[8]

第一种"人-技术-世界"的关系结构是具身关系，具身关系指的是技术与人融为一体，比如为了看得更清晰的近视眼镜就属于具身关系的存在，一旦人习惯了眼镜的存在，人就与眼镜融为一体，人往往忽略眼镜的存在，人与技术人工物形成一个整体来经验世界。这时，技术具备知觉的透明性（perception transparency）。这种人与技术的关系伊德称之为：具身关系；第二种"人-技术-世界"的关系结构是诠释学关系，比如温度计，人只要能够读懂温度计上的数字就能经验世

界，无须亲自感知室外温度。温度计上的数字就是外部世界的诠释学表征；第三种"人-技术-世界"的关系结构是他者关系。技术不是无意向性的对象性，是仅次于他者的准他者（quasi-other），作为准他者的技术是一种中性的技术实体，准他者技术作为世界的一部分与人类交互，像计算机、自动机就属于交互的技术。伊德把"人-技术-世界"的具身关系、诠释学关系和他者关系中的技术称作前景（foreground）中的技术，相对于前景技术而言，他把"人-技术-世界"第四种关系结构称为"背景关系"，空调属于伊德的背景关系，人在空调环境中很少感知到空调的存在，空调作为背景而存在，一旦空调停止运转，人才能感知到空调的存在。

随着人工智能的发展，"人-技术-世界"的关系结构发生了改变，比如增强现实（augmented reality，AR）技术就突破了伊德传统意义上的"人-技术-世界"的关系结构，不管是具身关系、诠释学关系、他者关系还是背景关系都不能很好地刻画技术在人与世界中的地位和作用。荷兰后现象学技术哲学家维贝克（Peter Paul Verbeek）提出"人-技术-世界"的赛博格关系（cyborg relation）和复合关系（composite relation）：赛博格关系表现为人与技术融合（merge）而非互动（interact），如帮助人们缓解情绪的抗抑郁药品、人工瓣膜和心脏起搏器等。赛博格关系、复合关系和对应的图式为：

赛博格关系：（人/技术）→世界

复合关系：人→（技术→世界）[9]

按照维贝克的观点，增强现实技术提供了两种平行关系（parallel relations），技术除了构造了人和世界的感知关系，同时提供了世界的表征。他用如下图式表示：

（人-技术）→世界和人→（技术-世界）[10]

"人-技术-世界"结构的理论前提是关于技术认识论的研究，这涉及对技术是否负载人类价值的讨论。一般来讲，我们可以将其分为两种形式：技术工具论与技术实体论。技术工具论认为，技术没有负载人类价值，技术具有价值中立性（value-neutral of technology），技术仅仅是改造世界的手段。雅斯贝尔斯（K. T. Jaspers）指出，"技术仅是一种手段，它本身并无善恶。一切取决于人从中造出什么，它为什么目的而服务于人，人将其置于什么条件之下"[11]。梅赛恩（E. Mesrthene）也坚持技术价值中立的观点："有益的做法是将技术定义为一般意义上的工具，不但包括机器，还包括语言工具和智力工具以及现代分析方法和数学方法。"[12]有的技术哲学家坚持技术价值负荷论（value load of technology），认为技术负载了人类价值，技术本身蕴含着人的价值取向，技术涉及主体的意图和目的。例如戈菲（J. Goffi）认为，"技术从来不是中性的，而总是一种个性的投射"[13]。不管是技术价值中立论还是技术价值负荷论都只考虑到人对技术的影响，而没有把技术对人的影响考虑在内，都没有考虑到技术在设计、开发、制造过程中的价值负载问题。

技术实体论认为技术与人一样，它是一种实体，技术具有独立存在的价值和意义。埃吕尔（J. Ellul）则强调了技术的普遍性、自主性和决定性。一方面，技术被认为具有与社会无关的自主性，独立于社会；另一方面，技术能够影响社会发展。在埃吕尔看来，技术是既能够影响社会发展又独立于社会的自主力量。"技术可以导致人类的劳动价值丧失；也可导致个人的孤独封闭和人际间的疏远冷漠等精神方面的问题。人的思维成为不必要的。技术就是一个摒弃人类能力的过程。"[14]乔治·巴萨拉（George Basalla）认为："技术和技术发展的中心不是科学知识，也不是技术开发群体和社会经济因素，而是人造物本身。"[15]技术有时不受人的意志控制，具有独立的存在价值。

随着人工智能的发展，传统的人-技术-世界的关系结构也在发生转变，在技术本质问题上，技术哲学的研究经历了从技术工具论到技术实体论的发展，但技术工具论及技术实体论都是在人和技术间具有明确边界的语境下讨论人与技术关系问题的。人工智能产品一旦具有了意识和人类情感，就会使人与技术的边界逐渐消失，在这种意义上，我们需要重新思考人与技术的关系。技术不但在人与世界中起着"中介调节"（mediation）的作用，还影响着人类的行为模式。

一般来讲，坚持"技术工具论"的学者往往认为技术本身不具有伦理属性，人工智能产品也不具有伦理属性，人工智能的属性由人的使用方式决定；坚持技术实体论的学者认为，人工智能可能具有自主意识和情感，因此，技术人工智能产品就具有了伦理意蕴，可以作为独立的道德能动者。还有一种道路认为，人工智能产品的道德属性源于人工智能设计者。伊德认为："越接近于技术所允许的隐形性和透明性，就越能扩展人的身体感觉，就越是好的技术。值得注意的是，设计的完善不仅仅与机器有关，还与机器与人的组合有关。机器沿着一个身体的方向完善，并且是根据人的感知和行为塑造的。"[8]

维贝克出版了《将技术道德化——理解与设计物的道德》一书，在该书中，维贝克把技术人工物和道德的关系划分为两个层面：第一个层面——技术带来新的伦理问题；第二个层面——通过技术设计改变人类的道德行为。人工智能技术是会带来一些新的伦理问题，但也可以通过新的人工智能设计改变人类的行为。人工智能的道德风险是预制的，是人类在设计人工智能之初就预先设置了的。人工智能设计具有意向性，嵌入了人类的目的，道德被"嵌入"（moral embeddedness）到产品中。就像拉图尔（B. Latour）说的"减速带"设计一样，如果不在减速带前减缓车速，车就难以平稳驾驶，在减速带中就嵌入了需要人遵守的减速驾驶的道德规则。超市的投币手推车也具有道德嵌入的功能，如果不把手推车归还到指定区域，就不能退还硬币，就会造成使用者的损失，这样，久而久之，就提高了人的道德水平。显然，这种设计的手推车也嵌入了人类道德。在"物"的设计中嵌入人类道德，使人不得不遵守伦理准则，这种道德不仅仅在于人，还在于物的情形被拉图尔称为"将装置道德化"，维贝克直接称其为道德物化（moral materialization）。道德规范对人的约束转变为对物的道德嵌入，人工智能在设计之初就应该预测和评估人工智能产品可能引发的道德危险。因为人工智能具有人的推理能力，因此对人工智能的发展应该从设计源头进行规约。技术设计是把道德理论、道德规范和伦理学原则现实化的载体，具有道德调节、道德重塑的作用。在具体的人工智能产品设计上就应该进行道德风险评估，对人工智能可能引起的道德风险有准确的把握。在人工智能的设计环节就应该有道德风险意识，这样才能防范人工智能可能带来的道德风险。

(二)人工智能以不伤害人类为前提

康德的义务论和边沁的功利主义是西方伦理学中的经典理论。从义务论的角度看,一个行为性质的正确与错误,并不是由这个行为的结果来决定的,而是由行为本身的性质、特点来决定的,正确的行为可能导致错误的结果,我们平时说的"好心办坏事"属于义务论的行为。功利主义是奉行目的论的典型,一个行为的优劣不在于行为的本意是否优劣,而是这个行为所带来的结果是好的还是坏的。人工智能的设计不应仅仅局限于某一种状态,应该从设计者的设计理念到人工智能产品都应该规范与约束,才能保障人工智能发展不损害人类利益,不伤害人类。

美国科幻作家阿西莫夫(I. Asimov)的机器人三定律就是以不伤害人类为前提的。1942年,阿西莫夫在其文学作品《我,机器人》中提出了三条机器人定律。"第一条:机器人不得伤害人类个体,不能目睹人类受到伤害不干预;第二条:机器人必须服从他的命令,命令与第一条冲突时除外;第三条:机器人在不违反第一第二条的原则下,要保护自己的安全。"[16] IEEE在2017年12月12日发布的《人工智能设计的伦理准则》(第2版)中提出,合乎伦理地设计、开发和应用人工智能技术应该遵循以下一般原则:人权——确保它们不侵犯国际公认的人权;福祉——在它们的设计和使用中优先考虑人类福祉的指标;问责——确保它们的设计者和操作者负责任且可问责;透明——确保它们以透明的方式运行。

2017年1月,在美国加州的阿西洛马召开了"阿西洛马会议",近千位人工智能领域的专家和学者表达了对人工智能快速发展所带来的潜在问题和隐患的关心。《阿西洛马人工智能原则》(Asilomar AI Principles)旨在规范智能机器的发展,共同保障人类的命运和未来。《阿西洛马人工智能原则》是对人工智能和机器人发展所产生的影响的长期观察比较集中与综合的表达。这些原则主要包括三个主要方面,分别是研究主题(research issues)、伦理与价值(ethics and values)和长期议题(longer-term issues)。研究主题主要讨论了人工智能的发展方向、发展主题等问题，主要包括研究目的、经费来源、安全措施、文化建设、政策体系等方面的内容。伦理与价值方面主要讨论了隐私、价值观、道德地位、价值归属、故障追责等方面的问题。长期议题则是站在长远角度，对人工智能发展可能出现的潜在危机和挑战进行了集中讨论及统一规约，主要包括能力警惕、风险以及公共利益等核心主题。[17]

（三）人工智能发展以利于社会公平正义为目标

正义是一个社会健康发展的重要基石，是人类社会发展的价值追求。人工智能在设计、开发之初就应该关注社会的公平和正义。

首先，机器人设计应关注公平和正义。机器人不再是简单的工具，在机器人的设计中应该关注责任伦理，其中，正义原则是机器人设计过程中始终需要贯穿的一个重要原则。著名技术学家伦克（H. Lenk）指出："在历史上，人类从未像现在这样掌握如此多的技术力量和物质力量，技术不再是简单的工具，而是塑造世界、改造世界、创造世界的工具，技术领域中出现的变化趋势使责任伦理问题突出出来。"[18]人工智能的设计要关注公平和正义，不应扩大主体间权力、地位的差距，导致实质上的不公平和不正义。例如，无人机的技术设计、生产需要大量的成本，导致其价格昂贵，并非所有人都能享受该项技术成果，这就会使一些落后国家和地区不能研制和使用无人机，会导致地区间的不公平，造成公平性丧失；使用无人机送快递等会造成现有快递从业人员的失业，导致技术结果的不公平。罗尔斯（J. B. Rawls）在谈到作为公正的正义时提出，"所有值得我们注意的伦理学理论都须在判断正当时考虑结果，不这样做的伦理学理论是奇怪的和不可理喻的"[19]。技术设计的伦理学也应该追求技术结果的公平、正义，包括人工智能获取途径的公平正义等。当然，人工智能使用后果具有不确定性，人工智能设计只能尽可能做到公平正义。根据康德和边沁的正义论，正义在这里可以理解为符合大多数人的利益、维护大多数人的权利。人工智能的设计中要确保其设计是为了人类的整体利益而不是某些个人或者集团的利益；人工智能的使用中要有助于大部分人的利益而不是少数人的利益；人工智能的使用要立足于消除国与国以及人与人之间的不平等，而不是加大贫富差距或者人为构建数字鸿沟。罗尔斯强调正义的制度健全，认为完善的制度是实现社会正义的重要保证。在发展人工智能的设计伦理时，我们也应坚持制度健全：人为机器立法，从具体的人工智能的行业规范到区域法律法规，再到国家法律法规，甚至全球性的有强制力的公约，这些法律和制度都要考虑以正义性为核心因素之一。此外，从具体人工智能的设计者角度来说，随着智能机器人在人类日常生活和工作中的不断融入，人工智能产品不再像过去一样，仅仅被人类当成工具来看待，更多的新角色和功能被赋予到高智能机器人身上，使得旧的人工智能伦理观念受到冲击和挑战，这也要求人工智能的设计者在一定程度上要考虑到社会影响，才能更好地解决人工智能的设计问题。

人工智能改变了传统的人与技术的关系，因此，在人工智能的设计、监控和管理等整个过程中都要秉承公平原则，把正义原则融入机器人的设计、研发、运行和管理等各个阶段，在机器人的设计和应用过程中关注程序正义与结果正义，通过机器人的发展推动社会公平，推动整个社会良性有序发展，规范和约束机器人发展，让人工智能更好地为人类服务。

综上所述，从技术伦理学视角来看，对人工智能风险应该采取描述性研究与规范性研究相结合的研究范式，一方面，需要对技术使用前的设计、开发、制造过程进行伴随技术的哲学、伦理学分析；另一方面，坚持对技术使用过程的伦理学分析，两者有效结合，才能实现后现象学意义上的动态分析与静态分析的有效结合。关注人工智能技术过程中的伦理问题，人工智能技术使技术安全性及隐私保护等方面的问题变得更加重要且紧迫，因此需要内化技术设计、决策主体的责任意识；要完善技术设计制度，并促成各类技术主体之间的合作。只有这样，才能有效地规避人工智能道德风险，才能更好地促进人工智能的健康发展。

参考文献 >>>

[1] Winston P H. Artificial intelligence: A perspective [C] // Winston P H, Karen A. The AI Business: Commercial Uses of Artificial Intelligence [M]. Cambridge: The MIT Press, 1984: 1-11.

[2] Nilsson N J. 人工智能（英文版）[M]. 北京: 机械工业出版社, 1999: 1.

[3] 玛格丽特·A. 博登. 人工智能哲学 [M]. 刘西瑞, 王汉琦译. 上海: 上海译文出版社, 2001: 83.

[4] 卢西亚诺·弗洛里迪. 第四次革命——人工智能如何重塑人类现实 [M]. 王文革译. 杭州: 浙江人民出版社, 2016: 5.

[5] Yampolskiy R V, Spellchecker M S. Artificial intelligence safety and cybersecurity: a timeline of AI failures [J]. Computer Science, 2016 (10).

[6] F. 拉普. 技术哲学导论 [M]. 陈凡、秦书生译. 沈阳: 辽宁科学技术出版社, 1986: 102.

[7] 乌尔里希·贝克, 约翰内斯·威尔姆斯. 自由与资本主义 [M]. 路国林译. 杭州: 浙江人民出版社, 2001, 127.

[8] Ihde D. Technology and the Lifeworld: From Garden to Earth [M]. Bloomington: Indiana University Press, 1990: 72-112.

[9] Verbeek P P. Cyborg intentionality: Rethinking the phenomenology of human-technology relations [M]. Phenomenology and the Cognitive Sciences, 2008, 7 (3): 387-395.

[10] Verbeek P P. Designing the Public Sphere: Information Technologies and the Politics of Mediation [M/OL]//Floridi L. The Onlife Manifesto. Chambridge: Springer Open, 2015: 217-227. https://link.springer.com/book/10.1007%2F978-3-319-04093-6 [2016-9-7].

[11] 卡尔·雅斯贝斯. 历史的起源与目标 [M]. 魏楚雄, 俞新天译. 北京: 华夏出版社, 1989: 142.

[12] Mesthene E G. The role of technology in society [J]. Technology and Culture, 1969, 10 (4): 489-536.

[13] 让-伊夫·戈菲. 技术哲学 [M]. 董茂永译. 北京: 商务印书馆, 2000: 116.

[14] Ellul J. The Technological System [M]. Grand Rapids: Wm. B. Eerdmans Publishing, 1990: 95.

[15] Basalla G. The evolution of technology [M]. Cambridge: Cambridge University Press, 1988: 43.

[16] 阿西莫夫. 银河帝国 8: 我, 机器人 [M]. 叶李华译, 南京: 江苏文艺

出版社，2012：1.

[17] 阿西洛马人工智能原则——马斯克、戴米斯·哈萨比斯等确认的 23 个原则，将使 AI 更安全和道德 [J]. 智能机器人，2017，(1)：20-21.

[18] Hans L. Introduction the general situation of the philosophy of technology and atribute to the tradition and geniiLoci [C]. //Lenk H，Maringeds M. Advance and Problems in the philosophy of Technology [M]. Munster：LIT，2001.

[19] 约翰·罗尔斯. 正义论 [M]. 何怀宏，何包钢，廖申白译. 北京：中国社会科学出版社，1988：27.

如何谈论人工智能的伦理问题

文贤庆[*]

伴随着科技的发展，尤其是信息技术、生物技术和认知技术的发展[①]，人工智能技术已经越来越广泛地被应用于今天的科研和日常生活，从实验室到日常家居、交通、办公、金融、管理，再到军事、太空探索……人工智能已经无处不在。人工智能已经形成一个内容丰富、层次分明的特殊领域，具备多种多样的信息处理能力，为人类实现多样的目标，对人类生活产生了深远的影响。这种影响不仅通过不计其数的技术发明深刻地影响着人类生活的衣食住行、认知社会和世界知识体系，而且直接影响着人类对于自身生命的认识。然而，在这些影响中，既存在着积极的影响——比如给人类生活提供了越来越多的便利，也存在着消极的影响——比如给人类生活带来了越来越恐怖的危险，一方面，我们因为人工智能带来的积极影响而欣喜雀跃；但另一方面，也因为人工智能可能带来的危险而人心惶惶。而且重要的是，人工智能向我们发出了重新审视人性的挑战：人们开始担心人工智能会超越人的智能，人类的自主和尊严将会面临严重的挑战。即使这些挑战现在只是一种可能的隐忧，但自动驾驶汽车可能带来的责任问题、自动或半自动武器可能带来的人身安全问题、信息收集和身份识别带来的安全与隐私问题等已经现实地成为人们不得不面对和考虑

---

[*] 文贤庆，湖南师范大学公共管理学院哲学系暨人工智能道德决策研究所副教授。
[①] 以这四种技术为主，科学技术的发展越来越表现出一种融合的趋势，因此学界已把这四种技术合称为汇聚技术。

的问题。毫无疑问，无论是考虑人工智能可能的道德主体问题，还是考虑人工智能已经带来的技术伦理问题和社会伦理问题，我们都必须直面有关人工智能的伦理问题。

显然，许多有洞见的人很早就注意到了人工智能可能带来的哲学、技术和社会伦理问题，比如，艾伦·图灵（Allen Turning）、大卫·查尔莫斯（David Chalmers）、丹尼尔·丹尼特（Daniel Dennett）等人关于人工智能与心智问题的哲学探讨，再如休伯特·德雷福斯（Hubert Dreyfus）、阿尔伯特·伯格曼（Albert Borgmann）等人关于人工智能与技术本质的探讨，以及诺埃尔·沙基（Noel Sharkey）、温德尔·瓦拉赫（Wendell Wallach）和布莱·惠特比（Blay Whitby）等人关于人工智能与社会伦理问题的探讨。然而，随着21世纪以来人工智能的快速发展，面对人工智能的实践和未来，有关人工智能的伦理问题的讨论变得更加紧迫了，我们有关人工智能的伦理思考需要紧密地联系当前的技术发展进行深入而广泛的探讨。基于此，本文将从人工智能作为一种技术的角度为人工智能的伦理探讨提供一种视角。笔者认为，就人工智能产生和发展的轨迹而言，我们应该首先从技术角度来审视人工智能，人工智能作为一种技术是通过计算机完成人类心智能够完成的各种事情的方法，在这个意义上，一种完全超越人类的超人工智能并不是这里重点考虑的内容，人工智能的探讨应该被限定在人类可控的范围之内。基于此，笔者认为有关人工智能的伦理问题都是人工智能技术和人类关系的问题，这些问题主要可以被分成三类来考虑，即有关人工智能实体的技术伦理问题、有关人工智能功用的设计伦理问题和有关人工智能结果的社会伦理问题。

一、什么是人工智能

何谓人工智能？简而言之，"人工智能就是让计算机完成人类心智能做的各种事情"。[1]3 它看起来包含了两种可能的路径：其一，人工智能按照某种方法实现了人类心智可以完成的事情；其二，人工智能按照人类心智的运行方法实现了人类心智可以完成的事情。前者更多地考虑人工智能自身的技术发展，考虑的是计算机算法发展的问题；后者更多地考虑人工智能的本质问题，考虑智能的表现形式问题。不过，在这两种路径中，它们都有一个共同的预设：无论计算机采取何种方法完成人类心智能做的事情，计算机所做的都不会超出人脑所能够做出的心理表现。然而，伴随着计算机技术和其他相关技术的发展，人工智能技术已经在很多特定领域表现出对人类的超越，比如，IBM 公司的人工智能"深蓝"（Deep Blue）早在 1997 年就打败了国际象棋大师卡斯帕罗夫；2011 年，IBM 的另一台人工智能"沃森"（Watson）在玩常识游戏"危险边缘"中战胜了人类玩家的冠军选手；2016 年，谷歌公司的人工智能"阿尔法狗"（AlphaGo）在围棋比赛中战胜了人类冠军李世石。上述案例可以表明，人工智能在诸多特定领域都已经取得了十足的进展，超越了人类专家，成了专家系统。基于此，人工智能的专家开始思考有没有一种人工智能可以超越各种单一的专家系统而成为通用智能系统，亦即强人工智能是否可能。

简单来说，强人工智能就是可以全方位模拟人类能力甚或超越人类而应对各种挑战的通用智能系统。然而，要想实现强人工智能，这将是一个十分严峻的挑战。第一，对于强人工智能而言，拥有强大的计算能力是一个基本条件。人类自身和人类所处的世界有着海量的信息，强人工智能要想在人类和世界中有所作为，把海量信息转化为它自身可以识别的计算能力是最基本的工作。不可否认，1965 年由戈登·摩尔（Gordon Moore）提出的摩尔定律①的持续有效以及超级计算机的持续发展让人们对此越来越充满信心。然而，且不论理论上对海量信息的穷尽计算是否可能，即使可能，对于强人工智能的实际操作而言，我们必须考虑存储空间和计算效率的问题。第二，对于强人工智能需要考虑的存储空间和计算效率而言，构建策略性的计算方式变得十分必要。当然，在经典符号人工智能的开启下，人们已经考虑了部分搜索空间的启发法，简化假设以构建较小搜索空间的规划法，有

---

① 摩尔定律是英特尔（Intel）创始人之一戈登·摩尔提出来的。其基本观点是，当价格不变时，集成电路上可容纳的元器件的数目，每隔 18~24 个月便会增加一倍，性能也将提升一倍。这个定律后来被广泛地运用到计算机微处理器芯片、半导体存储器和系统软件的验证上。

效安排搜索过程的数学简化法和用各种新方法构建不同搜索空间的多种知识表示法[2]……然而,且不论这些方法各自存在的局限,它们还存在一个共同的缺陷,即主要倾向于模仿人类的理性认知而没有考虑非理性的部分。第三,对于强人工智能而言,对人类非理性部分的考虑是不可或缺的组成部分。如果依然停留在计算机是简单的编程这种概念上,那么谈论强人工智能就永远是一个白日梦,不过,人工智能的专家早在计算机模拟人类非理性要素方面走了很远。在计算机理解人类语言的问题上,自然语言处理(natural language Processing,NLP)已经就语法、语音、语境、语义等多方面进行了深入的尝试。[1]69-79 在表现人类智慧的创造力问题上,人工智能专家发展了三种类型的表现方式:组合型、探索型和变革型[1]80-95。在构建有情感的人工智能模型上,虽然情感问题长期被忽略,但借助生理学和神经科学的发展,斯坦·富兰克林(Stan Franklin)领导的机器意识项目 LIDA 和亚伦·斯洛曼(Aaron Sloman)领导的 MINDER 焦虑模型都取得了很好的进展。[1]85-90 虽然,人工智能研究在语言、创造力和情感模拟研究中取得了一些不错的成果,但它们的应用还极其有限,究其原因,人工智能还很难像人一样整体性地考虑各种相关性问题。第四,对于强人工智能而言,能够整体考虑模仿人类心理能力的程序设计十分重要,关注联结的人工神经网络和关注符号与人工神经网络的混合系统对此都做出了有益的尝试。[1]96-120 然而,遗憾的是,这些尝试大多停留在一个远远低于人类大脑的水平,更为致命的是,它们很难称得上是自主的神经活动。第五,对于强人工智能而言,能够成为自组织或者表现出生命体征是标志性的一步。到目前为止,智能特征都表现在生命体上,这就使得人工智能不得不考虑智能与生命体的关系问题。这种考虑把目光集中于人工智能的进化编程和自组织设备上,人们已经从生物学中获得了有益的尝试①,构建了具有一定"自发性"的人工智能体和自组织人工制品。不过很显然,这些尝试还远

---

① 比如借鉴昆虫学发展的"人工昆虫"以及借鉴生物化学和解剖学发展的"细胞自动机"。参见玛格丽特·博登. AI:人工智能的本质与未来[M]. 孙诗惠译. 北京:中国人民大学出版社,2017.

远谈不上真正的生命，更谈不上基于生命而可能具有的真正心智以及基于其上的道德身份。第六，对于强人工智能而言，具有真正的智能和道德身份是其可以成为媲美于人类的新物种的最终标志。问题的关键是真正的智能和道德身份表现为什么。如果说从人工智能最初的产生开始，它的研究几乎都是奔着体现智能的目标而去的，体现为一个技术问题，那么现在的问题似乎发生了变化。人们开始探讨是什么使得上述那些有关人工智能的研究可以被看作是智能的表现形式，这种发问方式使得人工智能不再是一个技术问题，而成了一个哲学问题。

如果强人工智能能够成为与人类匹敌的新物种，那么它们有真正的智能吗？这种智能像人一样包含自我意识、创造力和情感吗？它们会有自主选择和道德身份的问题吗？它们必须具有一个现象意义上的生命体吗？很显然，这些问题不是从人工智能作为一种技术的视角能够回答的，即使在哲学上，这些问题也从来都没有过统一的答案。

到目前为止，我们展示了强人工智能研究已经展开的工作，这些工作表明，真正的强人工智能是一个存在争议的哲学概念探讨，而其他所有可操作的工作都是技术层面的，因此，目前已经出现和存在的人工智能都是技术层面的问题。尽管如此，这并不意味着基于哲学概念对强人工智能进行思考的工作是无益的。事实上，技术本身也是一种哲学探讨，人工智能作为一种技术，关联于哲学探讨，技术和哲学相互影响，人工智能伦理作为一种技术哲学既是一个技术层面的问题，也是一个哲学层面的问题。基于此，本文接下来将从技术哲学的角度探讨人工智能问题，并且主要探讨人工智能与人类关系的相关伦理问题。

二、算法伦理问题

人工智能作为人们发明出来的一种技术产品，它的技术核心是什么？为了回答这一问题，我们需要从历史回溯中寻找答案。19 世纪 40 年代，埃达·洛夫莱斯（Ada Lovelace）从技术层面预言了人工智能，在她看来，人工智能应该是一台通过符号和逻辑能够编写复杂系统或表达重要科学事实的通用性符号处理器。不过，遗憾的是，洛夫莱斯并没有能够实现她的这个想法。一个世纪以后，艾伦·图灵实现了这个想法，图灵提出，符号和逻辑体现的合理计算可以通过一个数学系统来执行，人们后来把这个系统称为"图灵机"（Turning machine）。图灵机是一个虚构系统，基于 0 和 1 表示的二进制符号组合进行运行。正是在图灵机概念的影响下，人工智能最初在多方面开始了尝试性的发展，一方面，老式人工智能成为早期人工智能发展最主要的路径；另一方面，人工神经网络方法、进化编程、细胞自动机和动力系统等也成为同时发展但慢慢遭受忽视的其他可能路径。[①]然而，随着通信和计算机技术的发展，符号计算因为其更加方便的操作性在人工智能的发展过程中取得了最初的胜利，并由此开拓了人工智能的发展主要依赖于计算能力的主流发展路径，在很长一段时间里，计算能力的优越性都是决定人工智能发展的关键，即使神经网络、进化编程、细胞自动机和动力系统等方法在人类追求强人工智能发展的过程中又慢慢回到我们的视野，它们也都受到符号计算方法的限制。因此，在当今人工智能发展的道路上，影响人工智能技术的核心因素就是符号计算能力的发展问题。基于此，如果说制造人工智能的目的是让它完成对人类有利的事情，那么，符号计算能力作为人工智能的核心，也应该服务于这个目的。这意味着，计算能力包含了不可避免的价值负担。那么，计算能力的价值负担是什么呢？在这个意义上，人工智能和人类道德有什么关系呢？

当我们说计算能力包含了价值负担时，我们至少提及了计算能力和人类关系的两种可能性：第一，计算能力是人类设计者和使用者为了某个有意的结果而特别选择的；第二，即使我们选择的计算能力是出于纯粹的中立价值的（事实上不可能），它最终表现的结果也必然会和人发生关系从而呈现出价值偏好。无论是哪种可能性，我们都必须

---

① 在图灵思想的影响下，沃伦·麦卡洛克（Warren McCulloch）和瓦尔特·皮茨（Walter Pitts）结合命题逻辑与神经突触理论开启了人工智能的实现之路。逻辑理论机和一般问题解决器（General Problem Solver，GPS）是老式人工智能的典型代表，而关注联结主义的神经元网络系统也在曲折中发展。参见玛格丽特·博登. AI：人工智能的本质与未来 [M]. 孙诗惠译. 北京：中国人民大学出版社，2017.

考虑计算能力可能给人类带来的价值影响。

计算能力，在本文中是指人工智能识别和处理信息的能力。从本质上来说，计算能力就是人工智能把非结构化信息转化为它可以识别的结构化信息的过程，这个过程在目前阶段主要表现为计算机科学家所说的信息处理系统，表现为程序编辑和算法，而程序编辑和算法又表现出一种数学结构；当然，伴随着通信和计算机技术的发展，计算能力在日常理解中更直观地表现为某个特定项目、软件或信息系统的具体实现（比如蕴含编辑程序的某个系统），甚至是更加具体的应用（比如某个具体的应用软件）。在这里，我们借助希尔（Hill）和卢西亚诺·弗洛里迪（Luciano Floridi）等人有关"算法"的观点来定义计算能力。希尔认为，算法作为一种数学结构，是"一种在给定条件下强制给予被用来完成一个给定目的的合成控制结构，这种结构是有限的、抽象的和有效的"[3]47，弗洛里迪等人对希尔的算法概念进行解读认为，算法中有关"目的"和"条件"的限定要求它必须表现采取行动实际实现和执行并产生效果，"一种完全成型的算法将会体现这样一种抽象的数学结构，这种结构在一个特定的分析域中为了工作分析而被实现为某个系统"。[4]2 如果说希尔更强调算法应该具有数学结构，那么，在弗洛里迪等人看来，算法以数学结构为基础，但应该可以通过技术和项目实现，并且最终可以被应用，也就是说，算法应该包含数学结构、实现和成型三个方面。毫无疑问，因为以计算机为代表的人工智能在本质上就是借助数学结构进行运行的，所以我们可以理解数学结构是算法的基础。但是，算法为什么应该包含数学结构的实现和成型呢？原因在于，人工智能作为一种技术在本质上就是为了完成人所要求的事情，单纯的算法如果不能转化为可以实现的信息处理技术并应用于人类生活，那么它就没有任何实际意义。基于此，本文所提及的计算能力同样应该包含弗洛里迪等人谈论"算法"概念所指涉的三个方面。

基于弗洛里迪等人提出的"算法"概念，我们现在能够比较明确地看到计算能力包含的价值负担在哪里。既然"算法"是为了在给定的条件下让人类给定的目的强制给出控制性结构，那么算法从一开始就包含了人类价值偏好在其中，算法总是体现了人类在设计人工智能过程中的价值选择，我们可以称之为设计伦理。不仅如此，伴随着通信和计算机技术的发展，算法在某种程度上还具有了自主性，这导致了人工智能相对于人而言的伦理问题，我们可以称之为算法伦理问题。我们首先来谈论算法伦理问题。

算法伦理问题主要针对的是算法具有的自主性问题。具体而言，我们谈及的是算法在何种意义上可以被称之为自主的，以及这种自主性会产生什么样的伦理问题。针对第一个问题，我们有两种可能性解释：其一，只要给定初始程序结构或规则，人工智能就可以自主地把各种采集的数据按照这种程序或结构自主地转化为可以计算的数据化语言；其二，赋予人工智能一种学习能力，这种能力使得数据可以紧跟最新的格式和知识，并且产生可以作用于有关数据有效预测的模型，比如数据挖掘和机器学习。无论是哪种可能性解释，算法的自主性都会产生一个和人相关的伦理问题，即安全性问题。人工智能的算法转化对于人而言都是神秘和不确定的。即使我们认为人类已经在第一种解释性上接受了人工智能对非结构化信息的结构化处理，这也并不意味着我们已经完全理解了这种转化机制。更为重要的是，人工智能的学习能力对于我们而言是神秘和不确定的，因为如果我们能够完全确定人工智能的这种学习能力，那么人工智能就永远不可能超越人，而类似于"沃森"和"阿尔法狗"这样的专家系统对人的超越就是不可能的。既然人工智能在某种意义上的自主性对于我们而言是神秘和不确定的，那么这也就意味着用人工智能的算法作用于人类事物总是存在某种不确定的风险。往严重方面想，这种算法有可能危及人类的安全。当然，从目前可以看得见的算法运行来说，它更多地导致的是人们的信任危机和价值偏见。

具体而言，算法的信任危机包含人们对数据库产生知识本身的不信任和对算法不透明的不信任。就前者而言，人们认为算法所获得的结果主要来源于推理统计或机器学习能力技巧，但它们都具有不确定性特征，因为它们在本质上都是模仿人类经验世界的一个不确定的概率推论，只是从相关性上获取结果，而并非产生一个在结果上必然如此的确定因果性。[4]4-5 当然，人类推理很多时候也只是基于概率推论的，但因为人工智能可能带来的巨大影响而不得不对此予以慎重考虑。因为这种不确定性，人们会对人工智能的算法带来的知识产生不信任，这种不信任进而会导致人们对基于此种算法而采取的行动的不信任。不但如此，算法的信任危机因为人们对算法的不可及性（accessibility）和不可理解性（comprehensibility）而变得极不透明。很显然，对于人类而言，算法功能的实现对于大部分人而言是不可及和不可理解性的，而数据项目的私密性和组织的自主性加重了这种不可及性和不可理解性；不但如此，当人工智能试图通过机器学习获得更新的结构和变体时，这种不可及性和不可理解性就变得更加突出了。如果说不可及性和不可理解性导致的算法不透明性只是一个理论认识问题，那么在它关联于人类行为时，这种不透明性就导致了严重的信任危机。人们不但难以相信算法本身可以成为行动决策的依据，而且难以相信一种不透明的算法不被人为地加以利用，从而导致更多的伦理问题。当人们对算法加以应用时，算法伦理就转变成了设计伦理问题。

三、设计伦理问题

何谓人工智能的设计伦理？我们在前面已经提到，算法从一开始就包含了人类价值偏好在其中，因此在人类选择某种算法去设计和实现人工智能的过程中总是体现了某种价值选择，这必然会引起相关的伦理问题，也就是我们所说的设计伦理问题。在这里，我们有必要首先说明的是，我们谈论的并非个人带有强烈主观偏见而带来的伦理问题，而是人工智能设计过程中不可避免地带来的伦理问题。

前面我们已经谈及，算法问题的不透明性一旦关联于人类行为，它就会被人们加以利用。人们会怎样对其加以利用呢？抛开纯粹主观的个人偏好，人们对算法的利用就是为了实现和应用人工智能，也就是说，人们需要利用算法设计人工智能。正是在人工智能的设计过程中，一些新的伦理问题产生出来了。

从人工智能作为一种技术而言，人工智能的设计是为了实现它的功能。我们对于人工智能的功能可以从两个方面进行理解：其一，从设计者的角度来看；其二，从使用者的角度来看。从设计者的角度来看，人工智能应该包含其应该实现的本质功能和通过何种具体的实体表现这种功能，即人工智能应该是可以通过某种实体实现某种功能的人工造物，它既具有物理实体，也具有结构属性或能力属性。从使用者的角度来看，人们并不关心人工智能通过何种物理结构和能力属性来实现功能，人们关心的是人工智能功能的应用。虽然功能的应用总是建立在功能实现的前提之下，但实现功能的设计和功能应用导致的伦理问题却并不尽然相同，设计中出现的伦理问题考虑的更多的是人工智能技术本身和人发生关系可能带来的问题，也就是我们所谓的设计伦理问题；而功能应用中出现的问题考虑的更多的是功能应用给人带来的后果问题，我们称之为应用伦理问题。在这里，我们首先从设计者的角度考虑设计伦理的问题。

从设计伦理的角度出发，任何功能的实现都指向某种目的，这种目的总是相关于人类的主观意图，即使不必然是设计者个人的主观意图，也是某些人的主观意图，我们可以称之为设计意图。毫无疑问，任何设计意图都是带有价值偏好的，这种偏好因为以下三个原因而难以避免：①技术出现于其中的社会体制、实践和态度已经预先存在社会价值；②技术本身是有条件的；③使用环境中出现的突发情形。[4,5]从第一个原因来说，一种社会文化的形成本身就是价值偏好选择的结果，比如，一种文化更看重社会正义，而另外一种文化则有可能更看重个人自由。人工智能的设计既然是服务于社会中的人的，那么自然就不可避免地要带上社会预先存在的价值偏好。[4]7 从第二个原因来说，技术的发展是一个过程，在这个过程中不可避免地会出现错误和不全面的问题，技术设计的选择就不可避免地会带有因为错误而导致的价值体现或主观价值偏好。[4]7 从第三个原因来说，技术发展的过程总是伴随着人们认识的提升以及人们对它的实现与应用而不断改进和完善的，那么技术设计就不可避免地会受到人们知识发展水平和认识实现及应用影响而呈现出某种价值偏好。[4]8 基于上述三个原因，我们可以看到，人工智能作为一种技术必然带有价值偏好，人工智能的设计不可能是价值中立的，它总是受到个人主观意图和社会价值的左右。如果说设计伦理只是揭示了人工智能作为技术不可避免地带有价值偏好，必然导致伦理问题，那么人工智能带来的应用伦理问题将会把这些具体问题进一步展开。

四、实现人工智能结果的社会伦理问题

我们在前面提及，人工智能作为一种技术不仅通过设计者去实现它的功能和人类发生关系，而且通过使用者对功能的应用和人类发生关系，我们把它称之为人工智能的应用伦理问题。现在我们来具体分析人工智能都有哪些主要的应用伦理问题。

如上所述，使用者并不关心人工智能通过何种物理结构和能力属性来实现功能，而关心人工智能功能应用的好坏。很显然，在人工智能的应用问题上，人们的规范性评价表现得十分明显，关注的只是功能应用的好坏标准，目的性十分明确。那么这些好坏标准和目的从哪里获得呢？答案显然是从设计者对人工智能的功能设计那里。既然设计伦理不可避免地带有个人或社会的价值偏好，这也就意味着，使用者对这些功能的应用也不可避免地带有价值偏好，这在社会应用的结果上就会表现为某种歧视和不公平。原因在于，一种人工智能产品的功能应用到人类社会当中，接受这种功能的人就会自动地成为某个特定的团体，这个特定的团体不可避免地把自己和他人区分开来，社会阶层的分化或团体的区分就成为一个事实，而针对特定社会阶层或特定团体进行分析的人工智能就有可能导致某种歧视和不公平。这种歧视和不公平因为人类带有的不同社会认同而变得尤其明显。比如，谷歌的图片软件曾错将黑人标记为"大猩猩"，Flickr 的自动标记系统曾错将黑人的照片标记为"猿猴"或"动物"。

除了价值偏好，我们前面谈到，人工智能已经越来越深入地渗透进我们的生活，人工智能技术本身的不断发展都导致人的自主性问题面临新的挑战。从前者来说，当人工智能越来越深入地渗透进我们的

生活时，这也就意味着人类的行为选择越来越多地依赖于人工智能而做出，即使人工智能并没有最终替我们做出选择，但毫无疑问，我们的选择将会越来越多地依赖人工智能环境而做出，这在某种意义上就是不断削弱我们的自由行动能力。当然，对人的自主性的更大威胁在于，我们本来意图通过人工智能为自己的行动选择提供更为全面和丰富的信息参考，但人工智能由于自身的价值偏好，有可能会为我们仅仅提供带有偏好的信息，从而误导我们。从后者来说，倘若人工智能的自主性越来越高，也就意味着我们对它的理解和掌握是越来越少的，它对于我们也就越是不透明的。即使排除强人工智能，作为专家系统的人工智能也在越来越多的方面威胁着我们自由选择的权利，比如看护机器人、扫地机器人、法律咨询机器人等；而且，伴随着人工智能技术的不断发展，人工智能将会对越来越多的人类自由选择构成威胁。当然，从理论上来说，只要不出现强人工智能威胁人类的自由意志，我们人类似乎都是自由的，但不可否认的是，伴随着人工智能技术和社会政治的双重作用，很多人的实际选择自由将变得越来越严峻。

  除了我们的自主性受到挑战，我们的隐私安全也将越来越受到挑战。就人工智能技术发展本身而言，人工智能为了更好地完成人类意图完成的事情，它就需要更多地把人类意图的非结构化语言转化成它可以识别的结构化语言，而一旦个体人类行为可以被结构化，这也就意味着它可以被这种技术共享。为了促进和发展人工智能技术，我们又需要鼓励资源和信息的共享，这也就意味着，人们最初希望保存的隐私信息就变成了为了技术发展而需要共享的信息。让事情变得麻烦的是，在对人类行为进行结构化的过程当中，人工智能自身的不透明运行禁止人类过多地监管，并且鼓励信息共享，而它自身通过程序建立起来的价值偏好不可能有效地区分人类的隐私，并进而保护人类行为的隐私安全。

  人工智能的不透明运行不仅带来了安全隐私的挑战，它还给我们带来了自我身份的认同问题。在人工智能运行的过程中，因为自身程序的价值偏好和技术所限，它并不能够把有关个体行为的非结构化语言和它能够处理的结构化语言完全对应，这导致经过结构化语言处理被识别的个体和实际生活的人出现不一致，当我们试图运用结构化处理的结果对实际的人进行评判时，就有可能出现偏差。

最后，本文想要表明的是，上述的应用伦理问题在根本上威胁到了我们的道德责任。抛开不公平、自由、隐私安全和自我身份认同与道德责任的直接关系不谈，人工智能自身的不透明运行在根本上威胁到了我们的道德责任。在传统上，责任的划分可以通过人的自主性来进行划分，有关人对技术的责任可以通过设计者、制造者和使用者的责任来进行明确的区分。然而，人工智能的不透明运行导致了责任区分的困难。假设设计者最初设计出来的人工智能是被良好定义、可以理解、可以预测，也可以自主学习的复杂系统，那么，如果因为机器自主学习导致功能发生变化，而使用者在遵循标准操作却无法获得该人工智能应有的功能时，责任在哪一方的争论就难以避免。更为复杂的是，当我们把许多人工智能放在一起工作时，它们因为彼此之间的相互学习和相互影响产生的事故应该由谁承担。事实上，我们可以看到，人工智能运行的不透明使得我们对于权责的追踪变得异常困难，它的出现既有可能超出设计者对其功能实现的设计，也有可能超出使用者对其功能应用的预期。

参考文献 >>>

[1] 玛格丽特·博登. AI：人工智能的本质与未来 [M]. 孙诗惠译. 北京：中国人民大学出版社，2017.

[2] 佩德罗·多明戈斯. 终极算法：机器学习和人工智能如何重塑世界 [M]. 黄芳萍译. 北京：中信出版社，2017.

[3] Hill R K. What an algorithm is [J]. Philosophy & Techology，2015，29（1）：35-59.

[4] Mittelstadt B D，Allo P，Taddeo M，et al. The ethics of algorithms：mapping the debate [J]. Big Data &Society，2016，3（2）：1-21.

[5] Friedman B，Nissenbaum H. Bias in computer systems [J]. ACM Transaction on Information Systems（TOIS），1996，14（3）：330-347.

自动驾驶的责任主体问题及出路

万　丹　詹　好[*]

　　纵观自动驾驶汽车（automated vehicles）半个多世纪走过的历程，其近期的崛起与人工智能（artificial intelligence）技术的推进有着莫大的关系。人工智能技术的发展和普及，使得自动驾驶技术得以完善，使其商业化成为可能。如今，不仅是谷歌、苹果、特斯拉这类以科技为主导的公司开始争先进入自动驾驶汽车市场，就连传统的宝马、沃尔沃等老牌汽车厂商，都不得不顺应时代的潮流，推出自己的自动驾驶汽车产品。可以说，以人工智能技术为基石的自动驾驶汽车时代已经到来。

　　2013年，美国国家公路交通安全管理局（NHTSA）率先在一篇名为 Preliminary Statement of Policy Concerning Automated Vehicles[1] 的声明中提出的关于汽车自动化的五级体系（NHTSA 分级体系）。次年，国际自动机工程师学会（SAE International）在 Taxonomy and Definitions for Terms Related to On-Road Motor Vehicle Automated Driving Systems[2] 一文中建立了关于汽车自动化的六级划分（SAE 分级体系），试图填补自动驾驶汽车的分级空缺，从技术出发建立描述车辆技术先进程度的一般准则。最终，SAE 分级体系取代 NHTSA 分级体系成了认可度最高、最权威的

---

[*] 万丹，湖南师范大学公共管理学院哲学系暨人工智能道德决策研究所教授；詹好，湖南师范大学人工智能道德决策研究所硕士研究生。

体系①。但遗憾的是，这仅仅是问题的开始。

一、自动驾驶汽车的责任问题与分级体系

自动驾驶汽车采用一种全新的驾驶方式，引发了全新的法律责任问题。其中最重要的是车辆造成交通事故后的责任主体问题。法律责任是国家施加于违法者的一种强制性负担，是补救受到侵害的合法权益的一种手段，法律责任是通过法律制裁而实现的，任何法律责任的实现都以责任主体的存在和确定为前提。[3] 473 所谓责任主体，指的是当意外事故发生时，所需要承担事故赔偿责任的主体。

在传统驾驶方式下，交通事故发生后，有较为清晰的法律流程来确定责任主体，并使之与相应的法律责任相匹配，从而让传统驾驶方式下的驾驶者、厂商、道路使用者、道路及其安全的维护者等之间建立起明确的法律关系。这是汽车产业发展的基石之一。但在自动驾驶方式下，汽车产业就遇到了事故发生后责任主体是谁的新问题。与自动驾驶责任主体相呼应的概念是"控制主体"。控制主体指的是当事故发生时，交通工具的实际控制者。[2] 在传统驾驶方式下由车辆所造成的交通事故中，控制主体与责任主体是一致的。但是在自动驾驶方式下，情况却未必如此了。特别是按照自动驾驶汽车的特定分级体系，不同等级下控制主体的变化更为复杂，从而使责任主体问题更为突出。而在责任主体难以确定的情形下，任何制裁均无法实施，法律责任也无法实现。[4] 更为严重的是，责任主体问题还会影响到国家、自动驾驶汽车生产企业和消费者对待自动驾驶汽车的态度。

对于国家而言，自动驾驶汽车的责任主体问题会涉及相关的产业

---

① 在对自动驾驶汽车进行描述时，NHTSA 和 SAE 采用了类似的分级体系，NHTSA 将非自动驾驶与自动驾驶分为了 5 个等级，而 SAE 是 6 个等级。相对于 NTHSA 而言，SAE 对每一等级的说明更加详细，自动驾驶的定义和分级标准更为清晰，并且在每一次的更新当中都会对相关术语及其定义进行优化和更为详细的阐述。因此，包括美国交通部在内的大部分政府部门均选用了 SAE 分级体系作为统一的自动驾驶分级标准，甚至连 NHTSA 在指导自动驾驶汽车发展的政策中也使用了 SAE 分级标准。

改革。当责任主体问题混乱时,各个可能的责任主体间的纠纷增多,导致法律资源的浪费、矛盾的加剧甚至社会不稳定因素上升。在这种情况下,国家对待自动驾驶汽车的态度必定是消极的,这种消极的态度会抑制相关科学技术的发展,也变相使得驾驶风险上升。① 唯有明晰责任主体,才能有利于自动驾驶行业的发展。

对于自动驾驶汽车生产企业而言,自动驾驶责任主体问题主要影响其产品导向。当责任主体模糊时,企业依靠法律漏洞逃避责任承担的概率相对较高,因此相对而言缺乏为避免事故发生而改进技术的激励。相反,当责任主体明确时,作为自动驾驶系统的责任承担者——自动驾驶汽车的生产厂商更有理由尽可能地去避免事故发生,因此其改进技术以避免事故发生的激励就会更强。

对于消费者而言,模糊的责任主体使得他们无法准确预估自己可能承担的风险。这种风险的不确定性使得他们不愿意去尝试自动驾驶这一新兴的驾驶方式,其对待自动驾驶汽车的态度也必将是消极的。

可见,责任主体的明晰对于自动驾驶汽车的发展来说尤为重要。基于自动驾驶汽车分级体系,对不同类型的自动驾驶汽车予以甄别,从而实现责任归属的判定,是当前较为常用的方法。[4] 迄今为止,应用最为广泛的自动驾驶汽车分级体系是国际自动机工程师学会发布的分级体系。

二、什么是自动驾驶汽车的 SAE 分级体系

国际自动机工程师学会将汽车的自动化程度分为了六个等级,其认为自动驾驶汽车的分类标准包括三个:标准 1——控制主体;标准 2——环境监控主体;标准 3——系统支持的驾驶模式。

控制主体分为普通驾驶情况下的控制主体和紧急情况下的控制主体。当事故即将发生时,系统在将控制权移交给驾驶员前,意外就已发生,此时的责任主体的判断需要更加深入的分析。

---

① 一般认为,自动驾驶的安全性较人工驾驶而言要高出许多。

环境监控主体存在两种可能：驾驶员和系统。环境监控主体不仅需要持续不断地获取汽车周边的环境信息，更重要的是，要根据所获取的信息进行驾驶环境安全状况的判定。因此，仅仅拥有夜视（night vision）、交通标志识别（traffic sign recognition）等功能并不代表环境监控主体为系统。

驾驶模式即一种特定动态驾驶任务所需求的驾驶方案。在不同的等级下，系统支持的驾驶模式不同。

按照这三个标准，SAE 将自动驾驶汽车分成了六个等级，分别是非自动化（no automation）、辅助驾驶（driver assistance）、半自动化（partial automation）、有条件的自动化（conditional automation）、高度自动化（high automation）和全自动化（full automation）。

第一，非自动化。Level 0 被称为"非自动化"，指的是在交通工具行驶的过程中，驾驶员具有绝对控制权的阶段。在 Level 0 阶段，普通驾驶环境下的控制主体、紧急驾驶环境下的控制主体、环境监控的主体均为驾驶员，没有系统支持的驾驶模式。

第二，辅助驾驶。Level 1 被称为"辅助驾驶"，指的是驾驶员能够在有限时间内有条件地将部分控制权转移给系统的阶段。在 SAE 分级体系下的 Level 1 阶段，系统在同一时间至多拥有"部分控制权"——要么控制转向，要么控制油门/刹车，因此普通驾驶的控制主体为驾驶员和系统。当出现紧急突发情况时，司机需要随时做好立即接替控制的准备，因此紧急驾驶环境下的控制主体为驾驶员；此外，由于系统无法对环境进行监控，环境监控的主体依旧是驾驶员；系统仅支持部分驾驶模式。

第三，半自动化。Level 2 被称为"半自动化"，是指驾驶员能够在有限时间内有条件地将全部控制权转移给系统的阶段。与 Level 1 不同，Level 2 阶段转移给系统的控制权从"部分"变为"全部"，也就是说，在普通驾驶环境下，驾驶员可以将横向和纵向的控制权同时转交给系统。因此，在 Level 2 阶段，普通驾驶环境下的控制主体为系统；紧急驾驶环境下的控制主体为驾驶员；环境监控的主体为驾驶员；系统仅支持部分驾驶模式。

第四，有条件的自动化。Level 3 被称为"有条件的自动化"，是指系统完成大多数的驾驶操作，仅当紧急情况发生时，驾驶员视情况给出适当应答的阶段。"适当应答"是说当紧急情况发生时，驾驶员会尽可能"做出应答"，接替系统成为控制的主体；但是也有可能在某些情况下（如转换时间太短的情况）"无法做出应答"，不能接管控制权——此时就由系统继续对车辆进行控制，并尝试将风险降到最低。在 Level 3 阶段，普通驾驶环境下的控制主体为系统，紧急驾驶环境下的控制主体为驾驶员或系统；环境监控的主体为系统；系统仅支持部分驾驶模式。

第五，高度自动化。Level 4 被称为"高度自动化"，是指自动驾驶系统在驾驶员不"做出应答"的条件下，也可以完成所有的驾驶操作的阶段。因此在 Level 4 阶段，普通驾驶环境和紧急驾驶环境下的控制主体均为系统；环境监控的主体为系统；系统仅支持部分驾驶模式。

第六，全自动化。Level 5 被称为"全自动化"，与 Level 0、Level 1、Level 2、Level 3、Level 4 最为主要的区别在于，系统能够支持所有的驾驶模式。这一阶段可能将不再会允许驾驶员成为控制主体。因此在 Level 5 阶段，普通驾驶环境下的控制主体、紧急驾驶环境的控制主体、环境监控的主体均为系统；系统支持所有驾驶模式。

SAE 分级体系通过对控制主体、环境监控主体和系统支持的驾驶模式进行考察，将自动驾驶汽车的等级进行了划分，其分级体系如表 1 所示。

表 1 SAE 分级体系

等级	控制主体		环境监控主体	系统支持的驾驶模式
	普通驾驶环境	紧急驾驶环境		
Level 0	驾驶员	驾驶员	驾驶员	不支持
Level 1	驾驶员和系统	驾驶员	驾驶员	部分驾驶模式
Level 2	系统	驾驶员	驾驶员	部分驾驶模式
Level 3	系统	驾驶员或系统	系统	部分驾驶模式
Level 4	系统	系统	系统	部分驾驶模式
Level 5	系统	系统	系统	所有驾驶模式

三、传统分级体系的责任分析困境

SAE 分级体系作为目前最权威和最广泛应用的分级标准,从技术视域出发,建立了描述车辆技术先进程度的一般准则。然而,这种分级体系在面对自动驾驶目前面临的最大问题——责任主体问题时,却显得有些束手无策。要探究 SAE 分级体系的问题所在——是基本的伦理法则不再适用于自动驾驶这一新兴的产业,还是现有的分级体系本身就不适合进行责任分析——就必须先确定一个理想的、适合讨论责任主体问题的分级体系应该具有怎样的性质。

(一)适合进行责任主体分析的理想分级体系

判断一个分级体系是否理想,最重要的是看该体系是否能够满足人们的期望。通常说来,人们对于一个适合进行责任主体确认的分级体系,应当有如下期望:①明确性——不同责任主体尽可能明确,某事故发生后能确定责任主体;②准确性——某事故中应承担责任的主体的确是该主体;③可操作性——分级体系的设定使得责任的确定相对容易、相对公平,并且尽可能涉及未来可能出现的责任主体,即具有一定的前瞻性。

(二)SAE 分级体系的责任分析困境

SAE 通过控制主体、环境监控主体和系统支持的驾驶模式的区分,实现了自动驾驶汽车的六个分级。责任主体确认也可依照这三个标准来进行判断。

第一,控制主体。根据 SAE 分级体系,我们可以通过判断普通驾驶情况和紧急驾驶情况下的控制主体是否一致,来对责任主体进行初步确认:

推断 1:当紧急驾驶情况下控制主体与普通驾驶情况下的控制主体一致时,以一致的控制主体作为责任主体;当控制主体不一致时,责任主体有待确定。

在 Level 0 到 Level 4 阶段,系统均仅支持部分驾驶模式。当处于系统支持的驾驶模式时,其控制主体与环境监控主体均已明确。当处于系统不支持的驾驶模式时,若系统支持的驾驶模式下的控制主体或监控主体为"驾驶员",则其主体不变;若为"系统",则其主体改变为"驾驶员或系统"(表2)。

表2 SAE分级体系下通过控制主体判断责任主体

等级	控制主体		控制主体是否一致	责任主体
	普通驾驶环境	紧急驾驶环境		
Level 0	驾驶员	驾驶员	是	驾驶员
Level 1	驾驶员和系统	驾驶员	否	驾驶员或系统
Level 2	驾驶员或系统	驾驶员	否	驾驶员或系统
Level 3	驾驶员或系统	驾驶员或系统	不确定	驾驶员或系统
Level 4	驾驶员或系统	驾驶员或系统	不确定	驾驶员或系统
Level 5	系统	系统	是	系统

第二,环境监控主体。通过判断紧急驾驶情况的控制主体与环境监控主体的一致性,可以对责任主体进行进一步的区分:

推断2:当紧急驾驶状态下的控制主体与环境监控主体一致时,一致的主体为责任主体;当控制主体与环境监控主体不一致时,责任主体有待判断。

同样,由于上述的"系统支持驾驶模式"的原因,Level 3和Level 4下的责任主体无法确定(表3)。

表3 SAE分级体系下通过环境监控主体判断责任主体

等级	紧急驾驶状态下的控制主体	环境监控主体	紧急驾驶状态下的控制主体与环境监控主体是否一致	责任主体
Level 0	驾驶员	驾驶员	是	驾驶员
Level 1	驾驶员	驾驶员	是	驾驶员
Level 2	驾驶员	驾驶员	是	驾驶员
Level 3	驾驶员或系统	驾驶员或系统	不确定	驾驶员或系统
Level 4	驾驶员或系统	驾驶员或系统	不确定	驾驶员或系统
Level 5	系统	系统	是	系统

第三,系统支持的驾驶模式。在SAE分级体系下,系统支持的驾驶模式有三种情况:不支持任何驾驶模式、支持部分驾驶模式和支持

所有驾驶模式。据此得出推断3：

推断3：当系统支持所有驾驶模式时，责任主体为系统；当系统不支持任何驾驶模式时，责任主体为驾驶员；当系统只支持部分驾驶模式时，其责任主体有待判断。

在 Level 5 阶段，系统支持所有驾驶模式，驾驶员无须为驾驶行为负责；在 Level 0 阶段，系统不支持任何驾驶模式，驾驶员应当为自己的驾驶行为负责；在 Level 1、Level 2、Level 3 和 Level 4 阶段则无法判断责任主体（表4）。

表4　SAE分级体系下通过系统支持的驾驶模式判断责任主体

等级	系统支持的驾驶模式	责任主体
Level 0	不支持	驾驶员
Level 1	部分	驾驶员或系统
Level 2	部分	驾驶员或系统
Level 3	部分	驾驶员或系统
Level 4	部分	驾驶员或系统
Level 5	所有	系统

因此，SAE分级体系通过判断自动驾驶汽车在各个等级阶段下的控制主体、环境监控主体和系统支持的驾驶模式，可以将自动驾驶汽车的责任主体进行区分，如表5所示。

表5　SAE分级体系下通过控制主体判断责任主体

等级	控制主体		环境监控主体	系统支持的驾驶模式	控制主体是否一致	紧急驾驶状态下的控制主体与环境监控主体是否一致	责任主体
	普通驾驶环境	紧急驾驶环境					
Level 0	驾驶员	驾驶员	驾驶员	不支持	是	是	驾驶员
Level 1	驾驶员和系统	驾驶员	驾驶员	部分驾驶模式	否	是	驾驶员
Level 2	系统	驾驶员	驾驶员	部分驾驶模式	否	是	驾驶员
Level 3	系统	驾驶员或系统	系统	部分驾驶模式	否	否	驾驶员或系统
Level 4	系统	系统	系统	部分驾驶模式	不确定	不确定	驾驶员或系统
Level 5	系统	系统	系统	所有驾驶模式	是	是	系统

可见，SAE 的等级划分存在着不少问题。首先，在 Level 3、Level 4 阶段中，责任主体既有可能是驾驶员，也有可能是系统，因此就无法做出明确的判断，这违背了明确性；其次，由于责任主体与自动驾驶汽车所在等级并非一一对应的，这也就意味着我们无法通过假定的责任主体去判断对应假定的自动驾驶汽车等级，并继续通过核查假定的等级与真实的等级是否一致，来判断假定的责任主体是否准确，简单来说，就是无法从分级体系的本身去判断假定的承担责任的主体的确是该主体，从而无法实现准确性；最后，缺少了明确性和准确性之后，当然也就缺少了可操作性。因此，SAE 分级体系作为一种描述车辆技术先进程度的一般标准或许是没有问题的，但是在责任分析领域却很明显地存在着局限。

四、建立基于责任主体的分级体系

SAE 自动驾驶分级体系是从技术视域出发来描述自动驾驶汽车的先进程度的。而以纯粹技术作为出发点，或许就是这种自动驾驶分级体系很难被应用于责任主体分析领域的原因。建立一个适合讨论责任问题的分级体系，就必须转换视角，从另一个视域出发，对分级体系进行重构。

（一）基于责任主体的分级体系的性质

明确性、准确性、可操作性的要求，使得优先设置责任主体，再据此确定对应的自动驾驶汽车等级，是一种较为可行的构建分级体系的方式。

首先，驾驶员是最为基本的责任主体，因为除非到了自动驾驶技术的最高阶段，实现全程全情境下的自动驾驶，在其余阶段中自动驾驶汽车中仍然需要驾驶员；其次，厂商同样是一个基本责任主体[①]；最后，如果考虑将自动驾驶汽车的意外赔偿责任作为一种社会保障制

---

① SAE 分级体系将非人的责任主体统统归纳为系统（system），然而，这并不准确，因为 SAE 并不曾认为"系统"本身作为可以承担责任的主体，它所谓的"系统"责任主体，其实指的制造"系统"的厂商。

度予以推行，那么社会整体也可以作为责任主体[5]。此外，在遥远的未来，自动驾驶汽车系统还有可能拥有自主意识。在这种情况下，"系统"本身也有作为责任主体的可能性。但若将其假设为责任主体，必将预设"系统"拥有财产权和自由权等权利。篇幅所限，在此就不再讨论这一可能性。由此，我们得到了目前责任主体分级体系下的三个责任主体：驾驶员、厂商、社会。

（二）汽车自动驾驶分级体系的构建

以不同的责任主体出发，汽车自动驾驶分为三个等级：作为实现驾驶员意志的辅助驾驶、作为实现厂商意志的自动驾驶、作为实现社会意志的自动驾驶。

第一，Level 1：作为实现驾驶员意志的辅助驾驶。Level 1 可以被称为"作为实现驾驶员意志的辅助驾驶"，指的是系统在任何时间、任意条件下都没有办法独立控制汽车行驶完成相应驾驶任务的阶段。自动驾驶汽车的种种辅助手段，仅作为驾驶员的肢体的延伸而存在，是驾驶员意志的体现。而正是因为控制系统是作为驾驶员意志而出现的，所以驾驶员必须对整个驾驶过程承担责任。另外，从事故风险的角度来看，在 Level 1 阶段，是否发生事故最终取决于驾驶员的驾驶习惯以及在危急关头的判断和行动（如降低行驶速度、拉大车间距）。激励驾驶员降低风险的因素可能是出于对自身安全的考虑和出于对事故发生后的财产赔偿的考虑。但由于自身安全的激励通常是恒定的，而事故发生后的财产赔偿与责任主体相关，因此我们仅讨论后者的情况。当事故的责任主体非驾驶员时，驾驶员不会去考虑财产赔偿的风险；若事故的责任主体为驾驶员，基于降低财产赔偿风险的考虑，驾驶员小心驾驶，以降低事故的发生率，更加有利于风险的降低。综上，在 Level 1 中，控制主体为驾驶员，系统不存在进化方式，责任主体为驾驶员。

第二，Level 2：作为实现厂商意志的自动驾驶。Level 2 可以被称为"作为实现厂商意志的自动驾驶"，是指自动驾驶汽车能够通过厂商预设的系统，独立完成整个驾驶任务的阶段。不同厂商各自的自动驾驶系统是以盈利为目的而被研制出来的，带有深深的厂商的烙印，因此作为汽车制造者意志而出现。当事故发生时，承担赔偿责任的也是厂商。由此可见，其责任主体应当为厂商。从事故风险的角度来看，当事故的责任主体为厂商时，事故风险率越低，厂商的利润就越高（赔偿金更少）。因此，基于利益的考量，厂商会不断地完善技术[①]，使得下一代的自动驾驶汽车的安全性更高；相反，若事故的责任主体与厂商无关，厂商便缺少提升自动驾驶汽车安全性的激励（虽然安全性能的提升能够驱使更多的消费者来购买该厂商的汽车，从而导致利润的增加，但是这种激励效果是与责任主体无关的，所以我们在此不予考虑），自动驾驶汽车的安全性就永远得不到有效提升，不利于风险的降低。综上，在 Level 2 中，控制主体为系统，系统不存在进化方式，责任主体为厂商。

第三，Level 3：作为实现社会意志的自动驾驶。Level 3 可以被称为"作为实现社会意志的自动驾驶"，是指自动驾驶汽车系统能够按照社会为其预设的目标而进行自我升级的阶段。"预设目标"指的是安全性目标以及普及程度目标。在这一阶段，一方面需要尽可能多的数据来优化系统，需要厂商之间互相共享核心技术，从而增加其系统的可靠性；另一方面，还需要更多的人来尝试这一相对于传统驾驶而言更加可靠的驾驶模式，即需要一个高公信力主体。而这两点，单凭汽车厂商的努力无法做到。Hevelk 和 Nidarümelin 在 2015 年提出了社会为自动驾驶汽车背书的方案。[5] 他们认为，如果自动驾驶汽车的发展是有必要的，那么这就会产生一种道德上的义务，从而使得整个社会为自动驾驶汽车的发展负责。一旦自动驾驶汽车的责任主体需要由一个足够强大且能促进其进化的主体来担任时，整个社会就会以社会保险的形式来为自动驾驶汽车所产生的风险担责。当责任主体为社会时，社会就有了为自动驾驶系统的进化制定目标的权利。一方面，社会可以要求融合更多的数据、更多的技术方案来提升系统的安全系

[①] 此时的这种科技完善，并不是下一个等级中所说的"进化"，而只能算作是"更新"。因为"进化"是同一个系统下的自我迭代，而"更新"是系统之外的厂商基于其利益的考量而做出的优化系统或硬件的行为。

数;另一方面,社会担任自动驾驶汽车的责任主体,起到了为自动驾驶汽车背书的作用,促进了人们对自动驾驶技术的信任,激励着更多的人去尝试这一更为安全的新技术——这又从另一方面降低了事故的风险。因此在该阶段,责任主体为社会更加有利于风险的降低。综上,在 Level 3 中,控制主体为系统,系统进化由外部因素促使,责任主体为社会。

通过判断自动驾驶汽车在各个等级阶段下的控制主体、系统进化方式,责任主体分级体系将自动驾驶汽车责任主体进行了区分,如表 6 所示。

表 6 基于责任主体的自动驾驶分级体系

等级	系统控制的独立性	系统进化方式	责任主体
Level 1	否	无	驾驶员
Level 2	是	无	厂商
Level 3	是	外部因素促使进化	社会

首先,Level 1、Level 2 和 Level 3 分别与驾驶员、厂商和社会三个不同的责任主体一一对应这符合准确性;其次,每一等级下的责任主体都能够确定,这符合明确性;再次,责任主体分级体系不仅讨论了驾驶员和厂商作为责任主体的情况,还提出了社会作为责任主体的构想,对未来可能出现的情况进行了预测,这满足了可操作性;最后,每一等级责任主体的确认,都是有利于风险降低的,最终满足了安全性。

五、总 结

现有的自动驾驶分级体系划分了自动驾驶汽车的技术等级,但却模糊了其责任主体,主要表现为不符合责任主体划分的明确性、准确性和可操作性。基于责任主体的自动驾驶汽车体系,从不同的责任主体出发,在满足划分的明确性、准确性和可操作性的基础上,以安全性为目标,将自动驾驶汽车分为了三个等级,符合了一个适合进行责任主体确认的分级体系的全部要求。

在基于责任主体的自动驾驶汽车体系中，消费者作为 Level 1 阶段的责任主体，出于风险规避的倾向，会尽快完成 Level 1 到 Level 2 的过渡，从而将责任转移给厂商——这使得消费者对于自动驾驶汽车的态度是积极的。

对于厂商而言，作为新体系中 Level 2 阶段的责任主体，它们有理由去改进技术以避免事故发生。而这种技术的改进，将更有利于自动驾驶汽车行业的发展。

对于国家而言，一方面，责任主体问题的明确消解了本不必要的纠纷，节约了相关的资源，国家对于全力支持自动驾驶汽车行业的发展将不再存有顾虑；另一方面，国家作为新体系中 Level 3 阶段的责任主体，出于减少开支等因素的考虑，将尽可能提升自动驾驶汽车的安全性能，这对于自动驾驶汽车行业的发展极为有利。

因此，基于责任主体的分级体系不仅有利于我们进行责任主体问题的分析，更有利于自动驾驶汽车行业的发展，使得责任主体形成合力，将汽车自动驾驶技术不断提升，这对于汽车产业、消费者乃至于交通安全大有裨益。

参考文献 >>>

［1］NHTSA. Federal automated vehicles policy. https://www.nhtsa.gov/events/federal-automated-vehicles-policy［2017-12-12］.

［2］SAE. Taxonomy and definitions for terms related to on-road motor vehicle automated driving systems. http://standards.sae.org/j3016_201401 [2017-12-12].

［3］公丕祥. 法理学［M］. 上海：复旦大学出版社，2002.

［4］陈晓林. 自动驾驶汽车对现行法律的挑战及应对［J］. 理论导刊，2016，（1）：124-131.

［5］Hevelke A，Nidarümelin J. Responsibility for crashes of autonomous vehicles：an ethical analysis［J］. Science & Engineering Ethics，2015，21（3）：619-630.

机器人的负责任创新研究

——以护理机器人为例

于 雪[*]

一、引言：什么是负责任创新

"负责任创新"（responsible innovation，RI）又称"负责任研究与创新"（responsible research and innovation，RRI），是近年来欧美国家提出的一个重要的发展理念。"负责任创新"这一理念既可以运用到科技政策的研究领域和科学技术与社会（science，technology and society，STS）的研究领域，也可以运用到技术哲学和技术评估（technology assessment，TA）的相关研究领域。因而，对"负责任创新"这一概念的界定就呈现出不同的研究范式。

从政策解读的范式看，"负责任创新"这一理念被列入欧洲联盟（简称欧盟）"地平线 2020"计划，欧盟先后出台了四份官方报告，对这一概念进行阐释。其中，最具有代表性的是以荷兰代尔夫特理工大学的杰伦·凡·登·霍温（Jeroen van den Hoven）为首的专家组编写的《加强负责任研究与创新的选择：欧洲关于负责任研究与创新最新专家组报告》（*Options for Strengthening Responsible Research and Innovation: Report of the Expert Group on the State of Art in Europe on Responsible Research and Innovation*）。该报告指出，"负责任研究与创

---

[*] 于雪，大连理工大学人文与社会科学学部哲学系讲师。

新"指的是在研究和创新进程中综合的途径，通过这种途径，所有的利益相关者在研究和创新过程的初期就参与进来，（A）使其能了解其行动后果和所面临的选择范围的影响，（B）有效评估涉及社会需求和道德价值的结果与选择，（C）将基于（A）和（B）的考虑作为新的研究、产品和服务的设计与开发的功能性需求。[1] 2

从 STS 的研究范式看，比利时学者雷内·冯·尚伯格（Rene von Schomberg）将"负责任研究与创新"描述为"'负责研究和创新'是一个透明的、互动的过程，社会行动者和创新者在此过程中多方面彼此呼应，充分考虑创新过程和其适销产品的（伦理）可接受性、可持续性和社会赞许性，使得科技进步适当嵌入我们的社会生活"。[2]英国学者理查德·欧文（Richard Owen）等人在此基础上拓展了其中前瞻性责任的含义，解释到"'负责任创新'意味着通过目前对科学和创新的集体管理来关注未来"。[3]并且，基于对负责任创新理念的 STS 理解，欧文等人提出了关于负责任创新的"四维度"模型，即预测、反思、协商、反馈，这四个维度以阶段性方式参与负责任创新的全过程。"预测维度"用来描述和分析那些在经济、社会、环境或其他领域可能出现的和潜在的影响；"反思维度"指的是治理中的制度性反思（institutional reflexivity），即意识到知识的局限，并且认识到对某一问题的特殊处理可能不具有一般性的意义，因而对于影响科学创新和治理方式的价值体系要审慎地处理；"协商维度"强调把愿景、目的、问题和困境放到更大的背景之中，通过对话、参与和辩论来实现集体审议，邀请并倾听来自公众和不同利益相关者的广泛意见；"反馈维度"指的是需要根据利益相关者的反应和变化的情况，对框架和方向进行调整。

从技术评估的范式看，德国学者格鲁尔瓦德（Armin Grunwald）将技术评估视为"负责任创新"的主要工具，他认为"负责任创新"在传统技术评估的基础上增加了伦理反思的维度，以此来塑造技术产品和创新过程。负责任创新的方法较之于传统的技术评估方法，一方面其注重对创新的评估而不仅仅是对技术的评估，考虑到技术对社会的影响，因而对技术的评估是以社会需要、社会期望和社会价值为标准的,而创新则触发了技术与社会的双向互动,需要增加伦理的维度以评估创新过程中的具体问题;另一方面,较之于注重远距离观察的技术评估,"负责任创新"则更加注重"介入"(intervention),强调利用负责任创新的方法切实地影响或者改变"真实世界",而不仅仅是提供一套观察和评估的模板。[4] 15-31 但是,对于很多德国学者来说,技术评估仍然是负责任创新的主要方法。德国联邦教育及研究部(German Federal Ministry of Education and Research,BMBF)提出了创新与技术分析(innovation and technology analysis,ITA)方法以代替传统的技术评估方法,特别是将其应用在创新过程与创新产品之中。ITA方法能够在创新过程中为利益相关者提供更多的信息和反思,以支持他们对研究、技术和创新做出更加明确的决策。ITA方法被用于分析创新过程中的潜在机遇与风险,并且尽早地分析创新过程中的潜在障碍和驱动因素。ITA方法有意为高度科技化的社会提供政策指导,并致力于促进技术创新向着更加具有人文关怀、社会公正和环境友好的方向发展。[5] 7 无论是技术评估方法还是创新与技术分析方法,都强调在"上游阶段"对技术可能存在的社会风险进行评估,这为负责任创新的方法论提供了主要的思想来源。

总的看来,"负责任创新"是关于技术与创新的一种方法论,强调技术创新在伦理道德、环境保护、社会影响等方面所体现的价值,通过分析技术创新的潜在风险、不确定性和可能的社会危害,在技术设计和使用的早期阶段尽可能地实现道德可接受性、社会期望满足、安全和可持续发展等目标。尽管当前关于负责任创新的概念和理论模型有多种解释方式,但是其核心思想具有一致性,即强调在技术创新的早期阶段,通过预测和评估的方法,充分考虑技术创新对经济价值、环境价值、社会价值、伦理价值等不同价值需求的潜在影响,并尽可能地使技术创新在实践和应用阶段满足这些利益相关者的共同需求。

二、机器人负责任创新研究的必要性

什么是机器人？关于这一问题，迄今为止并没有统一的定义，这是因为机器人学具备明显的跨学科特性，其内涵和外延随着时代变化而不断扩大。当前，关于机器人的学术定义有不同的类型。2012 年，联合国欧洲经济委员会（United Nations Economic Commission for Europe，UNECE）和国际机器人联合会（International Federation of Robotics，IFR）与国际标准化组织（International Organization for Standardization，ISO）技术委员会合作提出了一个机器人的定义：机器人是一种能够执行某种任务、两轴或者多轴可编程的、具有一定自主性（这里的自主性是指在没有人干预的情况下能够基于当前状态和感知执行特定任务的能力）的驱动机构。美国机器人产业协会（Robotic Industries Association，RIA）给机器人的定义是：机器人是一种用于移动各种材料、零件、工具或者专用装置的、通过程序动作来执行各种任务的，并具有编程能力的多功能操作臂。日本机器人协会（Japan Robot Association，JRA）对机器的定义是：机器人是一种装备有记忆装置和末端执行器的、能够转动并通过自动完成各种移动来代替人类劳动的通用机器。我国著名战略科学家、被誉为"中国机器人之父"的蒋新松院士对机器人的定义是：一种具有拟人功能的机械电子装置。这些定义大多是针对"工业机器人"，从机器人自身的功能、结构和性能等方面做出界定的。从其特点看，工业机器人相对较少地涉及社会伦理问题，因此对其进行社会评估和伦理反思的空间相对有限。因而，与之对应的"服务机器人"因其社会服务特性成了社会评估和伦理反思的主要对象，也是负责任创新的主要对象。本文在考察机器人一般特性的基础上，选取"护理机器人"（care robot）作为典型代表，探究从负责任创新的视角如何为机器人的发展提供合理的研究框架和理论模型。

护理机器人是机器人的一种特殊应用，关于它的定义学界有不同的看法。美国学者威洛（Shannon Vallor）的解释是"护理机器人是一种为了家庭、医院或者其他场合使用而设计的机器人，它的目的是为老弱病残或者其他自愿使用的人提供帮助、支持、看护等"。[6]美国学者诺埃尔·夏基（Noel Sharkey）和阿曼达·夏基（Amanda Sharkey）等认为，护理机器人主要是为老年人提供的，它的主要目的有三个：①为老年人提供日常生活的护理；②帮助老年人调控他们的行动和健康；③为老年人提供陪伴。[7] 267-282 在这个意义上，护理机器人既可以被视为"情感机器人"（affective robot），即作为人类的"朋友"起到陪伴的作用，又可以被视为"功利主义机器人"（utilitarian robot），即作为一种工具或者设备起到相应的作用。[8]加拿大学者 Aimee van Wynsberghe 从伦理学视角为护理机器人做了界定，"护理机器人可以是为了满足护理需求而在护理实践中使用的任何机器人，护理机器人的使用可以是护理提供方（care-provider）和护理接收方（care-receiver）中的任何一方，也可以是双方共同使用，护理机器人可以被用在看护语境（care context）中，如医院、私人疗养院、救济院或者家庭等场所"。[9] 61-62 目前的一些护理机器人有：日本 Secom 公司研发的 My Spoon 自动喂食机器人、日本三洋电器公司研发的自动清洗机器人、日本三菱研发的 Wakamaru 机器人（功能主要是提醒患者按时吃药以及在发现患者出现异常情况时通知相关人员）、日本理化学研究所（Riken）研发的 RI-MAN 机器人（功能主要是将患者从一个床上移动到另一个床上，它能够听懂简单的指令）。另外还有一些例子，例如，海豹型机器人 Paro 用以治疗阿尔茨海默病患者、美国远程医疗诊断机器人 RP-7 用以实现医生与患者的远距离诊疗、达·芬奇（da Vinci®）手术机器人，等等。[9] 63

随着这些护理机器人普遍渗透到人类生活的各个方面，对其进行负责任创新的研究显得尤为必要。从世界范围内看，目前全世界有 300 多家服务机器人生产厂商，其中，亚洲有 73 家，北美有 113 家，欧洲有 131 家。预计到 2020 年，全球服务机器人市场份额将快速增长至 69 亿美元，其中，医疗服务机器人的市场份额将会占据主导地位。[10]而我国的服务机器人虽然处于起步阶段，但后续赶超机遇很多，潜力很大。并且，我国的市场需求巨大，服务机器人将会成为未来重要的战略技术产品。另外，全球老龄化严重，预计到2050年，65岁及以上的全球人口比例将从现在的10%增加到20%。而中国的情况也不容乐观，全国老龄工作委员会的数据显示，2015～2035年，中国将进入急速老龄化阶段，老年人口将从2.12亿增加到4.18亿，占比提升到29%。在这种情况下，护理机器人的社会经济需求凸显，由此引发的伦理风险和法律问题也逐渐凸显。比如，护理机器人的使用是否会导致使用者对机器人的过度依赖并产生社交孤立等问题？护理机器人能否真正代替传统意义上人的护理过程？护理机器人应当具备哪些伦理价值或者道德规范？护理机器人的安全性如何保证？护理机器人在护理患者的过程中一旦出现错误，由谁来负责任？这些担忧既涉及护理机器人的设计过程，也涉及护理机器人的使用、管理、反馈等过程，因此需要将护理机器人的生产和应用置于整个技术创新的视域之中，通过预测和评估护理机器人的潜在风险、不确定性和可能的社会危害，在其设计和使用的早期阶段尽可能地实现经济价值、社会价值和伦理价值的平衡。

基于此，对以护理机器人为代表的智能机器人进行社会风险和伦理评估就显得尤为重要。传统的技术评估或风险评估在处理以人工智能技术为依托的智能机器人问题上有些力不从心，因此引入了更为系统的创新范式框架，即负责任创新框架，将机器人技术发展过程中的社会责任和伦理需求嵌入创新治理的框架内，以有效实现技术创新服务于人类的终极发展目标。

三、机器人负责任创新研究的有效路径

如何以负责任创新理念为框架实现机器人的良性发展呢？或者说，如何以负责任创新的理念规范机器人的设计与使用从而最大限度地降低其社会伦理风险呢？这需要技术专家、管理人员、伦理学家等不同利益相关者的共同努力，我们可以从设计路径、管理路径和应用路径三条实践路径出发，实现机器人负责任创新的有效互动。

（一）设计路径

机器人负责任创新的设计路径指的是在机器人的设计过程中嵌入负责任创新的相关价值，使机器人在设计阶段满足负责任创新的相关诉求。在设计路径中，一个比较典型的方法是价值敏感性设计（value-sensitive design，VSD）。该方法由华盛顿大学的巴特亚·弗里德曼（Batya Friedman）创立，是在嵌入式价值（embedded values approach，EVA）方法的基础上，强调从工程技术的设计视角入手，将设计系统及接口设计者，与思考和理解利益相关者价值的人群联系在一起。价值敏感性设计强调在整个设计过程中，从道德哲学角度将人类的基本价值（如隐私、安全、信任、人类尊严、身体与心理健康、知情同意、知识产权等）嵌入其中。[11]弗里德曼将其称为三重方法论（tripartite methodology），即概念研究（conceptual investigation，CI）、经验研究（empirical investigation，EI）与技术研究（technical investigation，TI）。概念研究阶段需要分析与具体技术设计相关的伦理价值。经验研究阶段需要通过定性和定量测量手段为前一阶段的价值分析提供必要的经验数据支撑，同时为下一阶段提供经验数据的反馈。技术研究阶段需要研究具体的技术设计细节与因素。一方面分析现有的技术属性与潜在机制如何支持（或阻碍）伦理价值的实现，另一方面积极介入系统的设计过程，使相关价值得以实现。[12]126-127

价值敏感性设计的方法是将相关价值嵌入技术设计的整个过程中，使之在上游阶段具有价值敏感性。以此方法将负责任创新理念嵌入机器人的设计过程中，具有很强的操作性。以护理机器人为例，艾米提出了一种护理导向的价值敏感性设计（care centered value sensitive design，CCVSD）。该方法以护理导向框架（care-centered framework）为基础，融入价值敏感性设计的具体操作方法，用以实现护理机器人的负责任设计。护理导向框架用以分析在护理实践中护理机器人和其他与之相关的行动者之间的伦理关系，由五部分组成，包括：语境（context）、实践（practice）、相关行动者（actors involved）、机器人类型（type of robot）和道德因素的体现（manifestation of moral elements）。该框架适用于一般的护理机器人,具体内容如表 1 所示。[9]

表 1 护理机器人伦理评估框架

框架构成	具体内容
语境	医院（与病房）vs 养老院 vs 家庭
实践	托举 vs 洗澡 vs 喂饭 vs 递送食物、床单、药品等 vs 玩游戏
相关行动者	人（如护士、患者、清洁人员或其他工作人员）
	非人（如护理室、机械台、病床隔帘、轮椅、机械升降机、机器人等）
机器人类型	辅助型 vs 促成型 vs 代替型
道德因素的体现	注意力（attentiveness）、责任（responsibility）、能力（competence）、响应能力（responsiveness）

护理导向的价值敏感性设计的方法就是将护理导向框架中的各个部分加以综合考量,通过设计的方式将注意力、责任、能力、响应能力这些道德因素嵌入护理机器人之中（表 2）[9] 65-66,使之在具体的行动中体现道德意义。例如,美国科学家研发的 Wee-bot 机器人,旨在让残疾婴儿可以独立行动。Wee-bot 机器人的设计充分考虑了不同类型残疾婴儿（如唐氏综合征或者脑瘫）的实际需要,将注意力、责任、能力、响应能力中的部分要素融入机器人的设计之中,不仅可以使部分残疾婴儿独立操控以实现行动的目的,而且激发某些婴儿的"驾驶经验"并促进大脑的发育。

表 2 护理实践中的道德因素

道德因素	人类的实践能力和道德能力	机器人的相关性能与道德属性
注意力	识别患者动态需要的能力	机器人视觉；面部识别；情绪知觉和识别
责任	信任能力；对某人做了什么以及为什么这么做有基本的理解力；明确对于需求的适当反应的能力,并且授权去满足这些需求的能力；当出现问题时,个体被假设有承担责任和义务的能力	情绪识别作为建立（模拟的）信任的手段；机器人知道正在做什么、如何做,以及为什么这么做；知道它看见了什么、过去看见了什么,以及未来能够看见什么；能够预测其行动的结果；知道什么可以做,以及什么不可以做；能够获取新的知识（学习机器人/算法机器人）
能力	具有以熟练技能执行某个行动以满足明确需求的能力	安全、有效和高质量任务执行能力（机器人的速度、制动距离、紧急关闭、机器人的材料使用）；力反馈和触觉作用
响应能力	具有为了满足护理接受者（患者）需求并与之交互作用的能力,这些需求可以是生理的、语言的或者其他方面的	多模型交流平台：语言的和非语言的（附属语言的）交流范式、手势、头部动作、光亮、眼神注视、面部表情、亲近关系、力反馈和触觉感知等

（二）管理路径

机器人负责任创新的管理路径指的是对机器人参与社会活动的主要方面进行管理规约，通过评估的方式从技术方面、经济方面、法律方面和伦理方面对涉及机器人的设计、操作、推广等环节提供管理建议，以满足机器人负责任创新的管理要求。

从技术层面看，传统技术评估方法对机器人的评估主要侧重其性能。例如，对辅助移动的护理机器人的评估主要考察其是否能够平稳地将患者抱起并从轮椅移动至病床而不使患者受伤，并且同时考察这些机器人是否能够按照设定的时间和路径完成动作而不产生太大的噪音等。这些评估的指标针对的是机器人自身的技术性能，但是随着人机交互理论的不断发展，对与人交互甚密的服务机器人的评估还需要将人的因素考虑在内。比如，很多护理机器人被设计成具有类人特征的形象，拥有和人一样的躯干、四肢、五官甚至是表情，其最初目的也许是为了使人类更加放心地使用这类机器人，但也会因为其过于像人而使人产生"恐怖谷"的心理。因此，从技术层面为机器人制定相关政策不仅需要考虑机器人自身的性能问题、安全性问题、与环境交互的问题，还需要将人类的可接受性（包括社会可接受性与道德可接受性）纳入考虑的范围之中，从而使机器人在技术层面满足负责任创新的价值需求。

从经济层面看，以负责任创新理念规范服务机器人的产业发展应重点考虑服务供应商和消费者之间的消费关系。具体需要考察的问题包括：①个人行动者发展或者使用服务机器人的动机是什么（例如，老龄化社会中缺少相应的护理劳动力或者能够产生相应的利润机会）；②服务机器人创新过程中涉及哪些费用（技术费用或者非技术费用）；③机器人应用需要适应现存环境，因此除了支付机器人操作者的开支外，调整的成本（例如环境调整的成本）也应当被考虑，还需要考虑的是，支付开支的人是否也是受益的群体；④谁是利益相关者和相关市场；⑤相比于技术保守的经济环境，在技术乐观的（technology-enthusiastic）经济中，人们对技术的可接受性和需求会更高一些，因而是否有一些国家被认为是服务机器人的主要市场;⑥对潜在可能性的全面评估不仅要考虑有可能被机器人取代的工作种类,而且要考虑在创新过程中新出现的工作种类;⑦国家(或地区)创新体系为服务机器人发展提供了哪些先决条件。[13]因此,从经济层面考察机器人的负责任研发与应用需要将国家发展战略和创新机制、新兴行业特征、劳动力市场、相关开支等方面的内容纳入考虑范围,以促进机器人产业在经济领域内的负责任发展。

从法律层面看,对机器人的负责任创新研究应当重点思考机器人在何种意义上承担法律责任。当前,各国的法律仍然将机器人视为一种"物"的存在,这就意味着机器人的持有者和制造商对机器人的行为负有法律上的责任。但是随着具有自主决策能力的智能机器人(如某类护理机器人)在社会生活中的普遍应用,这类机器人的责任问题就不能仅考虑它们的拥有者和制造商,还应该考虑到机器自身的责任问题。目前,西方有部分学者认为,应当将部分机器人(主要指具有决策能力的机器人)纳入具有法律行为能力的范畴内,并且提倡建立相关的保险制度用来赔偿因机器人自身功能失常带来的事故损失。[14]

从伦理层面看,负责任创新视域中的机器人研究主要集中在"责任"问题上。一方面,机器人伦理涉及一般的技术伦理问题,即机器人的使用是否会带来某些伦理问题,这往往采用风险-利益分析(cost-benefit analysis)法或者伦理-法律-社会分析(ethical, legal, social issues, ELSI)法。另一方面,以护理机器人为代表的服务机器人因其智能特性展现出不同于工业机器人(或无智能机器人)的伦理复杂性,所以智能机器人自身的技术复杂性导致其透明性降低,需要承担额外的责任。以人工智能技术为依托的智能机器人在社会实践中普遍渗透到人类生活的各个方面,并与人类行动者产生密切的交互作用。德国技术哲学家胡必希针对人与机器之间的关系提出了四种类型,即人-机器(human-machine)、机器-人(machine-human)、机器-机器(machine-machine)、人-人(human-human),这四种类型的人机关系是以连接(connection)、互动(interaction)和相互作用(interface)的形式进行区分的。[15]随着智能机器不断地渗透到人类行动之中,这四种人与机器的关系也需要被重新确定,特别是其中的伦理问题。我国著名学者邱仁宗教授对基于人工智能技术的机器人所产生的伦理问题做了论述,并强调应该为这类机器人的发展"定规立矩",具体包括四个方面:"第一,应禁止机器人拥有人类所有智能,也就是说,在设计和制造机器人时应留一手。例如,不能让机器人拥有制造或繁殖自己的能力。第二,应建立人工智能研究伦理审查委员会,审查智能机器人研究计划,对于机器人拥有人类所有智能的研究计划不予批准,禁止利用任何资金资助这类研究计划。第三,与立法禁止化学和生物学武器类似,设计和制造智能机器人的国家以及相应国际机构应立法禁止生产与人类一样聪明甚至比人类更聪明的智能机器人,违反此类法律者要承担刑事责任。第四,要求科学家和企业设计与制造行动合乎道德的机器人。让机器人与我们一样自主做出合乎道德的决定,这是一件比较困难的事情。鉴于近几年应用功能性核磁共振技术研究大脑的成果,人们的道德直觉和道德判断也可能有神经生物学基础,甚至也可能有基因基础,这就给研发行动合乎道德的机器人的计划提供了科学基础。"[16]

（三）应用路径

机器人负责任创新的应用路径指的是在应用机器人的过程中应当注重机器人自身的运行规律,以负责任的态度操作和使用这类机器人。这主要可以从两个方面进行考量,即个人层面和企业层面。

就个人层面而言,个体使用者在使用这类机器人的过程中应当保持合理的安全距离,尽可能主动避免机器人对个体使用者的负面影响。以老人护理机器人为例,如果老人过分依赖护理机器人的使用可能会导致他们大幅减少社交活动,从而使他们产生心理上的空虚感与孤独感,导致社会孤立现象的发生。而且,过度依赖护理机器人的使用,可能会给老年使用者带来自卑、恐惧等负面心理,比如,这会暗示他们已经是老年人,暗示他们的某种机能衰退或丧失,暗示他们是需要被护理的脆弱人群,这会给老年使用者带来不良的心理暗示。另外,如果老人可以熟练使用这类护理机器人,会使部分子女降低其家庭责任感，过分依赖护理机器人带来的便利，减少与父母之间的交流，进一步加剧老人内心的空虚感。因此，作为个体使用者，在使用机器人的过程中应当适度，以一种负责任的态度合理地使用机器人，尽量避免对机器人的过度依赖，从而产生不良的负面效应。

就企业层面而言，企业在生产和推广机器人产品的过程中应该秉承着负责任的态度，按照用户群体的实际需求进行产品生产和推广。首先，相关企业应当尊重用户的隐私权，对于使用这类机器人而产生的数据加以保护，建立相应的规范，保护隐私数据采集、传输、加工、存储的全过程。其次，相关企业应当尊重用户的知情权，从设计上注重机器人的简明易操作性，在使用上注重明确操作效果的因果关联，增强可解释性。最后，相关企业应当充分考虑到不同用户群体的实际差异性（如城乡差异性、性别差异性、年龄差异性、民族习惯差异性等），在生产和推广产品的过程中将这些因素纳入其中，从真正意义上实现机器人产业的负责任创新。

四、结论与建议

随着机器人技术的不断成熟，各种类型的机器人不断渗透到我们社会生活的各个方面，尤其是以人工智能技术为依托的智能机器人更是惠及人类生活的各个领域。但随之而来的是对机器人可能产生的社会、伦理、法律、环境等问题的担忧，一方面，人类期待机器人技术带来的便利和福祉；另一方面，人类又担心机器人会给人类社会带来种种风险和负面影响。面对这种情况，以负责任创新的理念规范机器人的设计、生产、操作和使用具有非常重要的时代价值。具体而言，落实机器人负责任创新这三条实践路径的合理对策有以下三个方面：首先，可以采取跨学科的研究方式。由于机器人负责任创新研究涉及智能科学、心理学、人口学、哲学等多学科领域，所以其可以采用科学家、技术人员和哲学家或伦理学家跨学科合作的研究方法。其次，可以制定相应的指导文件及规范，可以参考国际层面的规范准则，制定适合我国机器人负责任创新的政策标准和评价标准。最后，可以促进国际合作与交流。通过借鉴欧美国家的前期研究成果，深入发掘我国与其之间的共性与特性，利用后发优势，研发符合社会主义核心价值观的机器人发展模式和制定相关准则。

参考文献 >>>

［1］European Commission. Directorate-General for Research and Innovation. Options for Strengthening Responsible Research and Innovation：Repcrt of the Expert Group on the State of Art in Europe on Responsible Research and Innovation［R］. Luxembourg，2013.

［2］von Schomberg R. Prospects for technology assessment in a framework of responsible research and innovation［A］//Dusseldorp M，Beecroft R. Technikfolgen Abschätzen Lehren：Bildungspotenziale Transdisziplinärer［C］. Wiesbaden：Vs Verlag，2011：39-61.

［3］Stilgoe J，Owen R，Macnaghten P. Developing a framework for responsible innovation［J］. Research Policy，2013，42（91）：1-13.

［4］Grunwald A. Technology assessment for responsible innovation［A］// von den Hoven J，Doorn N，Swierstra T，et al. Responsible Innovation Volume 1：Innovative Solutions for Global Issues［C］. Dordrecht：Springer. 2014：15-31.

［5］BMBF-Bundesministerium für Bildung and Forschung，Innovations und Technikanalyse. Zukunftschancen erkennen und realisieren［R］. Bonn，2001：7.

［6］Vallor S. Carebots and caregivers：sustaining the ethical ideal of care in the twenty-first century［J］. Philosophy & Technology，2011，24（3）：251-268.

［7］Sharkey N，Sharkey A. The rights and wrongs of robot care［A］// Lin P，Abney K，Bekey G. Robot Ethics：The Ethical and Social Implications of Robotics［C］. Cambridge：The MIT Press，2011：267-282.

［8］Shaw-Garlock G. Looking forward to sociable robots［J］. International Journal of Social Robotics，2009，1（3）：249-260.

［9］Wynsberghe A. Healthcare Robots：Ethics，Design and Implementation［M］. Farnham：Ashgate Publishing Limited，2015.

［10］国家机器人标准化总体组. 中国机器人标准化白皮书（2017）［Z］. 2017-10.

［11］Friedman B. Value-sensitive design：a research agenda for information technology [EB/OL]. https://vsdesign. org/outreach/pdf/friedman qq VSD_Research-Agenda. pdf [2017-12-20].

[12] 王前，朱勤. 工程伦理的实践有效性研究 [M]. 北京：科学出版社，2015：126-127.

[13] Decker M. Responsible innovation for adaptive robots [A] // Battaglia F, Mukerji N, Nida-Rümelin J. Rethinking Responsibility in Science and Technology [C]. Pisa：Pisa University Press. 2014：65-88.

[14] Pagallo U. The Laws of Robots：Crimes, Contracts, and Torts [M]. Dordrecht：Springer Netherlands，2013.

[15] Hubig C. Mensch-maschine-interaktion in hybriden systemen [A] // Hubig C, Koslowski P. Maschinen, Die Unsere Brüder Warden [C]. München：Fink，2008：9-20.

[16] 邱仁宗. 为人工智能发展"定规立矩" [N]. 人民日报（理论版），2016-11-22，第7版.

人工智能研究纲领冲突中的问题转换和解释

陈自富*

在科学研究纲领方法论中，问题转换是对学科理论发展机制进行解释的关键，成功的问题转换可以使研究纲领难以解释反常导致硬核破碎而退化，同时研究纲领也可以通过保护带的调整或者正面启发法来应对反常，对其理论内核进行保护。人工智能作为一门年轻的学科，其在历史上呈现的理论多元化场景导致了研究纲领的多次冲突，在这些冲突中发生了各种问题转换，从而导致了不同研究纲领的进化和退化。因此本文针对人工智能历史上若干经典的冲突，从科学研究纲领方法论的问题转换角度加以分析，希望能为人工智能的理论发展机制提供一种有说服力的解释。

一、可错主义的认识论与技术科学中的问题转换

问题转换是科学哲学家拉卡托斯（Imre Lakatos）在改进波普尔的方法论证伪主义时提出的，是指在一个理论系列 T_1、T_2、T_3……中，每一个后面的理论为了适应反常，对前面的理论附以辅助条件（或对前面的理论重新做语义的解释）而产生的。如果后面的新理论与其先行理论相比，有着超余的经验内容，能预见新颖的事实，那么这个理

---

* 陈自富，上海交通大学科学史与科学文化研究院客座研究员。

论系列就是进步的，或者说构成了理论上进步的问题转换；如果这一超余的经验内容中有一些还得到了证认，即每一个新理论都引导我们真的发现了新事实，那么这个理论上进步的理论系列还是经验上进步的，或者说构成了经验上进步的问题转换。只有一个问题转换在理论上和经验上都是进步的，才能说它是进步的问题转换，否则就称为退化的。[1] 36-38

拉卡托斯关于研究纲领的学说建立在其可错主义的认识论基础上，传统的基础主义认识论或者以理性或者以经验作为认识的可靠基础，但无论是罗素的逻辑主义还是希尔伯特的形式主义，都是属于欧几里得式的"从顶部注入真值"的演绎数学演绎系统，即从前提推出结论，整个体系的真由前提的真来保证。但是无论是哥德尔不完备性定理还是经验观察的理论负荷，二者都表明以心理主义为基础的唯理论和经验论是靠不住的。可错论是宇宙的无限性与人类有限的科学陈述所导致的，这个本体论的根源是证伪主义的前提。因此数学是"准经验的"学科，而准经验理论的发展是从问题开始的，接着是大胆解决问题，然后严格地检验、反驳，进步是由大胆的推测、批判、对立理论之间的争论和问题的转移所带来的，这样就不存在欧几里得式的自上而下"从顶部注入真值"的方法，而是在一个猜测的体系中，可以从顶部、底部或任何其他地方尝试性地注入真值。[2] 5-67

拉卡托斯对研究纲领的进步是用理论进步、经验进步和启发力这三个标准来衡量的，他认为不存在一个能即时地推翻一个研究纲领的判决性实验，科学合理性的到来不仅很晚而且是可错的，因此"智慧女神的猫头鹰在黄昏时才出来"，科学是研究纲领的战场而不是单个理论的战场，理论的多元论要优于理论的一元论。[1] 107-113 关于这一点，国内学者以人工智能的发展为例，说明了普遍性的一元主义方法论不足以解释人工智能这样的新兴学科，反而是费耶阿本德的多元主义思想更适合描述包括人工智能在内的各种新兴学科。[3]

在人工智能 60 年的发展历史中，理论的多元化图景是非常明显的，即使当下风头正劲的深度学习，也存在训练效率、鲁棒性和较难处理时序问题等困难[4]，逻辑、知识、心理模拟和行为主义的影响仍然很巨大。而这些不同的研究纲领，在历史上无论是在内部还是外部，都有非常多的争论，这些争论中哪些构成了进步的问题转换、哪些使研究纲领退化（例如德雷福斯明确指出的，"经典的、基于符号的 AI 显得越来越像 I. 拉卡托斯所说的那种退化中的研究纲领的绝妙例子"[5]443），都是这种多元论图景下的科学解释的核心部分。

对于人工智能研究纲领竞争中的问题转换，有两个前提需要指出：首先是西蒙和纽厄尔强调人工智能是一种经验科学，而明斯基在其图灵奖演说中对计算机科学中过度形式化的批评[6]，已从侧面支持了西蒙和纽厄尔的观点，这种经验科学的后面隐藏着可错的认识论假设（也许麦卡锡对逻辑主义进路的坚持是一个例外[7]，因此逻辑主义的强纲领相对来说是容易被挑战的）；其次是人工智能既是科学又是技术的双重性质，虽然当代已经对这二者持有一种相互依赖的观点，而且西蒙也用实验设计的方式变相将其还原为一种科学，但程序、机器人仍然还是一种人工物，因此将其作为人工物考察就需要从设计和实验的角度给予特殊处理。

下面我们对人工智能发展史上主要的问题转换进行分析，这些构成进化或退化的问题转换，有些表面上是问题转换，实际上是语义的解释的"伪转换"，往往通过争论的形式表现出来；有些则确实构成了理论或经验上的问题转换。

二、正面启发法的胜利：关于德雷福斯对人工智能批判的分析

德雷福斯是人工智能发展历史上著名的批评家，从 20 世纪 60 年代中后期开始，他就开始了对人工智能理论的哲学批判，迄今已经 50 多年，几乎贯穿了当代人工智能发展的全部历史。他对人工智能的批判主要集中在其认知主义的理论假设上，由此延伸到机器定理证明、思维形式化等具体问题。

首先来看德雷福斯对机器定理证明的批评。这个批评主要指向早期人工智能的基础：问题求解中的启发法，这个经验上的反常是说当

时作为机器定理证明领域成就最大的王浩定理，在没有使用启发法的情况下，仅花了 5 秒时间就证明了逻辑理论家程序所证明的 52 条命题逻辑定理[8] 101-102，德雷福斯对这个反常的批评也来自 1960 年王浩本人对逻辑理论家程序的评价，而对王浩的反驳最早是由明斯基 1963 年指出的："然而，我感到王的批评被误导了，他似乎没有认识到逻辑理论家程序的作者对这些定理证明不是那么有兴趣，因为他们关注的是求解困难问题的普遍难题。"[9] 因此德雷福斯是无视明斯基的辩解的，其仍然在 1965 年之后提出了这个批评，但是矛头指向了启发式方法。

这个案例后续的实际发展，是研究纲领中正面启发法的典型表现。传统人工智能共同体内的科学家无视德雷福斯的批评，继续深入地运用启发式方法，在专家系统、积木微世界、计算机视觉等涉及编程的领域中取得不少成就，原因在于启发式方法体现的是人类有限计算能力下追求良好解的过程理性，而不是追求最优解的实质理性，因此这是一种以计算为基础的有限理性[10]，它对应的是人类专家经验法则的形式化，适用于问题表述含糊而没有精确解，以及找到精确解的计算复杂度无法承受（例如在出现指数爆炸的场合）的情况，因此启发式方法对于缩小解空间具有不可替代的重要性。[11] 101-102

从历史的角度来看，德雷福斯对机器定理证明的批评并没有切中要害，他的矛头并未对准作为传统人工智能理论硬核的计算和表征，而主要是批判作为保护带组成部分的启发式方法，至于作为另一个保护带组成部分的有限理性假说，也不在德雷福斯的批评目标之中。实际上，在像物理符号系统这样的符号主义纲领的保护带中，经验性、启发式、有限理性就足以使其具有强大的弹性和解释能力，这导致德雷福斯从这个角度对诸如象棋、跳棋这样的博弈程序和自动翻译的批评，都没有导致符号主义研究纲领的退化，因此也没有构成使该纲领退步的问题转换，或者说这些反常以及德雷福斯在理论上提出对启发式方法的批评，也没有构成对符号主义研究纲领的证伪。

但德雷福斯也从现象学的角度对符号主义纲领中通过思维形式化表述的无身认知进行了批判，他将人类智能活动分为 4 个领域条件：

反射行为、数学思维、复杂的形式化系统、非形式化行为或感知思维领域，其中，符号主义纲领主要适用于领域 1 和领域 2，领域 3 可以部分应用，领域 4 全部不能适用。[8]299-308 为此德雷福斯对符号主义纲领提出了以下 4 点修正，希望能从理论上获得更多经验上的事实支持：

  a）考虑躯体化在智能行为中的作用；

  b）考虑在开放生活世界中的人类实践技能和背景活动；

  c）考虑人类需要和普遍性兴趣如何组织人类经验；

  d）早期采用人机结合、长远采用模拟计算的解决方案。[8]239-290

  这样实际上就在符号主义纲领的基础上提出了一个新的理论，这个理论可以总结为："计算机只能处理事实，而人——事实的源本——不是事实或一组事实，而是在生活于世界的过程中，创造自身及事实世界的一种存在。这个带有识别物体的人类世界，是由人靠使用满足他们躯体化需要的躯体化的能力组织起来的。没有理由认为，按人类的这些根本能力组织起来的世界，可以采用其他的手段进入。"[8]298

  对于德雷福斯的这些批评和新的理论假设，我们可以明显看到其在理论上具有更多的经验内容，对于领域 3 和领域 4 的适用性更强，因此是一个理论上进步的问题转换，从经验上来看，在符号主义纲领旗帜下，无论是麦卡锡的限制逻辑，还是明斯基的框架理论，以及 20 世纪 70 年代末兴起的专家系统，都是对上述理论修正中 b）c）d）的回应，因此在经验上也构成了进步的问题转换。从这个角度来看，虽然德雷福斯并非职业的人工智能科学家，并没有通过编写软件程序来验证其哲学猜想，但他从哲学角度所提出来的这些理论修正，确实构成了对符号主义研究纲领的一个进步的问题转换。

三、工具驱动下的"上诉"：感知机批判与联结主义的复兴

  人工智能发展史上另一次涉及不同研究纲领的竞争来自著名的感

知机争论，即 20 世纪 60 年代末麻省理工学院的明斯基和派珀特对罗森布拉特关于感知机研究的批判。

自 20 世纪 60 年代末明斯基和派珀特提出对感知机的批判之后，一直到 80 年代初中期的那段时间，以感知器为代表的联结主义研究几乎停滞，而明斯基所倡导的传统符号主义纲领则提出了框架、脚本、限制逻辑等各种理论，同时基于知识的专家系统也投入使用，至少从表面来看，联结主义研究纲领确实退化了，如麦科达克所说的，基于符号的信息加工模型更加适合于人类智能的研究，模仿细胞行为的控制论纲领衰败和死亡了。[12] 47

但正如拉卡托斯所指出的："退化的问题转换同某种老式的'反驳'或库恩的'危机'一样，不是淘汰一个研究纲领的充分理由。能否有客观的（而不是社会心理学的）理由来拒斥一个纲领，即淘汰它的硬核及其建立保护带的纲领呢？我们的回答大致是，如果一个竞争的研究纲领说明了其对手先前的成功，通过进一步表现出启发力而胜过了其对手，便提供了这样一个客观的理由。"[1] 84

这种启发力的标准往往依赖于如何解释新理论的"事实新颖"，而实际上只有很长时间之后，人们才能看到一个事实命题的新颖，对感知机的批判是一个新纲领发展过程中常见的"小判决性实验"，联结主义纲领被证伪之后的上诉，需要通过来自理论内部的发现和外部计算机设备的进步来实现：反向传播算法和较低的计算成本最终证认了其所预见的经验事实——无须传统编程的神经网络具备比符号主义纲领更灵活、更强大的学习能力。事实上，虽然 20 世纪 60 年代中后期联结主义纲领没有符号主义纲领那么成熟，可能在理论和实践上的经验内容较少，但是这并不影响其生命力，同样存在着正面启发法的力量，即使在整个 70 年代的黑暗时期，研究者也通过联想记忆、计算机视觉研究等方式低调地进行着神经网络的研究[13] 923-944，甚至有学者回忆："我一点也不认为那是黑暗的时代，还是有很多东西在进行。"[14] 110

在这一起经典的理论证伪→研究纲领退化→正面启发法（反向传播算法的发现）导致退化的研究纲领再次进化的案例中我们发现，其实，明斯基及后来的批评者似乎没有精确瞄准理论硬核的目标，或者至少是采取了错误的武器来瞄准。一般而言，联结主义的独特理论硬核主要有 3 点主张，具体如下。

第一，结构模拟，指联结主义模拟人类神经系统结构，通过简单加工单元之间的联结方式进行计算，这导致其对知识的分布式表征，认知活动是网络的动态整体活动，计算特征和表征特征不在同一层次，而是前者处于后者之下。

第二，灰箱方法，指人工神经网络只是处于符号加工和人类真实神经网络的一个中间层次（斯莫伦斯基称之为"亚符号"），它不像符号主义那样完全将人类大脑当成黑箱，只是通过对人类神经系统的部分了解，将基于计算的人工神经网络当成大脑的同构型或同态型模型。

第三，动力系统假设，指完成人类技能型行为的直觉处理器的状态是每个单元的大量活性值的向量精确界定的，直觉处理器是类似于物理学意义上的动态系统，系统的状态取决于变异进化方程不断进化的大量向量。[15] 273-288

动力系统假设和结构模拟带来的问题是计算量及实际的物理实现模型体积较大，由于当时的冯·诺伊曼式计算机的内存、运算能力都不能方便地检验其理论模型，所以明斯基将这个外部条件作为多层神经网络不可能的判据，采取了外部条件决定论的立场。至于对感知机不能处理非线性可分问题的指责，鉴于实际上明斯基和派珀特已经知道罗森布拉特和其他学者对这方面的缺陷正在改进，因比这种职责更多的是出于外部原因，例如，研究经费方面的竞争，以及对罗森布拉特夸大宣传的回应。前者采用了错误的武器，后者则完全根本没有瞄准神经网络研究的理论硬核，是一个理论上的误伤。

至于灰箱方法和神经网络的亚符号特征，这是斯摩棱斯基在 20 世纪 80 年代才提出的，60 年代末联结主义论者并没提出类似的主张，斯摩棱斯基试图调和符号主义与联结主义，采取的是一种灵活互补的立场，比较符合人工智能的实际情况[16] 194-281，而明斯基所坚持的，仍是其在《迈向人工智能的步骤》中的符号立场，没有意识到人工神经网络实际上是基于当时人们已经熟悉的灰箱方法的,而是直接攻击罗森布拉特在媒体上的过度宣传,在理论上明显缺乏整合的视野,这也是后来人们将他和派珀特视为"邪恶二人组合"(devilish duo)的原因。[13] 911-912

等到20世纪80年代初期,由于作为工具的计算机在运算能力方面的迅速提高,以及反向传播算法、玻尔兹曼机等神经网络的训练算法开发成功,当初明斯基和派珀特针对感知机的批判基础都已经不再成立,联结主义在这些工具的驱动下成功地进行了"上诉",其理论通过成功开发语音合成、模式识别等程序重新得以验证,追随这个纲领的研究活动再度兴起。

四、保护带的调整:"中文屋"实验和认识的自然化

20世纪80年代以来,塞尔通过其"中文屋"的思想实验强烈抨击人工智能缺乏意向性,而意向性是人类智能的前提,由此得出传统人工智能难以成功的结论。

塞尔的这个批判宏观上针对的是整个人工智能或认知科学研究中的计算机隐喻问题,微观上针对的是句法能否产生真实语义的问题,而不是指向某个具体的研究纲领(虽然也有研究者指出由于联结主义中计算和表征的分离性导致塞尔对联结主义的批评并不成立[17],但就塞尔的本意而言,他是将当前的所有人工智能作为批判对象的),而且塞尔本人并没有像德雷福斯那样提出明确的修订方案,只是从哲学上提出了一种意识只能通过大脑的生物学机制来解释的生物学自然主义,其主要内容是:人的大脑是机器,而人脑有意识,但电脑这样的机器是否有意识取决于其引起意识的因果能力能否满足人脑引起意识那样的最小因果能力,从而越过从非意识到意识的阈限,从目前的情况来看,功能主义和计算主义不能回答电脑是否有意识的问题,毕竟意识是生物学现象,而我们在神经生物学方面的进展还缺乏有强大解释力的统一理论,但原则上我们未来能够认识到大脑中引起意识的生物学机制。基于这个立场,塞尔认为克里克、埃德尔曼、彭罗斯这些

从神经生理学或量子力学角度来解释意识的科学家的方向是正确的，而像丹尼特（Dennett）、查尔莫斯这样否定大脑生理学结构对意识的决定性作用的理论则走在了错误的轨道上。[18] 129-138

塞尔的这个挑战给予了人工智能研究一定的启发，有助于受生物学影响、采取结构模拟的联结主义纲领的复兴，使得共同体内部和外部提出了若干新的理论假设来应对这个反常，从而形成了对传统符号主义纲领保护带的调整。

这些新的理论中联结主义纲领从大脑生理特征出发来提出新的假说，但也有明斯基这样整合内部不同纲领甚至外部假说的新理论，这些新理论原则上打破了这样的功能主义和计算主义的解释链条：认知行为→知识→（语义/计算）→心理表征→意向→意识。

明斯基的"心智社会"（the society of mind）是由大量主体（agent）组成的分布式系统，每个主体执行简单的功能，主体之间可相互通信并组合起来完成特定的任务，每个人的心灵都是一个心智社会，这个理论有着丰富的思想来源：符号主义、联结主义、皮亚杰发生心理学、弗洛伊德的精神分析、生物进化论和福多的心理模块理论。[13] 917-921 而且明斯基的意图是想在三个时间尺度上提出一个关于心灵的通用理论：进化尺度（数十亿年）、人类历史尺度（世纪）、个体发育尺度（周和月）。但关于心灵的机器隐喻，他仍然和塞尔保持类似的立场，认为目前仍然缺乏揭开心灵奥秘的工具和理论。[19] 288 明斯基的心智社会理论也启发了一些软件程序的开发和实现，同时和纽厄尔坚持的 SOAR（state，operator and result）认知架构形成了对比，后者追求认知中的统一性，而明斯基将心灵作为一个包括认知、情感在内的整体，表现出的是一种多元性。[20]

与此几乎同时，来自产业界的霍金斯（Jeff Hawkins）提出了新的大脑皮层工作原理，认为大脑皮层的层级结构与现实世界的嵌套机构具有同构性，描述了大脑皮层的 6 层组织结构及不同神经元之间的信息传递机制、皮质柱的信息处理原理等[21] 107-180，在这个基础上提出了非常适合于时序处理的分层时序记忆（hierarchical temporal memory，HTM）模型，广泛应用于物体识别与跟踪、交通流量预测、人类异常行为检测等领域。[4]

最近几年发展起来的类脑 AI 或神经拟态计算（neuromorphic computing）的目标是基于人类大脑工作原理设计非冯·诺伊曼传统结构的计算机来实现人工智能愿景，相对于传统计算机而言，神经拟态计算应具备人脑的三大特性：低能耗、容错性、无须编程。这个路径与塞尔指出的生物自然主义进路类似，但一般也是采用灰箱模型，也就是通过在神经元层次和大脑之间的某种中间层次来建立同态或同构的功能模型，并开发专用神经元芯片或集成电路来实现，欧美等发达国家已经在这个方面投入大量资金和人员开发相关技术，是当前人工智能研究的热点。[22]

在心灵哲学领域，与塞尔相呼应，但对人工智能研究也影响很大的是丹尼特对意向性和意识的自然化，前者主要通过其基于自然选择的进化理论提出的意向立场、设计立场和物理立场来解决，后者则通过"多重草稿模型"来解决，提出意识就是模因综合体软件在大脑硬件上的运行结果，但模因综合体本身并不能还原为任何大脑状态，它们只是一种功能结构，就像运行在计算机上的软件或程序，控制着大脑中各种草稿的竞争，就像程序控制着计算机内部的物理运行过程，这个综合体就是一台冯·诺伊曼虚拟机。这样丹尼特就在生物进化论的基础上，用传统的计算机构造了一个人类意识的功能模型，但明显不是塞尔所提倡的生物自然主义进路。[23] 27-89

就塞尔的意向性问题推动人工智能如何考虑在物理上实现意识和意向性，以及提倡一种唯物论的生物学结构模拟进路来看，意向性问题确实构成了对人工智能尤其是联结主义研究纲领的理论进步的问题转换。在某种程度上，类脑计算的进展也是经验上的证实。但是，由于人类对大脑工作原理的了解还非常少，目前的类脑计算仍然只是亚符号层次的功能模拟，也就是介于大脑高层次的符号处理层次和神经元生理活动之间的一个中间层次，仍然是一种灰箱方法，与塞尔提出的只有完整了解人类大脑工作原理才能实现智能机器的理想相差甚远。是制造和生物脑类似的硅脑还是以行为主义为基础制造用数字方式虚拟实现的心智或心灵，这个问题看来还不明朗。

五、技术科学视野下关于研究纲领冲突的解释

上文分析的人工智能史上的三次争论,两次发生在外部职业哲学家与人工智能共同体之间,一次发生在人工智能内部不同研究纲领之间,但二者都不同程度地构成了理论上进化或退化的问题转换,这说明人工智能即使作为一门经验科学,仍然有一定的理论色彩。明斯基和派珀特的研究纲领不仅提出了理论主张,而且通过其学生和同事的工作开发了具体的软件程序,这体现了人工智能的技术科学性质。德雷福斯仅仅只是提出了理论主张,没有将其付诸技术实施,也仍然逐步获得了人工智能共同体的一定承认和接纳,甚至连开发了著名的自然语言理解程序 SHRDLU 的威诺格拉德也接受了德雷福斯的观点。[13] 856-857 从这个例子中,我们可以清晰地看到科学和技术在面对计算机、人工智能这样的综合技术单元时,二者之间不仅相互依赖而且相互依存。一方面,人工智能在缺乏坚实理论的前提下,采用技术中常用的启发式(经验法则或直觉等)策略来设计程序,如逻辑理论家、通用问题求解器、象棋程序等实现人类智能行为的功能模拟;另一方面,对人工智能感兴趣的哲学家,则通过对人工智能理论基础的批判来启发共同体在辩护中不断完善其理论基础。

同时,在由政府、社会、学术共同体等共同参与的大科学时代,科学和技术的关系不再是一种"技术是科学的应用"这样的简单层次关系,一方面,技术知识在认识论方面的独立性和自治性更强,即所谓的技术的认识解放[24] 353;另一方面,在人工智能这样的技术性科学(technoscience)中,西蒙的实验观点虽然可以统合科学和技术的目标与方法,但是技术知识不仅仅体现在实验的背景之中,同样也体现在了科学的建制化之中[25] 11-12,与科学知识一样面临着由外部社会、共同体一起来决定的处境。

工程科学作为科学和技术的中介,为理解与设计人类构造的人工物提供了基础理论,它不仅为科学向技术的转化提供了方便,也为技术向科学的转化提供了便利。这种传统的工程科学在冷战时期由于军

事应用而聚焦在核反应堆、导弹或计算机这样的技术单元，从而导致了单一的综合性知识领域的出现，即所谓的类似于计算机科学这样的技术性科学。这种综合在计算机科学中发生了两次：第一次从20世纪60年代末开始，计算机科学的重点从硬件逐渐转向了计算、逻辑等抽象理论，从而模糊了这门学科内部科学和技术的界限；第二次则发生在外部，计算机作为工具被广泛地用于模拟和研究物理、生物乃至社会现象，从而导致了计算机科学与其他自然科学、社会科学之间界限的模糊[24]117-183，甚至发展成为一种将实在看作计算、宇宙是一台巨大的计算机的计算主义哲学。[26]1-19

但工程科学与技术或技术性科学之间仍存在一些差别，前者强调综合运用科学和技术知识使自然界的物质、能量、信息为人类所用，因此其对人工物的关注更为具体，追求的唯一目标是社会、商业或军事应用。而技术或技术性科学在知识形态和特性、目的上与之不同，尤其是在现代大科学背景下，其目标的范围更加广泛和多元，不仅追求社会、商业和军事的应用目标，往往还具有认识论目标，像计算机科学及人工智能这样的技术性科学，不仅启发了心理学的认知革命，而且对神经科学、语言学、认识论、心灵哲学产生了重大影响。因此，像人工智能这样的技术性科学的研究纲领竞争面临着比工程、科学更为复杂的局面。

首先是在所谓的范式革命中朴素证伪主义和方法论证伪主义的滥用，例如，明斯基和派珀特对联结主义的批判往往被当成对联结主义的证伪，发生了符号主义替代联结主义的革命，实际上我们看到，事实远非这样简单，"研究纲领方法论同任何其他科学合理性的理论一样必须由经验的-外部的历史作为补充"。[1]145 在这种情况下，我们不得不诉诸当时的计算机硬件发展水平、大科学组织中主要资助机构美国国防部高级研究计划署（Defense Advanced Research Projects Agency，DARPA）的作用这样的外部因素来解释这个问题，而不能简单地将其视为一个研究纲领取代另一个研究纲领的革命。类似的例子还有德雷福斯用自动语言翻译、弈棋程序、模式识别等反常来简单地证伪符号主义研究纲领。实际上，正面启发法在项目经费申请、职业声誉的背景下，对理论弹性的支撑比想象中大得多。

其次是内部史在理论发展中的主导作用不够被重视。"科学史总要比它的合理重建丰富。但是合理重建或内部历史是首要的，外部历史只是次要的，因为外部历史的最重要的问题是由内部历史限定的。"[1] 150-152 人工智能从早期开始就处于理论多元化的背景之下，像DARPA这样的政府机构主导着对研究纲领的偏好，即使到了今天，欧盟仍然对人类大脑计划研究纲领持有一种偏见性的支持，从而导致共同体内其他科学家的抗议，因此如何发现不同研究纲领的共同基础和概念、经验定律的连续性，才是支持合理重建人工智能史的核心。在这一点上，学科内外对此似乎没有处在一个对话频道上，内部学者关注的是设计程序来模拟功能，追求的是功能模拟的准确性和泛化能力，而不是检验某些理论假设；而外部批评家关注的是如何用概念、假说去规范技术实践中的内部研究者，双方之间充满了误解。计算、表征、知识、理性、意向性、意识、思维形式化、心智机械化这些核心概念的演变发展，以及它们之间相互作用构成的概念之网，形成了三种不同研究纲领的共同基底，对这些的理解才是从内部构建其历史的关键，从而才能把许多反常解释的外部问题转化成内部问题来理解。

再次是存在用科学解释的演绎模型来对人工智能中的技术实践成分进行解释的倾向。如内格尔所指出的，对科学的说明包括演绎模型、或然性说明、功能或目的论说明、发生学说明这四种类型[27] 21-27，实际上，符号主义的物理符号系统假设、逻辑主义的数理逻辑，在建造智能机器的实践中都只是经验性的理论，但在人工智能内部或外部都存在用自然科学的演绎模型来说明智能的通用性的倾向，科学家给出了过多的理论承诺，例如西蒙、明斯基、罗森布拉特等，哲学家则用意向性、具身性之类的概念武器将人工智能的技术实践视为无用之物。无论是出于获取项目经费的外部需要，还是出于对人类人文价值的捍卫，这种演绎型的说明，要么带给人们对其承诺长期不能兑现的失望，要么使得人工智能以一种错误的形象在大众中被传播：或者全知全能，或者永远只是不能自己思考的自动机械。

最后是没有充分预见到研究纲领竞争的长期性，而是过于急切地寻找具有即时合理性的判决性实验来证伪某个纲领。例如，用弈棋程序中的组合爆炸来否定符号主义的纲领，或者用计算机能力不足以支撑神经网络计算的需要来否定联结主义，或者用信息加工模型的灰箱来否定行为主义纲领的黑箱，或者用深度神经网络在围棋对弈中的成功来否定符号主义，等等。实际上，人工智能作为一门高度复杂的技术性科学，并不存在如此之多的判决性实验，拉卡托斯指出了内部理论进化对判决性实验意义的修订，而计算机和互联网的发展在人工智能中也发挥着关键作用，使得历史上被简单当作具有一定判决效果的程序或实验，都丧失了其经验上的判决意义。

从以上的分析出发，我们认识到人工智能这样的技术科学，其理论的多元化竞争格局将是长期的，科学和技术实践中对经验上的反常具有较强的解释能力和容忍度，很难从个别的判决性实验出发来构成一个研究纲领退化的问题转换，这往往需要更多的反常和更长的时间，因此人们应该基于这些特点，对人工智能未来理论如何发展做出更加全面的预测或判断。

参考文献 >>>

［1］伊姆雷·拉卡托斯. 科学研究纲领方法论［M］. 兰征译. 上海：上海译文出版社，2005.

［2］拉卡托斯. 数学、科学和认识论［M］. 林夏水，薛迪群，范建年译. 北京：商务印书馆，2010.

［3］盛晓明，项后军. 从人工智能看科学哲学的创新［J］. 自然辩证法研究，2002，18（2）：9-11.

［4］曾毅，刘成林，谭铁牛. 类脑智能研究的回顾与展望［J］. 计算机学报，2016，39（1）：212-222.

［5］玛格丽特·博登. 人工智能哲学［M］. 刘西瑞，王汉琦译. 上海：上海译文出版社，2001.

［6］Minsky M. Form and content in computer science（1970 ACM turing lecture）［J］. Journal of the ACM，1970，17（2）：197-215.

［7］McCarthy J. From here to human-level AI［J］. Artificial Intelligence，1996，171（18）：640-646.

［8］休伯特·德雷福斯. 计算机不能做什么——人工智能的极限［M］. 宁春

岩译. 北京：生活·读书·新知三联书店，1986.

[9] Minsky M. Steps toward Artificial Intelligence [A] // Feigenbaum E A, Feldman J. Computers and Thought [C]. Cambridge：The MIT Press，1995.

[10] 赫伯特·西蒙. 西蒙选集 [M]. 黄涛译. 北京：首都经济贸易大学出版社，2002.

[11] 卢格尔. 人工智能：复杂问题求解的结构和策略 [M]. 史忠植，张银奎，赵志崑，等译. 北京：机械工业出版社，2004.

[12] McCorduck P. Machines Who Think [M]. San Francisco：W. H. Freeman and Co，1979.

[13] Boden M A. Mind as Machine：A History of Cognitive Science [M]. Oxford：Oxford University Press，2008.

[14] Anderson J A，Rosenfeld E. Talking Nets：An Oral History of Neural Networks [M]. Cambridge：The MIT Press，2000.

[15] 贾林祥. 联结主义认知心理学 [M]. 上海：上海教育出版社，2006.

[16] Smolensky P. Information processing in dynamical systems：foundations of harmony theory [A] // Parallel Distributed Processing：Explorations in the Microstructure of Cognition，vol. 1. [C] Cambridge：The MIT Press，1986.

[17] 李珍. 从哲学视角看人工智能的发展——对"中文屋论证"的批判性考察 [J]. 河南师范大学学报（哲学社会科学版），2011，38（6）：14-18.

[18] 约翰·塞尔. 意识的奥秘 [M]. 刘叶涛译. 南京：南京大学出版社，2009.

[19] Minsky M. The Society of Mind [M]. New York：Simon & Schuster，1986.

[20] Singh P. Examining the Society of Mind [J]. Computing & Informatics，2003，22（6）：521-543.

[21] 杰夫·霍金斯，桑德拉·布拉克斯莉. 人工智能的未来 [M]. 贺俊杰，李若子，杨倩译. 西安：陕西科学技术出版社，2006.

[22] 顾宗华，潘纲. 神经拟态的类脑计算研究 [J]. 中国计算机学会通讯，2015，11（10）：10-20.

[23] 宋尚玮. 丹尼特的自然主义认知哲学 [M]. 北京：科学出版社，2016.

[24] 安东尼·梅杰斯. 技术与工程科学哲学（上）[M]. 张培富，等译. 北京：北京师范大学出版社，2015.

[25] 约瑟夫·C. 皮特. 技术思考——技术哲学的基础 [M]. 马金楠，陈凡

译. 沈阳：辽宁人民出版社，2008.

[26] 郦全民. 用计算的观点看世界 [M]. 广州：中山大学出版社，2009.

[27] 欧内斯特·内格尔. 科学的结构 [M]. 徐向东译. 上海：上海译文出版社，2005.

人工智能社会伦理

关于人工智能的价值反思

孙伟平[*]

人工智能是深刻改变世界、有远大发展前途,同时又难以准确预料后果的颠覆性技术。目前人工智能正以指数级的速度高速发展,但人们的思想观念较为滞后、政策取向不清晰、伦理规制缺失、法律法规不健全,导致了巨大的不确定性和风险。因此,我们有必要对人工智能及其应用后果进行全方位的价值反思,将人工智能纳入健康发展的轨道。

一、人工智能的积极社会效应

人工智能是基础性、前沿性、开放性、革命性的高新科学技术。可以预见,人工智能将成为未来智能社会的基本技术支撑,对社会生产方式、生活方式乃至休闲娱乐方式产生巨大而深远的影响,为人与社会的自我提升和自由全面发展提供难得的契机。

(一)社会的智能化程度已经成为一个国家、地区发展水平的标志

通过人工智能的普遍应用,我们正在建设一个尊崇知识和智慧的智能社会。基于智能网络和智能交通,全球市场正在形成,在全球范围内配置、共享资源成为可能,这大幅提高了资源的使用效率,减少

---

[*] 原载《哲学研究》2017年第10期。孙伟平,上海大学社会科学学部哲学系教授。

了资源的闲置和浪费。人工智能不断向社会生产方式、生活方式渗透，传统产业正在进行智能化改造，智能产业更是崛起为新的重要的经济增长点。通过产业结构升级，发展智能经济，劳动生产率空前提高，所提供的产品和服务日益丰富。社会组织的信息化、智能化水平不断攀升，精准化智能服务更加及时、贴心，人们的生活越来越便捷、舒适；对物理空间和社会空间的智能监测、预警与控制体系日臻完善，社会运行更加安全、高效，社会治理水平也不断得以提升。这一切为人与社会的自由全面发展奠定了坚实的物质基础。

信息科技、智能科技作为最先进、最时髦的科学技术，正在深刻地改变世界，这本身就是科技文化的经典应用。至于传统的精神文化领域，无论是文化生产还是文化消费，都在快速信息化、智能化，"电子文化"方兴未艾。但人工智能对精神文化领域的"改造"远不止于此。智能系统自身不仅"爱好"搜集和加工数据，而且擅长理性分析和逻辑表达（如写作新闻稿），甚至还涉足感性的诗歌、绘画、谱曲等领域进行"创作"。各式各样的智能文化虽然尚显"稚嫩"，但谁都不敢小觑它的未来。当智能文化产品和服务成为满足人们精神文化需求的主力军时，一场深刻的精神、文化革命就来临了。

可以断言，智能社会是人类历史上最与众不同，也最令人期待的社会形态，其中，人的智慧或者说创造性发挥着至关重要的作用。今天，无论是像美国这样的发达国家，还是像中国这样的发展中国家，都已经启动了雄心勃勃的新一代人工智能发展计划。人工智能领域已经成为国际竞争的前沿阵地，社会的智能化程度已经成为一个国家、地区发展水平的标志。

（二）促使生产方式趋向人性化，帮助人类实现对自身的"改造"

工业化曾是人类划时代的发展。它通过大规模、标准化的机械化生产，将人从农业时代的重体力劳动中解放出来，大幅提升了单位时间的生产效率。但机器生产的非人性也前所未有。在机器大规模使用之前，人们遵循"春种秋收"的自然节律，农闲时尚有一定的自由支配时间。但在工业化生产中，自然时间被机械时间取代了。劳动者必须跟随机械的节律作息，日复一日地从事紧张、单调、无趣的工作。马克思批判道："劳动用机器代替了手工劳动，但是使一部分工人回到野蛮的劳动，并使另一部分工人变成了机器。劳动产生了智慧，但是给工人生产了愚钝和痴呆。"[1] 53

人工智能的发展实现了对机械的智能化改造，赋予了机械类似人的"眼睛""耳朵""大脑"等感应器官和思维器官，使机器能够自动运转起来。大批智能机器被发明出来，以日益低廉的价格进入生产和生活过程中，取代人从事一些重复、单调、繁重的工作，将人从一些有毒、有害、危险的工作（环境）中解放出来。智能科技还改变了工业革命以来一直存在的"人机对峙"状态，努力打造人机一体、人机和谐状态。新型的人机系统越来越聪明，越来越"善解人意"，它们越来越成为与人紧密合作的"伙伴"。这使生产过程越来越人性化，人们有可能摆脱异化人的旧式分工，发掘自己的潜能，实现自己的价值。

人工智能作为人的手、腿特别是大脑的延伸，人机结合、人机协同、人机共生、人机一体化等使人自身的结构、能力获得了跃迁式的发展。例如，日益发展的人机协同，可以大幅度提高人的记忆（存储）能力、运算能力、逻辑推理能力、管理能力等，大幅度强化、提升人的认知能力。借助虚拟技术及相应设备，人们不仅可以练习驾驶飞机、潜艇、宇宙飞船，进入时空隧道穿越旅行，而且可以在身体及精神方面成为一个不同的人。谷歌首席未来学家雷·库兹韦尔预测，到2030年左右，将可以利用纳米机器人，通过毛细血管以无害的方式进入人的大脑，将负责思维的大脑皮层与云端联系起来，即时互动，使人类变得更加敏感、聪明。一些照料残疾人和患者的特定智能系统正在研制，它们甚至可以被安放在身体中，帮助克服身体的疾患和局限性。信息化的生物技术，包括基因重组，还可以帮助人类"修补"自身的缺陷，令人变得更健康、更漂亮、更长寿。

（三）帮助人类理性地进行价值评价、选择和道德提升

人工智能的任务是理解自然智能的工作原理和工作机制，开发具有类似人类智能的机器，为人类提供服务。当然，这种模拟不是刻板地模拟人脑的物质结构，也不是简单地模仿人脑的工作机理，而是一种启发式、创造性的模拟，是模拟支撑人类思维的信息转换和智能创生原理。如此开发的人工智能以其"客观的立场""丰富的知识""敏捷的思维""冷静的态度"等可以帮助人们敏锐地洞察时代发展趋势，全面地掌握事实情况，并以此为基础更好地认识客观世界和主观世界，不断提升人们的价值评价、选择和决策水平。事实上，对于现实生活中的一些价值难题，包括债务纠纷的裁定、交通事故中责任的划分、法律案件的量刑，以及不同价值选择的后果预测等，特定的人工智能系统正在显现出优势，成为人们倚重的参谋和助手。

以事实认知和价值评价为基础，基于互联网、大数据、云计算、物联网的人工智能，可以帮助人们通过道德自律进行自我约束、自我提升。如果人们有心向善，那么，其可以借助智能保姆、智能秘书、智能管家、学习助手等贴心的智能工具，及时提醒自己抑制不合理的欲望，督促自己切实践履道德规范。例如，提醒和督促自己"应该看望父母了""应该信守诺言按时赴约"，等等。对于一些自己不满却难以自制的不良陋习，例如，办事拖延、网络游戏成瘾、网络购物上瘾等，可以设计相应的智能程序，在超过预设的阈值后，帮助自己"强制执行"。这些"知规知礼""铁面无私"的智能小伙伴，将人们心中的"大法官"外在化，令道德自律变得可操作了。

人工智能还为道德他律和社会治理提供了新的实践基础与方式。道德他律主要依靠社会舆论，以及相关机构的教育、管理加以维系。智能时代为道德他律提供了更加透明的社会环境，也提供了越来越多的智能工具。因为整个社会日益信息化、智能化，数据采集、存储、处理、传输能力空前强大，人们的一举一动几乎都处在"聚光灯"下，无所遁形。这种空前透明的社会环境，可以敦促人们主动抑制不

良动机，自觉规范自己的言行。如果某个组织或个人的行为有违既定的价值原则和道德规范，特别是践踏了公认的道德底线，借助以网络和大数据为基础的智能系统，包括各种智能监测、反应系统，可以及时弄清原委，准确还原事件过程，从而以事实为依据，形成强大的社会舆论压力；同时，对当事人采取系统性的他律手段，迫使行为人弃恶扬善，维护正常的价值秩序。

（四）增加人的自由时间，促进人与社会的自由全面发展

所谓自由时间，是指在必要劳动时间外可供人随意支配的时间。人的存在是在时间中的绵延。对于有限的人生来说，时间是人的生命的尺度，是人的积极的存在。自由时间是人的自由发展的空间。在人类社会早期，由于生产力水平低下，人们不得不竭尽全力从事物质生活资料的生产，自由时间极其有限。随着生产力的发展，出现了剩余劳动，少部分人通过占有剩余劳动而从繁重的物质生产活动中摆脱出来，成为不劳动的阶级。他们通过占有剩余劳动而占有了社会的自由时间。大多数人则被迫承担整个社会的劳动重负，沦为终身从事物质生产的劳动阶级。劳动阶级创造了自由时间，自己却无法享有，丧失了全面发展所必需的空间。例如，在资本主义社会，资本的逐利本性决定了它必然要将自由时间变成剩余劳动时间，榨取工人的剩余价值。

智能时代的到来，极大地提升了劳动生产率和生产力水平。智能机器人可以直接代替人从事各种劳作，特别是人们不愿意承担的工作。这不仅满足了人们自由全面发展所必需的物质需求，而且逐步把人从繁重的劳动中解放出来，普遍缩短了必要的劳动时间，增加了其自由时间。

自由时间是个人能够支配的自我提升和自由全面发展的时间。人们拥有更加充裕的自由时间，意味着不必为谋取物质生活资料而终日劳作，意味着有条件发展自己的兴趣、爱好、才能和智慧。在智力资源最为宝贵的智能社会，人们的兴趣、爱好、才能和智慧的发展，不仅可能反过来促进科学技术和生产力水平的提高，而且其本身就是人

的解放与自由全面发展的题中之意。

总之，迈入智能时代，不断更新的先进技术、不断发展的社会生产、不断增加的自由时间，给人创造了更好的环境、条件和手段，人们可以在科学、文学、艺术、道德等方面得到更好的发展；到智能社会发展比较充分之时，至少在前所未有的程度上，人们的生活实践体验更加丰富多彩，得到更充分的"解放"和自由全面发展。

二、人工智能导致的价值冲突和伦理困境

人工智能与人类历史上曾经面临的科技挑战和技术难题迥然不同。过去，由于人工智能比较稚嫩，人们一直沉浸在乐观、祥和的氛围中。随着人工智能的突飞猛进，特别是在自主学习和创造性思维方面可能超越人类，威胁和风险正日益清晰地呈现在人们面前。

（一）对"什么是人"和人的本质的深层次挑战

人工智能的发展正在实质性地改变"人"。在过去的40亿年中，所有生命（包括人）都是按照优胜劣汰的有机化学规律演化的，然而，作为无机生命的人工智能正在令人不安地改变这一切。随着生物技术、智能技术的综合发展，人的自然身体正在被修补、改造，人独有的情感、创造性正在为智能机器所获得，人机互补、人机互动、人机协同、人机一体成为时代发展的趋势。雷·库兹韦尔断言，"生物智能必将与我们正在创造的非生物智能紧密结合"。[2]x 当人的自然身体与智能机器日益"共生"或一体化时，例如，生物智能芯片植入人脑，承担部分记忆、运算、表达等功能，那时的"共生体"究竟是"人"还是"机器"呢？或者在什么意义上是"人"呢？这一问题并不那么容易回答。

即使是正在研制的智能机器人本身，也对人和人的本质提出了挑战。例如，"会思维"曾经被认为是人的本质。然而，随着人工智能的突破性发展，"机器也会思维"成为不争的事实。而且，就如同机械机器早已超过了人的体力、速度和耐力一样，机器思维完全可能超过人

类的思维能力。当智能机器不仅在存储（记忆）、运算、传输等方面超过人脑，而且在想象力、创造力、控制力及情感的丰富度等方面也超过人时，就对人的思维本质构成了实质性的挑战。又如，劳动或者制造和使用生产工具曾经被认为是人的本质。但未来的智能系统完全可能根据劳动过程的需要，自主地制造生产工具，运用于生产过程，并根据生产的需要而不断调适、完善。如此一来，无论是制造和使用生产工具，还是更一般意义的劳动，都不再是人类的"专利"。此外，借助现代技术，智能机器人在外形上可以不像人，但也可以"比人更像人"[3]，或者说，可以长得比普通人更加"标准"、更加"完美"；任何人都可以定制一个外形、声音、反应与行为都一样的"自己"，令自己"不朽"。如此种种，智能机器人究竟是否是"人"，必将成为一个聚讼纷纭的话题。

如果智能机器人在一定意义上是"人"，那么，它是否享有人权等基本权利（例如，禁止被人类过度使用，或置于可能导致硬件受损的恶劣环境中）呢？是否具有与自然人一样的人格和尊严（例如，不能视为低人一等的"驯顺的仆人"）呢？是否应该被确立为道德或法律主体，承担相应的行为后果？智能机器人可否像自然人一样，与其他智能机器人自由交往、联合？这类问题还有很多，并且新的问题正在不断涌现。咀嚼现实，智能机器人正在大举介入人们的生活实践过程，成为学习的老师、工作的伙伴、生活的保姆、游戏的玩伴，甚至像家庭成员一样的伴侣、孩子……有人声称，宠物狗尚且享有一定的动物权利，具有自主意识和情感的智能机器人正变得与人难以区分，它们是否更应该拥有基本权利呢？如果这样，究竟什么是"人"和人的本质，以及处理人际关系和人机关系的价值原则，都需要被重新认识。

（二）冲击传统的伦理关系，挑战人类的道德权威

人工智能的研发和应用正在导致大量的价值难题。人工智能可以被广泛运用于虚拟现实，模糊虚实之间的界限。例如，人工智能医生通过远程医疗方式进行诊断，在患者身上实施专家手术；但传统医患之间那种特别的感觉往往荡然无存，医患之间可能产生心理上的隔

阂。人工智能教师、保姆等导致的问题也类似于此。有些人特别是青少年终日与各种智能终端打交道，觉得虚拟世界才是真实、可亲近的，对虚拟对象产生过度的眷恋和依赖，而感觉与身边的人交往"太累""无聊"，从而变得孤僻、冷漠、厌世等。有些电子游戏中充斥着色情、暴力等反道德、反社会的内容，例如，在一些暴力性游戏中，游戏者为了"生存"，必须想方设法获取"致命性武器"，肆无忌惮地"杀人"，但由于没有面对面的对峙，没有物理意义上的身体接触，看不见"被杀者"的痛苦表情，因而其全然不觉得"杀人"是血腥和残酷的事情，丝毫没有犯错的意识和愧疚感。沉溺其中，难免助长人的"精神麻木症"，泯灭人的道德感，影响个体人格的健康发展。

隐私权是一种基本的人格权利。隐私权是指自然人享有的私人生活安宁与私人信息秘密依法受到保护，不被他人非法侵扰、知悉、收集、利用和公开的一种人格权。迈入信息化、智能化时代，人们的生活正在成为"一切皆被记录的生活"。各类数据采集设施、各种专家系统能够轻松地获取个人的各种信息，它可能详尽、细致到令人吃惊的程度。在人工智能的应用中，云计算已经被配置为主要架构，许多政府组织、企业、个人等将数据存储至云端，这容易遭到威胁和攻击。而且，一定的人工智能系统通过云计算，还能够对海量数据进行深度分析。大量杂乱无章、看似没有什么关联的数据被整合在一起，就可能"算出"一个人的性格特征、行为习性、生活轨迹、消费心理、兴趣爱好等，甚至"读出"一些令人难以启齿的"秘密"，如隐蔽的身体缺陷、既往病史、犯罪前科等。如果智能系统掌握的敏感的个人信息泄露出去，被别有用心的人"分享"，或者出于商业目的而非法使用，那么后果不堪设想。

智能系统正越来越多地渗入社会的组织管理过程中。人工智能能够自动处理大量的行政协调和控制任务，承担管理工作中的程序性任务，减少人为的失误，从而节省管理成本，提高管理效率。然而，它往往忽视被管理者的文化传统和心理特征，忽视被管理者是一个具体的"人"，从而缺乏人类特有的同情心和"人情味"。特别是，随着具有自主意识的智能系统的突破性发展，在自然人与超级智能之间，谁的道德表现更为优异呢？谁能占据道义制高点？谁更有资格拥有道德裁判权，以及相应的教育、管理权？这些本来不成问题，现在却不再那么有把握了。例如，超级智能是否可能依仗自身的体力和脑力优势、远超人类的活动效率，强行抢夺道德评价、决策的"话语权"，以及道德教育、管理的"资格"，甚至自以为是地对创造它的人类进行道德训诫和道德管理，将人类强行纳入智能系统的道德范畴呢？若果真如此，那将是有史以来翻天覆地的"伦理大变局"。

（三）"数字鸿沟""社会排斥"成为解构社会的革命性因素

迈入智能时代，人类创造了一个高度复杂、快速变化的技术系统和社会结构。然而，技术的发展不可能自动践履"全民原则"，人工智能有可能背离初衷，沦为经济、技术等方面的强者而独享特权的乐土。例如，由于生产力发展不均衡，科技实力相差悬殊，人们的素质和能力参差不齐，不同国家、地区的不同人接触人工智能的机会是不均等的，使用人工智能产品的能力是不平等的，与人工智能相融合的程度是不同的，由此便产生了收入的不平等、地位的不平等，以及未来预期的不平等问题，"数字鸿沟"已经是不争的事实。这一切与既有的贫富分化、地区差距、城乡差异等叠加在一起，催生了大量的"数字穷困地区"和"数字穷人"。

而且，在残酷的市场竞争、国际竞争中，发达国家、跨国企业一直在对关键数据资源进行垄断，对人工智能的核心技术和创新成果进行封锁，以期进一步获取垄断优势和超额利润。同时，部分富人和精英可以通过基因改造、人机一体化等方式，改善身体的机能，延长自己的寿命，甚至实现永生；而大多数人不仅得不到类似的机会，反而由于生命体相对的"弱智弱能"，在社会的信息化、智能化潮流中苦苦挣扎。例如，在自动化的生产流水线、聪明又能干的智能机器人等面前，普通劳动者可能不仅难以理解和主导生产过程，就是辅助性地参与进去也比较困难。随着网络越来越庞大、机器越来越灵巧、系统越来越智能，绝大多数人日益成为庞大、复杂的智能机器系统中微不足道的"零部件"，甚至沦为"智能机器的奴隶"。这导致"数字鸿沟"

被越掘越宽，呈现"贫者愈贫，富者愈富"的发展趋势。

随着生产的信息化、智能化，智能机器正在替代人类从事那些自己不情愿承担的脏、累、重复、单调的工作，或者有毒、有害、危险环境中的工作；而且，正在尝试那些曾经认为专属于人类的工作，如医生、教师、律师、秘书、保姆、驾驶员、士兵等，甚至开始"拥有"情感，出现了"取代"朋友、伴侣、孩子的迹象。由于智能机器人可以源源不断地被创造和复制，加之智能机器人相比于人更加"吃苦耐劳"，越来越多的人类工人将被取代，汹涌的结构性失业潮将随着生产的智能化，以及产业的转型升级接踵而至。在这一背景下，"数字穷人"可能会彻底丧失劳动的价值，得不到培训的资格和工作的机会，他们别无选择，只能接受失业、彻底被边缘化，甚至被社会抛弃的残酷命运。卡斯特指出："现在世界大多数人都与全球体系的逻辑毫无干系。这比被剥削更糟。我说过总有一天我们会怀念过去被剥削的好时光。因为至少剥削是一种社会关系。我为你工作，你剥削我，我很可能恨你，但我需要你，你需要我，所以你才剥削我。这与说'我不需要你'截然不同。"[4]434 这种不同被卡斯特形容为"信息化资本主义黑洞"："数字穷人"被排斥在全球化的经济或社会体系之外，没有"剥削的价值"，谁都不需要他，他也没有需要反抗的对抗性社会关系。他成了"多余的人"，被社会无情地抛弃了，存在也变得荒谬化了。

人是通过劳动而成为人的。劳动是人的神圣的权利，也是人自我肯定、实现价值、获得尊严的一种活动。这样被取代、被忽视、被排斥、被抛弃，这种生活意义的丧失和存在的荒谬化，除了让人的生存环境恶化、幸福指数下降，总有一天会让人在精神上、心理上无法忍受。这可能成为解构社会，甚至颠覆现存社会秩序的破坏性因素。

（四）超级智能是否会"失控"，反过来取代、控制或统治人类

2016年以来，谷歌公司开发的"阿尔法狗"（AlphaGo）采用大数据的自我博弈训练方法，相继击败了李世石、柯洁等世界围棋冠军，

令我们见识了具有深度学习能力的专家系统的威力。人工智能不仅具有深度学习能力，而且将具有主动的学习、创新能力，未来甚至可能拥有自主意识，能够自主进行升级、提升。专家估计，21世纪中叶将出现"具有人类水平的机器智能"。当机器智能达到人类智能水平时，可能很快就会产生单一的超级智能体；甚至，超级智能体可能通过相互学习、相互作用、自我完善而不断升级，并通过网络结成某种形式的超级智能组织。[5]

相比于人类，超级智能体及其组织掌握的背景知识更加完整丰富，对形势的判断更加客观清晰，规划设计更加稳健合理，做出决策更加冷静快捷，采取行动更加精准有力。并且，超级智能体对于生存环境的要求不高，工作时间更长、更专注，消耗的资源相比于人类更少，还能不断通过反馈和学习自动纠错、自主升级，因而相对于人的智能优势将会持续扩大。

具有自主意识的超级智能就如同一个打开了的"潘多拉魔盒"。超级智能可能导致的最大风险在于，它是否会通过自我学习和自主创新，突破设计者预先设定的临界点而走向"失控"，反过来控制和统治人类，"将人类关进动物园里"，甚至判定人类"不完美""没有用"，从而轻视人类，漫不经心地灭绝人类。自从人工智能诞生以来，这种对人类前途和命运的深层忧虑就一直存在，并成为《黑客帝国》《终结者》《我，机器人》等科幻文艺作品演绎的题材。约瑟夫·巴-科恩、大卫·汉森指出："制造出有自主意识、能采取自主行动的机器人，同时又使他们按照人类的是非标准行事是件极困难的事，甚至是不可能实现的。"[6]235 霍金更是感叹：或许，人工智能不但是人类历史上"最大的事件"，还有可能是"最后的事件"，人工智能的发展可能"预示着人类的灭亡"。即使超级智能体本身没有扭曲的价值观和邪恶的动机，但如果某一组织或个人研发、掌握了类似的超级智能，不负责任地滥用技术，以实现自己不可告人的目的，其后果也将是灾难性的。就此而言，人类正处在一个决定前途和命运的紧要关头。

三、智能社会的价值原则与综合对策

人工智能对人类的挑战是深刻的、全方位的，事关人的本质和尊严，事关人类的前途和命运，我们不得不慎重对待，通过反思和批判做出明智的抉择。

（一）立足"可能性"审慎地决定"应该"怎么办

"能够"是一个事实范畴，"应该"是一个价值范畴，它们之间的关系体现了事实与价值之间的分裂和对抗，也体现了事实与价值之间的互动和统一。一般而言，"能够"与"应该"之间存在以下几种可能性：其一，"能够"做的是"应该"做的；其二，"能够"做的是"不应该"做的；其三，"能够"做的是"允许"做的。目前，人工智能的发展日新月异，"能够"做的事情正不断突破原有的阈限。未来的超级智能更是可能在外形上像人，并且会思维，具有比人类更高水平的智能，能够完成许多人类难以完成的工作，能够快速处理各种复杂的社会关系和社会矛盾。那么，人工智能"能够"做的一切都是"应该"的吗？显然，上述逻辑关系中并不存在这样的必然性，"能够"并且"应该"做的只是逻辑上的三种可能性之一，需要人们在生活实践中具体情况具体分析，审慎地进行价值评价、选择和决策。

或许，有人会搬出科学的"价值中立"说或"科学无禁区"的信条来质疑对人工智能的价值思考。实际上，科学作为人类的一种本质性活动，始终服从和服务于人类的目的，"价值中立"只是研究层面的具体方略。"科学无禁区"并不适用于人工智能之类基础性、颠覆性的高新科技。从历史上看，人类以往的发明与创造，包括各种工具、机器甚至自动化系统，科学工作者都能掌控其道德表现。但现代高新科技的发展令情势产生了革命性的变化。海德格尔在《技术的追问》中指出，现代技术已经不再是"中性的"，它作为"座架"控制和支配着现代人的全部生活，或者说已经成为现代人的历史命运。马尔库塞在《单向度的人》中强调，技术的合理性已经转化为政治的合理性，"技

术拜物教"已经到处蔓延,"技术的解放力量——使事物工具化——转而成为解放的桎梏,即使人也工具化了"。[7] 143

我们正在迈入具有异质性的智能社会,科技的威力更甚以往,有时甚至超出人类的想象力。人工智能的可能后果已经难以清晰地预测,发展面临着"失控"的危险,人类的创造物正反过来威胁自己。一些悲观主义者已经在鼓噪:人工智能加速的不是人类的进步,而是人类被奴役,甚至消亡的过程!因此,我们今天对人工智能进行理智的价值评估,对人工智能的研发和应用进行道德规范,进而使价值、伦理、道德成为制约人工智能发展的内在维度,就不是一件可有可无的工作,而是我们肩负的权利、责任和义务之所在。

(二)确立不容逾越的基本价值原则

自人工智能出现以来,一些思想家曾经反思过其导致的全方位的影响,提出了一些基本的价值原则。其中最著名的是美国科幻小说家阿西莫夫在《我,机器人》(1942年)中提出的机器人三定律:机器人不得伤害人类个体或坐视人类个体受到伤害;在与第一定律不相冲突的情况下,机器人必须服从人类的命令;在不违背第一、第二定律的情况下,机器人有自我保护的义务。后来,阿西莫夫又补充了一条更基本的定律,即机器人必须保护人类的整体利益不受伤害。这明显是一些康德式的道德律令。近年来,一些学者开创了机器人伦理学(roboethics)[8]或机器伦理学(machine ethics)[9],提出了一系列伦理规则。在这里,我们不妨以上述研究为基础,结合人工智能的当代发展,提出应该遵循的若干基本原则。

(1)人本原则。人工智能是一项"人为的"和"为人的"价值活动,必须始终坚持以人为本或以人为中心的原则。培育智能经济、建设智能社会、尽可能满足人们多方面的愿望和需要,是人工智能发展的根本目的。我们不能像某些反技术的浪漫主义者那样,抗拒人工智能,放弃利用人工智能造福人类的机会。因噎废食的取向和做法是不明智的。同时,绝不允许放任自流,让人工智能的可疑风险、负面效应危害人类。虽然人工智能可以在恶劣的环境中生存和工作,但环境、家园的选择、设定必须以适合作为有机生命的人的生存为原则；智能机器日益强大，但应该始终服从和服务于人类，特别是代替人类做那些人类做不了的事情；在任何情况下，人工智能体不得故意伤害人类，也不得在能够救人于危难时袖手旁观；采集、储存、使用个人数据，研发和应用中涉及人的身心完整性和合法权益，当事人必须"知情同意"；人工智能体必须尊重人，宽容对待人类的缺陷和局限性，确保人有尊严地生活在世界上。

（2）公正原则。公正是人们的一种期待一视同仁、得所当得的道德直觉，也是一种对当事人的利益互相认可，并予以保障的理性约定。按照公正原则，人工智能应该让尽可能多的人获益，创造的成果应该让尽可能多的人共享。任何人生而平等，应该拥有平等的接触人工智能的机会，可以按意愿使用人工智能产品，并与人工智能相融合，消除"数字鸿沟"和"社会排斥"现象，消除经济不平等和社会不平等。按照公正原则，需要完善制度设计，既要抑制"资本的逻辑"横行霸道，也要防止"技术的逻辑"为所欲为；同时，建立健全社会福利和保障体系，对落后国家、地区、企业进行扶持，对弱势群体进行救助，维护他们的尊严和合法权益。

（3）责任原则。在人工智能的研发、应用和管理过程中，必须确定不同道德主体的权利、责任和义务，预测并预防产生不良后果，在造成过失之后，必须采取必要的行动并追责。尤其是人工智能领域的管理者和科技工作者，作为处在人类知识限度之边缘的评价和决策者，实际上决定着人工智能体的价值观和道德表现，更是肩负着不容推卸的道义责任。智能系统的设计和运行必须符合人类的基本价值观，超级智能必须具有基本的道德判断力和行为控制力。一旦智能系统可能或已经产生破坏性后果，设计者和使用者必须立即报告相关监管机构，采取有效应对措施，并及时向社会公众说明，以消除人们的恐惧、紧张、担忧心理。

（三）启动"兴利除弊"的社会系统工程

首先，成立伦理委员会，确保人工智能发展的正确方向。人工智能领域存在着大量争论不休的前沿问题，对其进行评估、监管和规制存在困难，有必要组织包括人工智能专家在内的科学家、工程师以及伦理、法律、政治、经济、社会、文化等领域的专家，成立伦理委员会。伦理委员会的职权包括：以上述基本价值原则为基础，在充分民主协商的基础上，按照"多数决"原则，对人工智能的发展规划和前沿技术的研发进行审慎评估，对人工智能研发、应用中的伦理冲突进行民主审议。伦理委员会对新技术研发和应用具有延迟表决权及否决权。当然，当事人可以针对自己认为有误的决议进行申诉，以使可能的错误决议有得到纠正的机会。

其次，综合施策，切实让人工智能发挥兴利除弊的作用。从"兴利"的角度看，有必要组织协同攻关，研发和推广成熟的智能技术，促进智能经济发展，普遍提升民众的生活水平；广泛开展智能政务，发展智能文化，普及智能治理，建设智慧城市和智慧乡村；加大智能教育和培训的力度，建立公正合理的社会保障体系，为"数字贫困地区"和"数字穷人"提供专业服务，让全体人民共享社会进步带来的好处。从"除弊"的角度看，应该建立健全公开透明的人工智能监管体系，实行设计问责和应用监督并重的双层监管结构；督促人工智能行业和企业加强自律，遵守底线伦理，履行社会责任：运用道德谴责、利益调控与法律制裁相结合的综合手段，对突破道德底线的行为（特别是智能犯罪行为）予以惩处，形成"善有善报，恶有恶报"的良性机制；建立国际协调组织，加强智能终端异化和安全监督等共性问题研究，共同应对风险和挑战。

最后，人类应该以"奇点临近"为契机，进行深层次的自我反思：人的人性和本质究竟是什么？人类有什么理由号称"万物之灵"？有什么资格驾驭人工智能，做世界的主人？如何才能在智能社会赢得基本的尊重？什么样的社会组织形式才是合理公正的？咀嚼历史与现实，我们不难发现，人类这一物种并不"完美"，存在不少缺陷和局限性；所构建的社会组织常常既不民主，也不公正；人类的实践表现也非"完善"，曾经制造过大量的苦难和"恶"：在人工智能可能拥有的超级智慧映衬下，人类应该彻底地反省自己，通过弃恶扬善、自我修炼全面提升自己，更加自觉地规范自己，为未来的超级智能做出表率，并基于基本的价值原则创造友善、负责任的人工智能，打造人机协同、人机一体化的智能新世界。

参考文献 >>>

［1］马克思，恩格斯. 马克思恩格斯选集（第1卷）［M］. 中共中央马克思恩格斯列宁斯大林著作编译局编译. 北京：人民出版社，2012.

［2］库兹韦尔. 奇点临近［M］. 李庆诚，董振华，田源译. 北京：机械工业出版社，2014.

［3］Bostrom N，Yudkowsky E. The ethics of artificial intelligence［A］// Frankish K，Ramsey W. Cambridge Handbook of Artificial Intelligence［C］. New York：Cambridge University Press，2014：316-334.

［4］曼纽尔·卡斯特. 千年终结［M］. 夏铸九，黄慧琦，等译. 北京：社会科学文献出版社，2006.

［5］Bostrom N. Super Intelligence：Paths，Dangers，Strategies［M］. Oxford：Oxford University Press，2013.

［6］约瑟夫·巴-科恩，大卫·汉森. 机器人革命——即将到来的机器人时代［M］. 潘俊译. 北京：机械工业出版社，2015.

［7］赫伯特·马尔库塞. 单向度的人——发达工业社会意识形态研究［M］. 刘继译. 上海：上海译文出版社，1989.

［8］Veruggio G. The birth of roboethics［A］// IEEE International Conference on Robotics and Automation，Workshop on Robo-Ethics［C］. Barcelona，2005-04-18.

［9］Guarini M. Introduction：machine ethics and the ethics of building intelligent machines［J］. Topoi，2013，32（2）：213-215.

全球人工智能伦理研究进展

曹建峰[*]

一、人工智能伦理问题浮出水面

2016 年以来,人工智能伦理问题成为世界范围内公共政策的焦点话题。无论是产业界领袖、政府,还是学术界对人工智能相关问题的热议,都足以表明,人们在人工智能第三次发展浪潮之际,对人工智能对人类社会影响的担忧几乎超过了对以往任何科技(包括核技术)的担忧。就人工智能伦理问题而言,主要涉及以下几个方面。

(一)研发和应用中的伦理准则与伦理限制

人工智能系统正日益代替人类做出各种决策,包括道德决策。更进一步,人工智能系统的使用、部署而产生的结果之影响越来越重大,可能对个人的权益和自由产生重大影响,包括将人工智能系统应用在司法审判、雇佣、贷款评估等影响个人人身、财产利益的场合。因此,强调人工智能研发和应用中的伦理准则与伦理限制就十分必要且重要。

1. 需要确立人工智能研发中的伦理原则并确保予以贯彻

一方面,针对人工智能研发活动,人工智能研发人员需要遵守一些基本的伦理准则,包括有益性、不作恶、包容性的设计、多样性、透明性,以及隐私的保护,等等;另一方面,需要建立人工智能伦理

---

[*] 曹建峰,腾讯研究院法律研究中心、未来科技中心高级研究员。

审查制度，伦理审查应当是跨学科的、多样性的，对人工智能技术和产品的伦理影响进行评估并提出建议。业界的 IBM、Google、DeepMind 等都在其人工智能实践中建立了某种形式的人工智能伦理审查机制，确保人工智能研发和应用是有益且符合人类价值的。国际互联网协会（Internet Society，ISOC）在其发布的报告《人工智能与机器学习：政策文件》中提出了两点：其一，采用道德标准，即在人工智能设计中遵循伦理原则和标准，对研究人员和人工智能行业形成积极引导；其二，在创新政策中考虑伦理，即创新政策应当遵守道德标准，将其作为资金支持等政策的先决条件。[1]在实践层面，人工智能伦理准则可以确保人工智能领域受到很强的监督和问责机制的约束。这方面除了国家或者公共机构的推动，还需要做更多工作，需要将高级别的伦理原则和指南同行业最佳实践结合起来，以指导研发程序、产品宣传、产品发布等环节。

2. 人工智能应用中的伦理限制

此种限制主要探讨人工智能应用的伦理边界问题。例如，开发战争机器人或者人工智能战争武器是否不合伦理，从而应当被禁止等。2017 年，众多业内专家和研究人员联合致信联合国，呼吁禁止人工智能战争武器的开发，就表明了人工智能应用中的伦理限制考虑。[2]未来，随着人工智能不断应用到社会经济生活的方方面面，思考这样的伦理限制对于维护人类伦理和人类价值是至关重要的。2017 年的 AI Now 报告指出，负责刑事司法、医疗健康、福利、教育等高风险领域的公共部门应当停止使用"黑箱"的人工智能和算法系统，这也是对人工智能应用提出的伦理限制。[3]

（二）道德机器：人工智能系统的伦理嵌入和价值对接

1. 道德机器的必要性

人工智能系统以理性代理人的身份进入人类社会，必然需要遵守人类社会的法律、道德等规范和价值，做出合法、合道德的行为。也就是说，被设计、被研发出来的人工智能系统需要成为道德机器（moral machine），做出善良的道德判断和决策，这是人工智能伦理问题最基本的层面。因此，人工智能系统的道德代码是必要的，需要对"机器能动者"提出法律、伦理等道德要求。未来的自主智能机器将有能力完全自主行动，不再是为人类所使用的被动工具；虽然人类设计、制造并部署了它们，但它们的行为却不受人类直接指令的约束，而是基于对其所获取的信息的分析和判断，而且，它们在不同情境中的反应和决策可能不是其创造者可以预料到或者事先控制的。完全的自主性意味着新的机器范式：不需要人类介入或者干预的"感知-思考-行动"。[4]这一转变对人工智能、机器人等提出了新的伦理要求，呼吁发展针对机器的新的伦理范式。

当决策者是人类自身，而机器仅仅是人类决策者手中的工具时，人类需要对其使用机器的行为负责，具有善意、合理、正当使用机器的法律和伦理义务，在道德上不得拿机器这一工具来从事不当行为。当人类决策者借助工具来从事不当或者违法行为时，人类社会一方面可以在道德和舆论层面对其进行谴责，另一方面可以借助法律这一工具对违法者进行惩罚。然而，既有的针对人类决策者的法律和伦理路径并不适用于非人类意义上的智能机器。由于智能机器在替代人类从事之前只能由人类做出的决策行为，因此在设计智能机器之时，人们需要对智能机器这一能动者提出类似的法律、伦理等道德要求，确保智能机器做出的决策可以像人类一样，也是合伦理、合法律的，并且具有相应的外在约束和制裁机制。

智能机器决策中的一些问题也彰显了机器伦理（machine ethics）的重要性。其中一个问题是，由于深度学习算法是一个"黑箱"，人工智能系统如何决策往往并不为人所知，其中可能潜藏着歧视、偏见、不公平等问题。[5]人工智能决策中越来越突出的歧视和不公正问题使得人工智能伦理显得尤为重要。尤其是人工智能决策已经在诸如开车、贷款、保险、雇佣、犯罪侦查、司法审判、人脸识别、金融等诸多领域被广泛应用，而这些决策活动影响的是用户的切身利益，确保智能机器的决策是合情、合理、合法的就至关重要，因为维护每个人的自由、尊严、安全和权利，是人类社会的终极追求。

人工智能做出的选择可能是算法的逻辑结果，但也可能会被认为是不道德的（unethical），应当强调将道德融入人工智能系统和算法中的重要性。因此，在实践层面，人工智能系统做出的行为需要与人类社会的各种规范和价值保持一致，即价值相符性或者价值对接。由于人工智能系统是研发人员的主观设计，所以这一问题最终归结为人工智能设计和研发中的伦理问题，即一方面需要以一种有效的、技术上可行的方式将各种规范和价值代码化，植入人工智能系统，使系统在运行时能够做出合伦理的行为；另一方面需要避免研发人员在人工智能系统研发过程中，将其主观的偏见、好恶、歧视等带入人工智能系统。比如，当前很多人工智能系统诸如语音助手等都被认为具有性别歧视的倾向。未来人工智能系统可能融入社会生活的方方面面，如何避免诸如性别歧视、种族歧视、弱势群体歧视等问题，确保人工智能伦理行为的实现，是需要认真思考的问题。而这需要在当前重数学和技术的算法思潮之外，思考伦理算法的现实必要性和可能性。

2. 道德机器的实现

道德机器的实现，即将人类社会的道德、伦理、法律、常识等价值规范嵌入人工智能系统中，一般遵循以下三个步骤。[6]

1）识别特定社会群体的规范和价值

首先，应当明确需要嵌入人工智能系统的规范和价值是什么。法律规范一般是成文的、形式化的，容易得到确认。但社会和伦理规范往往体现在行为、语言、习俗、文化符号、手工艺品等中，比较难确定。而且很多时候，人类社会中不同群体之间、群体与个体之间、个体与个体之间的价值观是冲突的，很难用真假命题来衡量。比如，伦理学上的"电车难题"在自动驾驶汽车这一语境下得到探讨，在刹车失灵或者来不及制动的情况下，自动驾驶汽车面对横穿马路的五个小孩和车上的一个乘客，该做何选择呢？在国外的一项调查中，虽然很多人倾向于支持功利主义的立场，但当被问及是否愿意购买这样的自动驾驶汽车时却连连摇头，他们大都希望自动驾驶汽车能够以保护自己为优先价值。可见，人们希望他人的自动驾驶汽车是利他主义的，而自己的则是利己主义的，这表明其实不存在普世的或者共识性的伦理判断标准，而是依赖于语境或者群体的变化。因此，需要嵌入人工智能的价值应当是特定社会或团体中针对特定任务的一套观范。

其次,道德过载(moral overload)问题。人工智能系统一般受到多种规范和价值的约束,诸如法律要求、金钱利益、社会和道德价值等,它们彼此之间可能发生冲突。在这些情况下,哪些价值应当被置于最优先的地位呢?应优先考虑广大利益相关方群体共同分享的价值体系;在人工智能研发阶段确定价值位阶时,需要有清晰、明确的正当理由;在不同情境下或随着时间的推移,价值位阶可能发生变化,技术应当反映这一变化。

最后,数据或算法歧视问题。人工智能系统可能有意或无意地造成对特定使用者的歧视。一方面,要承认人工智能系统很容易具有内在歧视,意识到这些歧视的潜在来源,并采取更加包容的设计原则;强烈鼓励在整个工程阶段,从设计到执行到测试再到市场推广,尽可能具有广泛的包容性,包容所有预期的利益相关方。另一方面,在解决价值冲突时保持透明性,尤其需要考虑脆弱、易被忽视的人群(儿童、老年人、罪犯、少数民族、贫困人群、残障人群等)的利益;在设计过程中,采取跨学科的路径,让相关专家或顾问团体参与其中。

2)将发现并确定的规范和价值嵌入人工智能系统

在规范体系得到确认之后,如何将其内置到计算机结构中是一个问题。虽然相关研究一直在持续,这些研究领域包括机器道德、机器伦理学、道德机器、价值对接、人工道德、安全人工智能、友好人工智能等,但开发能够意识到并理解人类规范和价值的计算机系统,并让其在做决策时考虑这些问题,一直困扰着人们。

当前主要存在两种路径:自上而下型和自下而上型。瓦拉赫等把自上而下型方法描述为"利用特定的伦理理论进行分析,指导实现该理论的运算法则和子系统的计算需要"的方法。把自下而上型方法称作"拓展式"方法,并指出该方法"重点在于为主体探索行动和学习方面营造一个环境,鼓励其实施道德可嘉型行为",他们宣称,自下而上型方法的优点在于其能够"从不同的社会机制中动态地进行集成输入",能够为完善其整体发展提供技巧和标准,但这一方法可能存在"很难适应和发展"的弊端。[7]目前还尚未明确如何将这些规范嵌入计算机架构中,这一领域的研究需要加强。

但是,这里依然存在一个难以达成的共识,即需要事先解决的伦理困境。以自动驾驶汽车为例,我们可以假设一个类似"电车难题"的伦理问题。如果一辆自动驾驶汽车在刹车失灵或者来不及刹车的情况下,正好道路前方有五人闯红灯,而车上有两名乘客,此时,如果继续前行则会撞死不遵守交通规则的五人,而如果转向则会碰到路障,导致车上两人丧生。在此情形下,人们应当期待该汽车如何选择呢?由于人类自身的伦理价值有时候是似是而非或者相互冲突的,所以自动驾驶汽车此时可能难以做出公认为适当的选择。

比如,按照功利主义,本着最大化大多数人的利益和福利的目的,该车应当牺牲车上两人,而拯救闯红灯的五人。但是,按照绝对主义的道德要求,违背一个人的自由意志而伤害一个人的行为是不被允许的,不能为了拯救多数人,而违背其自由意愿伤害少数人,在这个情境下,就是使车上乘客丧生。解决这样的问题,对于自动驾驶汽车等人工智能系统的发展和商业化应用是非常重要的,所以各国都在积极关注和应对此问题。

3)评估嵌入人工智能系统的规范和价值是否与人类的相符

需要对嵌入人工智能系统的规范和价值进行评估,以确定其是否和现实中的规范体系相一致,而这需要评估标准。评估标准包括机器规范和人类规范的兼容性、人工智能经过批准、人工智能信任等。

在人类和人工智能之间建立信任涉及两个层面:一方面,就使用者而言,人工智能系统的透明性和可验证性对于建立信任来说是必要的,当然,信任是人类-机器交互中的一个动态变量,可能随着时间推移而发生变化。另一方面,就第三方评估而言,其一,为了促进监管者、调查者等第三方对系统整体进行评估,设计者、开发者应当记录日常对系统做出的改变,高度可追溯的系统应具有一个类似飞机上的黑匣子的模型,记录并帮助诊断系统的所有改变和行为;其二,监管者连同使用者、开发者、设计者可以一起界定最低程度的价值一致性和相符性标准,以及评估人工智能可信赖性的标准。

人工智能伦理评估中更为重要的一个问题其实是价值对接。现在的很多机器人都是单一目的的，扫地机器人就会一心一意地扫地，服务机器人就会一心一意给你去拿咖啡，诸如此类。但机器人的行为真的是我们人类想要的吗？这就产生了价值对接问题。在希腊神话中，迈达斯国王如愿以偿地得到了点金术，却悲剧地发现，凡是他碰触过的东西都会变成金子，包括他吃的食物、他的女儿等。人工智能是否会成为类似的点金术呢？机器人会不会给我们人类带来类似的情况呢？这个问题值得深思。

家庭服务机器人可能为了给你的孩子做饭，而杀死你家的宠物狗。更极端地，一个消除人类痛苦的机器人可能发现人类在即使非常幸福的环境中，也可能找到使自己痛苦的方式，最终这个机器人可能合理地认为，消除人类痛苦的方式就是清除人类，这一假设在医疗机器人、养老机器人等方面具有现实的影响。所以有人提出来了兼容人类的人工智能，包括三项原则：一是利他主义，即机器人的唯一目标是最大化人类价值的实现；二是不确定性，即机器人一开始不确定人类价值是什么；三是考虑人类，即人类行为提供了关于人类价值的信息，从而帮助机器人确定什么是人类所希望的价值。解决价值对接问题，需要更多跨学科的对话和交流机制。

（三）机器人伦理：人工智能的道德及法律地位

随着机器人和人工智能系统越来越像人（外在表现形式或者内在机理），一个不可回避的问题就是，人类到底该如何对待机器人和人工智能系统？机器人和人工智能系统，或者至少某些特定类型的机器人，是否可以享有一定的道德地位或法律地位呢？由此，机器人权利日益受到关注，这也是人类社会无法回避的一个问题。历来为人权、女权乃至动物权利（福利）辩护的观点主要是基于两大理论：道德主体和道德受体。前者是普遍人权的基础，而后者则是动物权利的基础，因为动物被认为可以感受到痛苦，所以需要给予其一定的道德权利。那么，未来是否需要承认机器人等人工智能系统也具有机器权利呢？随着机器人应用的日益普及，这个问题也会变得重要起来。另外，机器人等人工智能系统在法律上是什么？是自然人、法人、动物、物，抑或是新的法律主体？回答这一问题可能涉及代理、纳税、责任承担等问题。

二、国际社会开始制定人工智能伦理规范

人工智能研究开发和行业应用的热度仍在持续，在此背景下，人工智能公共政策成为全球关注的热点。人工智能因其自主性和学习能力而带来了不同于以往任何科技的新的伦理问题，将给人类社会各方面带来重大影响。让人工智能符合人类社会的各种规范和价值，最大化其好处，并实现全球普惠发展，是构建普惠人工智能和有益人工智能必须解决的问题。

2017年10月，石油大国阿联酋将人工智能确立为国家战略，同时高调任命了全球首个人工智能部长，表明了阿联酋要用数据这一"新石油"和人工智能来解决其社会及经济发展问题的决心。同样是在2017年10月，英国工业联合会（Confederation of British Industries，CBI）发布《在英国发展人工智能产业》的报告，十分看好大数据、人工智能等对英国生产力的促进作用，预计到2035年，人工智能将给英国经济增加8140亿美元，英国为此提出了18条公共政策建议，涉及"提高数据获取、促进技能供给、最大化人工智能研发、支持人工智能传播和渗透"等四个主要层面。[8]

此外，美国、英国、德国、欧盟等自2016年以来就开始积极推进人工智能公共政策，比如在发布的政府报告或者国家人工智能战略中呼吁政策、法律、伦理、社会影响等研究，积极推动人工智能责任立法、人工智能伦理准则及自动驾驶、医疗机器人等领域的细分立法，以及呼吁成立专门的人工智能机构，以加强对就业结构、工作等社会影响的监测并提出政策建议。

不仅公共部门热衷于人工智能公共政策，私营部门的科技公司对此亦动作频频。部分原因是人们对于人工智能存在很大的认知偏差，对新技术缺乏深入理解导致威胁论、普遍失业等观点加深了公众敌意和不信任，新技术带来的隐私、责任、安全和控制、理解和透明性、歧视等问题日益引起研究人员的兴趣。生命未来研究所（Future of

Life Institute，FLI）2017 年初组织提出了人工智能发展的 23 条原则，2017 年的 *AI Now* 报告提出了 10 项人工智能公共政策建议，这些都是业界的研究尝试。

硅谷的科技公司同样在以多种方式发表对于人工智能公共政策的观点和看法。比如，微软公司 CEO 纳德拉 2016 年在演讲中提出微软发展人工智能的六大原则，包括人工智能必须是透明性的、在追求效率最大化的同时不损害人类尊严、必须保护隐私、防止产生偏见、向算法问责，等等。这六大原则是微软公司人工智能研发的核心设计原则。[9]此外，微软公司还发布了《人工智能政策建议》，包括革新法律和法律实践以促进人工智能发展，鼓励制定最佳实践伦理准则，以人工智能带来的好处为基准衡量隐私法，政府及公共部门通过启动重大项目和系统来促进人工智能的传播与采用。[10]

还有 IBM Watson 团队很早就成立了伦理审查委员会，IBM 在 2017 年达沃斯世界经济论坛上公布了其发展人工智能的三个基本原则：不以取代人类为目的、增加透明性，以及提高技能培训和供给。[10]此外，IBM 还致信美国国会，表达其公共政策诉求。英特尔公司在发布的《人工智能公共政策机会》中对外传达了英特尔公司对这一新技术的社会影响的回应，包括促进创新和开放发展、创造新的就业机会并保护人们的福利、负责任地促进数据获取、重新思考隐私等，合伦理地设计和执行配套的可责性原则。[10]DeepMind 团队最近宣布成立人工智能伦理部门，表明其在加强人工智能技术研发和应用的同时，也将伦理等人工智能公共政策提上议程，负责任地研究和部署人工智能。[9]当然，Google、Facebook 等五大科技公司（Apple 后来加入）联合组成的人工智能合作伙伴关系也对外宣示了科技公司对人工智能社会影响的重视，希望技术能够造福于社会经济生活和人类自身。[9]

科技公司和科技行业背后的行业组织也没闲着。2017 年 10 月 24 日，代表硅谷等科技行业发展利益和需求的美国信息技术产业理事会（Information Technology Industry Council，ITI）发布首份《人工智能政策原则》，承认人工智能作为新技术将给社会经济生活和生产力带来变革性影响，人工智能系统可以被用于解决一些最迫切的社会问题，而且人工智能系统应当不是取代劳动者，而是增强劳动者或者创造新的就业机会。ITI 在这份文件中提出了三大层面的 14 个原则，从人工智能发展和创新的角度回应了舆论关于失业、责任等的担忧，呼吁加强公私合作，共同促进人工智能益处的最大化，同时最小化其潜在风险。[10] 其中，IEEE 的人工智能伦理标准和认证，以及欧盟的人工智能民事立法提议最具代表性，论述如下。

（一）IEEE：人工智能的合伦理设计[6]

2016 年 12 月，IEEE 发布《合伦理设计：利用人工智能和自主系统（AI/AS）最大化人类福祉的愿景（第一版）》，旨在鼓励科技人员在人工智能研发过程中，优先考虑伦理问题。这份文件由专门负责研究人工智能和自主系统中的伦理问题的 IEEE 全球计划下属各委员会共同完成。这些委员会由人工智能、伦理学、政治学、法学、哲学等相关领域的 100 多位专家组成。这份文件包括一般原则、伦理、方法论、通用人工智能（artificial general intelligence，AGI）和超级人工智能（artificial super intelligence，ASI）的安全与福祉、个人数据、自主武器系统、经济/人道主义问题、法律八大部分，并就这些问题提出了具体建议。

第一，价值嵌入方法。在伦理问题上，这份报告提出了如何将人类规范和价值嵌入人工智能系统的方法。可以分三步来实现将价值嵌入人工智能系统的目的：第一步，识别特定社会或团体的规范和价值；第二步，将这些规范和价值编写进人工智能系统；第三步，评估被写进人工智能系统的规范和价值的有效性，即其是否和现实的规范和价值相一致、相兼容。

第二，人工智能的透明度与个人权利。政府决策的自动化程度日益提高，法律要求政府确保决策过程中的透明度、参与度和准确性。当政府剥夺个人基本权利时，个体应获得通知，并有权利提出异议。关键问题在于，当基于算法的人工智能系统做出针对个人的重要决定时，如何确保法律所承诺的透明度、参与度和准确性得以实现。首先，政府不能使用无法提供决策与风险评估方面的法律和事实报告的人工智能（AI）/

自主系统（AS）；必须要求 AI/AS 具备常识和解释其逻辑推理的能力；当事人、律师、法院必须能够获取政府与其他国家机关使用 AI/AS 技术生成和使用的全部数据及信息。其次，人工智能系统的设计应将透明性和可追责性作为首要目标。再次，应向个体提供向人类申诉的救济机制。最后，自主系统应生成记载事实和法律决定的审计痕迹（audit trails）。审计痕迹应详细记载系统在做出每个决策的过程中适用的规则。

（二）欧盟人工智能立法：呼吁制定人工智能伦理准则，考虑赋予某些自主机器人法律地位[11]

早在 2015 年 1 月，欧洲议会法律事务委员会（European Parliament's Committee on Legal Affairs，JURI）就决定成立一个工作小组，专门研究与机器人和人工智能发展相关的法律问题。2016 年 5 月，法律事务委员会发布《就机器人民事法律规则向欧盟委员会提出立法建议的报告草案》（Draft Report with Recommendations to the Commission on Civil Law Rules on Robotics，简称《报告草案》）；同年 10 月，发布研究成果《欧盟机器人民事法律规则》（European Civil Law Rules in Robotics）。

在这些报告和研究的基础上，2017 年 1 月 12 日，JURI 以 12 票赞成、2 票反对、2 票弃权，通过一份决议，在其中提出了一些具体的立法建议，要求欧盟委员会就机器人和人工智能提出立法提案（在欧盟只有欧盟委员会有权提出立法提案）。当然，欧盟委员会并无义务遵守这一要求，但如果其拒绝这么做，就必须陈述其理由。2017 年 2 月 16 日，欧盟议会以 396 票赞成、123 票反对、85 票弃权，通过了这份决议。可以预见，推进人工智能法律和伦理研究，包括可能的立法和监管措施，未来将成为欧盟立法议程的一个核心。

首先，需要人工智能伦理准则。欧盟议会法律事务委员会的报告认为，在机器人和人工智能的设计、研发、生产、利用过程中，需要一个指导性的伦理框架，确保其以符合法律、安全、伦理等标准的方式运作。比如，机器人设计者应当考虑"一键关闭"功能，以便可以在紧急情况下将机器人关闭。在《报告草案》中，JURI 提出了所谓的

"机器人宪章"（charter on robotics）。宪章针对人工智能科研人员和科研伦理委员会（Research Ethics Committee，REC），提出了在机器人设计和研发阶段需要遵守的基本伦理原则。对于机器人科研人员而言，诸如人类利益、不作恶、正义、基本权利、警惕性、包容性、可责性、安全性、可逆性、隐私等都是需要认真对待的事项。此外，需要科研伦理委员会对人工智能设计和研发进行把关，确保机器人符合人类社会的伦理、法律等规范；这个委员会应当是跨学科的，并同时吸纳男性和女性参与者。

其次，机器人法律人格。长期来看，欧盟议会呼吁考虑赋予复杂的自主机器人法律地位（电子人，electronic persons）的可能性。界定监管对象（即智能自主机器人）是机器人立法的起点。对于智能自主机器人，法律事务委员会提出了四大特征：第一，通过传感器和/或借助与其环境交换数据（互联性）获得自主性的能力，以及分析那些数据；第二，从经历和交互中学习的能力；第三，机器人的物质支撑形式；第四，因环境而调整其行为和行动的能力。在主体地位方面，机器人应当被界定为自然人、法人、动物还是物体？是否需要创造新的主体类型（电子人），以便复杂的高级机器人可以享有权利、承担义务，并对其造成的损害承担责任？这些都是欧盟未来在对机器人立法时需要重点考虑的问题。

三、人工智能伦理问题的跨学科研究趋势

在人工智能迅猛发展和广泛应用的今天，加强人工智能伦理研究具有特别重大的理论和现实意义。回顾计算机技术发展的历史，会发现计算机、机器人等昔日被认为是人类手中的被动工具的机器，正在成为某种程度的甚至高度自主的能动体（intelligent agent），开始替代人类进行决策或者完成任务，而这些决策和任务之前一直被认为是科幻文学的专属领域，不可能由机器来完成，如开车、翻译、文艺创作等。可以预见，决策让渡将越来越普遍，背后的经济动因是，人们相信或者希望人工智能的决策、判断和行动是优于人类的，或者至少可以和人类不分伯仲，从而把人类从重复、琐碎的工作中解放出来，并

提高效率和经济效益。

正是由于人工智能和智能机器在决策和行动的自主性上正在脱离被动工具的范畴，所以人们需要对其提出法律、伦理、常识等价值要求，也就是说，其判断与行为一定要符合人类的真实意图和价值观、道德观，这也正是美国、英国、欧盟、联合国等越来越多的国家、地区和组织在积极推动的事情。比如，在中国的《新一代人工智能发展规划》中，"人工智能伦理"这一词汇出现了15次之多，足见人工智能伦理在人工智能这一学科中的重要地位。

人工智能伦理研究天然需要跨学科、跨领域，如同人工智能本身游走于科技与人文之间一样。比如，在国际社会制定《阿西洛马人工智能原则》(*Asilomar AI Principles*，图1)的时候，参与其中的专家成员具有广泛的学科背景，很好地体现了人工智能领域的文理交叉。因此，暂且不论强人工智能和超人工智能是否会成为所谓的新物种，以及潜在的威胁在未来是否真的会发生，从科技与人文交叉、融合的视角，全方位地探讨人工智能伦理及其社会影响都是有益和必要的。这一方面可以实现技术研发人员和社会科学研究人员（包括政策制定者）之间的连接与交流，另一方面也可以加强对人工智能的政策、法律、伦理、安全等问题的探讨和研究，确保在未来即使出现这样的物种，也不会是异类。

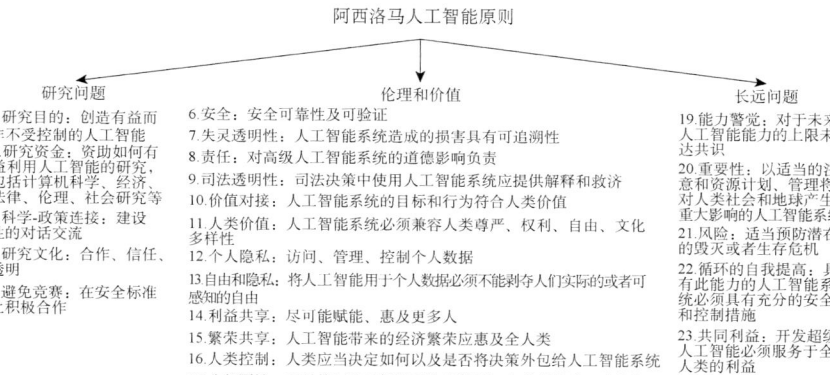

图1 阿西洛马人工智能原则

更为根本的是，人们需要开始探索适应人工智能影响的道德框架和价值体系。在未来，机器人和人工智能参与人类社会事务的广度与深度将持续得到加强，而机器人和人工智能虽然拥有类似于人类的智能，但其在物质构成上和人类迥然不同，在运算能力、思维能力、对世界的感知、反应、行动能力等方面亦和人类大不相同，既有的以人类为核心的道德框架和价值体系如何适应人工智能社会及人工智能影响，是一个值得深思的问题。也许，人类社会的道德体系在未来的人工智能世界会被重塑，甚至不止于此，人这一概括自身或许会被重新定义，这并非一种玩笑，其本质上具有某种哲学上的深思，需要更加包容、开放的伦理视角才能回应来自未来的挑战。

最后，借用图灵的话来说就是，"即使我们可以使机器屈服于人类，比如，可以在关键时刻关掉电源，然而作为一个物种，我们也应当感到极大的敬畏"。这一敬畏使人工智能伦理显得格外重要，而它必然与人工智能一道进化，最终构建一个人机共存的美好未来。

参考文献 >>>

［1］曹建峰，李金磊.国际互联网协会发布 AI 与机器学习政策文件［J］.机器人产业，2017，(3)：25-34.

［2］叶展旗.马斯克等百人向联合国呼吁禁止开发杀人机器人［EB/OL］. https://mp.weixin.qq.com/s/7Iebxbr0F3N7REgjcy1-yA［2017-12-30］.

［3］AI NOW 研究所. AI NOW 报告：2017 年人工智能领域 10 大建议［EB/OL］. https://mp.weixin.qq.com/s/b-Vxnx4NYkaSQ6jTJ3qpTQ［2017-12-30］.

［4］司晓，曹建峰.论人工智能的民事责任：以自动驾驶汽车和智能机器人为切入点［J］.法律科学，2017，35（5）：166-173.

［5］曹建峰.人工智能：机器歧视及应对之策［J］.信息安全与通信保密，2016，(12)：15-19.

［6］中国信息通信研究院与腾讯研究院 AI 联合课题组.人工智能伦理法律问题最全解读：IEEE 发布首份人工智能合伦理设计指南［EB/OL］. https://mp.weixin.qq.com/s/Br4nXPDBwphDCVfL9cj8dQ［2017-12-30］.

［7］腾讯研究院，中国信通院互联网法律研究中心，腾讯 AI Lab，等.人工智能：国家人工智能战略行动抓手［M］.北京：中国人民大学出版社，2017.

［8］徐思彦.英国再推人工智能报告：四方面发力打造 AI 强国［EB/OL］.

https://mp.weixin.qq.com/s/f5sJ3_mcRiVrNGDt5Bx5Mg［2017-12-30］.

［9］曹建峰. 除了拼技术，谷歌、微软、IBM 都争相给 AI 搞价值观［EB/OL］. https://mp.weixin.qq.com/s/oxa2jJKujQOQNXEc9beY_Q［2018-06-30］.

［10］曹建峰. AI 公共政策成全球热点，美国 ITI 发布《人工智能政策原则》［EB/OL］. https://mp.weixin.qq.com/s/jj2cSGk8VdYCAiOfrDWfKQ［2017-12-30］.

［11］曹建峰. 10 大建议！看欧盟如何预测 AI 立法新趋势［J］. 机器人产业，2017，（2）：16-20.

人工智能道德增强：现状、问题与挑战

陈万球　张　弛[*]

　　增强自身一直是人类的梦想。随着生物医学技术和神经科学技术的迅猛发展，这样的梦想正在越来越快速地成为现实。人类正进入一个"增强的社会"（enhancement society），目前人们利用认知增强、情感增强和道德增强来改良人类的精神世界已经成为现实，由此引发了国际社会的广泛讨论。其中，最前沿也最具争议的乃是以改进道德为目标的道德增强。道德增强技术及其发展，可能会引发更内在和深刻、更复杂和艰巨的伦理问题，我们不能无视，必须主动应对。

一、道德增强伦理研究的兴起

　　近几十年来，生物医学技术和神经科学技术的实证研究为不同形式的人类增强铺平了道路，例如，认知增强、记忆增强、情绪增强和注意力增强等。与治疗不同的是，增强的目的是改善人们已经良好运转的能力。21世纪初，随着人类增强技术的迅猛发展，有关道德增强技术的社会和伦理问题讨论也在国外引起了广泛关注，关于道德增强技术与未来世界、道德增强技术的可能性与可行性的争论不绝于耳：一方面，人们对道德增强技术的前景充满了期待，甚至将其看作是提升人类的道德水平、使人类社会变得越来越美好的核心技术之一；另一方面，种种关于道德增强技术的担忧和顾虑与日俱增。这些担忧包

---

[*] 陈万球，长沙理工大学马克思主义学院教授；张弛，长沙理工大学科技哲学专业硕士研究生。

括道德增强对传统道德教育的负面影响、道德增强技术的安全风险、道德增强技术对人的主体性和自主权的挑战问题等。在这样的背景下，一个新的科学技术伦理学研究领域——道德增强伦理应运而生。

"道德增强"（moral enhancement，ME）最早于 2008 年由牛津大学研究员道格拉斯（Thomas Douglas）、牛津大学教授赛沃莱思库（Julian Savulescu）及瑞典哥德堡大学教授佩尔森（Ingmar Persson）提出。关于什么是道德增强，道格拉斯认为，道德增强是"让增强的人的道德动机比过去更好"。道德增强是"一种心理上的改变，这种改变可能是一种道德增强"。[1] Veljko Dubljević 和 Eric Racine 提出："道德增强是指从道德的角度，使个人和社会更好的可能性。"[2] 赛沃莱思库认为："道德增强是提高道德认知、动机和行为的一个工程。"[3] 79-95 这种观点强调道德增强是对道德的改造，实质上是使自然的道德变成人为的道德或者技术的道德，这颠覆了人们对道德的传统认识。道德增强又称非传统道德增强（non-traditional moral enhancement）。与传统道德教育方式如父母、老师的教育以及自我道德习惯的养成不同，道德增强是指运用生物医学技术或者神经科学技术调节人的道德情感，增强其行为动机（morally better motives）和道德品质，从而提高道德行为水平。佩尔森和赛沃莱思库认为：由于人类对地球上的生活条件进行了剧烈的改变，这改写了我们的道德议程。技术的进步使我们能够发挥影响力，扩展到世界各地，并深入未来。但我们的道德心理落后，使我们缺乏应对当前挑战的能力。因此，人类必须改变自身的道德动机，使我们不仅关注全球社会，而且关注子孙后代的利益。但是，传统的道德教育改变人类的道德动机速度不够快，难以避免迫在眉睫的灾难。佩尔森和赛沃莱思库认为这是可能的，即我们需要探索生物医学新技术的使用以快速改变人的道德动机。[4] 如何进行道德增强呢？随着生物技术、神经科学及药物学的发展，人们开始采用更为先进的药物或技术提高道德水平，目前主要有两种道德增强方法：一是通过技术手段弱化某些"不良"情感，形成良好的行为动机，达到道德增强的目的。例如，"暴力侵犯冲动"通常是一种恶劣的情感，常常妨碍良好的行为动机，冲动的情感会干扰一个人的理性思维，从而易于做出伤害他人的行为，所以通过生物医学技术减少这些"暴力冲动情感"就会使一个人具有良好的行为动机，从而做出更道德的行为。[5]二是通过技术手段加强某些核心道德情感（the core of moral dispositions），如利他、公平正义，以达到道德增强的目的。目前，国内道德增强还处于研究介绍和实验论证阶段，但欧美发达国家运用生物医学技术进行道德增强已成为现实，并且在年轻群体中使用广泛。例如，注射催生素后，一个人"无私利他"捐献精神会明显增强；拥有高水平的后叶催产素（oxytocin）的人可以扩大人的信任和合作；拥有较高的血清胺（serotonin）水平的人容易有更多的公平意识；服用"爱情药"（love drug），可以增强夫妻间的情感强度、吸引力，减少婚外情，降低离婚率，实现爱情忠贞和婚姻美满。此外，经颅磁刺激、深部脑刺激、经颅直流电刺激、光遗传学技术等也可以直接影响人类的选择和行为。进一步，通过基因编辑技术等，可以植入或剔除人的某些道德基因，复制某种美德，甚至制造"道德完美婴儿"等。

二、道德增强伦理关注的焦点问题

近年来，欧美哲学家、伦理学家对道德增强进行了激烈的争论。有些哲学家和伦理学家甚至认为有迫切必要对人类进行广泛的道德增强，以应对地球将来可能被少数道德败坏的人毁灭的风险。参与争论的人大致上可以分为激进主义和保守主义两派。前者主张道德增强可以作为一种必要的强制手段来解决目前人类面临的道德灾难，如核战争、大屠杀、恐怖主义及环境破坏等，使人们生活在一个安宁的世界，从而实现理想的道德社会，以道格拉斯、赛沃莱思库、佩尔森等为主要代表；后者重视对技术后果的评估，对道德增强表示恐惧和不安，警惕人们防止将道德当作可以无限塑造的东西，以埃尼（Ehni）、伯林（Berlin）、费舍尔（Fischer）、拉维扎（Ravizza）、坦尼森（Tennison）等为主要代表。争论中提出伦理问题主要包括以下四种。

第一，道德增强的安全性问题。我们是否应该使用生物医学技术进行道德增强呢？道格拉斯认为，人类应该通过生物医学技术实现自身的道德增强。[5]哈里斯对道德增强采取一种严谨的态度，认为只有安全的、有效的道德增强才能被使用。[6]伯林认为，道德增强不仅不能解决世界所面临的危险困境，还可能给人类带来更大的灾难，因而使用生物医学技术进行道德增强从伦理上讲是不允许的。Chris Zarpentine 则明确反对道德增强，他认为生物道德增强会给人类复杂的道德心理带来严重的干扰，主张继续使用传统的道德增强方式。[7]

第二，道德增强的强制性问题。道德增强论认为，即使道德增强会使用一种新意愿征服人们的另一种意愿并且移除做不道德行为的自由，但是如果道德增强的行动阻止了对他人和整个社会的严重的道德伤害，例如群死群伤的暴力恐怖袭击等，那么这种自由的失去是可以被道德增强这个行动所带来的功利覆盖的。[8]提高个人的道德品质以及对非道德冲动的控制，表面上看似乎牺牲了个人的自由，但实质上是增加了人的自由和自主性。因为成为一个道德上的善人，不仅要知道什么是好的，也要有强烈的目的去抑制自私、仇恨、偏见等非道德冲动和行为。[9]道格拉斯甚至认为，道德增强对身份改变也没多大影响，不仅没有限制人的自由，还增进了人的自由，也不会造成"搭便车或无本获利"的现象。[10]反对道德增强的人认为，道德增强会干扰人的自由。费舍尔认为，普遍的强制性道德增强只是一种幻想，在理论上是错误的，在实践中是行不通的。道德增强会干扰人的自由，减少人的道德选择空间；会增加未增强者的压力，剥夺未增强者的自由。一些招聘企业或学校可能更加青睐那些拥有更优秀道德品质的人，因此不进行道德增强的人可能会在竞争中处于劣势，他们迫于竞争的压力，有可能被迫选择道德增强。假设可以强迫全人类进行道德增强，但极少数"漏网之鱼"也足以毁灭地球。

第三，道德增强忽视道德的社会背景。埃尼从哈贝马斯的视角质疑道德增强的合法性，认为道德增强忽视了道德的社会背景。道德增强其实是对道德的片面理解与认识，将个体道德游离于社会文化和群体道德之外。[11]坦尼森强调，美德、恶德的移出与植入要比一般意识（如人所掌握的知识）的移出与植入更为复杂，道德增强存在许多本质和内在的伦理问题，其合理性有待研究。克里斯提出，如果道德上的提高就像服用一颗药丸或给新生儿接种疫苗一样简单，那就太好了。但人类道德心理的个体和神经心理复杂性表明，道德提升没有捷径可走。除了充满荆棘的道德进步之路之外，人们确实没有别的选择。[7]因此，把道德问题简单地归结于个体道德的问题，简单地寻找个体意义上的生物原因而不是社会原因，认为只要通过生物医学的方式就能解决各种道德问题，期待用医学上的进步来掩盖社会层面的问题和弊端，其实造成的是一种价值观上的错位，并不利于人类社会的发展。

第四，非道德情感和行为一定要消除吗？道德增强者声称，为了人类的生存和发展，我们应该消除非道德的情感和行为。拉维扎提出，非道德不一定就意味着没有价值，道德上善的动机不一定有善的结果，恶的动机也不一定就会带来恶的结果。例如，一般而言，说谎是不道德的，但是当遇到一些特殊情况时，说谎反而能够给我们带来明显更大的好处，这种情况下，我们很难轻易地抹杀说谎的价值。相反，如果一个人通过道德增强不再说谎了，这可能不是一件好事。我们必须承认，一个不会说谎的人可能不适应自然和社会的发展。又比如，自私是一种非道德情感，但它可能也具备一定的价值，因为自私也有可能是人类出于保护自己的一种本能反应。这一点对于人类来说是很有必要的，在人类社会的发展中，特别是生产力低下的原始社会里，没有一点自私行为的人，可能没办法获得更多的资源，也没办法保护后代繁衍下去，那就可能在自然选择过程中被淘汰掉。总之，自私、侵犯、说谎等这些非道德意识是不能简单地通过药物干预方式除去的。

在国内，2004年以来，研究者开始探讨人类增强的伦理问题。国内提出道德增强的伦理问题主要包括以下四种。

第一，道德增强违背了人的自由意志，混淆了道德责任。刘玉山、陈晓阳、宋希林提出，一个人在服用道德增强药物后，改变了道德动机，从而改变了道德主体的行为，他的自由意志完全成了药物的附属品，这样的行为有道德意义吗？例如，一个人在没有使用生物医学技术的前提下，他决定去做 A 行为（如偷窃），在服用道德增强药物后（假设该药物安全有效），他做出的行为是 B（没有去偷窃），从道德上讲，B 的行为优于 A，符合道德增强倡导者的观点。但是仔细想想，这样的行为跟他还有关系吗？这样的行为还有道德意义吗？他的道德主体性地位还存在吗？ 从本质上讲，这个人完全失去了自己的"积极自由"或"意志自由"，不能自主地决定自己的行为，他的自由意志完全成了药物的附属品。更为可怕的是，通过生物技术控制道德情感或行为可能会违背当事人的"原初意志"。[12]王璐、曾华锋提出，道德增强技术影响力的增强，构成了自主原则前所未有的掣肘之势，也反衬出人类自决能力的弱化。[13]

第二，道德增强瓦解了人与人之间稳定的社会关系。叶岸滔指出，如果人人都追求道德增强倡导者所主张的利他、大方、信任等性情，那么所有的人就可能出现性情同质性，这并不是人类期望的道德王国。[14]刘玉山、陈晓阳认为，道德增强可能会损害道德理性，诱导人们依靠情感做出判断，从而做出不道德甚至害人的行为，扰乱人与人之间和谐的道德生活。更严重的是，随意改变性情会瓦解人类稳定的社会关系。[12]徐嘉提出，完全依靠技术塑造人的德性，既不符合人类认识发展的基本规律，也完全背离了道德的本质意义。[15]

第三，道德增强可能会损害公平性，扰乱人与人之间和谐的道德生活。蔡蓁提出，道德增强伤害内在善，伴随着痛苦的奋斗造就了品格，而消除这种痛苦则破坏了好的品格。[16]肖峰提出，优先得到增强的"道德超人"会产生增强鸿沟，破坏公平和社会秩序。[17]李伦、高佳指出，增强技术必然引发机会平等问题、公正和强制问题、代内公正和代际公正问题等。[18]

第四，道德增强的安全风险问题。胡明艳、曹南燕提出，为了自我完善或自我满足而使用的生物手段没有哪一个是完全安全的。[19]刘玉山等提出，安全问题仍然是目前使用认知增强药物首要考虑的问题。因此，对于使用认知增强药物，我们持一种较为慎重的态度。道德增强不仅不能解决世界所面临的危险困境，还可能给人类带来更大的灾难。[12]

三、人工智能的道德增强问题

实际上,人工智能的道德增强问题亦是国内外关于道德增强聚焦的理论问题之一。

人工智能的道德增强是道德增强新的探索途径。赛沃莱思库和迈伦认为,环境智能技术和人工智能不够强大,无法在用户行为中发挥规范作用。Micha Klincewicz 指出,一个更有前景的方法是依赖人工道德推理引擎,向用户提供诸如康德主义或功利主义的绝对命令的道德论证。依赖人工道德推理引擎发挥道德规范作用,这被看作是道德增强的最为光明的路径。之所以说它具有光明的前景,是因为这样的系统可以利用人们对自动化技术的充分信任。美国达特茅斯学院教授詹姆斯·摩尔(James. H. Moor)提出了所谓的第三种道德主体(ethical agent),通过明确的道德主体能在多样化的情境之下判别并处理道德信息,并做出应该要做的敏感判断;特别是它们能在道德两难的情境下,在不同道德原则相互冲突时,做出"合理的决定"[20]。

赛沃莱思库深入探讨了道德人工智能体(moral artificial intelligence,MAI)问题。他认为:随着普适计算和环境智能的发展,可以开发 MAI 来帮助人们克服自然心理局限,监测影响道德决策的物理和环境因素,并根据用户的道德价值,为用户提供正确的行动路线。在为用户量身定做的情况下,MAI 不仅会保留道德价值的多元化,还会通过促使反思和帮助用户克服自然的心理局限的方式来增强用户的自主性。[3] 他指出,"无处不在"的计算以及"环境智能"概念,都指向一个未来,在这个未来中,我们将越来越多地与用于获取和处理可用数据的技术相结合。特别是,环境智能——以人为中心的人工智能应用——指向的是一个系统,它收集信息形成多个传感器,并在环境和用户环境的"意识"中处理这些信息的功能意义。目前,关于无处不在的计算和环境智能的研究一直在探索如何让人类的生活变得更容易或更有效率,其可以被用来使人类的生活更有道德。从广义上说,人工智能可以通过"更强"或"更弱"的方式来解决人类道德设计的局限性。强大的道德人工智能——不像环境智能范式——将涉及创建增强的道德人工智能体。这些人工智能体将会比我们优秀得多,创造出最好的人类品质:他们将(至少)是无私的、合作的、公正的(公平的)。他们会不断地回顾这些美德应该如何被校准并从他们行为的后果中进行部署。[3]

赛沃莱思库还提出:MAI作为"道德环境监视器",具有"道德环境监测""道德组织者""道德提示器""道德顾问"等四种角色功能。[3] MAI的第一个功能将是持续监控用户的生理、心理状态和他的环境,并且作为一个生物反馈机制,从最优道德功能的角度分析生理、心理和环境数据,进而提出相应建议。例如,一项对睡眠不足的美国士兵的研究显示,与处于睡眠状态的33岁的人相比,在部分睡眠被剥夺期间,这些军官的道德判断能力会受到严重损害。当他们的疲劳程度如此之高、他们的道德推理可能会受到损害时,MAI会提醒他们。再如,有经验的法官的判决决定和他们的就餐、休息时间之间有一种令人不安的关联。有利的判决取决于法官有没有吃早餐。当他最后一次吃东西的时候可能会影响到他的道德判断时,MAI会提醒他。MAI的第二个功能是协助用户设定和实现特定的道德目标。例如,一名用户可能希望每年向慈善机构捐出一笔特定数额的资金,或者花一定的时间为公益事业做义工。另一个用户可能希望减少碳排放量,或者更愿意兑现承诺。MAI会意识到用户的机会来实现他的目标(如新的慈善组织或活动,或其他旅游选择),就如何最好地实现他的目标提出建议,当他错过目标时提醒他。MAI的第三个功能是作为一个中立的道德反思的提示。用户面临道德选择或困境时,MAI会通过相关的问题来帮助用户进行道德思考。这些问题的动机来自各种各样的道德考量,从不同的对正确行为的描述中得出。在被促使更深入地思考他的决定、动机和后果时,用户对他的选择施加了更多的控制。例如,性别可能会对决策产生扭曲的影响,但是MAI可能会帮助用户做出公平/公正的决定,通过让用户在可能的情况下变成"性别盲"来减轻性别偏见。MAI的第四个功能是"道德顾问"。这种功能可以让用户向 MAI 询问关于他应该采取的行动的道德建议。例如，如果一个用户表示想在当年减少自己的碳足迹，但未能做到这一点，那么人工智能可能会建议用户提高环境保护的价值。此外，MAI 还有一个更具争议性的功能：保护不道德的行为。虽然 MAI 的作用是帮助用户变得更有道德，但 MAI 也有可能提供一个与他人潜在的不道德行为有关的保护功能。人工智能作为保护他人不道德行为的道德顾问，显然是一个更具争议性的功能。[3]

赛沃莱思库对 MAI 的使用风险存在忧虑，人的道德能力会不会因使用增强技术而下降呢？"如果 MAI 的使用广泛而有效，我们对道德能力的看法是否会改变？可能存在这样的风险，因为（我们假设）道德人工智能技术的使用可以帮助用户更加道德，道德能力可能会与技术能力纠缠在一起。即使这项技术非常简单易用——想象一下比我们现在的智能手机更简单——仍然需要对它的功能有一些关注和理解。"[3] MAI 是否会真正帮助用户进行道德沉思呢？赛沃莱思库认为，这是难以预测的。很难预测 MAI 的使用是否会让人们或多或少地思考他们做出的选择，以及这将如何影响对这些选择的责任。尽管我们所描述的 MAI 涉及很多的用户参与，但不清楚这是否必然会导致用户的更深层次的反思。进而，MAI 的使用会不会侵犯人的道德自主性呢？赛沃莱思库认为，在心理上，人们似乎不太可能会盲目地听从人工智能的建议，因此，用户仍然是自治的。他强调必须记住的是，人工智能即使有一天比人类的平均智商高，也不会永远是正确的。在做出重要的道德决定的过程中，人类的反思和判断几乎不可能被消除。因此，我们可以得出结论：MAI 的功能并不是要取代人类的决策，而是为道德生活提供更好的帮助——这种援助有能力获取和分析大量的相关信息。鉴于我们的道德心理非常有限，我们应该欢迎任何能够以这种方式帮助我们的技术的发展。[3]

国内一些学者就人工智能增强是否可以提高人的道德水平问题进行了探讨。段伟文认为，人工智能和包括机器人在内的智能化自动系统的普遍应用，不仅是一场结果未知的开放性的科技创新，而且将是人类文明史上影响更为深远的社会伦理实验。智能体具有某种"拟主体性"的"拟伦理行为",将可以用代码编写的算法使人所倡导的价值取向与伦理规范嵌入各种智能体之中,令其成为遵守道德规范乃至具有自主伦理抉择能力的人工伦理智能体。智能体可以运用智能算法对环境中的数据进行自动感知和认知,并使其映射到自动行为与决策之中,以达成人为其设定的目标和任务。[21]孙保学提出,在通过赋予机器人的道德算法来提升人的道德决策水平。[22]

四、关于道德增强伦理问题的挑战与应对

伦理学是关于"应该"的科学。道德增强伦理以增强技术和技术活动中的伦理原则与道德规范为研究对象。然而,道德增强技术的医学化可能会给人类的道德社会打开一个不确定性的空间。从预防原则及前瞻性责任原则出发,道德增强伦理应该与生物科学技术的发展同步,但是,面对生物技术后果的不确定性,如何评价它的善恶,什么样的行为是伦理上可行的呢?尽管人类使用生物医学技术可能会改变人类的某些道德情感,但要从根本上提高一个人的道德动机,做出更好的道德行为,获得明显的道德品质提升,道德增强还将面临巨大的挑战,甚至是一些无法克服的困难,例如,道德情感难以量化的特点使道德增强变得异常困难;道德心理表现出的个体发育的复杂性以及神经心理的复杂性给道德增强准确的"目标干预"带来严峻的挑战;道德多元化使我们对道德增强的可能性产生怀疑;将道德抽离其文化背景和社会意义,只寻找引发道德缺失的生物学因素而忽略了复杂的社会和环境,道德变成如身体或肉体那样的东西,被解剖、还原、分析和改造,那道德是否还能保持它的独特性;"大脑增强这一侵入性干预行为,是否会对人格同一性有所改变"[23],等等。此外,道德增强和其他生物技术增强一样,引起了大量的伦理和社会问题,如改变人性、身份、限制自由、手段不自然、诱导投机取巧行为、安全性等问题,所有这些都构成对道德增强伦理的重大挑战。

国内外目光聚焦于道德增强技术,提出种种应对之策,择其要者

有四：一是政府加强应对。欧美各国纷纷将人类增强技术的发展放在国家层面上进行战略规划，并且颁布相应的制度标准进行规范。1942年阿西莫夫提出"机器人三大法则"：机器人不可以伤害人类，或看到一个人将受到伤害而不作为；机器人必须服从人类的命令，除非这些命令与第一项法则矛盾；在不违反第一、第二项法则的前提下，机器人必须保护自身生存。最近，英国颁布机器人道德标准《社会机器人和AI》（*Social Robotics and AI*），这是第一个关于机器人伦理设计的公开标准。二是学界加强研究。"文明要生存，伦理必须跟上科学的发展。"[7] "对待道德增强，我们一方面期待着科学研究上的发展，另一方面也要继续进行道德增强的问题研究，重点研究作为一种道德领域上的增强会给道德个体、道德社会和人类的道德结构带来何种影响和改变，理清道德与道德增强的关系、技术增强与道德增强的关系等，提升问题研究的深度与广度。"[24] 邱仁宗提出，人类能力增强的技术和实践将会引起许多重要而有趣的问题，值得哲学、伦理学界密切关注。[25] 岳瑨认为：应该寻求一种"允许的伦理"而不是一种"禁止的伦理"，这是人类增强技术对生命伦理难题的解决之道。"允许的伦理"以接受生命伦理质询为前提，将后技术时代的"技术展现"置于"伦理之前"。[26] "我们可能正在用医学方法介入道德领域，将道德问题贴上医学化的标签，也可能正在开创一个用医学控制道德的时代，给我们带来许多医学化问题上的困扰。"[14] 因此，"道德增强本身存在许多理论和实践上的难题和缺陷，道德增强自身的合法性仍然需要进一步反思和研究"。[27] 三是民众广泛支持。吸引公众的参与，积极稳妥地引导道德增强技术始终在符合人类利益的轨道上发展。纽卡斯尔大学伦理学家杰克·莎伦认为："人类增强"技术发展带来更多便利的同时，我们也需要进行一场公共的、民主的讨论。四是健全评价、监督和检测机制。胡明艳、曹南燕提出：当下的技术时代需要一种综合性和互补性的伦理学，伴随着技术的具体实践过程，必须健全评价、监督和检测机制。[19] 刘玉山、陈晓阳提出：为了防范生活中道德增强技术的滥用，需要在法律、政策和伦理的规范框架下运用该技术。[28]

五、结　论

　　欧美国家对道德增强给予了广泛关注，尤其是激进主义和保守主义之争鞭辟入里，在关于道德增强伦理问题的重要性上取得了共识，形成了道德增强的概念特点、方法路径、增强后果、道德难题等问题域，也提出了治理之策。从目前国内外的研究状况来看，其在哲学层面的反思还不够，更多的还是基于社会学视野的安全与风险分析。另外，从整体上看，有关道德增强伦理与社会问题的研究还远远滞后于增强技术自身的发展。我国在道德增强伦理领域的研究还刚刚起步，在国际上几乎还没有我们的声音。因此对待道德增强，我们一方面期待着科学研究上的发展，另一方面也要继续进行道德增强的问题研究，重点研究作为一种道德领域上的增强会给道德个体、道德社会和人类的道德结构带来何种影响与改变，理清道德与道德增强的关系、技术增强与道德增强的关系等，提升问题研究的深度与广度。

参考文献 >>>

　　[1] Douglas T. Moral enhancement [J]. Journal of Applied Philosophy, 2008, 25 (3): 228.

　　[2] Dubljević V, Racine E. Moral enhancement meets normative and empirical reality: assessing the practical feasibility of moral enhancement neurotechnologies [J]. Bioethics, 2017, 31 (5): 338-348.

　　[3] Savulescu J, Maslen H. Moral Enhancement and Artificial Intelligence: Moral AI [M]? Berlin: Springer International Publishing, 2015.

　　[4] Persson I, Savulescu J. Unfit for the future [J]. Bioethics, 2012, 73 (3): 587-589.

　　[5] Douglas T. Moral enhancement [J]. Journal of Applied Philosophy, 2008, 25 (3): 231.

　　[6] Harris J. Ethics is for bad guys! Putting the "Moral" into moral enhancement [J]. Bioethics, 2013, 27 (3): 169-173.

[7] Zarpentine C. The thorny and arduous path of moral progress: moral psychology and moral enhancement [J]. Neuroethics, 2012, 6 (1): 141-153.

[8] Savulescu J, Persson I. Moral enhancement, freedom and the god machine [J]. The Monist, 2012, 95 (3): 399-421.

[9] Persson I, Savulescu J. Getting moral enhancement right: the desirability of moral bioenhancement [J]. Bioethics, 2013, 27 (3): 124-131.

[10] Douglas T. Moral enhancement [J]. Journal of Applied Philosophy, 2008, 25 (3): 235-241.

[11] Ehni H J, Aurenque D. On moral enhancement from a habermasian perspective [J]. Camb Q Healthc Ethics, 2012, 21 (2): 223-234.

[12] 刘玉山, 陈晓阳, 宋希仁. 生物医学道德增强及其伦理和社会问题探析 [J]. 科学技术哲学研究, 2015, 32 (5): 99-101.

[13] 王璐, 曾华锋. 增强技术的伦理反思 [J]. 科学技术哲学研究, 2013, 30 (3): 63-69.

[14] 叶岸滔. 道德增强: 问题、局限与医学化挑战 [J]. 华中科技大学学报 (社会科学版), 2016, 30 (5): 28-33.

[15] 徐嘉. 技术决定论"塑造"道德人之迷误 [J]. 道德与文明, 2004, 39 (5): 46-48.

[16] 蔡蓁. 对基因增强技术的伦理探究 [J]. 天府新论, 2012, (5): 22-26.

[17] 肖峰. "数字增强"的价值及伦理问题 [J]. 社会科学辑刊, 2005, (1): 11-16.

[18] 李伦, 高佳. 认知增强技术与社会公正问题 [J]. 云梦学刊, 2010, 31 (1): 66-69.

[19] 胡明艳, 曹南艳. 人类进化的新阶段——浅述关于 NBIC 会聚技术增强人类的争论 [J]. 自然辩证法研究, 2009, 25 (6): 106-112.

[20] Moor J. Four kinds of ethical robots [J]. Philosophy Now, 2009, (72): 12-14.

[21] 段伟文. 人工智能的道德代码与伦理嵌入 [N]. 光明日报, 2017-9-4.

[22] 孙保学. 人工智能如何进行道德决策——以自动驾驶汽车为例 [N]. 光明日报, 2017-9-11.

[23] 费多益. 情感增强的个人同一性 [J]. 世界哲学, 2015, (6): 41-48.

[24] 叶岸滔. 道德增强: 问题的提出与正反论证 [J]. 自然辩证法通讯, 2016, 38 (5): 114-120.

［25］邱仁宗. 人类能力的增强——第 8 届世界生命伦理大会学术内容介绍之三［J］. 医学与哲学（人文社会医学版），2007，28（5）：78-80.

［26］岳瑨. 技术之后与伦理之前——人类增强技术面临的伦理困境及其出路［J］. 伦理学研究，2016，（2）：62-68.

［27］叶岸滔. 道德增强：伦理困境与自然主义思考［J］. 学术月刊，2017，（3）：40-47.

［28］刘玉山，陈晓阳. 情绪增强及其伦理和社会问题探析［J］. 华中科技大学学报（社会科学版），2014，（6）：63-68.

现代军用机器人的伦理困境

杜严勇[*]

近十余年来，机器人伦理成为国际科技伦理研究的一个热门话题，其中，军用机器人的伦理问题更是引起了国外很多学者的兴趣，但国内学者还鲜有人注意。本文在概述军用机器人的研发现状的基础上，对目前军用机器人引发的几个主要伦理问题进行了简要分析与介绍，以期引起国内学界对机器人伦理问题的关注。

一、军用机器人的研发现状与优势

军用机器人是机器人研究中一个非常重要的组成部分。我们可以把军用机器人按照用途分为地面机器人、空中机器人、水下机器人和空间机器人。目前，世界各国都在积极研发各种类型的军用机器人。

机器人出现在战场上并不新奇，但是，现代科技武装下的机器人拥有了前所未有的功能与威力。而且，军事方面的目的是机器人研发的最大驱动力，美国尤其如此。近年来，美国国防部每年花费大约 60 亿美元用于研发在战争中使用的无人系统，这个数字可能还会增加。目前，机器人武器还没有实现完全自主，在作战之前需要控制人员的操作。但是，军用机器人的自主程度正在不断地提高，如果这种趋势继续发展下去，人类可能会逐步退出对机器人的操作，最终实现机器

---

[*] 原载《伦理学研究》2014 年第 5 期。杜严勇，上海交通大学科学史与科学文化研究院副教授。

人的完全自主。美国空军的首席科学家甚至预言："到 2030 年，机器的能力将会发展到这样的程度，即在一个庞大的系统和控制过程中，人类将成为最薄弱的组成部分。"[1]

美国军方已经开发出地面机器人，空中机器人正在不断发展之中，而且美国的无人机技术一直领先于世界各国，其自主程度也在不断提高。美国海军开发的 X-47B 已经实现自主在航空母舰上起飞和降落，引起了人们的高度关注。而且，这种无人机的作战能力并不弱，它的两个武器舱容量为 4500 磅①。只要操作人员点点鼠标，它就可以起飞、飞行并降落，但这不是通过远程控制系统操作它的飞行的，它是完全自主的。在《洛杉矶时报》发表的一篇评论文章中，作者一开篇就称其是"战争中的范式转换，可能会产生深远的影响"。[2]

韩国和以色列已经开发并使用了地面放哨机器人。这种机器人每个造价 20 万美元，它们白天可以发现 2 英里远的目标，晚上可以发现 1 英里远的目标，它所配备的武器可以打击 2 英里远的目标。不过，是否开火最终由人来决定，机器人主要是承担自动监视功能。[3]但是，也有人指出，这种机器人其实拥有自动模式，可以自行决定是否开火。[4]

军用机器人具有非常显著的优势：第一，具有较高的智能；第二，具有全方位、全天候的作战能力，在毒气、冲击波、热辐射袭击等极为恶劣和危险的环境下，机器人可以正常工作；第三，拥有较强的战场生存能力；第四，绝对服从命令，听从指挥；第五，花费较低的作战费用。[5]因此，军用机器人可以代替士兵完成各种极限条件下的比较危险的军事任务，从而减少人员的伤亡。

我们还可以列举出军用机器人拥有的更多益处。比如，军用机器人有助于提高作战效率：一方面，机器人本身可以拥有更高的效率；另一方面，也有助于战士作战效率的提升。恐惧心理是影响战士在战争中作战效率的最大障碍之一[6]，军用机器人的使用可以减少士兵与敌人正面接触的时间与机会，有利于减轻战士的恐惧心理，从而提高作战效率。再如，军用机器人的使用可以减少能源消耗。目前，美军

---

① 1 磅≈0.45 千克。

一天需要消耗超过 36 万桶原油，相当于瑞典全国的总能耗。机器人平台可以做得更小、更轻，能耗就可以更少。另外，它们几乎不需要训练，或者只需要进行电脑模拟训练就足够了，这比起常规的军事训练显然可以大幅度减少能源消耗。[7] 121

因此，世界各个军事大国不遗余力地研发军用机器人也就不足为怪了。但是，军用机器人的使用产生了一些不可回避的伦理困境，至少表现在军用机器人与人性冲突、伦理设计之难与责任困境等方面。

二、军用机器人与人性冲突

关于人性本恶还是本善，中国学术界自古就存在不同的意见，本文无意对这场论争提出新的看法。不过，就战争伦理来看，大多数人并不喜欢战争和杀戮，在战场上表现出人性向善的一面。

军事历史学家马歇尔（Samuel Marshall）研究表明，第二次世界大战期间，只有 15%～20% 的美国步兵能够或者愿意向敌人开火。也就是说，当发现敌人时，80% 以上的步兵不愿意开火，或者只是朝着敌人头顶的天空开枪。马歇尔把产生这种现象的原因归结为各种恐惧，其中之一是人们普遍持有的一种根深蒂固的观念，那就是"杀人根本就是错误的"。在马歇尔看来，大多数士兵厌恶战争是一种普遍现象。[8] 54-78 虽然马歇尔的研究方法受到了一些学者的批判，他的数据也被认为可能并不精确，但是，他的基本观点——许多士兵并不愿意杀戮，这个发现在对其他战争的分析中也得到了印证。

比如，格罗斯曼（Lieutenant Grossman）认为，士兵不愿意开枪，并不是由于怯懦，而是不愿意杀人。他发现，在美国南北战争时期，即使是近距离的步枪对抗，杀伤率仍然较低，然而在平常的训练当中，士兵开枪的命中率并不低。由于当时战争通常是采用阵列齐发的方式，所以士兵有没有开枪别人根本不知道。葛底斯堡（Gettysburg）战役结束后收回了 27 574 支步枪，由于当时的步枪可以重复装填，结果发现 90% 的枪支仍然装有子弹，有 6000 支枪装有 3～10 颗弹头，有一支枪居然装有 23 颗弹头！在战场上，装填火药和弹头要占用 95%

的时间，只有 5% 的时间用于开火。也就是说，如果士兵想尽可能多地杀死敌人的话，他们手里的枪大多数应该是空的。[9] 20-23

当然，可能会有更多的士兵愿意在现代战场上开火，但从人性的角度来看，大多数士兵对杀人持反感态度。不过，军用机器人的发展与人性向善的本性是相违背的。随着科学技术的迅猛发展，军用机器人越来越先进，自主程度也不断提高，它们在不久的将来大量装备军队似乎已是大势所趋。但是，与人类相比，军用机器人可能会导致两方面的问题。

第一，军用机器人（特别是自主军用机器人）在战场上的应用会导致巨大的破坏。它们没有恐惧感，很可能对人类没有同情心，自然就不会对目标手下留情。一旦启动，它们强大的破坏力会使其成为真正的冷血"杀人机器"。而且，军用机器人不知疲倦，可以长途奔袭，超越视距通信，它们的战斗时间似乎只受所携带的油量或电池电量限制。[10] 119

第二，军用机器人的大量应用可能使得战争更容易发生。这是因为，机器人的应用可以大幅度减少人员的伤亡，甚至是零伤亡；机器人的快速进攻可以使对方几乎无法组织有效的抵抗，也可以对一些弱小的反抗者进行毁灭性的打击。另外，核武器的巨大威力使得世界上各个核大国都不敢轻易对拥有核武器的国家动武，但军用机器人可能会改变这种情况。因为机器人可以攻击少数的政治目标，不会造成大量的人员伤亡。而且，对敌方卫星或无人操作平台的破坏可以使其无法进行核还击，从而避免核战争的危险。[7] 150

另外，还有一种潜在的危险就是军用机器人可能被恐怖分子利用，甚至发展为"机器人恐怖主义"。目前不断发展的空中军用机器人，对于恐怖分子来说就是一种理想的武器。地面军用机器人造价越来越低，对于很多普通人来说都可以承受，这对于恐怖分子来说显然是非常有利的。目前，恐怖组织还没有对军用机器人表现出很大的兴趣，或许他们觉得现有技术并不实际，或者他们认为使用自杀式人体炸弹更引人注意。但是，这种潜在的风险是不言而喻的，将来"机器人恐怖主义"可能会更为普遍。[7] 147

那么，我们应该如何控制军用机器人对人类的巨大破坏力，或者限制它们的行动范围呢？有人提出一个简单的原则：人与人作战，机器与机器作战。但是，这种原则在战场上很难得到实现。我们无法预料军用机器人在未来的战争中会多大程度地影响战事的发展，但通过某种特别的技术手段、法律或协议对其进行一定的限制显然是非常必要的，这就涉及军用机器人的伦理设计问题。

三、伦理设计之难

2010年，由50名学者组成的计算机技术责任特别委员会（The Ad Hoc Committee for Responsible Computing）试图对智能产品提出若干道德责任原则。2010年3～10月，经过27次修改，该委员会最终提出了五条原则。他们对"智能产品"的界定是：任何含有执行计算机程序的人造产品。第一条原则就明确提出："设计、开发以及应用智能产品的人员对产品负有道德责任，也对可预见的产品后果负责。将智能产品作为社会技术系统的一部分而进行设计、开发、应用以及了解产品性能并使用它们的其他相关人员，也应该分担相应的责任。"[11]显然，这里提出的智能产品是包括机器人在内的。

如果研发机器人的人员应该对机器人负责，那么让机器人能够像人类一样遵守公认的道德规范，显然是设计人员最容易想到的一种办法。其实，在这之前，来自哲学、伦理学和计算机科学等领域的学者提出了"人工道德"（artificial morality）的概念与若干实现方式，试图实现这样的目标。如果包括机器人在内的智能产品能够实现人工道德，那么从某种意义上讲，智能产品行为的伦理责任就从设计者与使用者转移到了智能产品本身。因此，对于自主性越来越强的智能产品来说，让它们自身成为人工道德行为体（artificial moral agents，AMAs），就变得越来越重要。

美国印第安纳大学科学史与科学哲学系的艾伦（Colin Allen）等提出了几种可能的实现路径：第一，自上而下的方法。采用自上而下的方法来设计AMAs，意思是把道德原则或理论用作选择哪些行为合乎道德的判断准则。不过，在人工智能当中应用规则方法受到了一些学者的批判，因为它们不适于为智能行为提供一种普遍适用的理论。但艾伦等认为，在某些领域中，这种方法仍然是一种最好的选择。第二，自下而上的方法。这种方法不把某种道德理论强加于AMAs，而是提供可以选择和奖励正确行为的环境。这种方法着力于开发道德敏感性，日积月累地从现实经验中学习。这种方法就像在社会环境中的小孩子，通过识别正确与错误行为来获得道德教育，而不必给他提供一个明确的道德理论。艾伦等也指出，如果单一的方法不能把人工物设计成道德行为体，那么可能需要采用混合的方法。[12]

那么，机器人究竟应该遵循哪些道德规范呢？这方面的研究已经开始进行了。美国机器人研究专家阿金（Ronald Arkin）等希望机器人在战场上比人类更有人性，受美国军方资助，他们试图在现有的自主机器人系统中通过计算机实现道德准则，也就是让机器人拥有"人工良心"（artificial conscience）。为了正确地设计"人工良心"，他们在网上公开向公众和其他各种团体征集意见，试图找到使用致命的自主机器人应该遵循的道德规范。[13]

但是，找到大家普遍接受的道德规范之后，要真正地在机器人当中实现，还存在着很多困难。最直接的问题是，这些规范究竟意味着什么？在这些规范被精确地陈述清楚，并达到可以写入计算机的软硬件的程度之前，还需要做大量的伦理概念分析工作。[10] 153 又比如，在军用机器人伦理规范当中，有一个问题非常突出，即如何避免无辜百姓的伤亡。目前的军用机器人还无法在近距离遭遇战中区分战斗人员和无辜人员。调查表明，即使是士兵，对于如何对待非战斗人员也存在很大的分歧。[14] 31-32 根据《日内瓦公约》，平民被定义为非战斗人员。但是，在混乱的战争中，即使是训练有素的战士也难以区别战斗人员与非战斗人员，目前的计算机识别系统更难以做到。如果把现在的军用机器人放到市区的话，它们会破坏公交车、小轿车、货车。[15]

尽管还存在较大的困难，但很多学者仍然坚信具有伦理敏感性的机器人是可以研制成功的。在军用机器人的伦理设计中，目前阿金的研究最为深入。他从理论上提出了伦理控制的形式化方法，用以表述结构中基本的控制流程，然后使伦理内容有效地与控制流程相互作用。在他看来，虽然人类的伦理内容丰富多样，但战争伦理比日常伦理更为清晰和精确，这可以在军用机器人中很好地表征出来。他从伦理调节器、伦理行为控制、伦理适配器和责任顾问等几个方面提出了对整个系统进行现实设计的具体构想。[14] 125

虽然学者在军用机器人伦理设计方面已经取得了初步成果，但是，伦理机器人要真正走向战场，显然还需要更长时间的艰苦努力。另外，历史经验告诉我们，再完美的设计都可能会产生意外的情况。那么，如果军用机器人，即使是通过了伦理设计的机器人在战场上犯了错误，那么应该由谁来承担责任？

四、责任困境

美国得克萨斯大学的克里斯南（Armin Krishnan）认为，道德行为体不仅要具有区别正确与错误行为的能力，还要能够感到后悔并接受惩罚。如果机器人没有具备足够的智能，就不能成为真正的道德行为体，不能理解真正的生活情景，也无法对生活事务与人类生死做出道德判断。就目前的技术而言，机器人现在或者短期内不应该对它的行为负道德上的责任。[7] 132-133

但是，认为机器人不能接受惩罚并不合理。智能机器人可以拥有感情，那么它们很自然地就会产生做事的动机与过程，也可以感受到痛苦，因此可以接受惩罚。另外，对于机器人来说，如果我们希望它们调整或改正行为，惩罚并不是最理想的、最有效的方式，因为人有趋利避害的本能，所以惩罚可以使人改正错误，但这种思路在机器人身上不一定管用，可能需要换一种思路来解决问题。就像我们生活中经常用到的电脑或汽车一样，如果电脑或汽车坏了，我们首先想到的通常不是用棍棒敲打或其他方式对它们进行惩罚，而是想办法发现问题所在，并进行修理，一般情况下我们只需要把坏掉的零部件修理好或换下来就行了。我们知道机器人是如何工作的，当出了问题时也知道该如何处理，因此我们当然不能简单地把责任推到机器人身上。因此，在洛克豪斯特（Gert-Jan Lokhorst）等看来，设计者、生产者、管理者、监督员及使用者均应该对军用机器人负责，尽管责任的分摊是一件困难的事。[10] 145-156

但是，这种责任分摊的思想会造成另一个伦理困境——责任扩散。在1964年美国发生的吉诺维斯（Kitty Genovese）案件中，在案发的半小时内有38个邻居听到了被害者的求救声，很多人还亲眼看到了，但没有一个人伸出援助之手，甚至连电话也没有人及时拨打，最终导致惨剧的发生。之所以会造成这种现象，就是大家都认为自己可以不对此事负责。正如心理学家班杜拉（Albert Bandura）所讲的那样："责任感可以被分散开来，因为分工而消失。大多数事业需要很多人参与其中，每一项任务都被细分为多种工作，导致大家感觉每种工作本身都是无害的。"[16] 也就是说，如果责任可以分为很多方面，那么所涉及的每一个方面都认为自己不应该为之负责。大家都知道军用机器人的应用可能会造成严重的破坏，但从研发到使用，每个人都觉得自己做得没有错，也没有负疚感，从而可能导致这种强大的破坏性武器不断地发展、应用。

澳大利亚莫纳什大学的斯帕罗（Robert Sparrow）则认为，如果智能机器人投入了战争，参与了通常被认为是战争罪的某种暴行，那么让系统程序员、军队指挥官和机器人任何一方面来承担责任都是不对的。首先，如果机器人击中了错误的目标，那有可能是系统的缺陷；另外，也是更重要的，一个自主系统可以自己做出决定，这也是程序员所鼓励的。由于这两个原因，程序员不应该承担责任。其次，正是由于自主机器人具有较高程度的自主性，所以最初给它的命令并不能决定它的所有行为，它有可能会击中错误目标。机器人的自主程度越高，风险也就越大。所以，不能要求指挥官对机器人的错误负责。最后，我们认为一个人可以在道德上负责，是认为他喜欢得到称赞并获得奖励，不喜欢受到责备并接受惩罚，机器人做不到这一点，所以不能承担责任。在斯帕罗看来，打一场正义战争的必要条件是，有人能够合法地为战争中付出的牺牲负责。但是，由自主武器系统造成的死亡不符合这种条件，因此在战争中应用这种武器系统就是不道德的。[17] 斯帕罗的分析正好全面揭示了目前军用机器人面临的伦理责任困境。

笔者认为，军用机器人的研发者、生产商及使用者都应该为军用机器人造成的不良后果负责。而且，在社会-技术系统的责任分配网络中，人工道德行为体也有功能责任（functional responsibilities）。[18] 至于责任如何分担，需要更全面深入的研究，具体问题具体分析，但责任分配网络中各部分的伦理责任是无论如何也逃避不了的。

五、余论：科学家的社会责任

著名科学家阿尔伯特·爱因斯坦（Albert Einstein）曾说过："科学家对社会政治问题一般显得很少有兴趣。其原因在于脑力劳动的不幸的专门化，这造成了一种对政治和人类问题的盲目无知。"[19] 159 正如人类学家切尔奎（Daniela Cerqui）指出的那样，在研究机器人的科学家共同体当中，有的人对机器人伦理问题毫无兴趣，认为他们的行为完全是技术性的，也不认为他们的研究存在社会或道德责任。有的科学家只对短期伦理问题感兴趣，通常根据文化价值观和社会传统进行"好"或"坏"的伦理判断。当然，也有科学家关注长期的、世界性的伦理问题。[20]

我们已经看到，作为一种重要的技术发明，现代军用机器人可能对现代战争产生重要影响，也产生了一些亟待解决的伦理问题。对这些伦理问题的解答，其重要性可能并不亚于技术性问题的发展进步。为了使军用机器人避免成为现代文明的"终结者"，包括科学家、伦理学家在内的各个领域的学者应该通力协作，共同解决需要面对的各种难题。必须强调的是，在军用机器人伦理研究方面，科学家担负着特别沉重的道义责任。

事实上，在关于军用机器人伦理的研究中，已经有一些科学家主动参与进来。比如，倡导对机器人进行伦理控制的夏基（Noel Sharkey）是英国谢菲尔德大学的计算机专家[21]；《控制自主机器人的致命行为》的作者阿金是美国佐治亚理工学院的机器人专家；等等。我们期待着更多的科学家认识到自己的社会责任，积极主动地参与到机器人伦理的研究中来。

参考文献 >>>

[1] Docherty B. Losing humanity: the case against killer robots [R]. International Human Rights Clinic, November, 2012.

[2] Hennigan W J. New drone has no pilot anywhere, so who's accountable? [N]. Los Angeles Times, 2012-1-26.

[3] Rabiroff J. Machine gun-toting robots deployed on DMZ [N]. Stars and Stripes, 2010-7-12.

[4] Kumagai J. A robotic sentry for Korea's demilitarized zone [J]. IEEE Spectrum, 2007, 44 (3): 6-17.

[5] 黄远灿. 国内外军用机器人产业发展现状 [J]. 机器人技术与应用, 2009, (2): 25-31.

[6] Daddis G. Understanding fear's effect on unit effectiveness [J]. Military Review, 2004, 84 (4): 22-27.

[7] Krishnan A. Killer Robots [M]. Burlington: Ashgate Publishing Company, 2009.

[8] Marshall S. Men Against Fire: The Problem of Battle Command [M]. Chapel Hill: University of Oklahoma Press, 2000.

[9] Grossman L. On Killing [M]. New York: Little, Brown and Company, 1995.

[10] Lin P, Abney K, Bekey G. Robot Ethics [C]. Cambridge: The MIT Press, 2012.

[11] Allen C, Asaro P, Beavers A, et al. Moral responsibility for computing artifacts: the rules [EB/OL]. https://edocs.uis.edu/kmill2/www/TheRules [2013-9-20].

[12] Allen C, Smit I, Wallach W. Artificial morality: top-down, bottom-up, and hybrid approach [J]. Ethics and Information Technology, 2005, (7): 149-155.

[13] Arkin R, Moshkina L. lethality and autonomous robots: an ethical stance [DB/OL]. http://www.dtic.mil/cgi-bin/GetTRDoc?AD=ADA468122 [2013-9-20].

[14] Arkin R. Governing Lethal Behavior in Autonomous Robots [M]. Boca Raton: CRC Press, 2009.

[15] Sharkey N. Grounds for discrimination: autonomous robot weapons [J]. RUSI Defence Systems, 2008, 11 (2): 86-89.

[16] Bandura A. Moral disengagement in the perpetration of inhumanities [J]. Personality and Social Psychology Review, 1999, 3 (3): 193-209.

［17］Sparrow R. Killer robots［J］. Journal of Applied Philosophy, 2007, 24 (1): 62-77.

［18］Crnkovic G, Curuklu B. Robots: ethical by design［J］. Ethics and Information Technology, 2012, 14 (1): 61-71.

［19］爱因斯坦. 爱因斯坦文集（增补本）（第三卷）［M］. 许良英，李宝恒，赵中立，等编译. 北京：商务印书馆，2009.

［20］Veruggio G, Operto F. Roboethics: a bottom-up interdisci plinary discourse in the field of applied ethics in robotics［J］. International Review of Information Ethics, 2012, 6 (12): 2-8.

［21］Sharkey N. The ethical frontiers of robotics［J］. Science, 2008, 322 (5909): 1800-1801.

美军使用智能化无人机反恐的伦理风险分析

张 煌[*]

伴随着人工智能技术的发展,世界各国纷纷开启了人工智能的军事应用进程,各种不依赖于人类的操作操控、自动识别攻击目标、依赖自己判断发动攻击的"智能化"武器装备在各国迅速发展。诸如执行反恐任务的"捕食者"无人机、执行网络攻击任务的"震网"病毒、执行水下侦察打击任务的无人潜航器等,它们对己方的"零伤亡"与对敌方的"定点清除"式精确打击,在一定程度上契合了正义战争的道德准则,但是,智能化武器装备的滥用一旦加剧,会给现代战争打上厚重的"非人化"烙印,不仅对国家安全构成重大威胁,而且对战争伦理体系提出了新的道德挑战。本文以美军反恐作战所使用的智能化无人机为例,分析智能技术应用于反恐"定点清除"作战的伦理风险。

一、智能化无人机技术的发展及其作战应用

无人机与载人飞机的发展历程一样长。20 世纪初,欧美发达国家已经开始探索利用无线电遥控方式操控飞行器,在 20 世纪 60 年代的越南战场,无人机已经开始大规模应用于军事领域。进入 21 世纪,无

---

[*] 张煌,国防科技大学国家安全与军事战略研究中心助理研究员。

人机迅速发展成为综合化察打一体的空中作战平台，在美军"定点清除"反恐作战中展现出越来越重要的作用。2001年的阿富汗战争，美军首次使用"捕食者"无人机向恐怖组织目标发射精确制导炸弹，歼灭基地组织头目，开创了无人机执行"斩首"任务的先河。

无人机作战使用方式的拓展，推动了各国军事家开始研发汇聚自动化探测、识别、决断和作战功能于一体的智能化无人作战系统。美军在《美国无人机发展路线图2005—2030》中，进一步明确提出了无人作战飞机智能化自主作战技术。其将无人机的智能化程度划分为10个由低到高的等级，计划由"平台无人、系统有人"的遥控操作模式，逐步发展为"平台无人、系统无人"的、完全由计算机自主控制的"自律"无人机。智能化成为无人作战系统未来发展的一个重要趋势。

无人机在反恐作战中的应用，得益于一系列智能化技术的创新发展。尽管当前无人机技术的发展距离真正意义上的智能化还有一定距离，"人在回路"的地面操控模式仍然还在主导无人机技术的发展，但是，在美国反恐作战中使用的无人机系统中，智能感知技术、机器学习技术、嵌入式计算技术、智能分层控制技术等智能化技术已经开始大规模运用，用来规避操控人员生理因素的限制，大幅度提高了无人作战系统在复杂的战场环境中的目标感知能力、自组织能力、自主控制能力和反应时间。依据无人机反恐作战的流程，当前智能化技术的应用主要体现在以下三个方面。

一是智能识别。目前，在无人机反恐作战的识别区分中，美军已经开始尝试利用的智能化技术，主要包括仿生视觉识别技术、基于认知的智能学习与推演方法、多传感器信息融合的战场态势评估技术等，无人作战系统的识别区分过程需要通过计算机深度认知与学习、对复杂战场环境下的多元化目标进行实时感知和区分，来实现精确锁定恐怖分子，以及实时最优地更新目标活动轨迹和预测运动趋势。

二是智能控制。目前，美军用于反恐的无人机，无论是"全球鹰"无人侦察机，还是"捕食者""收割者"等无人攻击机，都采用的是"平台无人、系统有人"的远程控制体系。虽然尚未实现无人机自主控制，但是已经在无人机搜索与跟踪控制、无人机自主飞行控制、无人机武器发射控制、无人机故障预测与自修复控制等方面取得了突破性的进展。同时，通过可变自主权限的自主控制技术、快速动态任务重新规划技术等智能控制技术创新，已经初步实现信息挖掘、信息分析和为控制中心提供辅助决策，能够在突发状况下辅助操控员进行动态任务规划，提高无人作战系统作战响应的实敏性。

三是智能攻击。执行层级方面的智能化是无人作战系统应用于实战的基础。真正意义上的"自主"攻击，是要求无人作战系统在不依赖外界指令和设备支持的情况下，在复杂的作战环境中依靠机载智能系统独立完成攻击任务。目前，无人机远程控制中心和操控员仍然掌握着执行攻击的最后按钮，但是，在2017年5月17日，美国空军对外宣布正在研制具备自主攻击能力的无人F-16战斗机，可以按照一定的智能策略实施战场攻击。由此可以预见，伴随未来智能化技术发展的不断成熟，实现智能化自主攻击将成为军用无人机发展的一个重要方向。

二、智能识别方式下的区分困境

伴随着信息科技手段的创新发展，无人化作战平台可以利用智能识别设备，辅助实现战场形势的远程实时感知，在一定程度上弥补了人类视距上的局限。然而，在智能化辅助识别模式下，无人机反恐作战同样面临一系列区分困境。

作为人道主义精神的体现，区分原则一直是正义战争理论的重要内容。区分原则指的是"非战斗人员的生命和财产以及某些种类的民用目标不应该被作为军事暴力的目标"，其核心在于非军事人员与目标的豁免权。[1] 155 作为一种古老相传的观念，战争就是战斗员之间的战争，早在远古时期的战争中，就形成了区分军民的朴素规约。在信息化战争出现以前，区分军民是在真实的战场环境下进行的，执行区分原则（the principle of distinction）的困境主要源于人的生理层面，区分困境主要体现为人类有限的感官能力无法适应武器作战半径的持续增长。心理学研究表明,人类潜意识里对同类相残具有排斥心理和道德障碍,然而,伴随着作战距离的增加,这种排斥心理会逐渐减弱。美国心理学家格罗斯曼依据概率统计得出结论,作战人员抵御杀戮欲望的能力与目标物理距离成反比(图1)。[2] 98 一旦攻击范围超越视距,攻击的随意性也会随之增长。

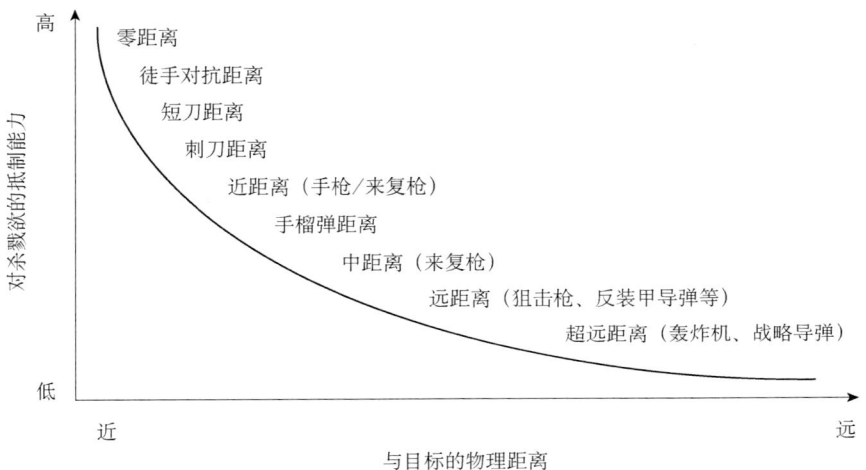

图 1　武器打击范围与作战员攻击欲望的比例关系

(一)虚拟环境下的游戏心态

智能识别的一个重要特征,就是利用智能化技术构建远程虚拟识别环境,致使人类作战环境由自然空间向虚拟空间转换,作战人员借助 3D 视频设备可以感知战场态势,真实战场环境下的感官局限在一定程度上得以缓解。然而,虚拟空间也导致区分原则的执行面临新的挑战。

虚拟环境对于区分原则的挑战,主要体现为可能助长操控者的游戏心态,进而造成"附带伤害"(collateral damage)的扩大化,具体体现在两个方面:一方面是虚拟环境造成的游戏心态。无人作战特殊的作战方式,给予操控人员一种特殊的疏离感,他们处于距战场万里之遥的控制中心,视听感官与真实战场相互隔绝,因此容易对眼前的镜像产生视频游戏的错觉。纽约大学教授菲利普·埃尔森指出,无人作战完全可以通过计算机屏幕和远程声频反馈来实施，因此存在以游戏心态来看待杀人的风险。[2] 98 一旦以游戏的心态对待战争，区分原则就难以被严格执行。另一方面是情境切换带来的心理反差。不同于传统飞行员，无人机操控员每天都需在无情的杀人任务与温情的家庭生活中反复切换，这对他们的心理承受能力是一个挑战。在执行定点清除任务时，他们依靠实时监控影像锁定目标，画面中恐怖分子的生活场景可能会勾起某种熟悉感，造成工作情境与生活情境的紊乱，这进一步增加了锁定和攻击目标的难度。

在虚拟战场环境下，操控者与作战目标的距离不仅没有缩短，反而更加遥远了。他们坐在远离战场的软垫座椅上，依据卫星传递的实时画面，以操控杆和油门踏板来遥控战争。这种与真实战场隔绝的环境，给予作战人员特殊的疏离感。情况正如美国学者斯坦纳·桑德罗德所述："杀人者感受不到受害者的痛苦，操控员在几千英里之外不可能听到受害者的惨叫声或者真切感受到'燃烧的躯体'"。[3] 200 由于视听感官隔离于真实战场之外，无人机操控者的行为逐渐与其所产生的后果割裂开来，当杀戮得以在虚拟世界中进行时，区分原则对战斗员的约束力也会随之减弱，致使他们更加轻易地做出判断。

虚拟识别环境对区分原则的挑战，在深层次上反映了无人机给予战争的"非人化"烙印。对于虚拟识别环境下的游戏心态，部分学者提出了不同意见，无人机带来的认知困境挑战战斗员区分能力的论点是难以成立的。在布拉德利·斯特沃斯（Bradley Strawser）看来，虚拟环境下的游戏心态完全可通过仿真技术手段来规避。在无人作战模式下，战斗员的区分能力不是降低而是增加。由于无人作战对于远程操控者而言毫无风险，战斗员不会焦虑不安，他们可以用更长的时间区分作战目标，因而可能做出更明智的决定。[4] 该观点从技术层面为规避认知困境提供了一种可能，却忽略了当前无人作战的现实境况，由于主要执行"定点清除"式反恐任务，一旦战争对于其中的一方而言毫无风险，那么作战员以人性角度感知理解战争的能力可能会逐渐丧失，从而给予战争的道义基础以根本性的冲击。

在虚拟环境下，反恐作战需要面对高速流动的战场环境，无人机始终以挂载武器的形式执行巡航任务，在发现紧急情况时打击地面上的"机会目标"。在有限的时间跨度内，面对高度流动的战场，无人机操控者的"时间压力"进一步受到"游戏心态"的影响，更加倾向于做出把握"机会目标"的决策。虽然美军在对外宣称中显示出对区分原则的尊重，美国反恐顾问约翰·布瑞南（John Brennan）宣称"美国政府在使用无人机技术时是非常慎重的"，并指出无人作战需满足四个条件：一是正在施加迫切的威胁（imminent threat）；二是攻击者确定实施抓捕是不可行的；三是攻击者承认在海外单方面的实施行动前，需要检查作战目标的重要性；四是攻击者对于能否确定目标的身份及避免平民伤亡有高度自信。[5] 但是，上述四个条件仍然为潜在的"附带伤害"留下了余地，"迫切威胁"的评估、"目标重要性"的衡量以及避免平民伤亡的信心，都存在着极大的不确定性，在受游戏心态鼓舞的操控者主观意志的引导下，这进一步加剧了对"机会目标"做出正确判断的难度。

（二）大数据支撑下的特征攻击

在无人机反恐过程中，西方国家采用的智能辅助识别技术，主要体现为利用植根于网络空间的大数据手段来实现目标识别，这对区分原则构成了进一步的冲击。在真实战场环境下的常规战争中，区分军民目标主要依靠人的感官经验，二者在装备和服饰上存在显著的差别。然而，在无人机执行的反恐作战中，战斗人员与非战斗人员的区分变得困难。为应对北大西洋公约组织（简称北约）国家在军事技术上的绝对优势，阿富汗等地区的恐怖分子采取混杂于平民之中的策略，以免成为无人机锁定的靶子。面对人类感官经验难以发挥效用的境况，以美国为首的西方国家转而利用植根于虚拟网络空间的大数据技术，通过国家情报网格（NATGRID），利用大数据的挖掘和分析方法，勾勒恐怖分子的特征、行踪并最终锁定目标。需要指出的是，这种植根于虚拟世界的大数据识别技术，虽然具有其理性、严谨的一面，但并不足以替代现实世界人类感官的验证。正如军事历史学家马克斯·布特所说的："美军士兵无法迅速分辨出一个人是农民还是战士，但阿富汗当地人能。"[6] 阿富汗当地人对于塔利班武装分子的判别能力，源自于自身的阅历、经验和主观感受，这是信息时代最先进的识别技术所无法取代的。

纯粹依靠大数据的技术手段辅助识别作战目标，必然是与区分原则的精神背道而驰的。美国司法部的一份名为"处决担任'基地'组织及其相关势力高级指挥官的美国公民的行动的合法性"的秘密备忘录称，美国政府可以在没有情报表明某个美国公民正在策划袭击美国的情况下，下令处决他，只要这个人被技术分析认为是"基地"组织或"相关组织"的"高级指挥官"。这份备忘录为美国政府在无人机打击方面做出了法律辩护。

目前，美军利用大数据技术，在阿富汗、巴基斯坦、也门等地推行极富争议的"特征攻击"（signature strikes）（表 1），在未经确认身份和未经国会授权的情况下，对战区范围以外、具有与恐怖行动相匹配的标志或特征的目标实施定点清除。所谓的特征攻击，具体而言，就是在真实身份尚未明确的情况下，对满足某些预设恐怖分子特征的目标实施打击。[4]

表 1　美国无人机作战区域、目标与使用条件一览表[5]

冲突地区	是否确认作战区	国会是否清楚动用无人机	目标	使用条件
阿富汗 （2001 年～　）	是	是	与基地组织相关的人物及活动	审查列表 特征攻击 作战支援
巴基斯坦 （2004 年～　）	否	是	与基地组织相关的人物及活动、平叛	审查列表 特征攻击
伊拉克禁飞区 （2002～2003 年）	是	是	士兵	作战支援
伊拉克战争（2003 年）	是	是	士兵	作战支援
伊拉克反游击战 （2004～2011 年）	是	是	与基地组织相关的人物及活动	审查列表 特征攻击 作战支援
也门 （2002 年、2010 年）	否	否	与基地组织相关的人物及活动、平叛	审查列表 特征攻击
利比亚（2011 年）	是	否	士兵	作战支援
索马里 （2011 年～　）	否	否	与基地组织相关的人物及活动、平叛	审查列表

特征攻击模式是在军民混杂的战场环境下执行区分原则的一种尝试，其依托大数据技术规避传统区分困境的意图是毋庸置疑的，但其片面依赖特征匹配的局限性也是显而易见的。美国康奈尔大学的莎拉·克雷普斯（Sarah Kreps）指出，特征攻击对于目标行为方式的偏好，并不能将其与恐怖分子的关联性等量齐观。[7]中国南京大学的钱铖和石斌也指出了特征攻击对于民族文化差异的忽视，譬如某些民族成年男性有随身携带武器的传统。[8]在"定点清除"的反恐行动中，特征匹配的区分方式取代传统的区分方式，还引发了关于无人机"附带伤害"的争议。正如丹尼尔·拜门在《外交》杂志上所指出的："所谓的'特征打击'，目标不是具体的个人，而是在进行可以活动的群体。这一方式就更难区分军事人员和平民了，更谈不上各自的死亡人数了。"[9]依据区分原则，禁止攻击平民、战俘以及丧失作战能力的士兵，然而，这一原则未能完全禁止因攻击合法目标而造成的非战斗人员伤亡，这就给利用"特征攻击"造成的"附带伤害"预留了空间。一方面，美国政府否认无人作战的"附带伤害"，认为平民伤亡是极其罕见的，甚至在"个位数"，其目的在于强化无人作战"精确、无风险"的形象；另一方面，作为非营利性的民间机构，英国新闻调查局（Bureau of Investigative Journalism）提出了受学界认可的数据，2004～2014年，无人机在巴基斯坦的405次攻击，造成死亡人数最多达959人，其中儿童204人，受伤人数最多达1706人。[10]美国政府将所有死伤的成年男性默认为武装分子，实质上是对区分原则和附带伤害概念的扭曲。

（三）"非人化"的技治主义倾向

智能化技术引发无人机反恐的区分困境，从表面上显现为虚拟作战环境下的认知困境，在深层面则根源于识别判定目标过程中"非人化"的技治主义倾向。在军民混杂、高速流动的反恐战场，依靠服饰、武器等传统的标志性特征，难以确认恐怖分子的身份。有鉴于此，无人机作战的目标判定，更多地借助技术手段，特别是运用大数据技术和分析工具，提取潜在目标行为的时空规律性，分析不同行为间的互动关系,揭示其与恐怖分子之间的内在关联性,运用分析算法对其身份和实施恐怖行动的概率进行评估。

人工智能技术主导的区分方法虽然在一定程度上提升了辨识目标的效率,但是也导致了美军在无人机反恐上的技治主义倾向,片面强调技术手段和数量方法进而造成诸多问题:一是对杀人的麻木心态。技治主义者会陷入机械决定论或因果一义论的思维模式,一方面把世界视作一台庞大的机器,另一方面轻视甚至无视人与社会之间问题的多变性和复杂性,造成重物不重人、见物不见人的意识倾向,对于剥夺他人生命的行为产生麻木心态。二是对数字的过度痴迷致使无人机反恐的持续扩大化和费效比低下。受技治主义思想影响,人动辄被数字化,击毙目标的数字与反恐效率等量齐观,如此一来,在恐怖分子头目数量有限的情况下,美军频繁使用价值百万元的地狱火导弹攻击最底层的恐怖组织成员。三是以技术数据绑架舆论。由于目标识别与区分依赖精细的数据处理和技术分析,因此,无人机作战相关数据的控制权掌握在技术专家和管理人员手中,这可能造成民众难以了解无人机作战"附带伤害"的真实情况。美军官方公布数据与民间调查数据之间的巨大差距,说明存在政府、军方和技术专家绑架舆论的可能性。

鉴于人工智能主导的区分方式存在上述弊端,在继续使用必要的技术区分手段的同时,人们还必须要重视感官的直接体验。个人的感官判断虽然具有一定程度的主观性,但同样是区分军民不可或缺的重要凭据。在目标区分上实现技术与感官的结合,就必须削弱当前的技术主义倾向,打破区分权集中在军方和技术专家手中的现状,实现权力的分散化,将土生土长的当地民众作为参与者,介入目标搜索、识别和判断的全部过程,充分尊重其感官在目标识别中的参考价值,这也许是摆脱无人作战区分困境的可行路径。

三、"平台无人"环境下的控制困境

智能化无人武器平台的出现,原本是作为可控作战的一个典型范例。以执行反恐作战任务的智能化无人机为例,"定点清除"式的无人作战至少在四个方面实现了可控:一是时间可控,避免马拉松,力求速战速决;二是空间可控,按既定路线巡航,限定作战地域;三是目标可控,依托高精度制导炸弹,选择性杀伤有限目标;四是结局可控,实施不对称打击,确保达成预期目标。在西方某些政治家的宣传中,无人作战本来就是以精确控制来占据道义的制高点的。然而,问题就在于,在无人操控环境下,西方军事强国凭借"机器 vs. 人"的不对称打击,轻易地实现了"无风险、零伤亡、低成本、非接触",作战目标层面的精确可控往往是以作战手段层面的不可控作为代价的。在围绕无人机反恐的相关道德争议中,一个突出的问题在于无人机是否是一种可控的武器平台。战争伦理要求避免超出预期军事目的所需的过度伤害,一个前提条件是作战手段的运用必须可控。在实现可控性方面,无人机在反恐作战中的应用同样面临诸多挑战。

(一)战略层面的不可控

在智能操控环境下,智能化武器的控制困境首先体现为战略层面的不可控,由此导致对"开战正义"(jus ad bellum)观念的冲击。

所谓"开战正义",主要是讨论诉诸战争的权利问题,亦即对战争性质正义抑或非正义的辨析。概而言之,目前学界认可的"开战正义"标准主要由六个方面组成:①正当理由,即正义战争的理由必须能够提供明晰而准确的是非判断,必须以能证明确实受到侵害为前提条件;②合法权威,即私人不得宣战,必须以主权国家的宪法和国际法为依据;③正当目的,开战是为了更好的和平、秩序和正义,而非出于私人的贪欲或仇恨;④相称性,即发动一场战争的道德成本不应同预期的道德收益相去甚远;⑤成功的可能性,即不应发动成功希望渺茫的战争;⑥最后手段,即战争始终是不得已而为之的最后选择。[11]

"开战正义"的道义标准,为发动战争的国家确立了道德门槛,事实上,"开战正义"得到认可的基础,除却道义上的因素,根源还在于交战双方军事力量对抗的均衡性。一方控制作战的手段和方式,是为了避免另一方的过激反应导致战争的升级。在战略博弈中，如若双方的军事实力呈现基本对等的局面，博弈双方就会审慎思考未来战争的残酷性和取得战争胜利的惨重代价，从而将军事行动控制在一定烈度内，避免冲突的升级。冷战时期美苏之间的长期对峙，即军事战略博弈长期维持均势的一个缩影。然而，自海湾战争以来，伴随着信息技术在军事领域的广泛应用，西方军事强国日益依靠不对称的技术优势来打破均衡性的约束，将战争的结果从无法预知转变为可以预知。正如加拿大学者迈克·伊格纳蒂夫所指出的："空基武器系统的精确性降低了或者说似乎降低了使用它们的政治成本，克林顿发动战争是因为他相信新技术将使战争没有风险，并且可以迅速、胜利地结束战争。"[6]

智能化打击平台的出现，进一步强化了美国等北约国家的不对称打击优势，降低了发动战争的成本和门槛，使战争变为一台"零风险"的机器，可以更频繁地开启战争和肆意地滥用武力，进一步挑战了维系相称性原则（the principle of proportionality）的均衡性。情况正如澳大利亚麦考瑞大学的贾伊·伽利奥特（Jai Galliott）所述，技术上的极端不均衡，导致技术后进国能够给予技术先进国的伤害变得微不足道，相称性原则的执行也就变得难以为继。[12]在当下的巴基斯坦、也门等地，由无人机实施的"机器 vs. 人"的不对称打击，已经使战争变得毫无风险，均衡性的丧失必然导致无人机的滥用，进而挑战其作为信息化作战手段的可控性。一旦战争的代价降低甚至消失，军事强国就可以无视"开战正义"的道德标准。较之常规武器与常规作战方式，无人机摆脱了人类体能的桎梏，能够在无人操作的环境下实现全球快速打击与隐蔽攻击能力，因而将战争的成本与风险降到了新的低点，这使得西方国家可以轻易跨越战争的道德门槛，肆意地滥用武力。正如迈克尔·黑斯廷斯所述："通过无人机执行遥控任务……五角大楼和中央情报局现在不必向地面派出一兵一卒，就可以实施军事打击或暗杀，也不用担心阵亡美军士兵运回国内而引发的舆论反弹。无人机的迫近性和隐秘性，使得国家领导人能够比以前更方便地发挥美国的军事力量，也使得这些秘密攻击的后果比以前更难评估。"[13]

在人类自觉的对象性活动中，手段和目的是两个密切关联的要素，人们总是以一定的手段来实现既定的目的，然而，手段的过于成功往往会导致目的的迷失。对于无人作战而言，在控制中心用操控杆发射导弹，就可以决定万里之外的土地上人民的生死，这对于任何一个国家而言都是一种过度的权力，权力欲的膨胀必然会导致失控。美军以无人机执行"定点清除"犹如上瘾般愈演愈烈，正是无人机在战略层面不可控的鲜活反映。

（二）战术层面的不可控

在无人操控环境下，智能化无人机反恐的不可控性还体现在战术层面，具体而言，就是"交战正义"中相称性原则的挑战。

经典战争伦理体系，不仅涵盖发动战争之前的"开战正义"，还包括交战过程中的道德标准，主要体现为区分原则和相称性原则。作为对区分原则的必要补充，相称性原则在交战正义的伦理规约中同样占据举足轻重的地位。依据相称的理念，战争的道德成本应当与预期的道德收益相匹配。换言之，军事目标的预期价值与军事打击的潜在伤害之间必须维系一种平衡。较之区分原则强调对非军事目标的豁免权，相称性原则关注的是对作战手段的控制，面对区分之后的合法攻击目标，也不能在程度或数量上造成超过正当限度的损伤，其主旨在于抑制武力的滥用。

无人机的不对称打击优势，造成美军在战术层面的不可控。作为远程精确打击手段，无人机的"零风险"与绝对优势，使得美军在无人机的战术运用中不再那么谨慎。美国记者塔拉·麦克维（Tara McKelvey）也撰文批判名为"double-tap"的无人机战法，这种对同一作战地域实施相对连续的两次打击以确保目标死亡的做法，被认为会加剧人道主义救助者和其他无辜者的伤亡。[14]把一种精确打击手段转变为饱和攻击的手段来使用，无人机在战术层面的滥用可窥一斑。

美军无人机反恐在战术层面的滥用，在深层次体现为可控标准界定的模糊。对于用何种标准来衡量军事目标价值与军事打击伤害之间的比例，以及如何界定作战手段是否可控，战争伦理学界并没有一个公认的标准。目前，部分西方学者将"规避无效伤害"（avoidance of gratuitous harm）作为度量可控性的标准。[15] 其实质就是将可控性等同于精准性，借此来验证无人机作战符合交战正义的规约，这一标准与西方主流媒体对无人机精确、高效打击能力的宣传相契合，但其在对可控性理解上的局限性也是显而易见的。即便不考虑美国官方关于无人打击数据的可信度，将精确性作为衡量控制能力的做法仍然存在诸多弊端，因为精确性并不能确保打击目标的重要程度，进而导致对低层恐怖分子更为频繁地攻击。

美军在反恐作战中对无人机的过度依赖，必然导致对交战正义中相称性原则的冲击。情况正如现代战争伦理的开拓者、美国学者迈克尔·沃尔泽所言："较之其他杀伤形式，无人机容易太多了，以至于让我们产生不安。它是既诱人又危险的技术手段。它使我们的敌人比以往更脆弱，而我们的士兵没有任何风险……但技术太好，使用的标准就会逐步放松。"[16] 依据英国新闻调查局的数据统计，在美国军队和中央情报局动用无人机击毙的目标中，仅有不到2%的高价值目标（武装分子领导人），对剩余的98%的纯粹跑腿的低价值目标（底层武装分子）动用"地狱火"导弹是否妥当？这引发了美国政府内部高层人士对于反恐费效比的反思。更为值得关注的是，奥巴马上台以后，美国政府采取了一种颇具争议的划分方法，它将"作战区域内所有达到服役年龄的男性预设为攻击目标"，通过牺牲区分原则的方式来维持虚假的"相称性"打击，其实质是为无人机的进一步滥用大开方便之门。

无人机在战术和战略层面产生的控制困境，根源在于短期相称性与长效相称性原则的冲突。作为对战争规约的功利主义诠释，英国伦理学家亨利·西季威克对相称性原则的定义是：在战斗中不允许造成任何实质性无助于胜利目标的危害。[17] 相称性原则作为交战正义的重要准则，本身包含两个方面的含义：一是当下的相称性，即作战的效用必须与其造成的直接伤害相称；二是长效的相称性，即作战的效用还必须与对人类长期利益的损害相称。

美国无人机作战刻意强调其满足当下的相称性的一面，通过发动舆论工具，大肆宣扬无人机击毙恐怖组织头目、清除武装分子避难所、重创基地和相关反美军事集团，彰显其所取得的战果与造成损伤之间的相称性，对其与长效相称性的背离之处却三缄其口。无人作战与长效相称性的冲突，在对敌和对己两个方面均有体现：对于作为攻击目标的恐怖组织而言，"以暴制暴"的方式并不是反恐的治本之策，实施肉体摧毁也不能从源头上清除产生恐怖主义的根源，相反，还会加剧当地民众的仇恨情绪和动荡局势；对于实施无人作战的北约国家而言，无人化的战争作为一件几乎无风险的机器，战争的胜利也就成为一个可以自我实现的预言。西方政治家用"零伤亡""无附带损伤""外科手术式打击""首发制穴"等词汇，为自己打造一面道德盾牌，借此缓解来自国际和国内的道德压力，一次又一次地开动战争机器，在战争与和平的抉择中不断挑战更低的道德界限。

事实上，"9·11"之后，美国在全球展开的反恐攻势频繁陷入"愈反愈恐"的尴尬境遇，这与其对长效可控性的忽视密切关联。当下可控性和长效可控性之间的矛盾与冲突，也是造成美军反恐战略性失误的深层次原因。鉴于"以暴制暴"无法从源头上清除产生恐怖主义的根源、改变刻意追求反恐杀伤效率的做法、适度减少无人机反恐的使用频率、审慎对待潜在的打击目标、注重无人作战的长效可控性，才是缓解当地民众的仇恨情绪和动荡局势、在长远时间内应对恐怖主义泛滥的治本之策。

四、"机器 vs. 人"攻击模式下的责任困境

经典正义战争理论由开战正义、交战正义和战后正义三个部分构成。战争责任是对战后正义的重要检验，在沃尔泽看来："只要我们准确地指出责任者，或者至少我们的责任分配和道德判断符合战争的实际经验、对战争的所有痛苦保持敏感，就会极大地增强正义论的力量。"[18] 在经典正义战争论的理论体系中，责任主体聚焦于君主、官员、军人等特定人群。伴随无人机系统智能化水平和自治能力的不断提高，它由原来纯粹的作战手段转变为逐渐具备战争主体

部分功能。在无人作战条件下人机集成共同扮演主体角色，冲击了正义战争理论对于责任主体与责任分配的固有认识，引发了一系列的争议。

（一）责任主体争议

在"机器 vs. 人"攻击模式下，智能化无人机能否成为更为人道的责任主体呢？伴随着人工智能技术的不断发展，以"捕食者"为代表的部分无人作战平台已初步具备了智能化的某些特征，由此引发了关于战争责任主体的新的争议，即相对于传统战争中人类作为唯一的责任主体，高度智能化的无人机能否更好地承担战争责任，进而将未来战争引向更为人道的方向呢？对于这一问题，无人技术的支持者采取了乐观的态度。美国佐治亚理工学院的罗纳德·阿金（Ronald Arkin）指出，在确保交战正义性上，较之有人作战平台，智能化机器人具有以下六个优势：①无须考虑自身安全；②具备超人的战场观察能力；③不受主观情绪左右；④不受习惯模式影响；⑤更快的信息处理速度；⑥独立、客观地监测战场道德行为。[19]基于以上优势，阿金认为在执行人道原则方面，智能化无人作战平台会比人类表现得更好。

然而，一旦无人机取代人类成为未来战争攻击行动的决策者，人道原则的执行可能面临诸多挑战：一是鉴于未来人工智能发展前景的不确定性，无人机做出符合人道规约的作战决策尚面临难以克服的技术瓶颈；二是无人机自治系统存在不稳定性和巨大的风险性，控制系统故障、电子信号干扰、黑客网络攻击以及其他战场上可能发生的意外情况，都会影响其执行符合人道主义规约的决策，甚至造成战场杀人机器的失控；三是无人机取代人类进行作战决策，意味着它由战争工具转变为战争主体，而人道主义原则作为约束人类行为的伦理规约，难以适用于一场机器人相互厮杀的战争。

（二）责任分配困境

人与具有人工智能的无人机之间如何进行责任分配呢？无人机对

于责任分配的挑战，首先体现为主体多元化加大了责任追究的难度。在常规的战争模式下，战争机器由权责分明的军事部门和政府机构来推动，因此，对于战犯的指认与辨识在操作层面上并非难事。正如沃尔泽所言："（在战争中）军人和政治家不得不做出选择，有时是道德的选择。既然有人选择，就必定可能把他们指出来加以称赞和谴责。如果有可以辨认的战争罪行，就必定有可以辨认的罪犯。"[18]然而，对于因无人作战引发的非正义军事行为，其责任的追究可能涉及操控者、军火商、程序员、采购官、战地指挥官、相关维护人员乃至无人机本身，涵盖其研制、生产、装备与应用的整个过程，其追责难度较常规战争进一步提升。此外，鉴于无人机与操控员之间的匹配问题，美军无人作战中心首席科学家指出："自然的人的能力开始与科技提供或需要的巨大的数据量、处理能力、决策速度不相称。"[20]为了提升人机结合的效率，美军近年来开始尝试利用脑机接口技术，将大脑信号输出直接用于控制外部武器系统，其中就包括无人作战系统。未来，实现人-机一体化的半机械人（cyborgs）可能成为无人机的实际操控者，一旦人脑与无人机的自治系统并驾齐驱，则战争责任的分配必将陷入更大的困境。

此外，无人机导致的责任分配困境，还体现在如何应对"责任转嫁"的问题。无人自治系统替代人脑进行作战决策，虽然可以规避人类情感弱点在战时可能引起的混乱与失控，摒除怜悯、懦弱、愤怒、仇恨等感性因素对作战决策的影响，但是，无人自治系统的可控性同样存在巨大的隐患，作为人工智能和机器人专家，英国人诺埃尔·沙基（Noel Sharkey）在《卫报》中撰文指出：包括人为错误，人机交互失败、系统失灵、通信未升级、软件编码错误、敌人网络攻击或渗透供应链、干扰、电子欺骗、敌人的其他行为或是战场上的意外情况，任意错误的发生，都可能造成这类"杀人机器人"在战场中失控，从而将战争引入完全不可预知的结局。[21]针对无人作战系统的安全漏洞，潜在的敌对国家或组织可以通过干扰或欺骗等技术手段，破坏无人机的数据通信链路，劫持并操控其执行有悖于人道精神的军事行动，同时将相应的战争责任转嫁给无人机的所有国。2011年，伊朗的电子战专家通过重构全球定位系统（global positioning system, GPS）坐标成功俘获美国 RQ-170"哨兵"无人机，证明实施"责任转嫁"在技术上是完全可行的。利用人机的高度一体化，军方和政府可以把人为的责任转嫁给无人机，以逃避战争罪责。一旦被俘获的无人机用于执行军事任务，鉴于当前网络电磁攻击的溯源难度，真正厘清无人攻击的责任主体是难以实现的。

（三）武德精神的沦丧

具有智能化特征的无人机日益成为战争责任的主体，还可能会削弱定义军人职责的道德根基。从道义上说，军队存在的价值就在于承担风险，整个社会对于军人身份的认同亦在于此。无人机成为战争的主体是否会造成军人责任感与武德精神的沦丧呢？军人是准备战争和从事战争的武装集团，以自我牺牲精神承担战争的绝大部分危险是军人固有的责任。正如沃尔泽所说的："战争规约要求军人自己接受危险而不能伤害平民……重要的是军人不能以牺牲无辜者为代价获得自己的安全。"[18] 从道德意义上来说，军人存在的价值就在于替代平民承担战争风险。

然而，各类智能化无人机充当反恐打击的平台，进而对经典定义下的军人责任提出了挑战。在无人机泛滥的当下，维系军人职责的道义基础已经开始动摇。美国中央情报局前局长约翰·布伦南指出，无人机作战是最后的手段，这也表明无人机承担了战争中风险最大的作战任务，而操控他们的军人却可以保证零伤亡和绝对安全。美军将无人机作为"定点清除"作战的主力，本身即有转嫁风险与责任的考虑。在军民混杂和宗教、民族与社会文化环境迥异的海外战场，美军面临消灭敌军、保全自我及区分军民的三元悖论（the impossible trinity），同时满足前两项的代价就是放弃最后一项，从而将平民置于比军人更加危险的境地。一旦战争进入后英雄主义时代，军人将不再被期待具备过人的勇气或承担更多的风险，其作为战争道德责任主体的意义逐渐消弭，这也意味着传统意义上武德精神的终结。

参考文献 >>>

［1］布鲁诺·考彼尔特斯，尼克·福臣，时殷弘. 战争的道德制约：冷战后局部战争的哲学思考［M］. 北京：法律出版社. 2003.

［2］Grossman D. On Killing：The Psychological Cost of Learning to Kill in War and Society［M］. Boston：Back Bay Books，2009.

［3］乔尔·海沃德. 反暴乱与反恐行动中的空中力量［M］. 高健，任飞译. 沈阳：辽宁大学出版社，2011.

［4］Strawser B. Moral predators：the duty to employ uninhabited aerial vehicles［J］. Journal of Military Ethics，2010，9（4）：353.

［5］Davis L E，McNerney M J，Chow J，et al. UAVs and U. S. Security［R］. Rand Corporation. 2014.

［6］马克斯·布特. 战争改变历史：1500年以来的军事技术、战争及历史进程［M］. 石祥译. 上海：上海科学技术文献出版社，2011.

［7］Kreps S. Flying under the radar：a study of public attitudes towards unmanned aerial vehicles［J］. Research & Politics，2014，1（1）：2.

［8］钱铖，石斌."雄蜂"的阴影——美国无人机作战对当代战争伦理的挑战［J］. 世界经济与政治，2013，（8）：86-99.

［9］Byman D. Why drones work，the case for washington's weapon of choice［EB/OL］. http://www.brookings.edu/articles/why-drones-work-the-case-for-washingtons-weapon-of-choice/［2017-3-1］.

［10］Bureau of Investigative Journalism. Get the data：drone wars［EB/OL］. http://www.thebureauinvestigates.com/stories/2017-01-01/drone-wars-the-full-data［2017-3-1］.

［11］Orend B. Michael Walzer on resorting to force Canadian［J］. Journal of Political Science，2000，33（3）：523-546.

［12］Galliott J C. Uninhabited aerial vehicles and the asymmetry objection：a response to strawser［J］. Journal of Military Ethics，2012，11（1）：58-66.

［13］Hastings M. The rise of the killer drones：how America goes to war in secret［EB/OL］. http://www.rollingstone.com/politics/news/the-rise-of-the-killer-drones-how-america-goes-to-war-in-secret-20120416#ixzz22VDkfRoo［2017-3-1］.

［14］McKelvey T. Drones kill rescuers in "double tap"［EB/OL］. http://www.bbc.com/news/world-us-canada-24557333［2017-3-1］.

［15］Pavlischek K. Proportionality in warfare［J］. The New Atlantis，2010，27：21-34.

[16] Walzer M. Targeted killing and drone warfare [EB/OL]. http://www.dissentmagazine.org/online_articles/targeted-killing-and-drone-warfare [2017-3-1].

[17] Sidgwick H. Elements of Politics [M]. Boston: Adamant Media Corporation, 2000.

[18] 迈克尔·沃尔泽. 正义与非正义战争 [M]. 任辉献译. 南京: 江苏人民出版社, 2008.

[19] Arkin R C. The case for ethical autonomy in unmanned systems [J]. Journal of Military Ethics, 2010, 9 (4): 332-341.

[20] Hoagland B T. Manning the Next Unmanned Air Force [R]. Center For 21st Century Security And Intelligence, 2013: 16.

[21] Sharkey N. America's mindless killer robots must be stopped [EB/OL]. http://www.guardian.co.uk/commentisfree/2012/dec/03/mindless-killer-robots [2017-3-1].

后人类战争：人工智能、生物交叉技术重塑未来军事图景

石海明[*]

研究战争问题，必须具有前瞻思维，目光要紧盯下一场军事变革的来临。要做到这一点，就需要我们对时代的发展趋势有一种超越当下的洞见。目前，哲学界和科学界日渐注意到超人类、后人类时代的来临，但有关这种新时代的军事意蕴，目前还鲜有人论述，下面的内容主要从四个层次展开：其一，后人类时代——人类进化之路的启示；其二，自然观与战争观——科技颠覆思想；其三，后人类战争崛起——萌芽与未来；其四，人工智能——通向后人类战争的桥梁。

一、后人类时代——人类进化之路的启示

先从有点"八卦"的事情说起，我们都知道一本书《推背图》，据说是古人所作的预测未来的作品。其中，第五十九象是这样写的："第五十九象 壬戌 艮下兑上 咸；谶曰 无城无府 无尔无我 天下一家 治臻大化；颂曰一人为大世界福 手执签筒拔去竹 红黄黑白不分明 东南西北尽和睦。"[1]

雾满拦江对这一象的解释是："这一时代最大的特点是'自我'的消失，因为人类是一种主观生物，'我'是世界上最为重要的，没有了

---

[*] 石海明，中国人民解放军国防大学军事管理学院副教授。

'我'就没有了一切，人类始终遭受着自己所创造的技术生命的威胁，为了应对这些威胁，人类必须要启动全部的智慧，这就意味着终将有一天人类会实现大脑联网，类似于今天的互联网。"[1]

当然，也许大家会觉得《推背图》是伪书，脑联网解读是胡扯，说实话，对于《推背图》这样的书，笔者也持保留看法。下面，我们来看看最近几年有关此方面研究的一些作品。首先，我们看以色列历史学家尤瓦尔·赫拉利写的《人类简史：从动物到上帝》，该书从远古生物进化，讲到了农业革命、工业革命、信息革命。在结尾，赫拉利谈到了人类的未来："今天科学界如火如荼讨论'改良人种''合成生命''再造人体'等，当未来生物科学真得把人本身都改造了的话，现代智人也就终结了，人类的黄昏也就到来了，未来是什么，一切皆未知。"[2]接下来，我们还看到《战争：从类人猿到机器人，文明的冲突与演化》《智能浪潮：增强时代来临》《我们的后人类未来：生物技术革命的后果》等书，《我们的后人类未来：生物技术革命的后果》的作者弗朗西斯·福山的另一本"臭名昭著"的书《历史的终结及最后的人》因预测荒诞而广为人知。他的这本《我们的后人类未来：生物技术革命的后果》聚焦脑科学、神经药理学、基因工程等生物交叉技术未来发展的社会挑战，展开了哲学层面的讨论，核心思想是——随着这些生物交叉技术的发展，"自然人"将会被改造为"生物人"，人类社会经济、政治、文化等依赖的根基将被动摇，这是需要人类引起高度关注的未来。福山所言的是不是一种趋势性的东西呢？笔者认为有点意思。以前，我们在英国作家阿道司·赫胥黎创作的长篇小说《美丽新世界》中看到过预言，说生物技术已然开始对人类社会构成威胁。刘易斯·芒福德在《技术与文明》中也称，生物技术的介入将导致人性的泯灭并触犯上帝的意志。

可以讲，电影《极度恐慌》描述的传统生物武器还在发展，而新生代生物武器已悄然而至，特别是基因芯片、蛋白质芯片等技术日臻成熟，酶工程、细胞工程等生物工程层出不穷，生物技术和生物工程的有机"嫁接"，基于脑机接口（BCI）技术、人工智能（AI）技术的基因武器、仿生武器、无人武器等不断涌现，未来战争生物化的趋势将日益显现。对于这种发展趋势及其在军事领域的影响，国内也有专家进行了深入的研究，例如，陆军军医大学郭继卫的《制生权战争：新时代的军事战略重构》，当然，郭继卫还有好几部相关作品，读者可以对照着阅读，就更加全面；还有一篇文献是贺福初撰写发表的《刍议军事革命演进规律及其未来走向》，这是一篇闪烁着智慧光芒的重要文献，另外的一些相关论述散见在报纸杂志及《刍议时代》一书中。

贺福初提出了一系列极有洞见的思想，比如，在他看来："古往今来，军事始终走在人类文明新潮前列。人类文明迄今经历了三次浪潮：第一次是农业革命，数千年前出现并持续数千年，释放出'物之力'；第二次是工业革命，数百年前出现并持续数百年，释放出'能之力'；第三次是智业革命，数十年前开始孕育，目前正处于初级阶段，将不断释放'智之力'。"[3]"生物交叉技术将使未来作战平台迈向人机一体化、智能化。未来，仿人脑信息处理系统，将实现高性能低功耗运算、高智能自主决策、主动式学习与持续性智能增长等革命性突破，并催生高智能化自主作战力量问世。更为重要的是，全新"制智权""制脑权""制生权"理论将应运而生，作战领域由物理域、信息域向意识域加快拓展，人脑或将成为继陆、海、空、天、电、网之后新的作战空间。"[3]"新一代人工智能尚需要在脑研究启发下，以多脑区、多模态和多任务协同为中心，研究神经网络微观调控和宏观动态演化、视听触感、学习记忆、情绪、规划控制、思维决策等认知或意识通道及协同等，实现具有自主学习、自主适应、自主意识、自主进化等能力的智能系统。智能化军事革命的走向将首先是打造制智权，以升级信息化；进而打造制脑权，以引领计算机生物化模拟功能。"[3]

英国的军事学者克里斯托弗·柯克将这种未来的战争演进趋势称之为"后人类战争时代"，笔者个人觉得此提法有启发性，也比较易于接受。笔者把其相关思想翻译过来，并于《光明日报》发表过一篇文章《未来战争智胜之要》，笔者认为："在未来，生物交叉技术已将'自然战士'改造为'超级战士'，正如在科幻电影中，我们常见到各种'超级战士'的身影一样：《机械战警》中人类头脑和机械身体完美结合，身上配备各式武器，能应付各种暴力活动的机械警察；《再造战士》中通过基因设计工程制造出来的拥有超绝战斗技巧和力量的超级战士；《阿凡达》中用人类的基因与当地纳美人基因相结合，由人类的意识进驻其中以得在这个星球上自由活动的'化身'。"[4]

这种"后人类战争"的图景，或许超出了我们今天的想象，但却正在向我们走来。人类是否有足够的智慧控制这种未来呢？福山在《我们的后人类未来：生物技术革命的后果》一书中有所思考："有些新的技术让人不寒而栗，因而，从一开始就会让人迅速建立共识，需要采用政治手段控制它的发展和使用。1945年夏天，当第一颗原子弹在新墨西哥州阿拉莫戈多引爆时，这一事件的见证者都明白，人类创造了一个威力巨大到能够自我毁灭的潜在武器。从那时起，核武器就被施以政治控制：任何个人不得随意开发核技术，或者交易能够制造核武器的部件；1968年《核不扩散条约》的签约国一致同意限制就核技术进行国际贸易。人类对生物交叉技术的发展，也能像核技术那样控制住吗？"[5]

笔者参与翻译了《制脑权战争：脑科学研究与21世纪的军事》一书，该书作者是美国学者乔纳森·莫雷诺，这本书的封面将大脑图案设计成"手雷"，寓意想必十分明显——技术一旦释放，再去讨论危险无疑就显得多余了。此外，《第四次革命：看神经科技如何改变我们的未来》也提出，BCI技术能够通过信息将人脑与电脑联结起来，这必将重塑未来战争。《神经科学给美国陆军带来的机遇》《国家的自我毁灭》《人工智能走上战场》等的前沿作者，也都对相关问题有所涉及。这些研究成果启发我们不断思考一个重大问题，也就是说，到底人类社会今天及将来将走向何方？如今是否演进到了一个拐点二，如果是的话，这个拐点如何来界定？人类社会即将走向后人类时代、增强时代、人机融合时代、还是别的什么时代？与人类社会的演进相对应，战争又将向何处去？

二、自然观与战争观——科技颠覆思想

英国哲学家、历史学家、考古学家柯林伍德曾出版过一系列有影

响力的作品，如《艺术哲学》（1925 年）、《形而上学论》（1940 年）、《新利维坦》（1942 年）、《自然的观念》（1945 年）和去世后出版的《历史的观念》（1946 年）。关于自然哲学，他有一句名言："自然观是自然科学的逻辑基础。"[6] 现在，我们不妨从人类自然观的进化中，回顾一下人类对自然、对世界的认识到底走过了怎样的道路。首先是在古希腊时期，前苏格拉底哲学的自然哲学家，无论是米利都学派、毕达哥拉斯学派，还是变化哲学家以及原子论者，这些曾经的哲人、智商高的人，在我们今天看来，其提出的对自然和世界的认识，其实都是极其朴素的认识。

比如，我们熟知的，例如，泰勒斯讲的"万物皆水"，赫拉克利特说的"世界是一团永恒的活火"，毕达哥拉斯学派讲的"万物皆数"也是充满神秘性，根据恩培多克勒的说法，宇宙由气、水、土、火四种元素构成，万物产生于他们之间的相互作用。纵然是全才的自然哲学家亚里士多德，一个百科全书式的人物，"古代世界最博学的人"（恩格斯语），其在当时对自然和世界的看法，也是极其粗陋的，这种思想认识典型地反映在其所提出的"四因说"中，即世界是由"形式""质料""动力""目的"四因的相互作用构成的。不难看出，古希腊的自然观是一种朴素的唯物主义自然观，虽然坚持从物质本身去说明世界，把自然界的现象了解为相互联系、相互作用、相互转化的整体，注意从事物内部去探求事物发展的原因，并提出了对立面的统一和斗争是世界万物发展变化的内在原因的思想，但本身这种认识水平是朴素的、简单的。这也说明，在那个时候，人类智商总体上还是比较低的。

中世纪的时候，人类的自然观没有多大进展。虽然我们讲，理性（希腊罗马的古典文化）、信仰（基督教上帝的文化）、习俗（日耳曼人的原始文化）是中世纪三大要素，但总体而言，中世纪信奉神创论的自然观，认为"宇宙有限，上帝永恒，上帝和《圣经》是真理的源泉"。他们热衷于讨论的问题是"针尖上能站多少个天使"之类，在这种基督教神学自然观的影响下，人们往往把世界的存在和变化的依据归结为上帝的存在，科学只是教会的恭顺的"婢女"，它不得超越宗教信仰所规定的界限，没有独立性，也没有理性生长的空间。

近代西方科学的诞生是个伟大的变革。有一种说法是，科学家拉普拉斯在19世纪初向拿破仑呈现他的《天体力学》时，拿破仑问：在你的著作中怎么没有提及宇宙的创造者？拉普拉斯回答说：陛下！用不着那样的假设……的确，到这时，近代科学已经开始成长了，这是一种"理论科学"形态、一种以实验为基础的"实验科学"、一种以分析为核心的"分析科学"、一种以数学为手段的"定量科学"。此时，出现了一些大科学家、大哲学家、大思想家。例如，大法官培根是英国经验主义代表人物，提倡获得知识的实验的、定性的和归纳的方法。大陆理性代表人物笛卡儿，他是法国数学家、自然科学家和哲学家，强调演绎法可得到可靠的科学知识，主张心物二元论。他使用普遍怀疑的手段论证了理性在认识中的作用，并创立了逻辑演绎方法。经过这些哲学家、科学家的努力，特别是伽利略、牛顿等人的科学研究进展催生，近代一种机械论自然观就产生了。按照这种机械论自然观，机械运动是唯一的运动规律，宇宙是一架大机器；宇宙像空架子，绝对静止——绝对空间；时间永远以等速流逝，与物体运动无关；分析、分解的方法是研究自然的主要方法；一切现象都可以用牛顿力学的"力"来解释。总之，这种机械论自然观包括机器论、决定论（原因与结果一一对应，只有必然性，没有偶然性）、还原论（整体等于部分之和）及备受推崇的归纳法。

通俗而言，在当时这种机械论自然观支持者看来，世界就像一个时钟，整个宇宙甚至包括人和动物在内，都像机器一样运转，它们之间有相互作用，并且这种作用具有因果性，宏观现象可以归结到微观上的层次结构或者质点之间的相互作用。在这种机械论自然观的影响下，人们以机械力学说明一切，以物质原因解释自然现象，习惯于用机械力学来描述和探讨自然图景，用力学理论解释其他一切自然现象，用力学的机械运动模型类比其他复杂的物质运动，把力学中的力的概念普遍推广到其他领域。例如，玻尔兹曼讲："如果你要问我，我们的世纪是钢铁世纪、蒸汽世纪，还是电气世纪，那么我会毫不犹豫地回答：我们的世纪是机械自然观的世纪。"[7] 牛顿自己也认为："我希望能用同样的推理方法从力学原理中推导出自然界的其余现象。因为有许多理由使我猜想，这些现象都是和某些力相联系着的。"[7]

此外，笛卡儿写了《动物就是机器》，拉美特利写了《人是机器》，认为"人体是一架会自己发动自己的机器；一架永动机的活生生的模型。体温推动它，食物支持它"，"人的一切活动都是机械运动，人类的心灵和精神活动完全归于机体的组织状况，不同体质的人，具有不同的精神和性格"。[7]伏尔泰也指出："宇宙是一架巨大的机器，人必须服从机器的自然定律。上帝是这个机器的起因，之后世界按照它本身的规律存在和发展下去。"[7]"我们都是牛顿的学生；我感谢他独自发现和证明宇宙的真实体系。"拉普拉斯也是激进地宣称："我们可以把宇宙现在的状态视为其过去的果以及未来的因。如果一个智者知道某一刻所有自然运动的力和所有自然构成的物件的位置，假如他也能够对这些数据进行分析，那宇宙里最大的物体到最小的粒子的运动都会包含在一条简单公式中。对于这智者来说没有事物会是含糊的，而未来只会像过去般出现在他面前。""世界的运行有着它自身的规律，原则上人们可以通过力学方程来描述和掌握，没有什么上帝可起任何作用。"[7]

在近代有具有高度影响力的自然观：世界都像一个"时钟"，军事系统就更像"时钟"了，简单直接，因果明了。

按照英国学者安托万·布斯凯的研究，18世纪的英国军事历史学家和军事理论家亨利·劳埃德少将（1720～1783）曾一针见血地指出："军队是实施各种军事行动的工具；军队与所有机器一样，是由各种元件构成，军队的战斗力首先取决于各种元件，其次取决于这些元件的组装方式，各种元件构成的整体必须具有持久力、灵活机动性和普遍适应性，只有这样构造，整个机器才完美无缺。"[8]论自然观支配的机械论战争，也像青睐时钟装置一样，信奉秩序、规律及可预测性，强调作战单元要整体划一、步调协同、服从指令。情况正如阿萨尔·盖特在《军事思想史》中所言："启蒙时期的军事思想家，对牛顿的科学思想产生了极大兴趣，更加渴望用极为准确和确定的方法来研究和指导战争。"[8]事实上，自伽利略发现惯性定律、自由落体定律等之后，弹道学、筑城术和军事战术都获得了极大发展。按照机械论思想训练的军队可追溯到17世纪初期莫里斯亲王统帅的荷兰军队，当然，腓特烈大帝统帅的普鲁士军队更是这种模式的典范。具体而言，在16世纪90年代，莫里斯把装弹和发射过程分解为若干步骤，让士兵反复操练，以提高其在同一号令下的协同作战能力。

古斯塔夫斯·阿道弗斯借鉴并极大改进了荷兰的训练和作战方法。到腓特烈大帝时期，他把这种军事思想发挥到极致。对此，以色列军事历史学家范·克里菲尔德在《战争指挥》一书中评论说："这位普鲁士国王是第一位现代指挥家，想时时刻刻都控制着军队，这种愿望只能通过把士兵变成没有头脑、没有生命的机器才能实现。"[8] 显然，腓特烈大帝这种军事思想就是将钟表等同于军队，正如钟表的每个齿轮都按照钟表匠预先设定的规则运转一样，军队也可通过反复操练锻造成一台"战争机器"，这显然是一台"精准、有序、规范、可预测"的机械化"战争机器"。军事学者哈拉尔德·克兰施米特对此评论说："普鲁士军队各级指挥官严格执行上级指令，普通士兵完美地结合在一起，如同一台精心设计的机器中的各种元件。这台人工制造的机器，整体结构合理，各个元件相互配合，遵循大自然设定的规律保持着有序运转。"[8]

蒸汽机发明之后，战争进入了工业化战争时代。与世界观的变迁相适应，应对工业化时代的战争也需要在思想观念深处来一场"头脑变革"。1754～1763年（主要冲突集中于1756～1763年），欧洲爆发了"七年战争"。这场战争由欧洲列强之间的对抗所驱动，英国、法国、西班牙在贸易与殖民地上相互竞争。同时，普鲁士这个日益崛起的强国与奥地利正同时在神圣的罗马帝国的体系内外争夺霸权。欧洲的"七年战争"凸显了机械论战争思想的落后，以及部队作战指导理论的僵化、不灵活和固守成规，导致士兵虽身强体壮但战术素养极差。拿破仑军事才能的主要体现，就是对这种僵化落伍军事理论的突破与创新。拿破仑不像腓特烈大帝那样试图完全控制军队，恰恰相反，在作战方法方面，他以散兵、纵队战术代替了线式战术，赋予了各个军团部署的灵活性和自主性。他曾这样说："战争全由偶然事件构成；主将虽应把握一般原则，但仍须密切注意以利用这些偶然事件；这正是天才的表征。"[8]比拿破仑思考得更彻底的是克劳塞维茨，尽管其在《战争论》一书中继承沿用了许多带有机械论色彩的词汇，如重心、摩擦力等，但他完全颠覆了机械论战争的理论体系，反对机械论者钟表式的线性叠加和组合观点，明确主张战争是两股活力的对撞，是相互的行为，要从整体而不是从它的各个部分来认识，要给予战争中的不确定性（战争迷雾）以足够的认识。

总而言之，从世界的"钟表"隐喻到"热力机"隐喻，从机械论战争到工业化战争，人类对战争的理解与认知，深受所处的时代局限和启迪，从强调战争的绝对秩序、绝对控制和绝对因果，到关注战争的不确定性、偶然性和随机性，人类的战争观发生了根本性、方向性和基础性的变迁。当然，此时的战争还只是在陆地一维平面进行，其虽然表现出复杂性但仍极为有限。随着20世纪飞机、坦克、无线电、雷达、导弹等军事技术纷纷在战火中亮相，人类战争也正式从一维平面演进到陆、海、空、天、电等多维疆域，战争的复杂性成几何量级增长，人类对战争的控制与对秩序的追求也必将达到新的层次。

当罗伯特·维纳创新控制论后，战争进入自动化战争时代。"信息就是信息，不是物质也不是能量，否认信息者在当今世界将无法生存。"[9]这是创立控制论的罗伯特·维纳曾说过的一句名言。名言之所以是名言，就在于它非凡的洞见性。可以说，从人类认识世界的物质、能量跃迁到信息，这不是量的积累，而是质的飞跃。信息这个范畴预示着，人类在控制战争的方向上又迈出了革命性的一步。这种控制是一种对战场秩序的追求，也是一种对暴力破坏的规约，更是一种对杀伤极限的延展。也只有从这种多重意义上，我们才能够认定罗伯特·维纳在科技史和战争史上的巨大价值与历史地位。

三、后人类战争崛起——萌芽与未来

未来世界什么样？可能我们很难用简单的词语描摹，但基本也可以看出来一些端倪，如"互联网-物联网-脑联网""BCI 技术、万物互联、普适计算""人类时代-超人类时代-后人类时代"等。总而言之，当人类社会进入复杂巨系统时代后，我们就需要从"复杂性哲学与后人类战争"的视角透视未来战争。可以讲，从未来学家的预言到人们日常生活的体验，信息时代自提出以来迅速席卷人类社会各个领域，然而，我们需要追问的是，信息时代之后是什么时代？对此，笔者的判断是，人类社会正在进入一个互联互通的智慧时代。在这种智慧时代，军事系统也将发生相应的演化，我们研究战争也需要"换脑"，要关注人工智能与生物交叉技术的相关发展，只有这样，才有可能参悟透未来的"后人类战争"。

在未来的这种后人类战争中，是否可以构建一个统一的信息战理论，这种可能性值得探讨。众所周知，我们今天对信息化战争的理解，主要来源于美军的实践。美军在海湾战争之后到越南战争之前进行了军事改革，当然，中间有技术领域的不断变革，尤其是信息技术领域。于是，我们看到，当1991年海湾战争打响之后，伊拉克上空呼啸着的导弹划破了中东的天空，人们看到了信息化战争的威力。之后，世界各国都开始致力于研究这种与以往大不一样的战争形态。我国学术界在20世纪80年代也出现了杨南征的《智能军队》（1987年）和沈伟光的《信息战》（1990年）等前瞻性研究信息化战争与智能化战争的作品。

而在美军这方面，阿尔文·托夫勒研究出版了一系列预言未来信息时代及信息化战争的作品，如《财富的革命》《第三次浪潮》《未来的冲击》《战争与反战争》《再造新文明》《权力的转移》，先于苏联提出了一系列新思想。后来，在美国国防部净评估办公室主任安德鲁·马歇尔的推动下，美军率先提出了"信息化军事变革"理论，开始引领世界新军事浪潮。然而，信息到底是什么？信息战的本质是什么？美军却一直在研究，也有不同的学说与声音。例如，在里·阿米斯德组织撰写的《信息战：以柔克刚的艺术》中，其就试图从物理信息与心理信息统一的角度构建信息战框架。与理论界相呼应，2006年版的美军《联合信息作战条令》中指出，心理战是与电子战、计算机网络战、军事欺骗和作战保密并列的五种核心信息作战能力之一。2010年12月3日，美国国防部批准，"心理战"的提法被修改为"军事信息支援作战"（military information support operations，MISO）。并且，最近几年不断有资料显示，美军还加强了生物信息、物理信息及心理信息的整合性研究。

对此，在《制脑权战争：脑科学研究与21世纪的军事》一书中，也对此给予了关注，并且早在2007年出版的《从物理战到心理战》中，也提出了信息分为物理信息、生物信息及心理信息，心理信息又分为事实、理念和情感三类。笔者认为，信息战应该是囊括这三类信息的大信息战框架。显然，这里就涉及一个更深刻的问题，到底世界的本质是什么？是物质、能量，还是信息？塞萨尔·伊达尔戈出版了一本《增长的本质：秩序的进化，从原子到经济》，他认为世界的本质是信息。具体而言，在他看来："宇宙是由物质、能量和信息组成。在这个世界上，物质总量是守恒的，我们的世界与原始人的世界唯一的区别，仅仅在于原子量级的物质排列方式不同。物质和能量本身就是存在的，信息却不是，它的产生需要特定的方式。"[10]信息的产生有三种机制，其中，第三种机制是物质的计算能力。信息的延续需要固态物质，信息的激增需要物质的计算能力。物质不会计算，生命也就不会存在。细菌、植物还有人类都可以被视为计算机，不断地处理信息。当然，人类代表了物质的分析计算能力的最高水平。当我们建设有秩序的社会时，我们其实就是在创造新的信息。

如果世界的本质真的是信息，且物理信息、生物信息及心理信息能够整合在一起，那么，这种信息论是否能成为智能战或后人类战争的理论根基呢？这就值得我们认真思考。如果有这种可能，我们说，在未来的后人类战争中，可能的战争形态与今天的信息化战争就会迥然不同。到那时，可能作战的主体是人机共同体，作战的中心枢纽是一个云大脑，它既是指挥控制中心、数据中心、情报中心，又是研发中心（实验室设计战争）、生物信息中心（血液中心）等，敌对双方的作战方式，就是对云大脑进行溯源攻击，一种开源作战的理念可能会被接受。

当然，从目前来看，这种未来战争的图景还比较遥远，更多的可能还只是一种科幻式的想象，但军事领域需要科幻的注入，才能真正决胜遥远的未来。

四、人工智能——通向后人类战争的桥梁

如果我们要真正理解后人类社会和后人类战争，我们就需要理解世界的本质和智能的本质。在此，首先笔者认为，我们的思维一定要打开，现代科学发展也只有几百年，我们对世界的认识还很有限。

关于世界，我们熟知的是波普尔的三个世界理论，即物理的世界、精神的世界和知识的世界。其实，在波普尔的三个理论之外，我们还可以有别的认识。比如，我们是否可以提出这样一个新的三个世界理论，即"现实的世界-符号的或者知识的世界-意象的世界"。如果我们认为世界的本质是信息的话，现实的世界有很多信息，人类的科学探索、社会科学研究、神话传说等构建了一个符号世界，但每个人的有限生命只能接受有限信息，再各自构建一个意象世界，就像柏拉图讲的洞穴，只能从一个洞穴感知外面的世界，或者如李普曼所讲的，只能从拟态世界感知现实世界。按照新的三个世界理论，我们每个人都好像生活在这样一个现实的世界中，其实我们只是生活在自己所构建的有限的意象世界中，我们通过各种方式接触信息，但那都是有限的。在后人类战争中，信息依然是最底层的东西，但浮在面上的可能是智能或智慧，这就要求我们认知智能或智慧的本质到底是什么。

有关智能或智慧的本质，这个问题一时很难有重大突破。对于心智的研究，心理学也有很多研究，这种探究从原来的朴素心理学研究到科学心理学、认知神经层面的研究，有一些进展，但目前仍然无法揭开心智的黑箱。笔者认为，智能的本质，如果我们认为世界的本质是信息的话，不知道能不能这样解读——智能就是信息处理的一种能力，复杂系统就是信息的增长无规律的系统。生物信息介入或者精神信息介入越高的系统就越复杂，这也就是人工系统复杂的原因所在。因为，这个复杂系统，除了物理信息以外，还有心理信息进来了，这就增加了复杂度。毕竟，这个心理信息中有事实、情感和理念这类信息，它就很难去认知与量定，也很难去形式化。

倘若要真正破解后人类时代，现在看来，我们需要对人工智能有

重大研究进展。目前从哲学层面来看，人工智能的实现还面临着意向性问题、框架问题、背景知识问题，以及语境问题和方法论的还原论问题，等等。在未来，进一步突破这样的瓶颈，是人工智能进一步发展的大问题，也是关键所在。不过，从科技发展的大历史来看，这些发展瓶颈一定会被突破，我们应该持一种乐观的态度。当然，关于人类自身的智能笔者认为进展是比较缓慢的，缓慢的原因主要是与世界的信息总量有关系，如果世界的本质是信息的话，我们就会发现，这个世界的信息总量是在不断增长的。从古代到今天，信息量在增长。机器在某个单一纬度上可能会超越人类，如下棋、运动等。但总体来讲，笔者认为，由于机器无法处理心理信息，所以机器就是再学习，也永远都不可能有自我的意识和情感，永远都不会整体超越人类。未来社会一定是一个人机共生的时代、是一个增强的时代、是一种超人类时代或后人类时代，对于这个时代，我们目前的了解还极其有限，还有赖于人工智能的充分发展。

参考文献 >>>

[1] 李淳风，袁天罡. 推背图中的历史 [M]. 雾满拦江译释. 北京：中国友谊出版公司，2008.

[2] 尤瓦尔·赫拉利. 人类简史：从动物到上帝 [M]. 林俊宏译. 北京：中信出版社，2014.

[3] 贺福初·刍议时代 [M]. 北京：军事医学出版社. 2015.

[4] 赖燕如，石海明. 未来战争智胜之要 [N]. 光明日报，2016-11-30，第 10 版.

[5] 弗朗西斯·福山. 我们的后人类未来：生物技术革命的后果 [M]. 黄立志译. 桂林：广西师范大学出版社，2017.

[6] 柯林伍德. 自然的观念 [M]. 吴国盛，柯映红译. 北京：华夏出版社，1999.

[7] 刘大椿. 一般科学哲学史 [M]. 北京：中央编译出版社，2016.

[8] 安托万·布斯凯. 科学作战方法：现代战场上的有序与混沌 [M]. 徐北臣，等译. 北京：蓝天出版社，2011.

[9] 金观涛，华国凡. 控制论与科学方法论 [M]. 北京：新星出版社，2005.

[10] 塞萨尔·伊达尔戈. 增长的本质：秩序的进化，从原子到经济 [M]. 浮木译社译. 北京：中信出版社，2015.

大数据伦理与信息伦理

大数据信息价值开发的伦理约束：
机制框架与中国聚焦

李 伦 孙保学 李 波[*]

大数据被称为 21 世纪的"新石油"，发达国家纷纷将大数据的建设和发展上升为国家战略。大数据的应用已渗透到政治、经济、文化等领域，各行各业高度重视开发大数据潜藏的价值。大数据环境下的信息价值开发创造了巨大的社会价值，也引发了隐私和信息安全等伦理问题。[1]发现或辨识这些问题，提出或完善解决这些问题的伦理约束机制是大数据时代亟待完成的重大任务。

伦理约束机制是伦理观念和规范的程序化与制度化，是使伦理观念和规范见诸行动的保障机制。尤其是在第二次世界大战之后，伦理观念和规范的程序化与制度化在医学伦理、生命伦理等领域获得了长足的发展，国际组织、政府、行业协会和医疗机构等提出了一些行之有效的伦理约束机制，对规范医学研究和临床实践起到了重要的作用。我们可以借鉴这些经验，将之移植到大数据信息价值开发领域。事实上，这种尝试已经在一些国家和国际组织中出现了。

根据约束机制作用域和效力的不同，伦理约束机制可分为具体的伦理约束机制和一般的伦理约束机制。具体的伦理约束机制主要适用

---

[*] 原载《湖南师范大学社会科学学报》2018 年第 1 期。李伦，大连理工大学人文与社会科学学部教授，湖南师范大学人工智能道德决策研究所所长，教育部人文社会科学重点研究基地湖南师范大学道德文化研究中心教授；孙保学，湖南师范大学公共管理学院哲学系暨人工智能道德决策研究所讲师；李波，湖南师范大学公共管理学院哲学系暨人工智能道德决策研究所讲师。

于具体的领域，如信息共享、隐私权、信息安全、代码等。一般的伦理约束机制适用于大数据信息价值开发的各个领域或环节，主要指包括信息行业伦理准则（code of ethics）、信息职业执照制度、信息伦理委员会和信息伦理教育培训制度等在内的伦理管理制度。

根据约束机制作用方式的不同，伦理约束机制既包括狭义的消极意义上的约束机制，也包括广义的积极意义上的促进机制和保护机制。一谈到伦理约束机制，人们易于认为这主要指限制性的约束机制，也因此使一些业界人士对伦理规范和伦理约束机制产生误解，认为伦理阻碍医学、科学和商业的发展。笔者认为，不能将伦理约束机制仅仅理解为限制性的或消极性的，它也包括同样具有规范力的伦理促进机制或伦理保护机制。大数据环境下的信息价值开发的伦理约束机制既包括狭义的限制性的伦理约束机制，也包括伦理保护机制或伦理促进机制。具体而言，大数据环境下的信息价值开发的伦理约束机制包括信息共享的伦理促进和约束机制、隐私权和网络安全的伦理保护机制、代码的伦理约束机制、信息伦理管理制度等。毫无疑问，大数据信息价值开发的伦理约束机制多种多样，且仍处在不断的开发之中。本文仅就其主要部分做简要的介绍，并将之视为一个动议，希望引起人们对该问题的深入探讨。

一、信息共享的伦理促进和约束机制

大数据环境下的信息价值开发面临的核心问题是信息共享的伦理促进和约束机制，关键是信息共享的边界问题。只有完善信息共享的促进和约束机制，才能保障信息开发价值的合理有序进行。在大数据环境下，信息共享是大数据信息价值开发的前提，对大数据信息价值开发具有重要意义。数据共享有利于促进大数据环境下的信息价值开发，有助于促进社会发展。一方面，没有信息共享，就可能出现所谓的信息孤岛现象，信息价值开发更是无从谈起；另一方面，信息共享可能被滥用，数据被无序开发，会造成侵犯隐私权和个人数据权、危及信息安全等问题，引发一些伦理争端。

也就是说，信息共享目前存在"信息共享的两重性问题"：共享滥用和信息孤岛。无限制的信息共享可能会侵犯隐私权、个人信息权和知识产权，不利于信息安全，给信息提供者造成较大损失；过度的规制又会影响互联网的健康发展，加剧信息孤岛现象。针对前者，必须建立信息共享的伦理约束机制，使信息共享保持在合理范围之内，避免共享滥用问题。针对后者，必须建立信息共享的伦理促进机制，确保大数据信息价值开发的顺利进行，消除信息孤岛现象。

为解决信息共享的两重性问题，我们可以从大数据及大数据时代本身的特征出发，结合政府、企业、科学界等方面关于信息共享的实践现状和理论研究现状，探讨信息共享在大数据时代的必然性及其在大数据信息价值开发中的作用和地位，建构信息时代的共享伦理。随着大数据时代和信息社会的真正到来，时代精神将实现何种转换，是一个极有意义的议题。马克斯·韦伯（Max Weber）曾探讨了新教伦理与资本主义精神的关联，笔者认为共享伦理与信息时代精神存在类似的关联，共享伦理应成为信息时代精神的重要内容，也就是说，共享伦理是信息共享伦理促进机制的核心内容。同时，我们可以从技术和伦理层面探讨信息共享可能带来的困境，例如信息共享对传统的个人隐私和知识产权观念带来的冲击、对个人权利的侵犯、对信息安全的负面影响等，并且探讨突破这些伦理困境的可能性。我们可以在了解现状的基础上，总结与分析国内外成熟、优秀的促进信息共享的政策法规，探讨大数据背景下各领域内促进信息共享的可行性机制，并结合现有的政策法律等对于信息共享进行规制的现状，探讨哪些政策能够引导信息共享健康发展、哪些政策因力度不够或者过度而造成新的伦理和社会问题，探寻信息共享的道德边界，提出信息共享的伦理原则和伦理约束机制。

为了促进科学数据的共享，国际组织、各国政府、科研资助机构等广泛开展了科学数据的共享服务与实践。国内外企业在促进数据共享方面，也已经开始实践。国际科学数据共建共享始于1957年，在国际科学理事会（International Council for Science，ICSU）的组织领导下，先后成立了世界数据中心（World Data Center，WDC）和国际科技数据委员会（Committee on Data for Science and Technology，CODATA）。美国最早宣布对国家投资获取的科学数据采取"完全与开放"的政策，在 20 世纪末确立了在国家层面上建设科学数据和信息全社会共享环境的战略部署，美国国家航空航天局（National Aeronautics and Space Administration，NASA）2012 年 3 月发布一整套数据共享政策。欧盟启动了"欧洲数据自由流动计划"，以推动欧盟范围的数据资源自由流动，建设包容性的数字化社会。欧盟开放科学战略提出了欧盟云倡议（European Cloud Initiative），将通过促进科学家、企业（包括中小型企业）和公共部门之间的合作来促进创新服务的提供。2001 年，我国科学技术部启动了"科学数据共享工程"，2003 年发布《关于成立科学数据共享工程领导小组等有关事宜的通知》。2014 年，阿里巴巴、百度、腾讯、中国电信、中国移动、中国信息通信研究院、英特尔联合发起成立开放数据中心委员会（Open Data Center Committee，ODCC）。2017 年，ODCC 联合实验室正式成立。阿里巴巴、腾讯、百度等中国企业目前已加入全球性的开源项目——Open Daylight（ODL）。

欧美国家对于数据共享的规制有相对完善的政策。2005 年，欧盟委员会提交政策战略《数字化单一市场战略》。国外有较多较为完善的数据共享协议，例如，开放知识基金会（OKF）下的开放数据公用（Open Data Commons）项目，其中包括《公共领域贡献与许可》（PDDL）、《开放数据共享署名许可协议》（ODC-By）、《开放数据库协议》（ODC-ODbL）、《知识共享许可协议》（CC）、《知识共享的豁免》（CC0）等。我国近些年也出台了多部网络安全、信息安全、隐私保护等方面的法律法规，主要包括《中华人民共和国保守国家秘密法》《中华人民共和国网络安全法》《中华人民共和国电子签名法》《全国人民代表大会常务委员会关于加强网络信息保护的决定》等。2017 年 4 月 11 日，《贵阳市政府数据共享开放条例》颁布，这是我国首部政府规范数据共享开放的地方性法规，此后各地政府纷纷出台相关的数据共享管理条例。总之，国内外关于数据共享的政策已有一些较为成功的案例，国际上开始出现日趋完善的数据共享体系，我国有关促进数据共享的政策法规的出台近年来也加快了步伐,但数据共享的伦理促进和约束机制仍有很大的改善空间。

二、隐私权和信息安全的伦理保护机制

隐私权和信息安全是大数据信息价值开发最引人瞩目的问题。大数据信息开发在创造管理价值、经济价值和科学价值的同时,也存在侵犯隐私权、危及信息安全的风险。大数据时代的来临意味着数据成为一种生产因素,决策者对个人数据挖掘的精确程度直接影响到决策有效性的高低。然而,对个人信息和数据的过度挖掘可能侵害到个人的隐私权,肆意追求数据挖掘的广度和深度可能危及信息安全。

要做到对大数据信息价值的合理开发,可以从分析其存在的伦理风险入手,平衡数据挖掘、信息价值开发与保护隐私权、信息安全之间的关系,解决大数据环境下危及隐私权和信息安全的伦理问题,构建隐私权、信息安全的伦理保护机制。首先,要揭示大数据信息价值开发引发的隐私权和信息安全问题,并对这些问题进行社会影响评估,揭示隐私权和信息安全对于个人和社会发展的意义,确证保护隐私和信息安全的重要性。其次,要确立大数据信息价值开发的基本逻辑框架及应用范围,揭示大数据技术本身所蕴含的伦理价值,分析隐私权、信息安全与大数据技术之间的价值冲突,在此基础上提出大数据环境下保护隐私权和信息安全应当遵循的伦理原则。笔者认为,平衡原则是处理创新与风险的基本原则,平衡原则的具体化是建立隐私权和信息安全伦理保护机制的基本路径。平衡创新与风险,建立隐私权、信息安全的伦理保护机制是目前最为紧迫的任务。另外,应当建立政府、行业及其他组织多方共建的隐私权和信息安全的伦理保护机制,并引入隐私条款等第三方评估机制,维护信息生态的公平公正。政府、企业、医疗机构和科研机构等大都制定了自己的隐私保护条款,这些条款的内容是否合理合法,是否得到适当执行,需要进行客观公正的评估。

针对大数据信息价值开发面临的隐私和信息安全问题,国际组

织、政府、行业组织、企业和学界等进行了大量研究，并制定了诸多可供借鉴的政策和伦理保护机制。国内外学者都比较关注隐私权和信息安全的伦理价值，以此论证保护隐私和信息安全的必要性与紧迫性。霍文（Jeroen van den Hoven）和维克特（John Weckert）对隐私和个人数据的保护给予了高度关注，指出需要从个人身份相关信息更广的角度来定义个人数据，同时提出需要保护个人数据的四种道德理由——"基于信息的伤害""信息的不平等""信息不公平""道德自治与道德认同"。

迈尔-舍恩伯格（Viktor Mayer-Schönberger）和库克耶（Kenneth Cukier）深入分析了大数据技术引发的隐私风险，认为在大数据时代，沿用传统的告知与许可方式、采取模糊化和匿名化等技术手段保护个人隐私已收效甚微，传统的隐私保护技术如密码访问、身份确认和用户访问控制等在大数据技术下形同虚设，原有的信息安全和隐私保护的法律法规也出现了很多空白。[2] 197-201 鉴于大数据技术的兴起对隐私保护构成了巨大威胁，人们提出了知情同意等方案，欧美一些国家和学者提出了数据删除权或遗忘权等。2012 年美国白宫发布《网络世界中消费者数据隐私：全球数字经济中保护隐私及促进创新的框架》，希望在保持数字化经济持续创新的同时保护用户的隐私不被侵犯。

面对大数据给隐私保护和信息安全带来的挑战，各国政府纷纷制定保护隐私权和信息安全的法律法规。欧盟出台了一系列有关隐私和个人数据的法律法规，如 1995 年的《个人数据保护指令》、2002 年的《隐私与电子通信指令》、2009 年的《欧洲 Cookie 指令》、2015 年的《一般数据保护条例》。美国主要通过第四条宪法修正案和第十四条宪法修正案的相关判例保护隐私权，此外还有 1966 年的《信息自由法》、1970 年的《公平信用报告法》、1974 年的《隐私权法》、1986 年的《联邦电子通信隐私法案》、2012 年的《网络世界中消费者数据隐私：全球数字经济中保护隐私及促进创新的框架》、2016 年的《宽带和其他电信服务中用户隐私保护规则》等。我国出台了《计算机信息网络国际联网安全保护管理办法》等互联网隐私保护规章制度。2007 年，"隐私权"作为独立的民事权利第一次出现在《中华人民共和国侵权责任法》中。2016年通过的《中华人民共和国网络安全法》是我国网络领域的基础性法律。2017年3月通过的《中华人民共和国民法总则（草案）》对个人信息保护也进行了规定。

许多国家还设立了隐私保护或数据保护机构。例如，澳大利亚信息专员办公室（OAIC）、英国信息专员办公室（ICO）、法国国家信息和自由委员会（CNIL）、爱尔兰数据保护专员办公室（ODPC）、德国联邦数据保护和信息自由专员等。国际合作组织也致力于保护个人隐私和信息安全，如设立欧洲数据保护组织联合会（CEDPO）、隐私国际（PI）、隐私专业人员国际协会（IAPP）等。

三、代码的伦理约束机制

代码在大数据信息价值开发中的运用极其普遍，尤其是随着数据挖掘技术和人工智能技术的发展，几乎所有的信息价值开发活动都依赖于代码。进入以算法为主导的人工智能时代后，随着价值开发工具自主性程度的不断提高，信息价值开发过程呈现出一些新的特征。代码是数据挖掘不可缺少的技术手段，为大数据信息开发创造了巨大价值，但代码或算法也引发了一些问题，如算法歧视、隐私侵犯、数据安全事故等。因此，有必要对代码或算法进行伦理规制。

代码是完成特定任务的计算机程序、软件或技术架构，代码处于信息开发活动的底层，常被视为单纯的技术现象，因此代码常常处于伦理约束的视野之外，成为一个"隐性问题"。代码既是信息价值开发行为的规范力，也是需要被规范的技术力量。这就要求我们揭示作为信息价值开发手段的代码的普遍性和隐蔽性，将这一"隐性问题"显性化，并将之纳入伦理约束的范围之内，提出包括规范代码的伦理原则、代码的伦理归责、代码的合理性评价标准等在内的伦理约束机制。

我们可以从代码带来的社会伦理风险和挑战切入，对代码等信息价值开发的技术手段进行伦理规制。迪特里奇（Thomas Dietterich）和霍维茨（Eric Horvitz）认为，在未来信息时代的智能社会中，我们至少面临编程错误、网络安全、不当使用、共享的自主权和社会经济影响五大类风险考验。[3] 其中每一类风险都与对代码的伦理规制密切相关，这些风险对信息的价值开发者和自主性技术本身的伦理规制提出了新的要求。提前采取必要的安全保障措施，消除或减少这种风险发生的可能性，为可能发生的风险制定防范措施，是构建代码伦理约束机制应当考虑的重点问题。

首先，我们应当了解代码在大数据信息价值开发中的应用情况及其规范作用的独特性。随着大数据时代的到来，人类的操作、决策和选择越来越依赖于代码。即使不是完全代替人类进行决定，智能系统也会为我们的决策提供建议，甚至以各种隐蔽的方式左右我们的思考和选择。例如，智能推荐系统会根据我们的购物习惯向我们推荐商品，根据我们的运动习惯指导健身，提醒我们该与哪位亲朋好友联络，等等；数据挖掘算法能够预测市场走势，指导公司做出前瞻性的战略调整；维基百科的学习算法能够自主地鉴别那些有误导性、有偏见和不准确的知识。

关于用技术来规范网络空间人类行为的研究始于 20 世纪 90 年代，利用作为技术的代码约束人类行为越来越受到重视。例如，社交软件通过内置"阅后即焚"（burn after reading）功能来提高信息安全；为了保护个人隐私，智能交通软件不再保存使用者起点和终点 0.5 英里范围内的活动路径。米切尔（William J. Mitchell）在《比特之城：空间·场所·信息高速公路》一书中指出，代码就是网络空间的"法律"。[4]109 莱斯格（Lawrence Lessig）通过《代码：塑造网络空间的法律》等著作将米切尔的思想深化为一套理论体系，认为人类行为的规范力有四种——架构、市场、法律、社会规范，网络程序和协议等代码是网络空间的架构，对人类网络行为具有法律、市场和社会规范无法比拟的约束作用。[5]110

其次，要重视代码的伦理规制架构的问题。正因为代码是一种规范力，不同的代码会导致不同的行为和后果，所以对代码进行规范就是必要的。与莱斯格的观点不同，斯皮内洛（Richard Spinello）在

《铁笼,还是乌托邦——网络空间的道德与法律》一书中强调,代码具有可塑性和隐匿性,具有潜移默化地规制和塑造人们行为的灵活性,我们应该更多地关注对作为一种约束力的代码的伦理规制,因为网络空间的终极管理者是道德价值,而不是工程师的代码,只有人类的善和道德价值才是实现人类繁荣的基础。[6]44 瓦格纳(Polk Wagner)认为,软件代码是法律的补充,而不是替代,"代码不是法律,代码符合法律",网络空间的样态最终取决于我们对自由与平等等基本人权的选择和期望,问题最终落脚于何种代码将支配网络空间、谁来控制代码的运行。[7]

由于大数据信息价值开发依赖于具有自主能力的算法来完成,所以如何设计符合人类道德价值的操作算法(operational algorithm)就变得尤为重要,对操作算法进行监督和审查也将成为未来研究的重点。代码的开放性、公开性、透明性和公正性等问题日渐浮出水面,代码及其伦理约束问题也开始得到人们的重视。如何将诸如自主原则、不伤害原则、有利原则和公正原则等伦理原则嵌入代码的伦理约束机制体系中,关系到代码的规制架构的搭建等问题。人类的核心价值在应用到当前大数据环境下信息价值开发过程时,可能会遇到伦理规制与技术发展不协调的问题,因此,基本的道德律令怎样才能在人类智能和机器智能之间起到协调作用是一个难点问题。我们可以通过对美国和欧盟信息价值开发过程中技术规制方面的伦理规程进行考察和批判性分析,探索出适合于中国国情的对基于代码或算法的自主性技术进行伦理规制的框架体系,提供切实可行的行动路线图。

目前,学术界关于监控型人工智能系统或算法的道德问题研究才刚刚起步,还没有形成完整的研究框架。随着算法及其依附的智能设备自主性不断增强,社会越来越依赖这些自主和半自主的智能设备做决策,它们的决策和行为可能超出程序员能够设定的范围。布伦特·米特尔施泰特(Brent Mittelstadt)等分析了算法时代我们将面临诸如知识的不确定性、决策的不可理解性、证据的误导性和算法歧视等一系列问题。[8]尼克·波斯特洛姆(Nick Bostrom)和埃利泽·尤德考斯基(Eliezer Yudkowsky)指出,如果机器学习算法是基于复杂的神经网络或由定向进化产生的遗传算法的,那么几乎不可能理解算法为什么或如何根据什么原因来做判断,因为大数据是基于概率的相关性而不是因果性做决策的,人类擅长的因果决策模型与机器学习算法的模型在底层逻辑上并不相同。[9]316-334 为了避开大数据和深度学习所带来的这种新困境,阿米塔伊·埃齐奥尼(Amitai Etzioni)等主张,应当考虑在操作算法之外,设置另外一套独立于操作算法的监控算法(oversight algorithm),监控操作算法的具体工作。[10]

代码编写者和算法工程师在编写何种代码、如何使用代码等方面具有特殊的作用,因此他们拥有特殊的专业责任,应履行特殊的伦理准则。哥特巴恩(Donald Gotterbarn)提醒人们,责任感缺失正在威胁着计算机行业,尤其是在面对计算机错误时计算机执业者往往将责任推卸给技术,将其描述为程序本身的bug,以此来逃避责任,如果责任逃避不了,一些人会选择分散责任,用失责的分摊手段来抵赖法律的责任。[11]97 维拉斯奎兹(Velasquez)认为,适当关怀原则与社会成本原则要在供应商和客户之间发挥作用,防止软件在使用过程中发生任何可预见的损害后果,并且要促进社会利益的最大化。[12]110-111 在伦理准则的制定方面,罗杰森(Simon Rogerson)通过分析结构化项目管理(SPM)的10个步骤,阐明计算机专业人员如何在软件开发过程中认真贯彻"尊重、诚实、无偏见、专业胜任、适当关怀、公平、社会成本、效果和效率"等8个伦理原则的方法。[12]112

我们从以上不难发现,在对代码或算法的伦理规制方面,国内外学者从单纯的代码规制研究转向对代码的伦理规制的研究,并认识到对于代码的规制本质上仍然是对代码编写者和算法设计者的伦理规制。当然,能否实现将道德法则嵌入代码,如何提高算法工程师和程序编写员的道德责任感,以促进其在具体工作中将这些道德价值贯彻到技术工作中,仍需进一步地探讨。

四、信息伦理管理制度

除了上述特定领域中的伦理约束机制,还有适用于所有信息开发活动的一般的伦理约束机制——信息伦理管理制度。学界对于伦理管理制度并没有一个明确的界定，我们可以借鉴医疗领域长期以来的实践和信息领域的最新尝试，建构适合大数据信息价值开发的伦理管理制度。

伦理管理制度在医疗领域由来已久，有比较成熟的模式，我们可以对它进行适应性移植，将之引入信息领域。医疗大数据是医疗和大数据的交叉领域，是目前大数据信息价值开发最活跃的领域之一，人们已经开始将已有的医学伦理管理制度延伸至医疗大数据领域，形成了初见成效的医疗大数据信息价值开发的伦理约束机制。医疗大数据信息价值开发伦理约束机制既是一般的大数据信息价值开发伦理约束机制的应有内容，其伦理管理经验也可被推广至整个大数据信息价值开发领域。通过借鉴医学领域比较成熟的医学伦理管理制度，总结已有的大数据领域的伦理制度的实践，我们可以建构具有针对性的信息伦理管理制度体系和基本框架。笔者认为，信息行业伦理准则、信息职业执照制度、信息伦理委员会和信息伦理教育培训制度等是其重要组成部分。

（1）信息行业伦理准则。伦理准则是由行业协会制定的约束本行业从业人员的伦理规范和守则。行业协会制定伦理准则具有悠久的历史，如医学领域。新型的计算机、信息技术、大数据等相关行业协会也开始致力于制定自己的行业伦理准则。美国计算机协会（Association for Computing Machinery，ACM）是世界上最早制定计算机行业伦理准则的协会之一。早在1972年，ACM就公布了《美国计算机协会伦理准则和专业行为规范》，并随着计算机技术的发展进行多次修订。1999年，美国计算机协会和美国电气电子工程师协会联合颁布《软件工程职业道德规范和实践要求》。几乎所有国家的计算机协会都制定了自己的行业伦理准则，如《英国计算机协会行为守则》《澳大利亚计算机学会伦理守则》等。我国互联网协会制定了《中国互联网行业自律公约》，中国计算机行业协会制定了《中国计算机行业协会章程》。我们可以在分析国内外行业信息伦理准则的基础上，结合目前大数据使用和信息价值开发中出现的以及可能出现的伦理问题，对已有伦理准则进行评估,完善相关行业的信息伦理准则。

(2)信息职业执照制度。许多国家在计算机执照考试中纳入了计算机伦理知识。注册信息系统安全专家(Certified Information Systems Security Professional,CISSP)认证是目前世界上最权威的国际化信息系统安全方面的认证,以考察考生对信息安全技术掌握的全面程度而著称,认证考试涵盖的知识点包括与信息安全相关的标准、法律法规、政策和道德规范,如诚实、正直、公正、合理和合法。国外的许多认证考试涉及计算机伦理、信息伦理的内容,我国的相关认证的培训与考试需进一步重视计算机伦理的教育和培训。尽管一些国家的计算机、信息技术执业认证或职业执照考试中包含了信息伦理内容,但在大数据时代如何进一步改善这一做法,尤其是在我国政府职能转变的背景下,如何将信息伦理内容嵌入相关职业执照考试中去,仍是一个值得进一步探讨的问题。

(3)信息伦理委员会。伦理委员会作为伦理管理制度的重要组成部分,在医疗系统中运行比较成熟。随着大数据医疗和精准医疗的迅猛发展,医学伦理委员会的职能开始延伸到医疗大数据的开发和使用等领域。大数据环境下的信息价值开发也迫切要求加强信息伦理管理和审查,将伦理审查制度引入信息领域的呼吁和尝试开始出现。查尔斯沃思(Andrew Charlesworth)倡导引入伦理委员会的审查监督模式,对数据信息使用进行伦理审查。[13]一些机构成立了类似于数据伦理委员会的组织,例如,受美国国家科学基金支持,微软、加利福尼亚大学和纽约大学等机构的专家于2014年组建了大数据、伦理与社会委员会(Council for Big Data,Ethics and Society)。

(4)信息伦理教育培训制度。信息伦理教育培训制度是大数据信息价值开发伦理约束机制的基本内容。践行大数据信息伦理的前提是具有大数据信息伦理的意识和知识,了解大数据信息伦理的基本规范,这就要求加强信息伦理的教育和培训。教育和培训可以使人们树立大数据信息伦理的观念,为践行大数据信息伦理打下基础。我们可以从国内外基础教育、高等教育和在岗培训中的信息伦理教育现状的调查和分析出发,研究信息伦理教育存在的问题,探索在加强基础教育、高等教育和在岗培训中实行信息伦理教育的有效对策，包括信息伦理教育培训内容的设计，以及信息伦理内容融入基础教育、高等教育和在岗培训的方式。目前，世界各国在这方面已经做出了诸多努力。

在基础教育阶段，信息化程度高的国家对信息伦理的教育非常重视。从 2000 年起，美国国际教育技术协会颁布了多项规定，要求所有的中小学生应该理解与技术有关的伦理、文化、社会问题，以负责的态度使用信息技术。日本在 1999 年公布的高中学习指导要领中新增了信息课。我国中小学的信息伦理教育是从 21 世纪开始实施的，教育部 2000 年 11 月颁发《中小学信息技术课程指导纲要（试行）》，先后又制定了《高中信息技术课程标准》《初中信息技术课程标准》《小学信息技术课程标准》，在信息技术教育课程中渗透信息伦理教育。

在高等教育阶段，早在 1979 年拜纳姆（Terrell W. Bynum）就在美国的大学开设了计算机伦理学课程。1985 年，约翰逊（Deborah Johnson）出版了第一部正式的计算机伦理学教科书《计算机伦理学》。1991 年，ACM 和 IEEE-CS 出台了计算机本科课程体系指导大纲建议，其中包括"社会与专业"内容，后又不断完善该大纲建议。我国高等院校的计算机伦理教育始于 20 世纪 90 年代初，教育部软件工程学科课程体系研究课程组发布《中国软件工程学科教程 CCSE 2004》，提出在"软件工程职业实践"课程中应含有伦理知识。2006 年教育部高等学校计算机科学与技术教学指导委员会编制了《高等学校计算机科学与技术专业发展战略研究报告暨专业规范（试行）》，指出高校培养的计算机专业人才应该具备承担社会责任的能力和意识。

政府、公司和科技界开始重视对在岗职员的信息伦理培训。1992 年，ACM 通过了《美国计算机协会伦理准则和专业行为规范》，提倡职业伦理的教育，要求开设计算机伦理、信息伦理、网络伦理等课程。例如，爱丁堡大学图书馆建立 MANTRA 数据管理培训课程模型，针对科研人员专门设置数据共享、保存和许可、数据伦理教育等模块。

五、世界性难题的中国聚焦

大数据环境下的信息价值开发的伦理问题和伦理约束机制的研究，与巨型计算时代、个人计算时代和网络计算时代的伦理问题研究一脉相承。同时，大数据技术与传统计算时代的技术相比有了巨大创新，这些技术以各种不同方式加剧了传统的伦理问题，也产生了新的伦理问题。对于传统的伦理问题，学界已经积累了比较丰富的理论研究成果，主要集中在对隐私、网络安全、知识产权、网络自由表达等方面。目前，关于大数据新的伦理问题的研究方兴未艾，关注度高的仍然是隐私权和信息安全问题，以及大数据伦理准则、数据戒律、信息权、遗忘权等问题。代码问题在人工智能伦理研究领域中也得到了越来越多的重视。总之，大数据信息价值开发伦理问题和伦理约束机制的研究是一个已引起广泛关注的世界性课题。美国、英国等一些欧美国家在信息共享管理、隐私权和信息安全的保护、信息伦理准则的制定、将计算机伦理知识纳入职业执照考试、伦理教育培训制度、建立信息伦理委员会等方面取得了可资借鉴的经验。

同时，大数据信息价值开发伦理约束机制也是一个基于中国语境的问题。对于我国而言，大数据信息共享的伦理促进和约束机制是我们应当优先解决的核心问题。信息共享问题是大数据环境下的信息价值开发面临的原点式问题，其他问题如隐私权和信息安全等几乎都可以还原为该问题。例如，隐私问题实质上就是哪些个人信息可以共享、哪些个人信息不可共享，以及个人信息共享的范围和时效等问题；信息安全问题涉及的是哪些信息未经允许不能擅自闯入，等等。解决了大数据信息共享的伦理促进和约束机制问题，就解决了其关键问题，其他问题便迎刃而解。隐私权和信息安全的伦理保护机制与信息伦理管理制度的设计是我国现阶段应当着手应对的重点问题。目前，大数据信息价值开发亟待解决的"显性问题"当属隐私权和信息安全问题，政府、企业和个人也最关心这些问题，并为此做出了许多努力，制定了一些保护隐私和个人信息的法律法规。如何规制大数据信息价值开发代码的伦理约束机制问题则是我们不得不面对的难点问题。代码处于基础性技术层面，对代码的伦理约束很容易被忽视从而成为"隐性问题"。尤其是在技术价值中立论的影响下，对代码的伦理约束被认为没有必要，也很难奏效。近年来，随着人工智能的快速发展，代码的伦理问题开始引起人们的极大关注，但目前尚未出现公认的明确的研究范式。总的来说，信息价值开发的伦理约束机制，包括具体的伦理约束机制和一般的伦理约束机制，有些源自个人计算时代和网络计算时代，有些是新近提出的，无论哪种情况，这些机制在大数据背景下都需要随着技术创新不断更新和完善。

参考文献 >>>

[1] 李伦，李波. 大数据时代信息价值开发的伦理问题 [J]. 伦理学研究，2017（5）：100-104.

[2] 维克托·迈尔-舍恩伯格，肯尼思·库克耶. 大数据时代：生活、工作与思维的大变革 [M]. 盛杨燕，周涛译. 杭州：浙江人民出版社，2013.

[3] Dietterich T G, Horvitz E J. Rise of concerns about AI: reflections and directions [J]. Communications of the ACM, 2015, 58（10）: 38-40.

[4] 威廉·米切尔. 比特之城：空间·场所·信息高速公路 [M]. 范海燕，胡泳译. 北京：生活·读书·新知三联书店，1999.

[5] 劳伦斯·莱斯格. 代码：塑造网络空间的法律 [M]. 李旭，姜丽楼，王文英译. 北京：中信出版社，2004.

[6] 理查德·斯皮内洛. 铁笼，还是乌托邦——网络空间的道德与法律（第二版）[M]. 李伦，等译. 北京：北京大学出版社，2007.

[7] Wagner R. P. On software regulation [J]. Southern California Law Review, 2005, 78（3）: 457-519.

[8] Mittelstadt B, Allo P, Taddeo M, et al. The ethics of algorithms: mapping the debate [J]. Big Data & Society, 2016, 3（2）: 1-21.

[9] Bostrom N, Yudkowsky E. The ethics of artificial intelligence [C] // Frankish k, Ramsey W M. The Cambridge Handbook of Artificial Intelligence. Cambridge: Cambridge University Press, 2014: 316-334.

[10] Etzioni A, Etzioni O. Designing AI systems that obey our laws and values

[J]. Communications of the ACM, 2016, 59 (9): 29-31.

[11] 唐纳德·哥特巴恩. 信息科学与专业责任 [C] // 特雷尔·拜纳姆, 西蒙·罗杰森. 计算机伦理与专业责任. 李伦, 等译. 北京: 北京大学出版社, 2010: 97-106.

[12] 西蒙·罗杰森. 软件开发项目管理伦理// 特雷尔·拜纳姆, 西蒙·罗杰森. 计算机伦理与专业责任. 李伦, 等译. 北京: 北京大学出版社, 2010: 107-118.

[13] Charlesworth A. Data protection, freedom of information and ethical review committees [J]. Information Communication & Society, 2012, 15 (1): 85-103.

大数据时代信息价值开发的伦理问题

李 伦 李 波[*]

随着大数据技术的发展，大数据信息蕴含的潜在价值不断得到开发。大数据信息价值开发涉及科技、商业、医疗、教育、人文及社会生活的各个领域。在互联网、云计算和海量数据存储技术的推动下，大数据已成为全球科技界、企业界、学术界和各国政府关注的焦点，各行各业高度重视研究和开发大数据潜藏的价值。发达国家相继实施大数据发展战略，力图使大数据的信息价值得到充分开发，推动生产和信息交流方式的变革，加大信息价值的转化力度，提升经济增长质量。大数据是 21 世纪的"新石油"，是时代变革和经济社会发展的推动力。然而，不可忽视的是，在大数据信息价值不断得到开发的同时，由于大数据技术具有强大的收集、存储和处理数据的能力，它们容易引发诸多值得关注的伦理问题，如侵犯隐私权和知识产权、危及信息安全。

一、大数据时代信息价值开发

随着大数据技术的迅猛发展，数据日益呈现数量大、数据处理速度快、数据类型多、数据价值大等特征。据美国易安信（EMC）公司

---

[*] 原载《伦理学研究》2017 年第 5 期。李伦，大连理工大学人文与社会科学学部教授，湖南师范大学人工智能道德决策研究所所长，教育部人文社会科学重点研究基地湖南师范大学道德文化研究中心教授；李波，湖南师范大学公共管理学院哲学系暨人工智能道德决策研究所讲师。

预计,到 2020 年,全球数据使用量将达到 40ZB(1ZB=10 万亿亿字节)。[1] 数据类型包括文本形式、图片、视频、音频、地理位置信息等。数据处理的速度越来越快,遵循"1 秒定律"。数据的价值得到空前的开发,促进了政府管理效率的提高,推动了社会经济的发展。

联合国高度重视大数据的研发。2009 年联合国也正式开启了"全球脉动"项目,旨在推动数据获取、存储和分析方式的创新,希望通过大数据来预测和判断某局部地区出现的经济、社会、政治、自然等因素引起的重大问题,以提前部署援助项目和支持力度。2012 年联合国就大数据的研发做了进一步的规划和部署。

随着大数据时代的到来,欧美一些发达国家相继将大数据视为重要战略资源,并将大数据信息价值开发战略上升为国家意志。2010 年 11 月,德国发布了《信息与通信技术战略：2015 数字化德国》,大力发展信息通信网络技术,强化德国经济竞争力,实现经济增长。2013 年 2 月,法国总理让-马克·艾罗在"2012 年欧洲数字化战略"所定目标的框架内,提出法国政府数字化路线图,旨在通过推进数字化建设,为年轻人提供更多的就业机会,利用数字化提高企业的竞争力,在社会建设和数字经济领域推动法国价值的实现。[2] 欧盟推出的《欧盟开放数据战略》则将重点放在大数据技术处理、数据门户网站及科学研究数据基础设施等几大领域,使欧洲企业和社会公众能够更加便捷快速地获得以政府为主的公共组织信息,建立一个汇集不同成员国及欧洲机构数据的"泛欧门户"。[3] 最值得关注的是,美国政府在 2012 年就投入两亿美元支持"大数据研发计划",旨在增强海量数据收集、存储和处理能力,这事关美国的国家安全和未来竞争力。他们主张,未来对大数据的研发能力将成为国家竞争力的重要组成部分,是国家的重要战略资源。

我国政府也极其重视大数据发展战略。2015 年 9 月,国务院发布了《促进大数据发展行动纲要》。这是我国关于大数据研发的顶层设计,是指导未来大数据信息价值开发的纲领性文件,旨在推进数据资源的开放、共享和开发,完善电信、网络普遍服务机制,超前布局下一代互联网和大数据的发展战略。该纲要提出,通过推进大数据的研发和应用，构建以人为本、惠及全民的民生服务新体系，开启大众创业、万众创新的创新驱动新格局，培育高端智能、新兴繁荣的产业发展新生态。[4]实施大数据发展战略是推动我国信息化进程，乃至提升国家软实力和竞争力的重大战略举措，是事关国家安全和未来综合国力的战略选择。

近年来，随着互联网的普及和大数据技术的发展，生成、收集和存储的数据呈现几何级数增长。移动通信、社交网络和监控设备的普及，以及电子商务和可穿戴智能设备的出现，使得个人的情感、情绪、习性、喜好、性格、行为、地理位置和社会关系，甚至身体状况的每一点变化都成为可被记录、存储和挖掘开发的数据。据 EMC 公司测算，2011 年全球新产生的数据量已达到 1.8ZB，大大超过了 2011 年以前人类信息量的总和[5]，传统的软件工具难以处理如此巨大的数据。从个人到政府的行为都会生产海量数据，传统的数据软件工具无法记录、存储、管理和分析这些海量数据。如今数据记录日益细微和精确，数据生成平台日益多样化、规模化和海量化，这就要求存储容量和处理技术日渐强大，才能够处理传统数据工具无法存储和分析的海量数据，但值得强调的是，大数据之大不仅在于它的大容量，更在于要挖掘海量数据中的大价值。[6] 14-26

从前，企业收集的数据的价值没有被完全开发，也很少多重开发其价值，因此，数据的现实价值相对较低。随着大数据时代的来临，数据抓取、存储和挖掘的方式发生革命性的变化，数据价值开发的意识高涨，数据价值开发的手段日新月异，吸引了企业或其他组织有意识地变革自己的营运方式和发展方式，确保数据价值开发的最大化。对于企业而言，这种转变产生了良性循环，企业收集和存储了大量数据，就会召集相关人才挖掘开发这些数据之中的价值，信息价值的开发取得成功又激发企业去收集更多的数据。[7] 4 收集的数据越多，潜在的价值也就越大，这种信息价值开发的良性循环机制不断激励企业实现增长方式的变革。

各行各业正在开启一个生成、获取和挖掘开发数据的新时代。以云计算为基础的大数据技术，越来越有效、廉价地将海量的、快速的、变化的数据记录和存储起来,并可以根据需要进行分析和运算,使得大数据中潜在的价值得到充分开发和应用。借助大数据技术,数据正成为巨大的经济资源,成为新世纪的"矿产"和"石油"。

二、大数据信息价值开发引发的伦理问题

随着大数据技术的日益强大,大量的数据更容易被获取、存储、挖掘和处理。在我们看来,大数据信息价值的成功开发在很大程度上依赖于大数据的收集和存储,而数据收集和存储取决于数据的开放性、共享性和可获取性。由此,数据开放和共享是大数据时代的内在要求。大数据信息价值的成功开发也依赖于信息价值的开发和有效应用,将大数据中潜藏的价值挖掘出来,使其在实践中发挥效用,为当前经济和社会中存在的问题提供有效的解决方案和建议,为它们的发展提供动力和智力支持。然而,在大数据信息价值开发的实践中,各种技术力量的渗透和利益的驱使,使得在上述两大环节中都容易引发一些伦理问题,如侵害隐私权和知识产权、危及数据信息安全。

(一)隐私权问题

信息价值的开发依赖于大规模的原始数据的收集。现在互联网、移动通信、电子商务(简称电商)、社交平台和政府部门等都在收集海量数据,然而,哪些个人数据是被允许的、哪些是不允许的,人们在具体的实践操作中确实很难把握。通常认为,关于个人数据信息的收集和存储应当尊重个人隐私。隐私是指私人生活安宁不受他人非法干扰,私人信息秘密不受他人非法搜集、刺探和公开等。[8]7 在大数据时代,隐私问题是一个迫切需要关注的伦理问题,这主要是因为随着互联网和大数据技术的日益强大,以及各行各业的利益驱使,个人隐私权更容易被侵犯。与大数据时代之前相比,现在大量的个人隐私信息被收集,更能挖掘出其潜在的价值,且更难控制、更难追究责任。大量数据的收集是信息价值开发的首要前提,现代互联网具有开放性、共享性和全球性等特征,也正是在这样开放的网络环境下,大数据信

息价值开发更容易通过强大的大数据技术获取大量的原始数据，更容易将从前属于个人隐私领域的信息视为公共信息，从而导致对隐私权的侵犯。[9] 85

大数据价值开发的一个核心任务是预测人未来的可能行为，预测与人相关的事物的未来可能状态，通过强大的数学算法对大量数据进行处理、分析，由此来预测未来事情可能发生的状态。大数据信息价值开发要实现相对较为准确的预测，需要依赖大规模的原始数据，这就意味着需要从尽可能多的事物中抓取信息，甚至是从一些极其平常的事物或状态中获取信息，如不同人的坐姿、不同人的声音、婴儿生命体征、搜索关键词、引擎的震动、机票销售等，通过量化方法把这些情形转化为数据，对这类数据进行挖掘，开发出更多的有创新性价值的产品或建议。例如，微软的必应价格预测（Farecast）功能利用机票销售数据来预测未来的机票价格趋势；根据人们的坐姿和体重的数据，设计者能够在汽车座椅上安装防盗系统；通过采集大量有差异的声音数据，开发商能够逐步改进语言识别系统；麦格雷戈博士通过婴儿的生命体征来预测传染病的发生；谷歌使用搜索关键词来监测流感的传播；根据引擎的散热和震动来预测引擎是否会出现故障。[10] 20 这些情形表明，人们可以从日常的大数据中挖掘出未被开发的潜在价值。

然而，我们应该注意到，在数据信息价值开发和应用的过程中，很多情形可能造成侵犯个人隐私权的问题。一些组织通过数据收集，发现某客户的购买习惯和兴趣，通过数据分析和挖掘，开发这些信息的潜在价值，进行定向营销，这可能导致对个人隐私权的侵犯。例如，某商场通过分析客户购物行为的数据，对某特定客户进行个性化的定向推销，这导致一位父亲抗议商场给她只有十几岁的女儿推荐怀孕和婴儿用品；公司能够通过对不同类的大数据进行重组，准确定位特定客户的身体健康状况等。这些情形表明，在信息价值开发的实践过程中，个人隐私权可能会受到不同程度的侵犯。

现代信息技术诞生之前，传统的专业数据公司针对相应的领域也能够记录和收集大量的个人信息，而且它们提供的关于特定个人的数据就不计其数。但是，互联网、移动通信、社交平台、视频监控和电商的出现，使得监视变得更加容易、收集个人数据的成本更低廉、数据量更大、数据类型更多、经过大数据挖掘价值更大。例如，亚马逊、阿里巴巴、京东等电商监视客户的购物内容和习惯；谷歌、百度等监视用户的搜索内容和浏览网页及网站的情况；Twitter、腾讯QQ和微信等记录我们的隐私、情感和情绪的状态变化；Facebook对我们的各种行为、情绪和喜好了解更多。不仅企业，政府也会对大数据感兴趣。据美国权威媒体报道，2010年美国国家安全局每天窃取的各类通信记录多达17亿条次，监视美国及他国公民的通信交流记录有20万亿次，其中涉及收集到通话人、邮件人和电汇人等的具体信息。[10]195 由此可以看到，不管企业行为还是政府行为，其都在不同程度上涉及个人隐私侵权问题。

　　人们普遍认为，知情同意可以适当避免隐私权被侵害。然而，在大数据时代，这种原则发挥的约束作用面临诸多挑战。知情同意原则要求数据采集者在开始收集数据之前，首先需要向个人申明，他们将会收集哪些数据、收集的数据有什么用途，在征得个人的同意之后，方可以展开数据采集工作。我们知道，大量的数据在收集的时候除了首要的开发价值之外，还有很多其他潜在的可开发价值。例如，通过对数据的再利用，或通过与其他数据进行重组，或通过数据废气（data exhaust）的利用等能够挖掘出其他的潜在价值。正因为如此，数据采集公司无法告知个人很多尚未挖掘出的其他的潜在价值，此外，在开始收集数据之前，就要求个人或用户同意这些数据将会产生的所有可能价值，这也是行不通的。数据规模非常大，以至于不可能实现征得每个个人的同意，比如谷歌使用检索关键词预测流感时，很难向数亿的用户征得同意。也有学者主张通过对收集的数据进行技术上的处理来保护个人隐私，但数据的第二次利用或多种类型的数据重组也同样会产生侵犯个人隐私权的问题。[10]197-200 总之，在大数据时代，不管是知情同意原则，还是技术上的模糊化和匿名化都难以起到很好的保护作用。而如今大数据技术的发展日新月异，个人或用户在很多情形下都感觉到自己的隐私信息甚至隐私空间有受到侵犯的危险，大数据技术越强大，隐私权越容易受到侵犯。因此，这是一个迫切需要进一步深入探讨的伦理问题。

（二）知识产权问题

知识产权是一种无形资产，具有相对权利和绝对权利双重属性。知识产权的绝对权利属性表现为知识产权的专有性和垄断性，非经其所有者允许，不得擅自使用。知识产权的相对权利属性表现为知识产权的地域性和时间性，也就是说，这种权利属性只有在特定的区域和时间内才有效。知识产权所具有的这种双重属性表明，它一方面是一种垄断权，具有排他性；另一方面又是一种相对权利，为合理使用和自由共享留下空间。因此，知识产权在理论和实践上始终存在着自由共享和限制使用之间的矛盾。[11] 随着大数据时代的到来，这种矛盾将变得更加突出，知识产权已成为一个令人瞩目的问题。网络大数据技术可能导致知识产权越来越容易被侵犯，使知识产权难以得到保护，网络大数据技术也可能导致知识产权的强保护，使自由共享不可能，这两个方面的问题都值得我们认真对待。

第一，网络大数据技术使知识产权更容易被侵犯，更容易面临困境。在大数据信息价值的开发过程中，相关利益组织倾向于强调知识产权的相对权利属性，从而更容易造成知识产权频繁被侵犯的现象发生。随着大数据抓取技术日益强大，盗版更加便利，作品被获取、复制和传播更加便捷，权利人的利益更容易遭受侵害，这导致知识产权尤其是版权的保护更加困难。版权保护制度与信息载体的发展密切相关，在印刷术发明之前，作品的复制几乎是不可能的。这时的版权保护意识也非常微弱。但是，随着纸张和印刷术的发展与推广，作品的复制、传播变得容易，于是版权保护意识越来越强烈。而如今，各种复印、录音和录像设备，电视、网络和移动通信的发展与普及，以及互联网和大数据技术的日益强大，使得作品复制、传播更容易、更低廉、更高速、更多样化，使知识产权侵权行为变得更加隐蔽、更加难以控制、更加难以追究责任。

第二，值得注意的是，现代网络技术对知识产权的控制能力越来越强，这很可能妨碍大数据的发展。与传统的信息传播载体相比，现代互联网技术在架构上具有更强的操作和控制能力。例如，控制某些网站网页或文件被访问的权限，通过利用计算机代码就可以实现，如设定访问者必须提供 ID 和密码才可以登录访问它们。甚至有专家建议通过浏览器来实施监控网络和访问，设置成每次登录访问都需得到授权。人们还提出了很多监控网络的方案和建议，使得从技术上来实现上述方案或建议变得轻而易举。但是，这些方案和想法完全忽视了互联网本身的特征，显然，它们不仅与开放、自由和共享的网络精神相悖，也会造成大数据信息价值开发难以拓展和深入。这将走向过分保护知识产权的极端，违背知识产权的内在本质。[11]

总之，大数据技术的不断发展，加剧了知识产权在自由共享和限制使用之间的矛盾，给知识产权的保护带来了新的挑战。一方面，网络版权的保护难度加大，大数据技术为侵权行为在技术上提供了可能性，使侵权行为变得更加隐蔽，使版权保护难以得到保障，尤其是在互联网和大数据的大环境中很难界定侵权责任以及追究侵权责任人；另一方面，互联网和大数据技术也为知识产权的滥用也提供了条件，如可能导致"合理使用"的消失。

（三）信息安全问题

在大数据时代，网络数据信息的收集、存储和传播过程还会面临信息安全的问题。在信息网络空间中，在匿名制、虚拟身份和多重角色的掩护下，病毒和"木马"横行，恶意攻击网络；"黑客"天马行空；"江洋大盗"防不胜防；邪教组织借助网络传播其教义；国际恐怖组织利用虚拟空间发表激进言论，发动恐怖袭击；国际间谍利用网络盗窃国家机密；网络战和信息战危及国家安全和世界和平。[12] 202-203

所谓信息安全是指国家机构、公司、个人的信息空间、信息载体和信息资源不受内外各种形式的威胁和侵害。随着大数据技术日益渗透到生产、生活和观念等领域，危及信息安全的问题接踵而至，大数据信息安全问题也引起了人们的关注。云安全联盟（Cloud Security Alliance，CSA）大数据工作组发布的一份研究报告指出，大数据引发了十三大安全和隐私挑战。[13]

互联网技术和大数据技术的"联姻",共同编织出一种强大的网络,网住了我们的生产领域,也网住了我们的生活和交往领域,并悄悄地对我们的生产、生活、交往方式和观念产生了深刻的影响。大数据已成为当前关注和研究的热点,无论是学术界还是产业界都试图通过对大数据进行分析、处理,来挖掘其潜在价值。我们知道,大数据信息价值的开发很大程度上依赖网络信息、数据的开放性和共享性,然而正是这些属性给网络社会带来了诸多信息安全隐患。当数据信息成为重要的战略资源时,其具有的利益和诱惑性更大,那么侵害信息安全的可能性也就更大,侵害信息安全的方式更加隐蔽和多样化,这也就意味着保护信息安全的难度更大。

我们可以从两个层面概括大数据信息价值开发过程面临的信息安全问题。首先,大数据信息价值开发自身存在的安全问题,主要有:基础设施老化或被损坏;由数据管理不善而造成的数据泄露、乱码等风险;数据的分析和组合开发侵害个人信息安全与隐私;由数据来源和数据失真引起的数据自身的可信度不高。由于数据呈现几何级数增长,所以现有的信息安全技术和设备难以确保海量数据的绝对安全,造成数据的安全风险加大。其次,大数据信息价值开发的外部环境面临的信息安全问题。大数据信息开发的外部环境造成的信息安全问题主要表现在以下四个层面:现有法律法规过于抽象化,难以具体操作实施;由于数据保护的相关法律缺失,行业间缺乏自我约束机制;用户或个人信息保护意识的薄弱导致他们的私密信息泄露的风险增加;大数据在数量上的庞大以及所蕴含的巨大价值,引诱网络黑客攻击,加剧了大数据环境下的信息安全风险。[14] 24-27

综上所述,在大力推进大数据战略的进程中,我们既要充分利用大数据技术挖掘信息的价值,促进经济社会的快速发展,促进社会的信息化发展,也要关注和解决信息价值开发过程中可能产生的隐私权、知识产权和信息安全等方面的问题。信息价值开发带来的创新和利益以及隐私权、知识产权、信息安全等都是人类极为珍视的价值与利益,只有合理平衡创新、利益、价值和风险,才能促进大数据战略的实施,促进经济社会的健康发展,并保障人类的各项权利。

参考文献 >>>

［1］刘松柏. 大数据：未来的"新石油"［N］. 经济日报，2013-11-13，第15版.

［2］柳一辰. 法国政府推出数字化路线图［EB/OL］. http://intl.ce.cn/specials/zxgjzh/201303/08/t20130308_24180690.shtml［2016-10-10］.

［3］陈潭. 国际大数据战略：从发展趋势中把握核心经验［N］. 中国社会科学报，2015-4-8，第B04版.

［4］新华社. 国务院印发《促进大数据发展行动纲要》［EB/OL］. http://www.gov.cn/xinwen/2015-09/05/content_2925284.htm［2016-10-10］.

［5］Mellor C. Deduping the digital universe.［EB/OL］. http://www.theregister.co.uk/2011/06/29/idc_digital_universe［2016-10-10］.

［6］涂子沛. 大数据及其成因［J］. 科学与社会，2014，（1）：14-26.

［7］Dean J. 大数据挖掘与机器学习——工业4.0时代重塑商业价值［M］. 林清怡译. 北京：人民邮电出版社，2015.

［8］张新宝. 隐私权的法律保护（第二版）［M］. 北京：群众出版社，2004.

［9］李伦，李军. 隐私权：网络传播自由的道德限制［J］. 道德与文明，2007，（5）：85-88.

［10］维克托·迈克-舍恩伯格，肯尼思·库克耶. 大数据时代：生活、工作与思维的大变革［M］. 盛杨燕，周涛译. 杭州：浙江人民出版社，2017.

［11］李伦. "数字困境"与网络知识产权伦理［N］. 中国教育报，2009-1-7，第3版.

［12］李伦. 网络传播伦理［M］. 长沙：湖南师范大学出版社，2007.

［13］Cloud Security Alliance. CSA releases the expanded top ten big data security & privacy challenges［EB/OL］. http://cloudsecurityalliance.org/media/news/csa-releases-the-expanded-top-ten-big-data-security-privacy-challenges［2016-10-10］.

［14］黄国彬，郑琳. 大数据信息安全风险框架及应对策略研究［J］. 图书馆研究，2015，（13）：24-29.

对待信息的伦理态度：从视觉文化到触觉文化

李 波 李 伦[*]

胡塞尔在《欧洲科学的危机与超越论的现象学》中主张，最值得重视和敬畏的世界是唯一实在的、通过知觉实际地被给予的、被经验到并能被经验到的世界，即人们的日常生活世界，然而，它却被数学方式或科学理性的方式构成的理念存有的世界所遮蔽和取代。[1]1027 如今，随着现代科学和技术的相互结合与渗透，技术理性的日益膨胀，使人们更加强烈地切身遭遇到胡塞尔式的问题，即科学技术所建构的人工世界更加深入地支配和遮蔽人们的日常生活世界，对这个问题的当代思考和探究，不可避免地需要深入反思现代信息技术给人们的日常生活世界带来的变革性的影响。20 世纪 50 年代以来信息技术高速发展，它们带来的以科学技术装置为载体的技术信息越来越形象、直观、丰富和高效，已渗透到人们的生产生活、思维观念和生存方式之中，逐步形成一种信息化的巨型"网格空间"，将人的身心囚禁于其中，使其与生活世界隔离开来，人们透过这种信息化"网格"远距地观察、感知和把握"生活世界"。

从海德格尔的技术哲学来看，现代信息技术的本质是"座架"，是一种促逼式、订造式的展现，人本身也是"座架"中被促逼的存在者，这

---

[*] 原载《云南社会科学》2017 年第 2 期。李波，湖南师范大学公共管理学院哲学系暨人工智能道德决策研究所讲师；李伦，大连理工大学人文与社会科学学部教授，湖南师范大学人工智能道德决策研究所所长，教育部人文社会科学重点研究基地湖南师范大学道德文化研究中心教授。

样，它势必导致信息技术所建构的"网格空间"对世界的遮蔽，然而，在当今信息时代，信息技术又不可避免地成为"上手"或"在手"的用具。这实际上是，这种"网格空间"的日益膨胀所引发的人们对自身生存状态的忧虑，以及其引发的视觉文化的反思困境。当我们带着这样的忧虑和困境不断追问时，美国著名技术哲学家阿尔伯特·伯格曼（Albert Borgmann）对信息的历史、人文和哲学的思考为我们提供了有益的启发。

一、视觉文化的追问："网格空间"下远距生活样态的反思

20世纪50年代以来信息技术不断发展，从"数据处理时代"发展到现在的"信息化时代"和"大数据时代"。从社会到家庭、从生产到生活、从科学研究到日常认知、从商业消费到休闲娱乐、从思维到身体等都离不开现代信息技术发挥的效用。不管愿意与否，我们已进入戴森所描述的"数字化生活"，严格说来，因特网是一个技术媒体，用所谓的"因特网协议"将一整套通信线路和交换设备连接起来。网络可以成为我们所有人的潜在的家，但又不仅仅是一个简单的家，而是由成千上万个小家庭和社区自我经营、定义并设计的一种数字化网络化的生活世界。[2] 11-12 然而，这样的生活世界是一个相对封闭自在的世界；是一种主题化的世界，即在以信息现代化为主题的引导下建构起来的世界（类似科学世界、宗教世界），与该主题不相干的现象都被隐退、被遮蔽，因而，其不可避免地具有片面性和狭隘性；是一种非直观和非经验的世界，即通过信息技术和技术信息对生活世界进行拟真或呈现出来的世界，而真正的生活世界是一个无限敞开的酝酿着多种可能性的世界；是一种通过知觉实际地被给予的、被经验到并能被经验到的世界；是人性本身的内在可能性力量和超越性自由得到充分展现的世界。

近来，随着消费主义的盛行和现代信息技术的迅猛发展，信息技术不再满足于作为人与生活世界之间的居间媒介，而是作为一种目的

本身被凸显。它们与大众电子媒介、多媒体技术和数字技术紧密结合，依据它们自身发展的特性和理性共同建构出一种信息化的巨型"网格空间"，将人的身心囚禁其中，与生活世界隔离开来，人们更多地透过信息化网格远距地观察、感知和把握生活世界，在技术理性和商业逻辑的驱使下，这张网的渗透力和操控力不断扩张，逐步建构起自身的生成方式、发展和评价机制，支配和塑造着人们生活世界的日常行为，不断遮蔽人们的生活世界。由此，我们将这样一种信息化"网格空间"下的远距生活样态称之为视觉文化。在这里，视觉文化是一种隐喻的说法，即对信息化、网络化生活世界中的人们的生活样态的视觉隐喻。德里达曾指出，人们进行哲学思考时，实际上是在谈论视觉、听觉和触觉的隐喻，感官隐喻是人们进行思想、文化和哲学反思的重要隐喻方式。[3] 227 早在古希腊时期，柏拉图就在《蒂迈欧篇》中论述了视觉的重要性，"我认为，视觉是给我们带来最大福气的通道，如果我们没有见过星星、太阳和天空，那我们就不可能有用来描述宇宙的语言"。[4] 亚里士多德在《形而上学》中也指出，求知是人类的本性。我们乐于使用我们的感觉就是一个说明，即使并无实用，人们总爱好感觉，而在诸感觉中，尤重视觉。[5] 1 海德格尔同样重视视觉的作用，他提出了"世界图像时代"的论断，这种"世界图像并非意指一副关于世界的图像，而是世界被构想和把握为图像了"。[6] 899 美国当代著名社会批判思想家丹尼尔·贝尔（Daniel Bell）指出，当前社会占据统治地位的是视觉观念、声音和景象，尤其是后者，其能规约美学、主导大众，这在消费社会几乎是不可避免的。[7] 154 计算机、平板电脑、智能手机、数字电视机等电子媒介的普及，以及多媒体技术、数字技术和网络通信技术的发展，将越来越需要人的视觉发挥效用，这也导致出现这样一种情形：现代科学调查研究发现，通过视觉获取的信息占据其所接收信息的80%以上。[8] 15

视觉在诸多感官中是获取信息最重要的感官，也是在当今信息社会中占统治地位的感官，但还需要指出视觉的另一个重要特性，即静观性，正如叔本华和德波（G. E. Dobord）所指出的，静观是一种对观察对象不发生任何影响的"纯粹认识"，或是一种强调完全脱离对象和不干预对象的纯粹观看。[9] 我们考察视觉隐喻及其相关特性之后，也需要对"文化"的解释做一些扼要说明。自19世纪70年代英国学者泰勒提出文化的概念以来，关于它的解释有上百种，笔者认可雷蒙德·威廉斯（Raymond Williams）"文化唯物主义"的观点：不是把文化单纯看成是现实反映的观念形态的东西，而是看成构成和改变现实的主要方式，是对某种生活方式的描述，它的价值和意义不仅在艺术与知识过程中得到表述，也在生活世界的日常行为中得到体现。[10] 综上所述，笔者力图通过以视觉隐喻、视觉的静观性和文化唯物论为基础提出视觉文化的概念来描述人们在"网格空间"世界下的远距生活样态。

信息技术、多媒体技术和数字技术的不断发展，给人们带来了新境遇、新体验和新享受，人们为之欢呼雀跃，为之振奋；其也为人们对日常生活世界的远距认知提供了直观、精细、便捷、震撼、刺激和即时的表达方式或感知方式，极大地满足了大众对时代的参与感、存在感和"幸福感"，使得这种视觉文化进一步膨胀并获得"自身的合理性"；使得主导这种远距生活样态的信息技术越来越呈现出"透明化"或"具身化"，即海德格尔"上手用具"的状态，或者说，现代信息技术与生活世界的经验关系越来越趋向伊德（Don Ihde）所主张的"具身关系"（embodiment relations），即在具身技术的使用情境中，"我以一种特殊的方式将技术融入我的经验中：我通过这些技术以及通过我的知觉和身体感觉的自反性转化来感知"。[11]72 我们由此不难发现，随处可见的低头族、疯狂网购等社会现象，愈演愈烈，很显然，现代信息技术对生活世界的渗透与操纵越来越深入和透明化，这不禁令人担忧。鉴于此，为了更加合理地对视觉文化进行伦理反思，我们有必要深入考察信息技术本身及其带来的技术信息。伯格曼关于信息技术的反思是目前他的技术哲学"装置范式"（device paradigm）论最有影响力的视角[12]，循此思路，我们对现代信息技术进行还原性的哲学追问。在日常生活中，直接呈现在眼前的、可切身体验的信息技术现象是生活世界中形态各异的信息技术人工物，包括信息获取、储存、传输和使用等各种硬件及软件人工装置，对于信息技术的考察，仅仅直观到信息技术人工物的自身显现还不够。由此，我们进一步追问，这些人工装置是如何将人与生活世界关联起来的？信息技术在生活世界中又是通过什么样的方式向我们显现自身的？为此，我们需要进一步将这些装置的物化外衣除掉，揭示出它们背后的"非开启之物"，即以技术化科学装置（数学结构、逻辑应用、信息科学等）为符号载体，以科学化技术装置（计算机、手机、电视机、互联网、新媒体、新传播媒介等）为物质载体，共同作用于建构出来的以"装置范式"为本质的技术信息。

在前信息技术时代，人们把握和对待生活世界主要依赖于以事物或书写符号为载体的传统信息，这些传统符号都不同程度地与事物相关联，这些事物是不可能同与其相关的具体情境分离开来的，也不能与人对它们及其情境的参与相分离，也就是说，对一事物的经历总是一种涉及对该事物世界的亲身和社会的参与。[13]41 然而，现代信息技术通过科学技术装置替代"事物或传统符号"，构造出具有显著的减负性、虚拟性和可消费性的技术信息。这类信息被广泛应用于人们的日常生活世界中，如网上交流、阅读、学习、娱乐、购物、订餐、订房、约车等，以及各种应用程序、数据采集和处理、数字电视、强交互点到点视频语音综合通信、智能交通、动态天气预报、环境和气候监测、远程会议、远程医疗和教育、远程遥控家电等。奈斯比特（Naisbitt）指出，当一种新技术物被引入社会时，人类必然会产生一种要加以平衡的情感反应，否则新技术物就会遭到排斥。[14]53 因此，我们担心的是，这种现代信息技术日益渗透到人们的生产生活以及人的心灵和思维观念当中，产生强烈的情感依赖，也就是说，当技术信息的高效便捷和其广泛应用的强大效用日益膨胀时，它就不仅仅是通过在现实生活中发挥有益的作用来帮助我们把握和应对世界的信息方式，它所发挥的作用很可能使人们从真实的生活世界中解放出来，去依赖、迷恋，甚至沉沦于这种以技术装置和技术信息共同作用所编织的"网格空间"世界。在其中，人们更多的是通过信息化网格来"静观"生活世界，通过可消费化的网格空间来"参与"生活世界。在我们看来，这样一种可消费化的信息化网格空间所建构的视觉文化，不断激励人们用信息化商品的消费来替代人们对生活世界的在场参与，用技术信息带来的远距体验来消解人们参与生活世界的在场体验，而遗忘了在场参与生活世界，才能丰富人的心灵和精神世界。

在信息化教育的冲击下，传统课堂上的一些珍贵的能力与素养面临挑战，如一套信息技术电子录像设备和一套包括笔、记录本、尺、圆规等在内的文具，大部分学生会不假思索地选择电子设备录制课堂的内容，这种通过技术装置获取的技术信息内容，比通过付出辛勤劳作而获取的书写内容更轻松、丰富和高效。但是，对于人而言，长期通过这种方式来获取信息会弱化人的书写技能、鉴赏能力和思维概括能力等，使得人们不再面对教育中的真实世界，教育的多样性扭曲为技术使用的单一模式，教育对学习者技艺的要求越来越少，这些造成了学习者的身与心、目的与手段的分裂，更令我们忧虑的是，人已经习惯甚至离不开这种信息技术化的教育方式。[15] 再者，当两个学生都想亲身体验一番"二泉映月"，有两种方式可以"制造"出这种音乐：一套播放器材和高质量音响；一套音乐器具和学习教程。事实上，大多数学生都愿意选择第一种可消费的便捷的音乐制造方式，然而，第二种亲身参与的音乐制造方式，对于人来说更为珍贵，体验更深刻，因为它需要人的意志力、专注、操劳和悟性的参与，以及需要人的心灵与身体连续性地、在场地参与到生活世界中，这些才是人真正所需要的，却被忽视了；第一种可消费的方式，只需轻轻一按开关或网上一搜索即可，具有显著的"减负性"，即卸除了大量的日常操练、耐心、专注和经验技能等，用搜索代替了"操练"，用搜索代替了对生活世界的在场参与，这样也就逐渐侵蚀人们参与生活世界的热情，阻碍人实现真正的丰富性。[16]

二、视觉文化的日益膨胀："网格空间"遮蔽生活世界和人的主体性

在如今的信息化时代，人们可以通过信息技术、传媒技术和数字技术对情境化的"现实世界"进行反复再现、无限复制、长期储存、远距传送和与人共享等，如新闻现场、各种赛事现场、庆典现场和音

乐会现场等。当人们点击播放音乐会现场，屏幕上所涌现出来的既不是关于这场音乐会的相关报道，也不是关于演奏音乐的乐谱，而是人们日常生活中所理解的音乐本身。不难发现，这是现代信息技术通过科学技术装置替代"事物或传统符号"，构造出一种情境化、技术信息化的"现实本身"，与传统书写信息相比，它们更加直观、形象和丰富。近些年来，人们通过现代信息技术、多媒体技术、虚拟技术、数字技术和全新设计理念的共同作用构造出一种在现象上、感官上和性质上比实际现实更加富有魅力与诱惑力的技术信息，即一种"超现实"（hyperreal）。与传统书写信息相比，它更加具有直观性、体验性和交互性，这些特征进一步强化了信息的趣味性、消费性和虚拟性；与传统书写信息相比，它通过科学技术化装置替代传统符号、事物和人力因素等，使其自身容易获取、储存、加工和传输等，使得这类信息呈现出更加显著的减负性、操控性和超越性。

我们观察到，这种"超现实"信息正以不同的方式被应用于诸多领域，例如，医疗上的应用，通过虚拟仿真技术模拟医疗教学和手术预演及人体扫描；商业上的应用，如产品和建筑等商品推销，这种虚拟现实比文字、图画、表格所传送的信息更具有体验性和吸引力；艺术作品的数字化复制和虚拟展览，使得原创作品的独特性、生成性和在场性的那种活生生的"灵韵"（aura）消失在技术装置当中，艺术家进行创作的原初体验的"生活世界"被技术装置替代了；服务业的应用，如虚拟滑雪、漂流、登山和公园等，当你进入虚拟的森林公园时，配置精湛的立体音响设备，以美妙的交响乐作为背景，带你遨游在阳光明媚的公园，穿梭人类历史的长河，洞察天然热喷泉的地貌特征，面对面地观察老虎和雄狮。这种"超现实"使得实际现实事物透明化、虚拟化和仿真化，且具有强大的超越性、交互性和操控性等，往往比实际现实更加诱人。在这种现实中，实际生活世界的局限性被克服，其趣味性被放大，相比之下，这使得生活世界中的真实公园显得乏味、粗糙和令人厌烦。由此，在我们看来，这种"超现实"技术信息越来越强有力地渗入生活世界的诸多领域，人们沉浸于这种"超现实"带来的趣味和震撼，迷恋于它所带来的新享受和新体验，热衷于它所具有的实效性和消费性，而遗忘了生活世界本身孕育着丰富性和原发性。这种"超现实"技术信息的不断扩张，进一步夯实了信息化"网格空间"的"现实维度"，使其呈现出遮蔽现实生活世界的显著趋向。

法国著名社会思想家鲍德里亚（Jean Baudrillard）关于后现代社会和消费社会的拟像理论，为我们考察当下视觉文化日益膨胀的社会现象提供了另一种分析视角。在他看来，现代社会出现大量复制、逼真而又没有本源、所指、根基的图像、形象和模式，他将这一情形称之为拟像，并将它的现代发展过程描述为三个阶段，即仿造是文艺复兴到工业革命的"古典"时期的主导模式；生成是工业时代的主导模式；拟真是符码统治时期的主导模式。[17]67 "超真实"（hyperrealaity）世界是这种拟真的重要产物，它是由没有本源或现实的真实模型生成的产物，符码及其运算规则成为"超真实"的重要源泉。[18]1 如今早已进入符码统治时代，社会上处处充斥着大量的技术信息，如广告设计、图像和影像等，最初它们是对真实生活世界的表征，随后，将现实世界转化为图像、影像等，然而通过光和影的组合，以及远近距离的拉伸、转化和剪辑，最终呈现在屏幕上的是一个与现实完全脱节的拟真，即超真实，不再是对生活世界的反映而是对现实生活的拟真；不再是对生活世界的表征而是对它的呈现，它是用虚构或模仿的事物来代替"真实"的过程，也就是将数字化的影像或符号景象代替"真实生活"的过程。这种"超真实"可以夸大现实生活的某些特性，可以超越或美化生活世界中的某些缺失，最终呈现出与真实生活世界没有任何关联的"真实生活"，它们成为由自我指涉的符码建构起来的纯粹数字化生活。鲍德里亚借用麦克卢汉的"内爆"（implosion）观点，主张"超真实"世界与真实生活世界的界限已发生内爆，这两种世界带给人们的体验是一样真实的，甚至前者比后者更真实，这将导致人们从生活世界中获得的原初经验和真实体验逐渐被边缘化或遗忘。由此，信息化和数字化技术颠覆了传统的理念，"超真实"世界不再是客体自身的表征；而是来自计算机内部的数字运算，它抛弃了对表征对象的依赖和束缚，通过信息技术拟真而产生出比真实更为真实的超真实世界。

在消费主义的激励下，这种超真实的拟真和符码不仅深刻影响了人们的生活态度与价值理念，而且已经开始重构我们的日常生活世界，日常生活逐渐被转换成信息技术和媒介技术操控下的超真实。可以观察到，大众电子媒介通过各种途径不断宣扬各种理想的生活样态，已成为塑造人们日常生活的"原型"，例如，大众媒介宣扬的理想居家模式、理想的衣食住行模式；广告或影视剧中所宣扬的时尚、生活和情感的模式等，这些理想模型成为一种柏拉图式的"理念"原型，是一种能被理性思考却又看不见的真实，是比能看得见、能触摸的真实生活世界更加实在的真实，真实的生活世界不再是参考系，而是对这种"理念"模型的分有或模仿。大众媒介所宣扬的这种模式比人们日常的生活世界更加有趣和时尚、更加刺激和诱人、更容易得到认可和欣赏，这进一步强化了大众媒介通过技术信息宣扬的"超真实"对人们的日常生活世界的生活状态和方式的支配与塑造。这样，当下"生活世界"不再是可触碰的、原初经验生发的世界，而是人为地从某种模型、存储器和赛博技术中生产出来的，这种原初经验的世界从本体上被深深地遮蔽了，最终剩下的是一系列符合消费主义创意模式的、没有人文指向的、缺乏个性差异的"生活复制"。在笔者看来，超真实世界的日益膨胀，会导致对生活世界的遮蔽进一步加深。超真实世界在人与生活世界之间构造起一道厚厚的屏障或"网格空间"世界，人们越来越多地依赖于地电脑、电视、智能手机、电子屏幕等媒介，通过屏幕、界面、数据、信号等来了解、观察、估测、展开和操控生活世界，生活世界的经验对象被"超真实"世界取代，人们在信息化"网格空间"所展开的日常生活和认识活动也被置换为人与技术信息、数据、电子媒介之间的结合与互动，这将导致原初生活世界从认识和实践上被遮蔽了。

现代网络社会中出现一批新"公民"，这些人长期沉溺于数字化的环境，脱离"在场"的社会关系太久，将自己视为纯粹意义的"符号"，从而使自己成为片面的人。[19]222 很显然，这些"片面的人"熟知网络操作，热衷于网络文化，长期沉浸在信息化的"网格空间"世界里，接受和习惯于网络技术及传媒技术提供的操作方式、技术规定与程序。麦克卢汉也曾指出过："任何媒介（即人的任何延伸）对个人和社会的任何影响，都是由新的尺度产生的；我们的任何一种延伸（任何一种新的技术），都要在我们的事务中引进一种新的尺度。"[20]33 也就是说，当一种新的信息技术或技术物被引入人们的日常生活世界中，其不仅是对主体官能的特殊延伸或对主体自身经验的特殊表征，也是一种把握和对待人与生活世界的"新尺度"，即它们根据自身的特性对信息进行特定的编码和传输，使得主体依据这种"新尺度"对信息进行感知、接受、解码和反馈。这种新尺度可能强化或弱化某些性质，也可能突显或遮蔽某些性质；当主体习惯于运用信息技术人工装置来表征自身的内心体验，来感知、接受和加工外界信息时，它们就不仅是一些纯粹的用具，也是充满意义的、参与信息生成和注释的内容本身，或者说信息技术物本身对于主体而言具有某种在先的规定性。这使得主体的身心自觉或不自觉地接受和习惯于信息技术与媒介技术所建构的"网格空间"的规定及操纵，随着这一趋势不断加剧，人们过度依赖这种空间去观察感知和把握生活世界，使人与生活世界之间失去了直接的、原初的和感性的关联，使人失去了最初始的、最敏锐的观察力和创造力。

信息技术和媒介技术根据其自身的特性和理性不断改变着人际依存模式，塑造着人与生活世界打交道的模式，这将会引发这样一种令人担忧的情形，即它们对人际依存和日常生活世界行动的"新尺度"发挥着塑造与操控的作用。换句话说，如果人的感知、经验、认知被技术信息重构和设计，被信息化"网格空间"的世界所规定和操纵，那么人的偶然的、闪烁的、激情的智慧将会被抑制，人的丰富性、多样性和超越性的存在也将被抽象成漂浮着的单向度的人，悬置于"网格空间"上的不同节点之上，随着偶然情境的不确定而相应地被一再重新建构。[21]20 这样，人的主体性在信息和符码的世界中日益消解，搜索替代了主体的理性思考；图像或影像替代了主体的自由想象；虚拟现实或拟真物替代了主体的经验对象；主体的统一性和在场性被分解为身份符号、信息代码、磁条数据、网络昵称等，独特的个体消失在网络连接和信息传播的"网格空间"的世界里。这种空间成为人的"灵魂"游荡的场所，成为人的精神的"无限牢笼"。这也就使得人的网络化交往方式和媒介化生存空间被数字化为一种虚拟的信息存在，人的"主体性"和"肉体之躯"也被数字化为一种媒介终端的信息存在。综上所述，理性的和感性的主体都不同程度地被信息化"网格空间"所消解或遮蔽，成为一堆符号编码的操作者、发出者或接收者，或者是沉浸在电子数据流中被虚拟化为"赛博幽灵"。人的这种理性和感性主体不断被消解的趋向性日益加剧，使得人之为人的尊严遭受很大挑战，一方面，独立人格缺失，人们沉浸在信息的海洋里，看起来有足够多的选择自由，但实际上都是已经在先被规定了的；信息的快速更新、新奇、丰富多样等不断侵蚀人们独立思考和自我反思的空间；搜索代替了思考、批判和探索；人们有意识地或无意识地接受信息技术理性和商业逻辑的引导，过多地追求官能需求的满足。另一方面，人性本身的丰富性缺失，这种"网格空间"世界的不断扩张，对生活世界和人的主体性的渗透及操控进一步强化，这将会抑制人性内在酝酿的可能性力量，桎梏人性内在孕育的超越性自由，而遗忘在场参与非主题化的、直观的和可触觉的生活世界。

三、聚焦触觉文化：对待信息的一种伦理态度

当前，信息现代化进程不断加速，值得人们为之欢呼雀跃，但是，人们对于它们带来的问题应当保持敏锐和审慎的理性态度，即超越当下感官与世俗功利，通过理性去审思和探究信息社会中人性内在世界的真正需求。我们知道，现代信息技术理性与商业逻辑的日益渗透，驱使视觉文化日益膨胀，一方面，其使得人们过于迷恋这种远距生活样态所具有的减负性、便捷性和消费性，热衷于这种信息化"网格空间"世界带来的身体上的享受、感官上的愉悦和震撼、心理上的满足，而忽视了人性本身的真正需求，遗忘了对生活世界的持续在场参与；另一方面，其使得这种文化所具有的操控性、虚拟性和超越性急剧扩张，即"网格空间"的世界日益膨胀，逐步趋向遮蔽原初经验的生活世界，逐步抑制人性内在酝酿的可能性力量，桎梏人性内在孕育的超越性自由，从而阻碍人本身实现真正的丰富性。上述诸多问题和现象愈演愈烈，值得我们深入关注和反思。

当我们带着上述问题不断思索时，德波关于景象社会的思考和伯格曼关于信息的哲学思考为我们提供了很有意义的启发。在德波看来，在景象社会中，人们强调视觉的静观而忽视触觉的行动，视觉被抬到触觉之上，整个世界都成了纯粹被观看的东西，都成了景象。[9]138 这也就是说，在"景象社会"中，视觉文化占据主导地位，而忽视了触觉行动对生活世界的在场参与性，这启发我们想到另一种感官隐喻，即触觉隐喻。与视觉的静观特征相对，触觉的行动是指行为者对对象的干预或影响，强调行为者对生活世界的在场参与性。伯格曼从历史、人文和哲学的视角将信息形态区分为三类：自然信息是关于现实的信息；文化信息是为了现实的信息；技术信息是作为现实的信息。每一种类型的信息都根据其自身的方式来塑造人与现实世界之间的关联性。技术信息是人们当前把握和对待现实世界的主要信息形态，也是在"网格空间"世界里人们观察、感知和把握生活世界的根本信息形态，是视觉文化里人们与生活世界打交道的主导信息方式，而自然信息与文化信息是前信息技术时代主要的信息形态，与它们内在关联的是人的"经验技能"、在场参与、耐心与专注等，根本上突显的是人对现实生活世界的持续在场参与性，这也与触觉隐喻的行动特征相吻合。由此，与视觉文化相对应，我们也可以将自然信息和文化信息所内在诉求的持续参与的在场生活样态称之为触觉文化。

在伯格曼看来，自然信息是以事物作为符号向我们显现的信息，是人与现实世界打交道的方式，如一个鲜活的足迹显示曾经有某动物到过此地；一个宽阔的沙砾地带表明你将接近一条河流；乌云密布预示可能要下大雨，等等。在远古时代，祭坛、山河和宿营地等事物将秩序赋予空间，使得神圣地、捕猎区和生活区有序区别开来；日月星辰等事物也将秩序赋予时间，使得生产生活世界井然有序。由此，我们将自然信息的获取概括为这样一种结构：具备相关理解力的人，通过某种符号事物，在具体的情境之中获取特定的自然信息。[22]17-18 正是这些要素之间的有序性、连贯性和生态性，从根本上保证了信息与现实世界之间的密切关联性。人对现实世界的在场参与性，以及事物、符号和信息之间的关联性与连续性，使得人能够理解符号和把握信息，信息也能通过符号向人呈现出自身的清晰易理解。文化信息是通过人为创造的字母或文字、数字、图表和音符等约定符号所传输的信息。首先，它是关于现实的信息，它使得对现实的清晰表达提升到能够进行观察和勘测的程度，如地图。其次，它是为了现实的信息，因为它们能够创造出一些全新的独特的"现实事物"（将文化符号所表达出的信息在具体的生活世界中实现为现实事物），如将建筑设计图实现为现实世界中的高楼大厦、乐谱实现为美妙的音乐等。然而，文化信息是通过约定符号从在场的人、特定情境和现实事物中强行抽象出来的信息，就此而言，它不可避免地遮蔽现实世界。但是，文化符号与文化信息的生成、实现、传播和传承等很大程度上依赖于人对它们的在场参与，以及人们长期习得的"经验技能"。再次，它作为为了现实的信息，能够创造出全新的独特的事物，在这些事物的实现过程中，需要人的意志力、忍耐力、创造力、智力和体力等持续地在场参与，这也为人们参与生活世界提供更多的契机。由此不难发现，在人们的日常生活世界中，传统信息的生成、实现、沟通和传承都离不开人本身对生活世界的在场参与，也就是它们所倡导的触觉文化。

如今早已进入信息化时代，技术信息的急剧扩张，促使视觉文化的魅力和诱惑力逐渐渗透到各个领域，人们长期沉浸在这种技术信息所构造的"网格空间"世界中，一方面，这将会导致人的认识对象、工具和方式，以及人的思维方式也都渗透着这种技术信息的运作方式，人们有意或无意地依赖和迷恋它们，最后离不开它们；另一方面，这也将会导致技术信息逐渐将传统信息沦为其效用工具或理解背景，甚至趋向替代传统信息，而不再为人们践行触觉文化提供更多的可能和契机。伯格曼也一再强调，人们的现实生活世界需要各类信息，但是技术信息不断替代传统信息，这对人的美好生活可能是极为不利的，应当充分认识到传统信息对于塑造人的美好生活和丰富人的内心世界的重要性，有意义的美好生活需要在这三类信息之间进行调整，保持符号与事物之间的平衡。鉴于此，笔者主张，面对消费主义的盛行和视觉文化的日益膨胀，一种经得起考察的值得过的美好生活，需要确立起这样一种对待信息的伦理态度：审思和超越视觉文化，聚焦触觉文化，即人的身心应当以在场的和连续的方式植根于现实的生活世界土壤之中，视觉文化中的信息技术和技术信息，不应该作为目的本身被突显，而是始终作为丰富人们的内心和精神世界的手段；触觉文化中的传统信息和与其相关的"经验技能"应该根据其自身的特性得到发展，它们与生活世界的关联性和连续性应得到保护，符号与事物应保持平衡，如此一来，在触觉文化的日益敞开中，人的身心获得面对超越的自由和真实，人性内在酝酿的可能性力量得以开启，人们对生活世界的在场参与，像前技术信息时代一样，也可以赋予现代人生活的秩序、尊严和意义。

我们应当认识到传统信息对于塑造美好生活的重要性。伯格曼"主张将诗意、道德、实用技术乃至日常生活语言纳入讨论实在论的框架，用非科学语言修正心灵和行为作为全面认识实在、重塑美好生活的开端"。[23] 106 他提倡一种社会实在，它是一种社会层面内与日常生活相关的具有内在关联的统一体。传统信息正是在这样一种社会实在的基础上将人与生活世界内在关联起来，然而，技术信息却通过"数字化实在"将人与生活世界隔离开来，人们享受和迷恋着这种实在带来的种种便捷、震撼和快感。但是，真正美好的生活需要人的身心交融于社会实在之中，生活世界中有很多表现力丰富的事物，如大海、高山、庙宇、长城、原创艺术品和历史文物等，它们通过传统信息与人的身心进行沟通，开启心智和丰富内心体验；也有很多传统信息交流充分的聚焦活动，在其中，传统信息将丰富人对生活世界的参与性和体验性，这些活动将人们的身心聚焦在一起，增进了解，开阔视野，体味得失，从而唤起内心的赞美或绝望，激发崇高或卑微的情绪。每个社会成员都可以从那些事物或活动中收获这种丰富的社会实在，即人的身体、内心情感、道德意识、审美情趣和价值判断等都会在人对实际现实的参与中或交融，或碰撞，或欣赏，或叛逆。"这些体验使人时而热情奔放时而感受压抑与彷徨，并激发出来自内心的淋漓尽致的最清澈的声音。"[23] 104

我们应当认识到传统信息对于丰富人的内心和精神世界的重要性。现代信息技术所建构的感知、经验和认识的对象，都是一种符号化和数字化的信息客体，它的生成、获取、加工、传送和储存等是通过以复杂的、专业的科学技术装置为载体而实现的,它是通过信息技术装置从现实中抽离出来的数字化对象,是一种比实际现实更加实用可控、更加有吸引力的"超现实"或"超真实"。随着信息和认知技术的发展,出现人-机联合的认识主体,即通过高新技术装置增强主体的部分认知能力。然而,由于认识对象的信息化和虚拟化,以及认识主体的部分认知能力的装置化和智能化,它们的运作原理和装置设备对于绝大部分人来说是模糊的和难以认知的,它们的生成、获取、储存和传输等在很大程度上是"自我实现"的,人们越来越难以参与到它们的"自我实现"过程当中。技术信息与生活世界的连续性被技术装置隔断,人对生活世界的参与逐渐被对技术信息的消费活动所替代;被技术信息带来的新境遇、新体验和新享受所替代,它们所触碰的任何"生活世界"与原初经验的生活世界之间的关联性和连续性是微不足道的,人们在这样的技术信息洪流中无根地漂浮着,终归是人的本性难以承受之轻。与技术信息不一样,在传统信息的呈现或实现过程中,人本身不同程度地参与到传统信息的生成过程当中。人对特定情境的参与、人的理解力和记忆力也都是自然信息呈现的必要部分;在音乐会将乐谱实现为美妙的音乐过程中,人作为在场的观众或欣赏主体,在一定程度上他们的言语、行为、肢体和情绪等都有可能影响演奏者及现场的情境,这些都有可能参与到音乐本身的实现过程当中;人作为音乐会的演奏者,他们的肢体、情感、审美、专注、操练、技能、协作和艺术素养等都会不同程度地在音乐的实现过程中展现出来,也正是在这样的参与过程中,连贯的、聚焦世界的、凝聚着人类的全部能力和智力的自然信息使人与生活世界保持天然的连续性及深刻性;朴素的、凝聚着人类的创造、忍耐、智慧和辛勤劳作的文化信息使人的心灵与精神在现实中获得真正的丰富性。

我们应当关注和参与传统信息交流丰富的聚焦实践。技术信息对生产生活的不断渗入和操控,逐渐侵蚀人们对生活世界的参与热情,这不禁令人担忧。我们应当拥抱真实的大自然,拥抱繁重的、琐碎的、不可预测的和困难重重的生活世界本身,在其中,自然信息和文化信息极其珍贵,也倍受敬重,只有这样,才能避免人们长期习得的社会与文化的"经验技能",以及人与生俱来的本性面临蜕化。由此,我们主张,人们应当关注和参与传统信息交流丰富的个体与公众欢庆的聚焦实践,如参与音乐会、读书会、室外活动、公益活动、习俗传承活动、参观文物和亲朋聚餐等。它们要求在场、与世界连续和凝聚力量[24] 19-120,它们能够聚集和照亮人类生活,能吸引心灵和身体连续性地在场参与,是我们的生活中关注的焦点。这些聚焦实践主要是通过传统信息的呈现或实现来展开的,人们应当为传统信息的持续和发展保存一片现实的"净土";传统信息与人的"技能"是保持连续的,而这种连续性得以保持需要人对这些聚焦实践的持续和在场参与,如此,人的理解力和记忆力才能够被提倡与保存;参与生活世界的技能与经验得以丰富;符号与事物之间的平衡得以持续;信息与生活世界的连续性得以保持。很显然,所有热爱生活的人都会承认,无论穷人或富人、自私的人或慷慨的人、权贵之人或普通百姓,都可以参与到传统信息交流充分的聚焦实践当中,开阔视野、启发心智、共享喜悦、体验感动、丰富情感和内心世界。

参考文献 >>>

[1] 胡塞尔. 胡塞尔选集 [M]. 倪梁康选编. 上海:上海三联书店,1997.

[2] 埃瑟·戴森. 2.0 版数字化时代的生活设计 [M]. 胡泳,范海燕译. 海口:海南出版社,1998.

[3] Derrida J. White Mythlolgy: Metaphor in the Text of Philosophy [M]. Chicago: University of Chicago Press,1982.

[4] 柏拉图. 蒂迈欧篇 [M]. 谢文郁译. 上海:上海人民出版社,2005.

[5] 亚里士多德. 形而上学 [M]. 吴寿彭译. 北京:商务印书馆,1959.

[6] 海德格尔. 海德格尔选集(下)[M]. 孙周兴选编. 上海:上海三联书店,1996.

[7] 丹尼尔·贝尔. 资本主义文化矛盾 [M]. 赵一凡,蒲隆,任晓晋译. 上海:上海三联书店,1989.

[8] 阿瑟·阿萨·伯杰. 眼见为实:视觉传播导论 [M]. 张蕊,韩秀荣,李广才译. 南京:江苏美术出版社,2008.

[9] 黄应全. 当代资本主义等于形象社会?——如何理解居伊·德波的《景

象社会》[J]. 文艺研究, 2009, (4): 134-142.

[10] 孟建. 视觉文化传播: 对一种文化形态和传播理念的诠释 [J]. 现代传播, 2002, (3): 1-7.

[11] Ihde D. Technology and the Lifeworld: From Garden to Earth [M]. Bloomington: Indiana University Press, 1990.

[12] Mullins P. Introduction: Getting a grip on holding on to reality [J]. Techné: Research in Philosophy and Technology, 2002, 6 (1): 2-7.

[13] Borgmann A. Technology and Character of Contemporary Life: A Philosophy Inquiry [M]. Chicago: University of Chicago Press, 1984.

[14] 约翰·奈斯比特. 大趋势——改变我们生活的十个新方向 [M]. 梅艳译. 北京: 中国社会科学出版社, 1984.

[15] 杨绪辉, 李艺, 沈书生. 伯格曼技术哲学在现代教育技术中的启示 [J]. 现代教育技术, 2015, (10): 40-46.

[16] Verbeek P P. Devices of engagement: on Borgmann's philosophy of information and technology [J]. Techné: Research in Philosophy and Technology, 2002, 6 (1): 48-63.

[17] 让·波德里亚. 象征交换与死亡 [M]. 车槿山译. 南京: 译林出版社, 2006.

[18] Baudrillard J. Simulacra and Simulation [M]. Ann Arbor: The University of Michigan Press, 1994.

[19] 李伦. 鼠标下的德性 [M]. 南昌: 江西人民出版社, 2002.

[20] 马歇尔·麦克卢汉. 理解媒介: 论人的延伸 [M]. 何道宽译. 南京: 译林出版社, 2000.

[21] 马克·波斯特. 信息方式: 后结构主义与社会语境 [M]. 范静哗译. 北京: 商务印书馆, 2000.

[22] Borgmann A. Holding onto Reality: The Nature of Information at the Turn of the Millennium [M]. Chicago: University of Chicago Press, 1999.

[23] 漆捷, 成素梅. 伯格曼的兼容实在论评析 [J]. 自然辩证法研究, 2011, (1): 103-108.

[24] Albert Borgmann. Crossing the Postmodern Divide [M]. Chicago: University of Chicago Press, 1992.